ORIGINES CATHOLIQUES
DU
THÉATRE MODERNE

Par MARIUS SEPET

LES DRAMES LITURGIQUES ET LES JEUX SCOLAIRES

LES MYSTÈRES

LES ORIGINES DE LA COMÉDIE AU MOYEN-AGE

LA RENAISSANCE

PARIS
P. LETHIELLEUX, Libraire-Éditeur
10, rue cassette, 10

ORIGINES CATHOLIQUES
DU
THÉÂTRE MODERNE

OUVRAGES DU MÊME AUTEUR

Jeanne d'Arc (Tours, Alfred Mame et fils). — Éditions diverses.
Gerbert et le changement de dynastie (Paris, Victor Palmé, 1870). — In-8º.
Le Drapeau de la France (Paris, Victor Palmé, 1873). — In-12.
Les Prophètes du Christ. — *Études sur les origines du théâtre au moyen âge* (Paris, Didier, 1878). — In-8º.
Le Drame chrétien au moyen age (Paris, Didier, 1878). — In-12.
Les Préliminaires de la Révolution (Paris, Retaux-Bray, 1890). — In-18 jésus.
La Chute de l'ancienne France. — *Les Débuts de la Révolution* (Paris, Victor Retaux, 1893). — In-18 jésus.
Napoléon, son caractère, son génie, son rôle historique (Paris, Perrin, 1894). — In-12.
La Chute de l'ancienne France. — *La Fédération.* (Paris, Victor Retaux, 1896). — In-18 jésus.
En Congé. — *Promenades et séjours* (Paris, Téqui, 1896). — In-12.
Les Maitres de la poésie française (Tours, Alfred Mame et fils, 1898). — Gd in-8º.
Saint Louis (dans la collection « *Les Saints* ») (Paris, Victor Lecoffre, 1898). — In-12.
Saint-Gildas de Ruis. — *Aperçus d'histoire monastique* (Paris, Téqui, 1900). — In-12.
Voyages de corps et d'esprit (Paris, Téqui, 1900). — In-12.

EN PRÉPARATION

La Chute de l'ancienne France. — *La Fuite du Roi.*

L'auteur et l'éditeur réservent tous droits de traduction et de reproduction.

Cet ouvrage a été déposé, conformément aux lois, en Avril 1901.

ORIGINES CATHOLIQUES

DU

THÉATRE MODERNE

Par MARIUS SEPET

LES DRAMES LITURGIQUES ET LES JEUX SCOLAIRES

LES MYSTÈRES

LES ORIGINES DE LA COMÉDIE AU MOYEN-AGE

LA RENAISSANCE

PARIS
P. LETHIELLEUX, Libraire-Éditeur
10, rue cassette, 10

PRÉFACE

Le sujet traité dans ce volume nous reporte à trente-cinq années en arrière et tout à fait à nos débuts. Le 15 janvier 1866, nous soutenions à l'École des Chartes, pour obtenir le diplôme d'archiviste-paléographe, une thèse sur le sujet suivant : *Essai sur les procédés scéniques dans les drames liturgiques et les mystères du moyen âge*. Cette ébauche, un peu informe, fut favorablement accueillie par nos maîtres. Elle servit de point de départ à un assez long travail publié dans la *Bibliothèque de l'École des Chartes* et tiré à part : *Les Prophètes du Christ. Études sur les origines du théâtre au moyen âge*. Elle fut aussi le premier principe de quelques esquisses moins techniques, réunies en un petit volume : *Le Drame chrétien au moyen âge*. Dans le concours des antiquités nationales de 1878, l'Académie des inscriptions et belles-lettres voulut bien distinguer cette double publication. Par l'organe de son président, M. Édouard Laboulaye, et par celui de M. Gaston Paris, rapporteur du concours, elle nous encouragea, nous invita même à poursuivre et à développer nos recherches dans une voie et selon une méthode qu'elle n'estimait pas trop mal choisies (1).

---

(1) Cf. *Bibliothèque de l'École des Chartes*, t. XXXIX (1878) p. 572, et t. XL (1879), p. 77.

Hélas ! confessons-le, nous n'avons pas répondu à cet appel comme il l'aurait fallu faire, c'est-à-dire par une exploration suivie et par un exposé didactique et détaillé des origines de notre théâtre, ou, pour mieux dire, car le champ n'est pas moindre, des origines du théâtre européen. C'était là, certes, un beau sujet. Des occupations et préoccupations multiples et des travaux de genres trop variés ne nous ont pas permis d'y concentrer nos efforts. Mais du moins pouvons-nous dire, à notre décharge, que nous ne l'avons jamais entièrement perdu de vue ; que nous avons toujours continué, quoique à bâtons rompus, à l'étudier de diverses manières ; que nous avons enfin profité de toutes les occasions qui se sont offertes à nous, et notamment de notre collaboration, assez active naguère, à la presse périodique, pour essayer d'en élucider telle ou telle partie, et aussi de porter la connaissance des résultats obtenus par nous ou par d'autres dans un cercle plus étendu.

C'est de ces études et publications partielles, mais disposées ici dans un cadre méthodique, qu'est résulté le présent volume. Nous nous flattons de l'espoir que le lecteur de bonne volonté y pourra prendre une notion assez exacte, quoique incomplète, de l'ensemble du sujet et de ses caractères, pour ainsi dire, organiques. D'autre part, la constitution collective et fragmentaire de ce volume a peut-être aussi ses avantages. Pour faire de nouveau valoir une excuse déjà invoquée dans la préface du *Drame chrétien*, « chaque essai ou chaque esquisse, tout en se reliant aux autres, est complète en soi et a été traitée avec plus de soin et de détails propres, que ne l'auraient été sans doute les divers chapitres dans un exposé didactique du sujet ». Ajoutons encore (car il ne faut pas négliger de se couvrir tant qu'on peut) que la destination première de la plupart de ces morceaux nous a obligé à de plus grands efforts de clarté, voire d'agrément, si ce mot nous est permis. L'allure plus libre de notre plume nous a rendu plus aisée l'énonciation d'idées, de conjectures, de rapprochements qui pourront peut-être en susciter d'autres et provoquer des études nouvelles.

Nous avouerons, à ce propos, que nous nous sommes volontiers complu à faire ressortir, ici et là, les nombreux points de contact qu'offre, par ressemblance ou par contraste, la comparaison des divers genres dramatiques, tels qu'ils sont nés de nouveau et se sont développés au moyen âge, puis dans les temps modernes, avec les origines sacrées et le magnifique développement du théâtre de l'ancienne Grèce. Nous nous sommes d'autant moins refusé à cette pensée favorite qu'elle avait été approuvée, dès nos débuts, par un helléniste éminent, M. Jules Girard (1). Un autre éminent helléniste, M. Georges Perrot, nous faisait, l'an dernier, l'honneur de nous écrire : « J'aurais grand plaisir à vous voir profiter un jour de ce que vous savez sur les *mystères* du moyen âge pour instituer cette comparaison que vous indiquez entre eux et le drame grec. La même idée m'est souvent venue ». — C'est là une des pensées que, sous

---

(1) Cf. l'article intitulé : *Caractères généraux de la tragédie grecque*, dans la *Revue politique et littéraire*, livraison du 9 mai 1874.

une forme ou sous une autre, si Dieu nous prête vie et courage, nous voudrions pouvoir suivre.

Mais d'abord, songeons au présent. Par une précaution que la prudence nous dictait, nous avons placé à la fin de chacune des études dont ce volume se compose, la date de sa première publication, à laquelle nous demandons qu'on veuille bien se reporter pour la juger. Nous ne nous sommes pourtant point abstenu de quelques retouches nécessaires. Nous avons surtout tâché, au moyen de notes ajoutées au bas des pages, de tenir le lecteur, dans la mesure où nous l'avons pu, au courant de la bibliographie critique des sujets traités.

Cela dit, et en dépit de nos raisons, il est bien vrai que la constitution de ce volume a des inconvénients de plus d'une sorte, soit au point de vue scientifique, soit au point de vue littéraire. Mais, en vérité, nous n'y pouvons rien. Il fallait qu'il fût tel ou qu'il ne fût pas. Dans cette alternative, il est naturel à un auteur d'avoir préféré le premier parti. Il ne nous reste donc plus qu'à nous en remettre à la bienveillance du public, laquelle après tout, dans une carrière déjà longue et à certains égards peu favorisée, ne nous a, Dieu merci, jamais fait entièrement défaut. Pour éviter de se laisser aller au découragement, dont il est difficile de ne pas se sentir parfois tenté, il n'est pas, croyons-nous, mauvais de se dire qu'il n'est pas impossible de contribuer au progrès de la science et des lettres, même par des ouvrages très imparfaits.

Clamart, le 6 mars 1901.

I

LES DRAMES LITURGIQUES

ET

LES JEUX SCOLAIRES

I

Antiquités liturgiques et antiquités dramatiques

On ne saurait trop se féliciter du mouvement d'études qui se produit dans le clergé français pour examiner et exposer, d'une façon plus méthodique qu'on ne l'avait fait jusqu'à présent dans notre pays, les diverses branches de la science et de la littérature sacrées. L'histoire de la liturgie a reçu notamment dans ces derniers temps de précieuses lumières par des travaux conçus dans un esprit exactement scientifique. A remonter jusqu'aux origines et à suivre dans ses développements successifs et variés le magnifique organisme du culte catholique, le champ est vraiment immense. Bien des parties en restent encore à défricher, à cultiver, à moissonner pour le public instruit, qui demeure souvent trop longtemps étranger aux résultats acquis par les recherches spéciales. Mais il y a vraiment dès aujourd'hui une somme notable de connaissances solides sur ce beau sujet, non seulement recueillies par les savants de profession, mais mises largement par eux à la disposition de tous les lecteurs en état d'en faire leur profit.

Nous avons naguère signalé, avec les louanges qui lui étaient dues, le remarquable ouvrage de M. l'abbé Duchesne sur les *Origines du culte chrétien*. Le livre de M. l'abbé Pierre Batiffol intitulé : *Histoire du bréviaire romain*, et déjà parvenu à sa seconde édition (1), se rattache à la même méthode et a un mérite analogue, avec un caractère plus prononcé de livre de vulgarisation. C'est un excellent exposé de l'état actuel des notions vraiment acquises sur la matière. Comme le dit M. l'abbé Batiffol dans sa préface, « l'auteur du présent manuel, en l'intitulant *Histoire du bréviaire romain*, n'a pas eu la pensée d'épuiser en si peu de pages un si grand sujet. Il a voulu résumer et sur quelques points préciser, avec toute la netteté possible, les résultats acquis ou préparés par des érudits comme le cardinal Bona et le cardinal Tommasi, comme Thomassin et Mabillon, comme dom Guéranger et Mgr de Roskovany. Il les a résumés en les contrôlant toujours dans leurs sources, voulant que son travail, qui était un travail de vulgarisation, fût un travail de première main, d'information directe ; il a été aussi amené à les amen-

---

(1) Paris, Alphonse Picard, in-12.

der, ne croyant pas qu'il lui fût interdit d'approfondir pour son propre compte, de classifier d'après ses observations personnelles, et de conclure à ses risques et périls.

« Mais, à traiter ainsi cette vaste matière, il n'a pas pu ne point constater combien il restait sur ce vieux continent de terres inexplorées. Il nous manque une édition critique du *Liber responsalis* de l'Église romaine ; il nous manque un recueil et une classification scientifique des *Ordines romani* les plus anciens ; il nous manque un inventaire des livres liturgiques romains du VIIIe siècle au XIIIe, un inventaire et une classification des bréviaires monastiques antérieurs au XIIIe siècle et des bréviaires tant romains que non romains du XIIIe siècle au XVe; il nous manque jusqu'à une bibliographie des bréviaires romains imprimés ! Et je ne parle pas des pièces d'archives que l'on pourrait mettre en lumière, concernant les diverses réformes du bréviaire romain au XVIe, au XVIIe et au XVIIIe siècle. On voudrait pouvoir consacrer des années à tant de recherches ; mais, du coup, ce ne serait plus un manuel que l'on écrirait, et un recueil comme les *Analecta liturgica* de M. Weale ne serait pas de trop. Force est donc de se restreindre, et de travailler simplement à s'orienter et à orienter.

« L'auteur s'est appliqué à dégager son sujet des questions rituelles pratiques qui relèvent soit de la théologie morale, soit de la Congrégation des Rites. Il s'est appliqué plus encore à le dégager des préoccupations qui ont trop longtemps, en France au moins, envenimé ces questions. Il a entendu faire œuvre d'archéologie chrétienne et d'histoire littéraire chrétienne. Plus heureux que tels liturgistes de la génération précédente, nous pouvons aujourd'hui parler de liturgie en ne pensant qu'à la liturgie ; dans nos critiques comme dans nos admirations, ne nous inspirer que d'elle ; et pour formule suprême de notre esthétique, prendre ces belles paroles, qui mériteraient d'être de saint Grégoire (puisqu'elles ne sont point de lui) : *Non pro locis res, sed pro rebus loca nobis amanda sunt* ».

Le livre de M. l'abbé Batiffol remplit très bien son objet. On a une idée nette de la matière dont il traite, quand on a lu avec une attention suffisante — et cette attention même, grâce aux qualités d'exposition de l'auteur, n'est pas sans charme — les six chapitres dont il se compose : I. La genèse des heures. II. Les origines de l'*ordo psallendi* romain. III. L'office romain du temps de Charlemagne. IV. L'office moderne et les bréviaires de la cour romaine. V. Le bréviaire du concile de Trente. VI. Les projets de Benoît XIV. — Ce serait faire injure à nos lecteurs que d'insister sur l'intérêt d'un pareil exposé pour la culture ecclésiastique, pour tout prêtre qui a quelque goût de réflexion et d'étude sur l'un des devoirs les plus ordinaires, sur l'un des exercices quotidiens de sa profession sacrée.

Mais là ne se borne pas l'utilité de ce volume. La science historique en général doit en profiter beaucoup. La vie chrétienne est trop intimement unie à la vie humaine chez les nations catholiques, pour que des notions exactes sur les origines et les formes successives de la prière publique et privée, ne soient pas une source considérable d'éclaircissements pour l'histoire des mœurs, et aussi — eu égard au caractère naturellement esthétique des rites et des circonstances diverses qui s'y rattachent — pour l'histoire des lettres et l'histoire des arts. Cela est vrai d'une façon toute particulière pour l'époque du moyen âge, où la liturgie fut sans aucun doute l'un des cadres habituels et préférés de la vie sociale. Un exemple bien significatif à cet égard, c'est la nécessité de connaissances liturgiques à qui veut serrer de près la question des origines du drame moderne, né, cela n'est pas douteux, au milieu des cérémonies du culte chrétien.

Notre éminent ami Léon Gautier nous paraît avoir vu juste en rattachant ces origines à ces petites interpolations dialoguées introduites dans les offices, notamment aux fêtes de Noël et de Pâques, à l'introït de la messe solennelle, vers la fin du IXe siècle, et cela d'abord dans les grands monastères,

comme celui de Saint-Gall en Suisse (1). Il nous
paraît y avoir concordance générale à cet égard
entre le résultat de ses études et celui des recherches spécialement consacrées aux offices dramatiques de Pâques par un savant allemand, M. Carl
Lange, et récemment signalées, résumées et discutées avec sa perspicacité ordinaire par M. Gaston
Paris (2). Le phénomène dont il s'agit ne doit pas
toutefois, croyons-nous, être rapporté, comme
M. Paris inclinait d'abord à le faire, au mouvement
liturgique des règnes de Pépin et de Charlemagne,
qui introduisit en France l'harmonieuse sobriété du
rite romain, en place des vieux rites gallicans, mais
à un développement nouveau qui se produisit à
l'époque de la décadence carolingienne et des premiers temps féodaux, dans les églises et surtout
dans les abbayes d'une grande partie de la chrétienté
occidentale, et qui eut un caractère de spontanéité
quelque peu irréfléchie et exubérante. Les notions
générales contenues dans le livre de M. Batiffol
nous paraissent confirmer cette façon de voir, à laquelle, si nous ne nous méprenons sur l'aimable
communication que nous avons eu l'honneur d'avoir
sur ce sujet avec le savant académicien, M. Gaston
Paris est aujourd'hui, sauf plus ample examen, très
disposé à se rallier.

---

(1) *Histoire de la poésie liturgique au moyen âge. Les Tropes.*
Paris, Alphonse Picard, 1886, p. 217 et suiv.
(2) *Journal des savants*, année 1892, p. 683 et suiv.

Pour trouver d'ailleurs la toute première origine du drame religieux du moyen âge, les germes dont l'éclosion, favorisée par des circonstances exceptionnelles, produisit les petits dialogues formellement dramatiques si bien étudiés, à des points de vue divers, par M. Léon Gautier et par M. Carl Lange, il faut remonter à une époque plus ancienne que celle à l'instant signalée par nous. Ces germes existaient depuis longtemps dans la liturgie et nous allons, à l'aide du livre de M. Batiffol, en constater la présence dans l'office romain du temps de Charlemagne.

Un de ces germes c'est, sans aucun doute, le caractère symbolique du rituel, caractère plus particulièrement accentué à certaines époques de l'année liturgique. Un exemple, entre autres, nous est offert par l'office des trois derniers jours de la semaine sainte. « Cet office, dit M. l'abbé Batiffol, était sûrement une pure création romaine... A l'office nocturne du jeudi saint, qui se célébrait à Saint-Jean-de-Latran, la basilique était illuminée comme à l'ordinaire. A l'office du vendredi saint, à Sainte-Croix-de-Jérusalem, on éteignait l'une après l'autre toutes les lumières, de sorte qu'à la fin du *Benedictus* de laudes il n'en restât plus qu'une d'allumée, que l'on faisait alors disparaître derrière l'autel (*reservetur absconsa usque in sabbato sancto*). C'était le signe que la lumière du monde était éteinte, le Christ mort, et que les ténèbres se faisaient sur toute la terre. L'office nocturne du samedi saint se célébrait dans l'obscurité *(tantum una lampada accendatur propter legendum)*. Ce symbolisme était du plus éloquent effet ».

La signification en était d'ailleurs précisée et rendue plus saisissante par le texte même de l'office et en particulier des répons, dont l'un des principaux objets était de caractériser le sens de l'anniversaire de joie ou de deuil célébré par l'Église. Autre germe incontestablement dramatique, comme l'a bien vu, en dehors de toute idée préconçue à ce sujet, M. l'abbé Batiffol :

« L'Église romaine, continue-t-il, n'aurait même pas eu besoin de cette symbolique mise en scène pour frapper l'esprit de ses fidèles. Tout le mystère, tout le drame de la Passion du Sauveur était dans les répons de son office. Toute la pitié de la victime résignée et pardonnante :

« Eram quasi agnus innocens : ductus sum ad immolandum et nesciebam. — Consilium fecerunt inimici mei adversum me dicentes : Venite, mittamus lignum in panem ejus, et conteramus eum de terra viventium. — Omnes inimici mei adversum me cogitabant mala mihi : verbum iniquum mandaverunt adversum me. — Venite, mittamus lignum in panem ejus, et conteramus eum de terra viventium. — Eram quasi agnus innocens, etc.

« Toute l'émotion de sa mère appelant au secours les apôtres qui ont fui :

« Vadis propitiatus ad immolandum pro omnibus.

Non tibi occurrit Petrus, qui dicebat mori tecum? Reliquit te Thomas qui dicebat : Omnes cum eo moriamur? Et ne unus ex illis? Sed tu solus duceris, qui castam me confortasti, filius et Deus meus! — Promittentes tecum in carcerem et in mortem ire, relicto te fugerunt. — Et ne unus ex illis...! — Vadis propitiatus ad immolandum, etc.

« Toute l'horreur de la conscience humaine à la vue d'une telle iniquité :

« Barabbas latro dimittitur et innocens Christus occiditur. Nam et Judas armidoctor sceleris, qui per pacem didicit facere bellum, osculando tradidit dominum Jesum Christum. — Verax datur fallacibus, pium flagellat impius. — Osculando tradidit... — Barabbas latro dimittitur, etc.

« Le tressaillement de la nature elle-même et de la Loi :

« Tenebræ factæ sunt, etc.
« Et velum templi scissum est, etc.

« Et, après cet orage de douleur, de trahison, de sang, après cet ébranlement de la terre et du ciel, l'apaisement dans les larmes :

« Recessit pastor noster, etc.
« Ecce quomodo moritur justus, etc.
« Domine, post passionem tuam et post discipulorum fugam, Petrus plorabat dicens : Latro te confessus est, et ego te negavi. Mulieres te prædicaverunt, et ego renui. Putas, jam vocabis me discipulum tuum? Aut iterum constitues me piscatorem mundi? Sed repœnitentem suscipe me, Domine, et miserere mei — Ego dixi in excessu meo : Omnis homo mendax. — Putas jam vocabis me...? Domine post passionem tuam, etc.

« L'office nocturne de ces trois jours devenait la grande représentation du mystère douloureux de la passion, de la mort, de l'ensevelissement du Sauveur, et des inexprimables regrets de l'humanité pénitente. Et il s'achevait, le samedi saint au matin, dans l'obscurité et dans les larmes de laudes : *Sedentes ad monumentum lamentabantur flentes Dominum* ».

Outre le caractère dramatique résultant du texte des répons, la façon même dont ils étaient exécutés par les voix alternées du préchantre et du chœur constituait un nouveau germe, d'où pouvait aisément éclore dans les esprits, par la force impérieuse de la cause exemplaire, l'idée du dialogue lyrique, puis du dialogue scénique. Il est curieux de constater le lien qui, par cette voie détournée et lointaine, relie les premières origines du drame moderne, à travers la liturgie catholique, aux antiques traditions de la musique et de la tragédie grecques.

« Je regrette infiniment, dit M. l'abbé Batiffol, de n'être point musicien, de ne point jouir de la cantilène de ces compositions responsorales, et d'en être réduit à les juger comme nous jugeons des parties chorales des tragédies antiques. Mais comme, à ce simple critérium, il reste encore de beautés à ces répons du propre du temps, à ces compositions ingénieuses et éloquentes, à ces humbles centons qui arrivent à parler un langage dramatique et éclatant, et à ranimer dans le sanctuaire des basiliques comme le dialogue du chœur de la tragédie grecque ! Ainsi cet admirable répons du premier dimanche de l'Avent, le répons *Aspiciens a longe*, où prêtant à Isaïe un rôle qui rappelle une scène célèbre des *Perses* d'Eschyle, la liturgie faisait adresser au chœur muet par le préchantre ces paroles énigmatiques :

« Aspiciens a longe ecce video Dei potentiam venientem, et nebulam totam terram tegentem. Ite obviam ei et dicite: Nuntia nobis si tu es ipse qui regnaturus es in populo Israël.

« Et tout le chœur, confondant en un ensemble profond les voix graves de ses moines et les notes claires de ses petits lecteurs, reprenait, comme l'écho tumultueux de la voix du prophète :

LE CHŒUR

« Aspiciens a longe ecce video Dei potentiam venientem et nebulam totam terram tegentem.

LE PRÉCHANTRE

« v. Quique terrigenæ et filii hominum, simul in unum, dives et pauper !

LE CHŒUR

« Ite obviam ei et dicite :

LE PRÉCHANTRE

« v. Qui regis Israël, intende. Qui deducis velut ovem Joseph ! Qui sedes super Cherubim.

LE CHŒUR

« Nuntia nobis si tu es ipse qui regnaturus es in populo Israël.

« Mais qu'avait-on besoin d'interroger ainsi l'horizon ? Celui qui venait était connu, et il était béni, et il n'y aurait pas de triomphe assez beau pour saluer sa venue.

LE PRÉCHANTRE

« v. Tollite portas, principes, vestras et elevamini portæ æternales, et introïbit.

LE CHOEUR

« Qui regnaturus es in populo Israël.

LE PRÉCHANTRE

« Gloria Patri et Filio et Spiritui sancto.

Et la phrase du début reprenait ensemble.

LE CHOEUR

« Aspiciens a longe... Ite obviam ei... in populo Israël ».

Ce n'est pas seulement la structure propre de cette petite composition poétique et musicale appelée *répons*, si bien mise en lumière par M. l'abbé Batiffol, ce sont, en général, toutes les variétés du chant *antiphoné*, en prenant ce mot dans son sens le plus étendu (alternance et réciprocité chorale entre le préchantre et le chœur, ou entre deux sections du chœur) qui ont constitué dans la liturgie catholique un puissant germe dramatique, que des circonstances exceptionnellement favorables développèrent, dans la seconde moitié du IXe siècle, jusqu'au dialogue proprement dit. Le drame nous paraît déjà bien près d'éclore dans des alternances et des appropriations comme celles de cette antienne encore en usage aujourd'hui dans l'office des Saints Innocents :

v. Sub throno Dei omnes sancti clamant :
n. Vindica sanguinem nostrum, Deus noster (1).

Le dialogue apparaît d'une façon sensible dans ce trope de l'introït de Noël du manuscrit 484 de Saint-Gall :

Hodie cantandus est nobis puer quem gignebat ineffabiliter ante tempora Pater, et eumdem sub tempore generavit inclyta mater.

Interrogatio. Quis est iste puer quem tam magnis præconiis dignum vociferatis ? Dicite nobis ut collaudatores esse possimus.

Responsio. Ille enim est quem præsagus et electus symmista Dei, ad terras venturum prævidens longe ante prænotavit sicque prædixit : *Puer natus est nobis,* etc (2).

Enfin le drame est positivement né dans cet autre trope du même office et du même manuscrit, que M. Léon Gautier considère avec raison comme le plus ancien monument connu (avec le trope analogue de l'introït de Pâques) du théâtre religieux du moyen âge :

Quem quæritis in præsepe, pastores, dicite ?

---

(1) Nous ignorons la date originaire de cette antienne, mais on en trouve la substance, sinon le texte littéral, dans des manuscrits nous reportant, pour le moins, au ixe siècle. Cf. Léon Gautier, *loc. cit.*, p. 168 en note.
(2) Léon Gautier, *loc. cit.*, p. 63.

Respondent : Salvatorem Christum Dominum, infantem pannis involutum, secundum sermonem angelicum.

Respondent : Adest hic parvulus cum Maria, matre sua, de qua vaticinando Isaias propheta : « Ecce Virgo concipiet et pariet filium. Et nuntiantes dicite quia natus est ».

Respondent : Alleluia ! Alleluia ! Jam vero scimus Christum natum in terris, de quo canite omnes cum Propheta dicentes : « *Puer natus est* » (1).

Il y avait encore dans la liturgie, à la même époque, un autre germe dramatique, distinct des répons et des tropes et dont l'importance a été considérable. Nous voulons parler de ces récits appelés *leçons* qui tenaient dans l'office, soit du missel, soit surtout des heures canoniales, une si large place. Ces récits, par eux-mêmes, par leur caractère narratif et oratoire, étaient déjà de nature à éveiller l'idée dramatique. Mais la façon dont ils étaient déclamés sur une mélopée demi-chantante, parfois avec des modifications et des inflexions de voix variées selon le caractère du sujet et même selon les diverses parties d'un même texte, ajoutait encore à leur effet et à la suggestion, pour ainsi parler, qui en résultait dans le sens du drame (2). A plus forte raison, quand la déclamation était partagée entre plusieurs voix, avec appropriation plus ou moins complète de ces voix di-

---

(1) Léon Gautier, *loc. cit.*, p. 218.
(2) Cf. Martène, *De antiquis Ecclesiæ ritibus*, t. III. p. 230.

verses aux paroles des personnages qui figuraient dans la narration liturgique. Le chant de la Passion, le dimanche des Rameaux et le vendredi saint, nous a conservé dans la liturgie actuelle un remarquable exemple de ces appropriations, qui étaient de véritables ébauches de dialogue.

A quelle date exacte remonte l'emploi de cette mélopée multiple? C'est ce que nous ne saurions dire. Mais nous serions bien surpris — si même elle ne figurait pas dans le rite romain du temps de Charlemagne — qu'elle ne fût pas déjà quelque peu en usage dans les monastères de Gaule et de Germanie vers le milieu du IXe siècle, et nous conjecturons que ce procédé y fut, dans la seconde moitié de ce siècle, durant tout le suivant et au delà, très largement développé, et appliqué à nombre de *leçons* liturgiques qui ne le comportaient pas à l'origine et qui, à partir d'une certaine époque, ont cessé d'en recevoir l'application. Nous croyons avoir établi que tout le cycle dramatique du *Vieux Testament*, l'une des principales parties du théâtre religieux au moyen âge, est sorti d'une *leçon* de ce genre, déclamée de cette façon aux *Matines* de Noël (1). Il ne serait peut-être pas trop téméraire

---

(1) Cf. notre travail intitulé : *Les Prophètes du Christ, étude sur les origines du théâtre au moyen âge*. Paris, Didier 1878, in-8° (Extrait de la *Bibliothèque de l'École des Chartes*, années 1867, 1868 et 1877) et notre volume : *Le Drame chrétien au moyen âge*. Paris, Didier, 1878, in-12.

de chercher aussi dans les *leçons* et dans le procédé de récitation liturgique qui leur fut appliqué à l'époque susdite, la toute première origine des *Miracles* des saints et de la Sainte Vierge *par personnages*, l'un des genres les plus curieux et les plus considérables du même théâtre religieux.

Certaines observations de M. l'abbé Batiffol sur l'effrayante longueur des leçons du IXe et du Xe siècle et sur les efforts des chefs de Cluny, au XIe siècle, pour en restaurer l'ampleur, qui tombait en désuétude, nous confirmeraient dans cette hypothèse. « Audio lectiones vestras, écrit Udalric, in hieme et in privatis noctibus multum esse prolixas... » (1) N'y avait-il pas, dans la mélopée multiple et quasi-dramatique dont il s'agit, un moyen d'atténuer la fatigue de ces longues récitations nocturnes, et de réveiller l'esprit et partant le corps des vieux moines, et aussi des jeunes novices, tentés parfois d'assoupissement ? D'autre part, ce relâchement dans la récitation de l'office quotidien, auquel s'efforçait de remédier l'austérité de Cluny, n'avait-on pas essayé, en quelque façon, de le compenser dans les autres monastères, par une plus grande splendeur, un plus riche déploiement de toutes les ressources de la poésie, de la mélodie et de la mélopée liturgiques dans l'office des fêtes principales ? Or, sans aucun doute, il faut compter parmi ces

---

(1) L'abbé Batiffol, *loc. cit.*, p. 162.

fêtes quelques-uns des anniversaires consacrés à la Sainte Vierge et à un certain nombre de bienheureux.

Le mouvement littéraire, poétique et musical, ajoutons artistique en songeant aux origines et aux caractères de l'art roman, qui se produisit dans les grandes abbayes du milieu du IXe à la fin du XIIe siècle, a déjà donné lieu à de remarquables travaux, mais il y a, croyons-nous, encore beaucoup à chercher, à trouver, à élucider sur ce sujet (1). Ce mouvement est étroitement lié avec les origines et les premiers développements de l'art dramatique dans la chrétienté occidentale. Comme les grandes abbayes étaient de grandes écoles, il y a, dans l'histoire du théâtre religieux, au XIe et au XIIe siècle, une curieuse et très importante période *scolaire*. Puis, du milieu du XIIe au milieu du XIIIe siècle, la langue vulgaire et les confréries demi-séculières s'emparent de plus en plus, en France du moins, ou dans les pays de langue française, de ce théâtre qu'elles commencent, pour ainsi dire, à dégager de ses langes, mais en lui conservant longtemps encore les habitudes et les souvenirs de son berceau. La vieille marque liturgique est très apparente dans le drame d'*Adam* et dans

---

(1) Parmi les récents écrits qui s'y rapportent, nous signalons et recommandons le savant mémoire de M. le chanoine Ulysse Chevalier: *Poésie liturgique du moyen âge. Rythme et histoire. Hymnaires italiens.* Paris et Lyon, 1893, in-8°.

le fragment ancien de la *Résurrection* ; on peut aussi la reconnaître, quoique plus effacée, dans le *Jeu de saint Nicolas* de Jean Bodel et même dans le *Miracle de Théophile* de Rutebeuf.

1894.

II

Cycle dramatique de Pâques

LES LAMENTATIONS DE LA SAINTE VIERGE

L'office du vendredi saint, si austère qu'il soit et doive être, n'exclut pourtant pas, personne ne l'ignore, les rites figurés, dont l'usage est conforme à la fois aux traditions constantes de la religion et aux besoins invincibles de la nature humaine, que la religion a pour objet d'épurer et de satisfaire. Il est inutile d'insister sur le caractère dramatique de l'adoration de la Croix et de la figuration du saint tombeau. Le chant de la Passion, nous l'avons dit, touche au drame par un autre point, par cette division du récit entre plusieurs voix qui constitue déjà une sorte de dialogue. Ces rites et ce mode de chant sont très anciens dans la liturgie ; on les y a certainement employés à une époque où l'on ne songeait pas encore à y introduire, comme on le fit à la fin du neuvième siècle par voie d'interpolation, un élément positivement et spécialement dramatique. Cet élément fut représenté à l'origine par les petits drames des *Bergers* et du *Sépulcre*, auxquels d'autres s'ajoutèrent, et l'on vit peu à peu se former, comme nous l'avons expliqué, dans notre volume sur le *drame chrétien*, les cycles dramatiques de Noël et de Pâques, les mystères de la *Nativité* et de la *Résurrection*.

L'un des moyens de développement du drame de la *Résurrection* fut de remonter en arrière dans le récit des événements douloureux et divins par lesquels s'est accomplie la rédemption de l'humanité. Le drame latin du manuscrit de Tours, publié par M. Luzarche et reproduit par M. de Coussemaker (1), produit en scène Pilate songeant à faire garder le sépulcre, et le fragment français du manuscrit de Paris (902 du fonds français à la Bibliothèque nationale) fait commencer l'action, pour ainsi dire, au pied de la Croix, avant l'ensevelissement du Sauveur. A ce point, la liturgie extraordinaire du jour de Pâques se rencontrait avec l'office du vendredi saint, où une liturgie dramatique et extraordinaire s'était également développée, mais plus tard et dans une bien moindre mesure, eu égard au caractère de pénitence et de deuil qui marque entre tous l'anniversaire du grand sacrifice.

---

(1) *Drames liturgiques du moyen âge*. Paris, Victor Didron, 1861, in-4°.

Le mode employé pour le chant de la Passion devait bien conduire peu à peu à la constitution, sur ce sujet, d'un drame proprement dit ; mais ce drame, une fois constitué, fut transporté hors de la semaine sainte, aux fêtes de Pâques.

La liturgie dramatique et extraordinaire du vendredi saint consista donc, non pas dans ce drame, auquel toutefois elle fournit des éléments, mais dans une lamentation (*planctus*) sur les souffrances et sur la mort du Sauveur, récitée à l'origine par un seul personnage, figurant la Sainte Vierge, mais qui fut ensuite dialoguée entre Marie et saint Jean, le disciple bien-aimé ; où l'on ne craignit pas de faire parler le Christ en croix, et à laquelle prirent enfin part un assez grand nombre de personnages : les autres Maries, et notamment Marie-Madeleine, saint Pierre, pleurant sa trahison, Nicodème et Joseph d'Arimathie préparant la sépulture du Sauveur, et même dans certaines versions le vieillard Siméon et plusieurs personnages de l'Ancien Testament. La langue vulgaire fut admise d'assez bonne heure dans ces complaintes, d'abord pour traduire et paraphraser les anciennes versions latines, puis d'une façon relativement indépendante, mais avec un caractère toujours assez étroitement liturgique, qui restreignit aussi les développements de la mise en scène.

Les instructions placées en tête d'un *planctus* du quinzième siècle, en vers allemands, conservé dans un manuscrit de Bordesholm en Holstein, publié par M. Haupt et étudié par M. Wilken (1), donnent une juste idée de l'esprit et du caractère de cette liturgie extraordinaire et dramatique du vendredi saint.

« Ici commence, dit la rubrique, une lamentation très dévote de la bienheureuse Vierge Marie, avec une musique très dévote et très touchante.

« La bienheureuse Vierge Marie fait cette lamentation très dévotement avec quatre personnes dévotes, le bon jour du vendredi saint, avant dîner, dans l'église, devant le chœur, dans un lieu un peu élevé, ou hors de l'église, si le temps est bon. Cette lamentation n'est pas un jeu ni une farce, mais c'est une plainte et une lamentation et un pieux gémissement de la glorieuse Vierge Marie, et quand elle est faite par de sages et dévotes personnes, elle excite vivement les assistants aux larmes et à la compassion de telles douleurs, comme fait le sermon dévot du vendredi saint sur la Passion de Notre-Seigneur Jésus-Christ. Si on ne peut la faire commodément le vendredi saint, à cause du sermon de la Passion de Notre-Seigneur, alors, que la bienheureuse Vierge Marie fasse cette lamentation avec ses compagnons un jour précédent, comme, par exemple, le mardi après le dimanche des Rameaux, avant dîner. Cette

---

(1) *Geschichte der geistlichen Spiele in Deutschland.* Goettingen. — 1872, in-8°, p. 198 et suiv.

complainte peut se faire commodément en deux heures et demie.

« Tout ce qui doit être fait par les cinq personnages ne doit l'être ni avec précipitation, ni avec une excessive lenteur, mais dans une bonne et moyenne mesure. Jésus doit être représenté par un pieux prêtre, Marie par un jeune clerc, saint Jean l'Évangéliste par un prêtre, Marie-Madeleine et la mère de saint Jean par de jeunes clercs. Jésus doit se vêtir d'une chasuble rouge, et Jean de même. Jésus et Jean doivent avoir des diadèmes de papier. Le diadème de Jésus doit être marqué d'une croix rouge devant et derrière, Marie doit s'habiller de vêtements semblables à ceux que porte Marie-Madeleine dans l'office de la nuit de Pâques. Jean doit avoir un glaive de bois avec un fourreau. Il tient ce glaive d'une main quand il sort de la sacristie, et de l'autre main son rôle. Par instants Jean doit toucher de la pointe de ce glaive le cœur de Marie ou sa poitrine. Mais, quand il doit agir, il dépose ce glaive à terre. Un jeune clerc bien vêtu peut être là pour tenir le glaive et aussi le linge de soie avec lequel la Sainte Vierge doit couvrir le crucifix au moment convenable.

« Le Seigneur Jésus, quand il sort de la sacristie avec les quatre autres personnages, porte dévotement une croix dans ses mains, et quand il a chanté le verset : *Quoniam tribulatio proxima est*, aussitôt il dépose la croix, et, tandis que l'on fait la complainte, le Seigneur Jésus doit avoir un crucifix devant soi, et quand lui-même doit agir, alors il dépose la croix et écarte le crucifix.

« La Sainte Vierge se tient à droite de Jésus-Christ avec Marie-Madeleine, Jean à gauche avec sa mère. Quand la Vierge Marie chante sa partie, alors elle vient au milieu et tantôt se tourne vers son divin Fils à l'orient, tantôt à l'occident, tantôt au nord, tantôt au midi, et cependant contre sa poitrine est dirigé le glaive prédit par le vieillard Siméon et que tient saint Jean. Tantôt la Sainte Vierge étend les bras, tantôt elle lève vers son Fils les mains et les yeux. Mais tous ces gestes doivent être faits avec discrétion. Quand la Sainte Vierge a fini, elle s'en retourne à sa place à la droite du Sauveur. Les autres personnages font de même.

« Quand les personnages sortent de la sacristie ou de l'église, ou qu'ils y rentrent, ils s'avancent en trois couples : d'abord le Seigneur Jésus tenant sa croix avec saint Jean l'Évangéliste, ensuite la Sainte Vierge avec Marie-Madeleine, en dernier lieu la mère de saint Jean avec le *recteur*. Celui-ci entonne le psaume : *Circumdederunt me viri mendaces*, et ce chant se poursuit en commun jusqu'à ce que l'on soit arrivé au lieu préparé pour la représentation. Le psaume fini, le Seigneur Jésus chante seul le verset : *Quoniam tribulatio proxima est*, et il se tourne ensuite vers l'occident, etc. Que chaque personnage dise son rôle avec dévotion, faisant sa lamentation sur le même rythme et d'un ton discret ».

On voit d'abord la ressemblance de ces *planctus* avec les *oratorios* tels que ceux de Bach, qui ne sont peut-être pas avec eux sans quelque lien de filiation. Les lamentations dialoguées du vendredi saint furent, à ce qu'il semble, introduites dans la liturgie de ce jour, ou, pour mieux dire, juxtaposées à cette liturgie, par imitation de ce drame plus ancien du *Sépulcre*, que l'on représentait la nuit ou le jour de Pâques, et dont l'un des moyens de développement avait été de donner un large champ aux lamentations des saintes femmes, et en particulier de sainte Marie-Madeleine. Toutefois, il est possible que l'influence des lamentations dialoguées du vendredi saint ait à son tour agi sur le développement du drame de Pâques. Cela est même probable, et je crois retrouver la trace de cette influence dans un beau *Cantique dialogué de la Résurrection* en vers latins rythmiques publié par M. Mone, d'après un manuscrit de Lichtenthal, et reproduit par M. Édélestand Du Méril (1).

LE CHOEUR

« Le Christ s'élance hors du tombeau avec le trophée

---

(1) *Origines latines du théâtre moderne*, Paris 1849, in-8°, p. 108.

de sa victoire. L'Agneau est devenu lion. Sa mort a vaincu la Mort. Il a forcé les portes de l'enfer par la vertu de son sacrifice.

« Oui, c'est lui l'Agneau qui, suspendu en croix, a racheté toutes les brebis. Nul ne compatissait à ses souffrances. Mais le feu du chagrin dévorait Marie-Madeleine.

LES ANGES

« Dis-nous, Marie, qu'as-tu vu en contemplant la croix du Christ ?

MARIE

« J'ai vu Jésus dépouillé, élevé en croix par la main des pécheurs.

LES ANGES

« Dis-nous, Marie, qu'as-tu vu en contemplant la croix du Christ ?

MARIE

« J'ai vu sa tête couronnée d'épines, son visage souillé de crachats, plein de marques de coups.

« J'ai vu ses mains trouées de clous, son flanc percé d'une lance, source vive d'amour.

LES ANGES

« Dis-nous, Marie, qu'as-tu vu en contemplant la croix du Christ ?

MARIE

« J'ai vu qu'il se recommandait à son Père, puis il inclina la tête et rendit l'esprit.

LES ANGES

« Dis-nous, Marie, qu'as-tu fait après avoir perdu Jésus ?

MARIE

« J'ai pleuré avec sa Mère, je l'ai reconduite à sa demeure ; puis, je me suis prosternée à terre et j'ai gémi sur l'un et l'autre.

LES ANGES

« Dis-nous, Marie, qu'as-tu fait après avoir perdu Jésus ?

MARIE

« Ensuite j'ai préparé des parfums et j'ai visité le sépulcre. Mais je n'ai point trouvé celui que j'aimais et j'ai redoublé mes plaintes.

LE CHOEUR

« Dis-nous, Marie, qu'as-tu vu dans le chemin ?

MARIE

« J'ai vu le sépulcre du Christ vivant, j'ai vu la gloire du Christ ressuscité ».

Les lamentations dialoguées du vendredi saint fournirent un des moyens de développement de ces premiers drames de la Passion, issus du mode de chant dont nous avons parlé, et transportés aux fêtes de Pâques. Il suffisait de les y intercaler à la scène du crucifiement. C'est un fait que nous nous bornons à constater aujourd'hui, et dont il nous est resté des preuves formelles. Un autre point, qui n'est pas non plus douteux, ne se laisse pas déterminer aussi aisément. Il s'agit du rapport exact des *planctus* du vendredi saint avec l'incomparable *Stabat*, dont on retrouve quelques strophes dans deux ou trois de ces complaintes. Antérieur aux versions les plus récentes des lamentations dialoguées, le *Stabat* est peut-être postérieur aux plus anciennes, et l'on aurait plaisir à croire que l'auteur de ce chant sublime s'est inspiré de l'effet produit sur ses regards et sur son âme par quelqu'une de ces représentations de la liturgie extraordinaire, en saisissant, par une intuition de génie, à travers cette figuration trop imparfaite, la scène même du Golgotha.

1878.

III

Les deux drames de Lazare

Parmi les documents les plus intéressants pour l'histoire du drame chrétien au moyen âge, dans cette phase de son développement à laquelle nous avons donné naguère le nom de *semi-liturgique*, il faut compter les deux pièces latines sur la *Résurrection de Lazare*, qui nous sont parvenues, l'une dans un manuscrit du douzième siècle, contenant des poésies d'Hilaire, disciple d'Abélard (1), l'autre, dans un recueil du treizième, provenant de l'abbaye de Saint-Benoît-sur-Loire et conservé aujourd'hui dans la bibliothèque de la ville d'Orléans. L'une et l'autre se rattachent au cycle pascal, c'est-à-dire à cette série de jeux dramatiques destinés à

---

(1) Sur Hilaire, son caractère et ses poésies, voyez notre récent ouvrage intitulé : *Saint-Gildas de Ruis. Aperçus d'histoire monastique*. Paris, Téqui, 1900, in-18, p. 165 et suiv. On trouvera le texte du drame en question et aussi celui du *Lazare* de Saint-Benoît-sur-Loire dans le recueil d'Édélestand Du Méril. Le second figure aussi dans le recueil de Coussemaker.

célébrer avec plus d'éclat et de joie les fêtes de Pâques. Voici comment la scène de la *Résurrection de Lazare* avait été, selon nous, naturellement introduite parmi les sujets consacrés des représentations pieuses alors en usage à cette époque de l'année.

Cette introduction a eu lieu par l'intermédiaire des premières *Passions* dramatiques. Nous avons essayé, dans une étude spéciale (1), d'expliquer en vertu de quelle déduction logique et au moyen de quels procédés on était arrivé à extraire un drame du récit ou du chant semi-dialogué de la Passion, qui fait partie des offices de la semaine sainte, comment on avait accru ce drame par des intercalations et des additions successives, et par quelle raison naturelle de convenance la représentation du jeu de la *Passion du Sauveur* avait été placée, non pas au temps même de l'office qui en avait suggéré l'idée, mais dans la période de réjouissance qui s'ouvrait avec la fête de Pâques. Nous avons indiqué comment la scène du *Souper chez Simon*, qui se trouve au début du récit de la Passion selon saint Mathieu tel qu'on le lit encore à l'évangile du dimanche des Rameaux, combinée avec la même scène, telle que la rapporte saint Jean, avait amené naturellement, dans les *Passions* dramatiques, l'in-

---

(1) Selon l'ordre adopté pour le présent volume, l'étude dont il s'agit, bien que composée antérieurement à celle-ci, vient immédiatement après.

troduction des personnages de Marie-Madeleine, de Marthe et de Lazare, et par suite la représentation du divin miracle accompli en faveur de cette famille, chère au Rédempteur.

Le mystère de la *Passion* de Benedictbeuern qui nous a conservé, dans ses diverses parties, les échantillons de plusieurs manières successives, et comme une réunion de constructions de différents âges, le mystère de Benedictbeuern nous présente, à la suite de la scène du *Souper chez Simon*, celle de la *Résurrection de Lazare*, sous une forme dramatique extrêmement abrégée et tout à fait primitive :

« Jésus ira pour ressusciter Lazare. Marthe et Marie-Madeleine viendront au devant de lui en pleurant. Jésus chantera :

« Lazare, notre ami, dort ; allons le tirer de ce sommeil.

MARTHE ET MARIE *ensemble*

« Seigneur, si vous aviez été ici, notre frère ne serait pas mort.

CLERUS (c'est-à-dire LE LECTEUR OU LE CHOEUR)

« Le Seigneur, voyant les sœurs de Lazare pleurer près de son tombeau, se mit aussi à verser des larmes, puis il cria :

JÉSUS

« Lazare, sors du sépulcre.

CLERUS

« Et Lazare se dressa, les pieds et les mains liés, comme sont les morts ».

Le tableau qu'offre l'Évangile est trop beau et

trop dramatique pour qu'en maint endroit on n'ait pas donné dans les *Passions* représentées à Pâques un développement plus étendu à la scène de la *Résurrection de Lazare*. Il faut remarquer d'ailleurs que, même longtemps avant la création du drame religieux, il était sans doute d'usage, dans les écoles monastiques, de proposer ce sujet comme un très bon exercice de narration en prose ou en vers. Certains traits à peine indiqués dans l'Écriture, par exemple les plaintes des deux sœurs et les consolations qu'un certain nombre de leurs amis leur vinrent apporter de Jérusalem, fournissaient une excellente occasion pour ces lieux communs oratoires et poétiques, qui ont de tout temps occupé une si grande place dans les compositions scolaires. A plus forte raison la veine des maîtres et des étudiants dut-elle se donner volontiers carrière, quand il s'agit d'appliquer les ressources de l'éloquence et de la versification à étendre et à orner l'un des épisodes de ces jeux dramatiques de Pâques, qui comptaient au nombre des réjouissances les plus aimées des grandes écoles. La scène de la *Résurrection de Lazare*, ainsi étendue et parée des charmes du rythme, devint alors assez importante pour être, au besoin, détachée de la représentation de la *Passion du Sauveur* et considérée comme un drame à part. C'est à ce point de vue que se sont placés les auteurs des deux versions qui nous sont parvenues.

Néammoins, l'une de ces versions, celle de Saint-Benoît-sur-Loire, a conservé, dans son texte et dans ses indications scéniques, quelques marques de son origine. Tout d'abord, nous ferons observer que la représentation de ce jeu aux fêtes de Pâques résulte assez clairement de l'emprunt fait à la liturgie du chant *Mane prima sabbati*, placé ici dans la bouche des disciples du Sauveur, lorsqu'ils entrent en scène avec le divin Maître. En second lieu, le lien de filiation qui rattache la *Résurrection de Lazare* aux *Passions* dramatiques est mis en lumière par ce fait que, dans la version dont nous parlons, la représentation de *Lazare* est précédée de celle du *Souper chez Simon*, qui lui sert de prologue.

Il est vrai que cette scène n'est pas, à proprement parler, la même qui figure au début de la Passion selon saint Mathieu, qu'a aussi racontée saint Marc, et pour laquelle saint Jean ajoute de nouveaux détails dans le chapitre qui suit celui où il a fait le récit de la résurrection de Lazare. Il s'agit en effet, dans notre pièce, de ce premier repas à Béthanie, qui fut l'occasion de la conversion de Madeleine et dont le souvenir nous a été transmis par saint Luc (chap. VII, vers. 36 et suiv.). Mais cela n'infirme en aucune manière notre théorie. Il est certain, en effet, que les auteurs des premières *Passions* dramatiques avaient souvent réuni ces deux scènes en une seule. Cela résulte avec évidence de la version du *Souper chez Simon*, telle qu'elle figure dans le mystère de Benedictbeuern, où elle est immédiatement suivie de la *Résurrection de Lazare*. En se conformant à la tradition dramatique qui plaçait l'un à côté de l'autre, dans les jeux de Pâques, ces deux épisodes : le *Souper chez Simon* et la *Résurrection de Lazare*, l'auteur de la version de Saint-Benoît-sur-Loire, par un trait d'intelligence dont il faut le louer, a uniquement mis en scène le premier souper, celui que raconte saint Luc, dont le texte lui fournissait un prologue se reliant naturellement à son sujet principal.

Nous devons noter aussi le titre que porte dans le manuscrit la version de Saint-Benoît-sur-Loire : « Ici commencent des vers sur la résurrection de Lazare. — *Incipiunt versus de Resurrectione Lazari* ». Ce titre reporte notre esprit aux anciens devoirs scolaires, et, en même temps, confirme notre opinion sur le lien originaire de cette scène avec les *Passions* dramatiques, où il est très probable qu'on intercalait, à certaines représentations, à la place de telle partie en prose, de plus longs développements en vers.

L'autre version du jeu de la *Résurrection de Lazare*, celle d'Hilaire, ne nous fournit pas des indications analogues à celles que nous a conservées la version de Saint-Benoît-sur-Loire ; l'auteur, détachant nettement son sujet, l'a traité d'une façon, pour ainsi dire, isolée et exclusive. Mais il ne nous paraît pas douteux pourtant que l'origine est la même. La comparaison des deux versions est, d'ailleurs, d'autant plus intéressante que, bien qu'issues d'un progrès semblable, elles sont indépendantes l'une de l'autre. Les deux auteurs ne se sont ni copiés, ni peut-être même connus, et de même qu'ils puisaient, chacun de son côté, l'idée de leurs pièces dans les *Passions* antérieures, ils en prenaient aussi, chacun de son côté, la matière dans l'Évangile.

Tantôt c'est l'un, tantôt c'est l'autre que l'on trouve plus fidèle au texte de l'Écriture, et l'on ne remarque pas moins de différence dans les parties d'invention ou d'amplification qui sont plus particulièrement l'œuvre des auteurs, par exemple dans les consolations adressées à Marthe et à Marie par les Juifs qui les assistent dans leur douleur. Les consolations, dans Hilaire, sont d'une philosophie assez matérielle et terre à terre, et peuvent se résumer dans cette pensée : « Il est inutile de pleurer les morts, cela ne les fait pas revivre ». Dans la version de Saint-Benoît-sur-Loire, les consolateurs présentent au contraire aux deux sœurs désolées les grandes pensées de la résignation à la volonté divine et de l'immortalité bienheureuse. Mais il faut noter que si cette dernière manière est en elle-même plus élevée et plus religieuse, celle d'Hilaire a peut-être un caractère plus dramatique, en ce qu'elle peut sembler plus conforme à l'incrédulité des Juifs, que le miracle du Sauveur doit tout à l'heure convertir.

Cette distinction n'est pas la seule qu'il y ait à faire entre les deux drames qui, à cause de leur commune origine et de leur destination semblable, ont d'ailleurs bien des traits communs. L'un et l'autre sont des jeux scolaires, de forme semi-liturgique, avec ce caractère *dithyrambique* que nous avons eu plusieurs fois l'occasion de signaler dans les œuvres de ce genre et qui reporte la pensée, par analogie, aux origines de la tragédie grecque. Tous deux sont composés en vers latins rythmiques, et, d'un bout à l'autre, étaient chantés.

Il est assez probable que le drame d'Hilaire est plus ancien. L'antériorité du manuscrit et la date même que suppose le nom de l'auteur, disciple d'Abélard, sont, à cet égard, des présomptions à retenir, à l'appui desquelles s'ajoutent encore la plus grande concision de l'œuvre et le lien assez puissant qui paraît rattacher la représentation à la liturgie. « Si le jeu a été fait à Matines, dit la rubrique finale, que Lazare entonne : *Te Deum laudamus* ; si à Vêpres : *Magnificat anima mea Dominum* ». Cependant, à en juger par plusieurs de ses caractères intrinsèques, la version d'Hilaire représente, au point de vue dramatique, un progrès plus marqué que celle de Saint-Benoît-sur-Loire, et cela tient probablement au talent plus personnel de son auteur.

L'un des traits les plus curieux, mais non les plus heureux, du drame d'Hilaire, est le mélange de refrains en langue vulgaire à un certain nombre de strophes latines. Cette bigarrure produit un effet étrange, qui, sans doute, plaisait à l'oreille des étudiants français, et dont l'originalité n'était peut-être pas alors sans puissance, outre que cette *farcilure* était fort du goût des spectateurs illettrés.

Le ton de la version entière est d'ailleurs plus populaire, plus vivant que celui de la version de Saint-Benoît-sur-Loire. L'auteur avait, ce semble, un vif instinct du drame. Il a fort habilement évité la monotonie presque inhérente au système strophique, que lui imposait la destination de son drame, par la variété des rythmes qu'il manie avec beaucoup de dextérité. Il a su jeter entre ses strophes quelques dialogues rapides et bien coupés. Il a donné aux lamentations de Marthe et de Marie un caractère de véhémence peut-être trop passionnée, mais réellement dramatique. Son vers, toujours facile et brillant, prend une énergie singulière, son style s'élève et s'épure quand il fait parler Jésus-Christ :

> JESUS *dicet* :
> Nunc comprimas
> Has lacrymas
> Et luctum qui te urget :
> Frater tuus
> Est mortuus
> Sed facile resurget.

MARTHA *ad Jesum*:

>Resurgere
>Et vivere
>Fratrem meum affirmo,
>Tunc denique
>Quum utique
>Resurget omnis homo.

JESUS *iterum* :

>Imo, soror, non despera,
>Nam sum ego vita vera ;
>Et quicumque credet ita
>Vivet in me qui sum vita...

JESUS *suspiciens in cœlum, sic orabit ad Patrem* :

>Pater, verbum tuum clarifica,
>Lazarumque, precor, vivifica ;
>Sic filium mundo notifica,
>   Pater, in hac hora.

>Nec hoc dixi ex diffidentia,
>Sed pro gentis hujus præsentia,
>Ut de tua certi potentia
>   Credant in hac hora...

Il faut enfin louer Hilaire de l'idée heureuse et dramatique qui lui a fait placer dans la bouche de Lazare ressuscité et remerciant Jésus-Christ, l'exhortation aux assistants qui termine la pièce.

Parmi ces qualités, et dans ces qualités mêmes on semble reconnaître, en lisant la version d'Hilaire, une certaine tendance à faire descendre le drame religieux des hauteurs de la représentation enseignante et symbolique vers la région moins élevée où se déploie l'action proprement scénique et où l'on recherche surtout l'effet théâtral et le plaisir qu'il procure. C'est à la fois un progrès et une certaine déchéance. La version de Saint-Benoît-sur-Loire, quoique vraisemblablement de date plus récente, est remarquable, au contraire, par l'élévation constante et uniforme, la gravité calme et majestueuse, l'ampleur et la solennité un peu raides de sa démarche toute hiératique. On croirait voir se dérouler la pompe d'une procession liturgique, ou même se mettre l'un après l'autre en mouvement les personnages de ces tableaux sculptés dans la pierre qui ornent les porches des vieilles cathédrales.

Le système de versification adopté par l'auteur est pour beaucoup dans la majesté un peu monotone de son œuvre. Son drame est écrit tout entier en strophes de six vers exactement semblables ; le premier, le second, le quatrième et le cinquième vers sont de dix syllabes, le troisième et le sixième, de quatre. Dans le partage de ces strophes entre les divers rôles, la seule concession qu'ait faite l'auteur pour obtenir une rapidité plus grande dans le dialogue, a été de couper quelquefois sa strophe en deux demi-strophes, par exemple :

JESUS

Loqui tecum, ò Simon, habeo ;
Namque tuos aperte video
  Cogitatus.

SIMON

Nunc, magister, quod placet loquere ;
Auscultando quidquid vis dicere
Sum paratus.

A cette disposition, plutôt lyrique que dramatique de la forme, correspond, dans le drame de Saint-Benoît-sur-Loire, le caractère moins dramatique que didactique et théologique du fond. C'est ainsi, par exemple, que, dans ces paroles de Marthe et de Marie, le poète s'attache à mettre en relief la nature divine plutôt que la nature humaine du Rédempteur, dont les sœurs de Lazare regrettent l'absence et vont implorer le secours :

MARTHE

« Chère sœur, je crois bien que cette déplorable maladie de notre frère est inguérissable; pour que la santé lui soit rendue, il nous faut implorer la souveraine bonté de notre Père.

« Lui seul est notre appui ; lui seul, notre consolation ; mais, à cette heure, il est absent ; il est absent corporellement, car, spirituellement, il est présent partout.

MARIE

« Envoyons-lui donc un message ; demandons-lui son aide, et il nous l'accordera ; si nous lui faisons connaître le malheur qui nous frappe, bientôt il mettra un terme à notre douleur.

« Ce n'est pas qu'il ignore rien de ce qui se passe, mais envoyons-lui un messager qui, de notre part, l'informe actuellement, et qui implore sa miséricorde afin qu'il daigne nous assister de sa présence corporelle ».

La précision scolastique des termes employés nous fait assez voir que, dans la version de Saint-Benoît-sur-Loire, composée sans doute par un religieux de cette abbaye ou sous sa direction, c'est presque toujours l'auteur lui-même qui s'exprime par la bouche des personnages. La pièce, considérée sous cet aspect, semble plutôt un hymne ou une prose dialoguée qu'un drame proprement dit, et par là rappelle encore les dithyrambes tragiques de la Grèce. Mais aussi, en se plaçant à ce point de vue, il faut lui reconnaître une réelle valeur. Ce n'est pas un poète sans mérite qui a écrit les strophes suivantes :

LES JUIFS *consolant Marie et Marthe*

« Ne vous laissez pas abattre par l'infortune ! Même en de tels chagrins il faut laisser entrer quelque apaisement dans son cœur. Nous gémissons avec vous sur cette mort, mais nous ne pensons pas qu'il faille vous abandonner à cet excès de douleur.

« Nous aussi nous mourrons pareillement ; l'hameçon de la mort harponne également tous les mortels : nous entrons dans la vie sous cette loi qu'un jour il nous faudra sortir de notre prison de chair.

« Ne pleurez donc pas ainsi sur votre frère chéri ; sa sortie de ce monde devrait plutôt nous réjouir ; le voilà délivré de bien des tortures, libre des souffrances qui nous restent à endurer.

« Vous le savez assez, il faut nous soumettre à la volonté de Dieu. C'est lui qui a voulu que votre frère mourût ; il est défendu à notre aveugle faiblesse de contredire sa volonté ou sa puissance.

« Demandons-lui plutôt par d'humbles prières qu'il accorde à votre frère le don de la vraie vie; qu'il lui donne place dans ce céleste royaume où l'on jouit d'un repos et d'un bonheur sans fin ».

JUDÆI *consolantes dicant :*

Non vos sternat hoc infortunium !
Inter tantos casus solatium
    Est habendum ;
Hac de causa vobis congemimus,
Sed defunctum non esse credimus
    Sic deflendum.

Moriemur et nos similiter ;
Omnes gentes aduncat pariter
    Mortis hamus :
Tali lege intramus sæculum,
Ut quandoque carnis ergastulum
    Exeamus.

Pro dilecti fratris interitu
Ne ploretis ; in ejus exitu
    Est gaudendum :
Liberatus multis suppliciis
Jam evasit quod restat aliis
    Patiendum...

Satis scitis, sic Deo placuit ;
Ipse vestrum germanum voluit
    Sic obire :
Voluntati sive potentiæ
Prohibetur nostræ miseriæ
    Contra ire.

Est rogandum nobis humillime
Ut germani donetur animæ
    Vera dies ;

> Sit in cœli locatus solio,
> Ubi semper est exultatio
> Atque quies.

Nous n'insisterons pas aujourd'hui sur les procédés mis en usage pour la représentation de la *Résurrection de Lazare*. Nous avons plusieurs fois exposé dans notre volume sur le *Drame chrétien* la disposition scénique de ces jeux scolaires. Malgré le caractère moins dramatique du texte, la mise en scène de la version de Saint-Benoît-sur-Loire paraît avoir été plus développée que celle de la version d'Hilaire. Les indications du moins en sont plus précises et plus explicites : « Que l'on introduise d'abord Simon avec un cortège de quelques Juifs et qu'il réside en sa demeure. Ensuite Jésus-Christ viendra sur la place (c'est-à-dire dans le lieu où se joue le drame, soit la cour du cloître ou tout autre endroit dépendant de l'abbaye) avec ses disciples chantant : « In sapientia disponens omnia », ou « Mane prima sabbati... » Simon introduira Jésus dans sa demeure, et, la table du repas ayant été disposée, Marie-Madeleine viendra à travers la place en habit de courtisane et tombera aux pieds du Seigneur... Ces choses faites, que Marie se relève et demeure là. Que Jésus alors s'éloigne avec ses disciples et s'en aille comme en Galilée. De l'autre côté de la place doit être disposé un lieu où il réside. Ensuite, que les Juifs se retirent en quelque autre lieu, figurant Jérusalem, d'où, au moment convenable, ils viendront pour consoler les deux sœurs. Quant à la maison de Simon, ce personnage cessant de prendre part au jeu, elle figurera Béthanie, où Marthe sera introduite. Lazare commencera alors à être malade... »

Si des documents tels que les deux drames de *Lazare* n'ont pas, du moins au point de vue des partisans exclusifs de l'art classique, l'intérêt que présenteraient, s'ils nous avaient été conservés, les essais, les ébauches du drame grec, les dithyrambes où se dessina peu à peu la forme immortelle de la tragédie d'Eschyle, de Sophocle et d'Euripide, ces documents n'en sont pas moins précieux pour nous. D'abord, ils nous donnent, par analogie, une idée de ces dithyrambes tragiques de l'ancienne Grèce, perdus peut-être sans retour, et ainsi ils contribuent puissamment à illustrer l'histoire comparée des littératures. En second lieu, ils sont eux-mêmes les premiers essais de l'art dramatique moderne, et leurs auteurs, les lointains prédécesseurs de Shakespeare. Enfin les documents de ce genre ont l'avantage de faire apparaître à nos yeux, dans une vive lumière, l'un des côtés les plus curieux, les plus importants et longtemps les moins connus, de la civilisation catholique et française de ces premiers siècles du moyen âge, où les clercs et les moines, après avoir tant sauvé, s'occupaient à tant reconstruire.

1882.

IV

La Passion du Sauveur

MYSTÈRES DE PAQUES

Nous avons déjà plusieurs fois, dans nos précédentes études sur les origines du drame chrétien, appelé l'attention de nos lecteurs sur le mode de déclamation en usage durant la semaine sainte pour le récit évangélique de la Passion du Sauveur. Nous avons ajouté que ce mode, qui a quelque chose de dramatique, avait été développé au moyen âge dans certaines églises, de telle sorte qu'au lieu d'être distribué entre trois voix seulement, on en était venu, outre la voix du *lecteur* (*Clerus*), à faire déclamer par une voix spéciale la *partie* de chacun des personnages évoqués par l'Évangéliste, et auxquels il donne tour à tour la parole. Prenons pour exemple le début de la Passion selon saint Mathieu, qui figure dans l'office du dimanche des Rameaux, et essayons de nous rendre compte, au moyen des ressources de la typographie, du caractère nouveau que donnait au récit une déclamation de ce genre.

LE LECTEUR (*Clerus*)

« En ce temps-là, Jésus dit à ses disciples :

JÉSUS

« Vous savez qu'on fera la Pâque dans deux jours, et que le Fils de l'homme sera livré pour être crucifié.

LE LECTEUR

« Alors les princes des prêtres et les anciens du peuple se réunirent dans la salle du grand prêtre, nommé Cayphe, et cherchèrent le moyen de se saisir adroitement de Jésus et de le faire mourir. Mais ils disaient :

LES PONTIFES

« Il ne faut pas que ce soit pendant la fête, de peur de quelque tumulte parmi le peuple.

LE LECTEUR

« Or, comme Jésus était à Béthanie, chez Simon le Lépreux, une femme vint à lui avec un vase d'albâtre plein d'un parfum de grand prix, qu'elle répandit sur sa tête lorsqu'il était à table. Les disciples, témoins de cette action, en furent indignés et dirent :

LES DISCIPLES

« Pourquoi cette profusion? On aurait pu vendre ce parfum bien cher, et en donner le prix aux pauvres. Mais Jésus, connaissant leurs pensées, leur dit :

JÉSUS

« Pourquoi faites-vous de la peine à cette femme? Ce qu'elle vient de faire à mon égard est une bonne œuvre; car vous aurez toujours des pauvres parmi vous, mais vous ne m'aurez pas toujours. Or, cette femme, en répandant ce parfum sur mon corps, l'a fait en vue de ma sépulture. Je vous le dis en vérité, dans tout le monde où cet Évangile sera prêché, on racontera, à la louange de cette femme, ce qu'elle vient de faire.

LE LECTEUR

« Alors un des douze, nommé Judas Iscariote, alla trouver les princes des prêtres, et leur dit :

JUDAS

« Que voulez-vous me donner et je vous le livrerai ?

LE LECTEUR

« Ils convinrent avec lui de trente pièces d'argent, et dès lors il chercha l'occasion de le livrer. Or, le premier jour des Azymes, les disciples s'adressèrent à Jésus et lui dirent :

LES DISCIPLES

« Où voulez-vous que nous vous préparions ce qu'il faut pour manger la Pâque ?

LE LECTEUR

« Jésus leur répondit :

JÉSUS

« Allez à la ville chez un tel, et dites-lui : Le maître envoie vous dire : Mon temps est proche, je fais la Pâque chez vous avec mes disciples.

LE LECTEUR

« Les disciples firent ce que Jésus leur avait ordonné et préparèrent la Pâque. Le soir, il se mit à table avec ses douze disciples ; et, pendant qu'ils mangeaient, il leur parla ainsi :

JÉSUS

« Je vous le dis en vérité, l'un de vous me trahira.

LE LECTEUR

« Ces paroles les ayant fort affligés, chacun se mit à lui demander :

LES DISCIPLES

« Est-ce moi, Seigneur ?

LE LECTEUR

« Et il leur répondit :

JÉSUS

« Celui de vous qui met la main au plat avec moi est celui qui me trahira. Pour le Fils de l'homme, il s'en va, selon ce qui est écrit de lui ; mais malheur à celui par qui le Fils de l'homme sera trahi : il eût mieux valu pour cet homme qu'il ne fût jamais né.

LE LECTEUR

« Judas, celui qui le trahit, prenant la parole, lui dit :

JUDAS

« Maître, est-ce moi ?

LE LECTEUR

« Il lui répondit :

JÉSUS

« Vous l'avez dit.

LE LECTEUR

« Pendant qu'ils soupaient, Jésus prit du pain, le bénit, le rompit et le donna à ses disciples, en disant :

JÉSUS

« Prenez et mangez ; ceci est mon corps.

LE LECTEUR

« Puis, prenant le calice, il rendit grâces, et le leur donna en disant :

JÉSUS

« Buvez-en tous ; car ceci est mon sang, le sang de la nouvelle alliance, qui sera répandu pour un grand nombre pour la rémission des péchés. Or, je vous le déclare, je ne boirai plus désormais de ce fruit de la vigne, jusqu'au jour où je le boirai de nouveau avec vous dans le royaume de mon Père.

LE LECTEUR

« Et après avoir dit le cantique, ils allèrent sur la montagne des Oliviers... »

Il n'y avait, on le voit, qu'un pas à faire pour transformer le récit évangélique en un drame proprement dit. Ce pas fut accompli en effet. Les étudiants des grandes écoles monastiques ou épiscopales, si avides de réjouissances dramatiques, ne pouvaient manquer d'appliquer à cette transformation les ressources de leur esprit et les enseignements de leurs études. Mais il est évident qu'entre leurs mains, sans perdre son caractère religieux, et même, dans une certaine mesure, son caractère liturgique, le drame sacré allait devenir un *jeu* (*ludus*). Dès lors on conçoit que, sous cette forme nouvelle, la place naturelle de la *Passion* n'était plus dans les cérémonies, si touchantes mais si austères, de la semaine sainte. Le drame fut donc transporté à la période joyeuse des fêtes de Pâques.

Un bien curieux spécimen des nombreux jeux de la *Passion* que composèrent et représentèrent les étudiants au moyen âge nous a été conservé dans un manuscrit de la bibliothèque de Munich, provenant de l'abbaye de Benedictbeuern, et qui nous a déjà fourni le texte d'un mystère analogue de la *Nativité* (1). Ce manuscrit est du treizième siècle, mais les jeux qu'il contient peuvent bien être de la fin du douzième. En égard au développement général du drame chrétien, à partir des premières origines liturgiques, c'est relativement une époque déjà avancée. Aussi le mystère de la Passion de Benedictbeuern nous présente-t-il la trace de plusieurs degrés successifs par où le drame tiré du récit évangélique avait dû passer en divers temps et en divers lieux. Considéré dans son ensemble, ce morceau est une compilation bizarre d'éléments hétérogènes, qui s'explique assez mal au premier abord. Mais cette confusion, qui fait peu d'honneur aux auteurs du jeu, se dissipe pourtant et devient même instructive, quand, s'appuyant d'une part sur le texte qu'elle enveloppe et, d'autre part, sur le récit évangélique, déclamé comme nous avons vu, qui a été l'origine première de tous les drames sur le même sujet, quand, dis-je, se soutenant par ce double appui, on essaie de retrouver par le raisonnement et par l'induction la marche logique des transformations successives dont le jeu de Benedictbeuern a si fortement gardé la marque, soit dans le fond, soit dans la forme.

---

(1) On trouvera ces textes dans le recueil d'Édélestand Du Méril.

Un premier moyen pour donner plus d'intérêt et de mouvement au drame que l'on dégageait du récit évangélique était naturellement indiqué et dut être employé de très bonne heure. Ce fut de mettre en œuvre à la fois les quatre évangiles en les combinant ensemble, en les complétant l'un par l'autre. Mais on ne s'en tint pas là. On ne se fit pas faute de recourir aussi aux évangiles apocryphes, et de leur emprunter de nouvelles circonstances, de nouveaux personnages, et les textes mêmes de leurs récits, que l'on ajusta avec les textes mélangés des quatre récits authentiques.

Le fond de la *Passion* de Benedictbeuern n'est pas autrement construit. Aux emprunts faits à saint Mathieu, à saint Marc, à saint Luc et à saint Jean se joignent des emprunts faits à l'*évangile de Nicodème*.

Un second moyen pour augmenter le plaisir des spectateurs, ce fut de développer le drame par l'adjonction de nouveaux épisodes, destinés soit à étendre le cadre primitif, soit à amplifier une brève indication du récit évangélique. Dans le début de la Passion selon saint Mathieu, cité plus haut, nous voyons figurer le souper à Béthanie chez Simon le Lépreux et l'effusion des parfums. Non seulement cette scène figura également dans les *Passions* dramatiques, mais elle y amena bientôt, par une conséquence naturelle, dont le personnage de Marie, sœur de Lazare, formellement désignée par saint Jean comme la femme qui répandit les parfums, donna l'idée, elle y amena bientôt, dis-je, la scène même de la Résurrection de Lazare par le Sauveur.

Les deux scènes étaient représentées à Benedict-beuern, et nous les retrouvons l'une et l'autre dans le drame spécial de *Lazare*, joué par les étudiants de Saint-Benoît-sur-Loire. Le souper chez Simon forme le début de ce jeu. La présence de cette scène est ici fort instructive, car elle nous montre que c'est seulement après avoir figuré dans les drames de la *Passion*, que la *Résurrection de Lazare* fut traitée comme un drame à part. C'est donc certainement aux fêtes de Pâques qu'il faut fixer la représentation non seulement du *Lazare* de Saint-Benoît-sur-Loire, mais de la pièce sur le même sujet qui fut composée par Hilaire, disciple d'Abélard, bien que le souper chez Simon ne figure plus dans celle-ci. En d'autres termes, le mystère de la *Résurrection de Lazare* n'est autre chose, sous sa double forme, qu'un épisode détaché des jeux de Pâques sur la *Passion du Sauveur*.

La sœur de Lazare, Marie-Madeleine, est, après le Sauveur, le principal personnage de la scène du souper chez Simon, dont le trait capital est l'effusion des parfums. Ce trait même invitait les auteurs des *Passions* dramatiques à un développement auquel ils ne manquèrent point. Ils introduisirent dans leurs pièces la peinture de la vie mondaine de Madeleine et de sa conversion. Ce tableau tient une place assez considérable dans le jeu de Benedictbeuern. Il était destiné, par son caractère plus spécialement amusant, à en occuper une plus grande encore dans d'autres jeux plus récents.

Enfin ces additions ouvrirent la voie à des adjonctions nouvelles. On remonta, pour ainsi dire, le cours de la vie du Sauveur au delà du cadre primitif de la *Passion* proprement dite et des épisodes qui s'y rattachaient plus ou moins directement, et l'on comprit dans les jeux de Pâques un certain nombre de scènes empruntées à sa vie de prédication publique. Voici, par exemple, le début du drame de Benedictbeuern, qui donnera en même temps une idée de son caractère :

« Pilate doit d'abord être conduit, ainsi que sa femme et ses chevaliers, au lieu qu'ils doivent occuper; ensuite Hérode et ses chevaliers; ensuite les Pontifes; ensuite le Marchand et sa femme; ensuite Marie-Madeleine. Le chœur chante : *Pilate étant entré*, etc.

« Ensuite le personnage du Seigneur doit aller seul sur le bord de la mer appeler Pierre et André, et il les trouvera en train de pêcher. Il leur dira :

« Venez avec moi, je vous ferai pêcheurs d'hommes.
« Pierre et André diront :
« Que voulez-vous, Seigneur ? Nous le ferons, et accomplirons entièrement votre volonté.
« Ensuite le Seigneur ira du côté où se tient Zachée, et il rencontrera l'Aveugle venant au devant de lui, qui dira :
« Seigneur Jésus, fils de David, ayez pitié de moi !

JÉSUS

« Que veux-tu que je fasse ?

L'AVEUGLE

« Seigneur, faites que je voie.

JÉSUS

« Vois, ta foi t'a sauvé.

« Cela fait, Jésus ira jusqu'à l'arbre où est Zachée, et il l'appellera ainsi :

« Zachée, descends vite, parce qu'aujourd'hui je veux demeurer en ta maison.

ZACHÉE

« Seigneur, si j'ai fait tort à quelqu'un, je lui rendrai le quadruple.

JÉSUS

« Le salut aujourd'hui est entré en ta maison. Et toi aussi, tu es un fils d'Abraham ».

Dans d'autres jeux on ajouta d'autres scènes et, par exemple, les *noces de Cana*, la *tentation du Sauveur*, son *baptême*. On arriva ainsi au début même de la vie publique de Notre Seigneur et le cycle de Pâques tendit alors à rejoindre celui de Noël, consacré à la divine Enfance. La scène de *Jésus au temple*, qui forme, dans l'Évangile, comme la transition entre l'enfance de l'Homme-Dieu et son âge mûr, entre sa vie privée et sa vie publique, fut ajoutée, à un moment donné, aux jeux de la *Nativité*, et servit de point de jonction entre les deux cycles, destinés à se réunir en des drames plus étendus.

Les additions diverses dont nous avons parlé ne furent pas toujours, à vrai dire, rigoureusement successives, en ce sens qu'elles varièrent suivant les temps et les lieux. Le souvenir de la liturgie, où l'ordre chronologique des événements chantés, récités et figurés, n'a pas besoin d'être exact, et les emprunts que se firent sans aucun scrupule, et souvent sans intelligence, les auteurs des drames sacrés, amenèrent parfois un singulier défaut d'ordre ou de méthode dans la composition de tel ou tel jeu. C'est ainsi qu'à Benedictbeuern la scène de l'entrée à Jérusalem, qui prit naturellement place, presque dès l'origine, dans le drame de la *Passion*, précède la vie mondaine de Madeleine, le souper chez Simon et la Résurrection de Lazare.

Outre la voie d'extension on employa, comme nous l'avons dit, pour développer le récit évangélique, la voie d'amplification. Une simple indication de l'Écriture devint une scène étendue. Ainsi le bref passage où saint Jean (xix, 25, 26, 27) se montre avec la Sainte Vierge au pied de la croix, s'est amplifié, dans le jeu de Benedictbeuern, en un épisode qui n'occupe pas moins de quatre pages dans l'édition de ce jeu donnée par M. Édélestand Du Méril (1). Cet épisode n'est d'ailleurs que le transport pur et simple dans le jeu de la *Passion* d'un rite dramatique et d'un chant dialogué qui,

---

(1) *Origines latines du théâtre moderne*, pp. 141-145.

sous le nom de *Lamentations de la Sainte Vierge*, s'étaient développés, comme nous l'avons montré naguère, dans la liturgie du vendredi saint. Mais ceci nous amène à examiner les transformations de la *Passion*, dont le jeu de Benedictbeuern a gardé la marque non plus dans le fond, mais dans la forme.

La première transformation que l'on dut naturellement opérer dans le récit déclamé ou chanté pendant la semaine sainte, pour en faire un drame proprement dit, ce fut de dégager le dialogue de cette partie narrative qui l'enveloppait et qui était confiée à la voix du *lecteur ecclésiastique (Clerus)*. Il ne faut pas croire pourtant qu'elle disparut complètement, surtout dans les premiers drames. On la réduisit à sa plus simple expression, mais on la conserva en la confiant soit à un *lecteur* unique, soit à un *chœur*, auxquels on conserva même parfois le nom liturgique de *Clerus*. Les paroles placées dans la bouche de ce personnage furent utilisées comme transition d'une scène à l'autre, comme résumé d'un tableau, comme explication de la pantomime des acteurs. Le jeu de Benedictbeuern nous révèle en plusieurs endroits la présence subsistante de ce rôle essentiellement liturgique. Nous le trouvons notamment dans la scène de la résurrection de Lazare.

« Jésus ira pour ressusciter Lazare. Marthe et Marie-

Madeleine viendront au devant de lui en pleurant. Jésus chantera :

« Lazare, notre ami, dort, allons le tirer de ce sommeil.

MARIE ET MARTHE *ensemble*

« Seigneur, si vous aviez été ici, notre frère ne serait pas mort.

CLERUS

« Le Seigneur, voyant les sœurs de Lazare pleurer près de son tombeau, se mit aussi à verser des larmes, puis il cria :

JÉSUS

« Lazare, sors du sépulcre.

CLERUS

« Et Lazare se dressa, les pieds et les mains liés, comme sont les morts ».

Les premiers drames de la *Passion* n'étaient que des remaniements du récit de la semaine sainte. Comme lui donc, ils étaient en prose latine. Mais bientôt les étudiants des écoles monastiques ou épiscopales voulurent en varier l'intérêt par l'introduction de morceaux de poésie. Quand ils en trouvaient de tout faits dans d'autres drames du cycle de Pâques, ils ne se faisaient pas faute de les emprunter. Ainsi les vers que chantent les saintes femmes dans certains drames de la *Résurrection*, lorsqu'elles vont acheter des parfums pour embaumer le Sauveur, furent appliqués à la scène analogue de Marie-Madeleine avant le souper chez Simon. Ainsi les *Lamentations* dialoguées du vendredi saint furent transportées telles quelles à la scène au pied de la Croix. C'est le jeu de Benedictbeuern qui nous fournit ce double exemple. Mais il nous fournit aussi la preuve qu'en certains endroits les étudiants se mirent en peine de versifier la prose du drame primitif qu'ils se proposaient d'embellir. Dans notre jeu, en effet, la scène du souper chez Simon, qui commence en prose, se termine en vers. Les deux drames de *Lazare*, celui d'Hilaire et celui de Saint-Benoît-sur-Loire, sont entièrement en vers. Ce fait, rapproché du précédent, doit nous amener à conclure qu'il y a eu des *Passions* versifiées d'un bout à l'autre.

C'est de vers latins qu'il s'agit, car l'introduction de la langue vulgaire est un fait qui doit être signalé à part et qui marque un nouveau pas dans les transformations de la *Passion* originaire. La présence d'un grand nombre de spectateurs laïques, seigneurs, bourgeois et paysans, voisins des grandes écoles, aux représentations données par les étudiants, encouragea ceux-ci, qui d'ailleurs y étaient assez disposés d'eux-mêmes, à introduire dans leurs jeux des passages en langue vulgaire. Ces interpolations, ces *farcitures* ne furent d'abord que des traductions plus ou moins exactes, que des paraphrases de telle ou telle partie du texte latin. On se donna ensuite plus de liberté, et enfin, soit dans les jeux mêmes des étudiants, par exemple en Allemagne et en Suisse, soit dans les mystères composés pour les confréries, qui se formèrent, en France, dès le douzième siècle, on vit la langue vulgaire, de l'aveu du clergé, qui sut fort bien distinguer, dès l'origine, de la liturgie ordinaire ce qu'on peut appeler la liturgie extraordinaire, on vit, dis-je, la langue vulgaire s'emparer entièrement du drame de la *Passion*.

Dans le jeu de Benedictbeuern, une partie du rôle de Madeleine, une partie des *Lamentations* de la Sainte Vierge, une partie des paroles de Longin, l'aveugle qui, selon la légende, perça le côté du Sauveur et qui fut guéri par son sang, enfin le dialogue entre Joseph d'Arimathie et Pilate, au sujet de la sépulture de Notre-Seigneur, dialogue qui termine la pièce, toutes ces parties, dis-je, sont en vers allemands.

Ce dialogue entre Pilate et Joseph d'Arimathie, qui forme la conclusion du drame de la *Passion* de Benedictbeuern, forme au contraire le début de l'ancien drame français de la *Résurrection*, du manuscrit de Paris. L'un et l'autre sujet appartenant au même cycle, et le second faisant seul le dénouement du drame divin, que les chrétiens du moyen âge aimaient à contempler dans la forme vivante des jeux scéniques, il est plus que probable que l'on représentait l'un après l'autre, aux fêtes de Pâques, à partir du moment où les deux jeux furent solidement établis, un drame de la *Passion*, puis un drame de la *Résurrection*. De là à les réunir en un seul drame, il n'y avait qu'un pas, qui dut être fait d'assez bonne heure. La réunion du mystère de la *Passion et Résurrection du Sauveur*, résultat du cycle dramatique de Pâques, avec le mystère de la *Nativité*, résultat du cycle de Noël, que, comme nous l'avons montré, la *Passion* tendait à rejoindre, cette réunion, dis-je, opérée, à ce qu'il semble, dans les premières années du quatorzième siècle, constitua les premières ébauches des grands mystères cycliques du siècle suivant.

1879.

V

Deux miracles de saint Nicolas

On peut dire que dans ces grandes abbayes qui, au douzième siècle, étaient tout à la fois des centres de piété et de civilisation, des fermes modèles, des ateliers d'art et d'industrie et des établissements d'instruction publique, la fête de saint Nicolas, qui se célèbre le 6 décembre, était comme un agréable avant-coureur des réjouissances de Noël. L'importance de cette fête se mesurait, en effet, dans ces monastères, sur l'importance de leurs écoles, qui représentaient tout à la fois nos collèges et nos facultés, et dont la population enfantine ou juvénile honorait en saint Nicolas son patron particulier. L'origine de ce patronat des écoliers attribué au bienheureux évêque de Myre, paraît bien se rattacher à l'insistance de ses biographes sur les vertus de sa studieuse et chaste jeunesse, qui parut digne d'être proposée pour modèle aux étudiants chrétiens. Cette partie de sa vie est spécialement rappelée dans l'ancienne prose composée pour son office, laquelle figure déjà dans un manuscrit du onzième siècle :

> Adolescens amplexatur litterarum studia,
> Alienus et immunis ab omni lascivia.

Le miracle des trois clercs ressuscités, que rapportaient certaines versions de sa légende, ne put que contribuer à la confirmation de son patronat. Ce miracle, auquel le poète Wace consacre une dizaine de vers dans la *Vie de saint Nicolas* qu'il versifia en français au douzième siècle :

> Treis cler aleient à l'escole...

fit, à la même époque, le sujet d'un drame en vers latins rythmiques, composé pour les écoliers de Saint-Benoît-sur-Loire et représenté par eux à la fête de saint Nicolas (1). Les représentations dramatiques étaient une partie très importante des fêtes scolaires dans les abbayes, comme nous le savons notamment par les *jeux* de ce genre destinés aux grandes réjouissances de Noël et de Pâques.

Mais le *jeu des trois clercs* n'est pas la seule pièce représentée à Saint-Benoît-sur-Loire en l'honneur de saint Nicolas. Le même manuscrit qui nous a transmis ce jeu en contient encore trois

---

(1) Nous avons publié sur ce petit drame une étude reproduite dans notre volume intitulé : *Le Drame chrétien au moyen âge*, pp. 215 et suiv.

autres empruntés à la légende de l'évêque de Myre. L'un, que l'on pourrait intituler : *la Garde du trésor*, a un curieux parallèle dans un drame latin sur le même miracle, composé, également pour l'usage d'étudiants, par un disciple d'Abélard nommé Hilaire, et, de plus, le sujet qui y est traité a fourni à Jean Bodel, poète de la fin du douzième siècle, la matière d'un drame en vers français (1). Nous nous occuperons aujourd'hui des deux autres, à savoir: le *jeu des filles dotées* et le *jeu du fils de Gédron*.

Considéré au point de vue proprement dramatique, l'intérêt du *jeu des filles dotées* est pour nous à peu près nul. Un homme tombé dans la misère réussit à marier successivement ses trois filles, grâce à la charité de saint Nicolas, qui vient trois fois, en se dissimulant, jeter aux pieds du malheureux père une somme d'argent. Plaintes de l'homme ruiné, dialogues avec ses filles sur leur malheureux sort, triple intervention de saint Nicolas, triple demande en mariage, voilà tout le drame. Encore l'auteur n'a-t-il pas fait grand effort pour rompre la monotonie des situations par la variété des termes. Si chacune des filles répond un peu différemment aux plaintes du père, ces plaintes peuvent passer pour de vraies redites, et quant à

---

(1) Nous avons fait sur les trois versions dramatiques de ce miracle une étude publiée dans la *Revue du Monde catholique* du 30 janvier 1879 et que l'on trouvera plus loin.

la demande en mariage, la formule dans les trois cas, y compris l'avis demandé à la fille par le père, la réponse respectueuse qu'elle lui fait et le consentement donné par lui au prétendu, est identiquement la même. On sera peut-être curieux de ce cérémonial en vers latins rythmiques.

Gener ad patrem

Homo, famæ notæ præconio,
Natam tuam quæsitum venio ;
Quam legali ducam connubio,
 Si dederis.

Pater ad primam filiam

Dic, filia, si tu vis nubere
Huic juveni, venusto corpore
 Et nobili.

Filia ad patrem

In te mea sita consilia ;
Fac ut libet de tua filia,
 Care pater.

Pater ad generum

Ergo tuæ committo fidei ;
Vos conjungant legales laquei
 Et gratia !

Mais notre point de vue n'était pas celui des écoliers de Saint-Benoît-sur-Loire. Peu leur importait de répéter ou d'entendre répéter les mêmes choses, pourvu qu'ils agissent ou qu'ils vissent agir, qu'ils représentassent ou qu'ils vissent représenter quelque chose de la légende de leur patron. Remarquons, d'ailleurs, que le drame était entièrement chanté, et, tout en reconnaissant que l'auteur en abuse, ne lui refusons pas le privilège d'user de redites, si largement concédé aujourd'hui encore à l'opéra. En résumé, l'intérêt du *jeu des filles dotées* était surtout musical, et sa destination à cet égard est bien indiquée, non seulement par les notes qui l'accompagnent dans le manuscrit, mais encore par la nature de sa versification, qui consiste dans un système régulier de strophes ou, si l'on veut, de couplets ponctués de refrains.

Le même caractère se retrouve, mais avec bien plus de mouvement et de variété, dans le *jeu du fils de Gédron*. Le miracle, qui fait le sujet de ce drame, est ainsi raconté dans la *Légende dorée* : « Un homme riche obtint de Dieu, par l'intercession de saint Nicolas, un fils qu'il nomma Dieudonné. Il construisit dans sa demeure une chapelle en l'honneur du serviteur de Dieu, et, chaque année, il y célébrait solennellement sa fête. Or, le lieu qu'il habitait était situé dans le voisinage du territoire des Agaréniens, et il arriva par malheur que Dieudonné, enlevé par ceux-ci, fut donné à leur roi comme esclave. L'année suivante, tandis que le père célébrait dévotement la fête de saint Nicolas, l'enfant, tenant en main une riche coupe, servait le roi à table. Pensant à sa captivité, à la douleur de ses parents et à la joie qui, à pareil jour, remplissait la maison de son père, il se mit à pousser de profonds soupirs. Le roi, l'ayant contraint par ses menaces de lui faire connaître la cause de ses soupirs, lui dit alors : « Quoi que puisse faire ton saint Nicolas, tu resteras ici avec nous ». Mais tout à coup il s'élève un vent violent qui secoue tout le palais, l'enfant est enlevé avec la coupe et déposé devant les portes de l'église, où ses parents célébraient en ce moment même la fête du bienheureux ; grande joie pour eux et pour tous leurs concitoyens !

Le développement poétique de ce sujet par l'auteur de notre jeu n'a rien de bien remarquable. Sa pièce n'est guère autre chose qu'une mise en scène pour ainsi dire littérale de la légende. On peut pourtant le louer d'une idée heureuse : c'est l'interrogatoire du jeune captif amené devant le roi païen et confessant hardiment sa foi. Comme l'a indiqué M. Petit de Julleville (1), c'est une situation analogue à celle dont le génie de Racine a fait sortir l'une des plus belles scènes d'*Athalie*. Mais notre auteur n'en a tiré qu'un parti assez médiocre :

LE ROI *à l'enfant*

« Dis-nous, aimable enfant, de quel pays es-tu, de quelle race ? De quelle religion sont les gens de ta nation, sont-ils païens ou chrétiens ?

L'ENFANT

« Mon père est le chef du peuple de la cité d'Exco-

---

(1) *Histoire du théâtre en France. Les Mystères.* Paris, Hachette, 1880, in-8°, t. I. p. 75, note 1.

rande, il se nomme Gédron; il adore le vrai Dieu maître des mers, le Dieu qui nous a créés, nous, et vous aussi et toutes choses.

LE ROI

« Mon dieu à moi est Apollon, c'est lui dont je tiens l'existence ; il est véridique et bienfaisant ; il gouverne la terre, il règne dans le ciel : c'est lui seul auquel il faut croire.

L'ENFANT

« Votre dieu est menteur et malfaisant ; il est stupide, aveugle, sourd et muet ; vous ne devez pas adorer un tel dieu, qui n'est pas même capable de se diriger lui-même.

LE ROI

« Enfant, garde-toi de dire de pareilles choses, ne va pas mépriser mon dieu, car si tu l'irritais contre toi, tu ne pourrais échapper à sa colère ».

Les lamentations d'Euphrosine sur la perte de son fils Dieudonné et les consolations que lui adresse le groupe choral, spécialement chargé de cette fonction dans le jeu, tiennent dans la pièce une grande place, mais elles n'ont rien de bien saillant. Les plaintes de ce genre étaient probablement un lieu commun des compositions scolaires d'alors ; mais celles que nous trouvons ici sont loin de valoir, comme expression lyrique d'une douleur poignante, les accents placés par Hilaire dans la bouche de Marthe et de Marie après la mort de Lazare.

Nous devons noter dans notre pièce l'indice, paraissant déjà à cette époque reculée, de l'un des caractères de la littérature dramatique du moyen âge ; nous voulons parler de l'importance accordée aux circonstances, aux préoccupations *réalistes* de la vie ordinaire, même étrangères au développement proprement dit du sujet.

Telle est, du moins en partie, la scène du repas où Dieudonné doit faire l'office d'échanson.

MARMORIN *à ses serviteurs*

« Je vous dirai, mes très chers, que je n'ai jamais eu jusqu'à ce jour une aussi grande faim que j'ai. Il m'est impossible d'endurer une pareille faim.

« Allez donc, préparez-moi de quoi manger, afin que je ne meure pas d'inanition. Que tardez-vous ? Allez plus vite, hâtez-vous de me préparer mon repas.

LES SERVITEURS *apportant les mets au roi*

« Selon vos ordres, nous avons préparé les mets et nous les apportons ici : maintenant, si vous voulez, vous pouvez promptement assouvir la faim qui vous presse ».

« Cela dit, qu'on apporte de l'eau, que le roi lave ses mains, et commençant à manger, qu'il dise :

« Tout à l'heure j'avais faim, à présent, j'ai soif ; que l'on me donne du vin, et que ce vin me soit apporté par le fils de Gédron, mon esclave » !

Mais il faut remarquer ici encore, pour être juste, que nous avons affaire à un divertissement d'écoliers, où ne messiéent pas absolument ces réalités d'une nuance demi-comique. Il s'en trouvait probablement de semblables dans ces dithyrambes dramatiques de l'ancienne Grèce, où se confondaient encore le sérieux et le plaisant, et dont le drame satirique conserva quelques caractères, parmi lesquels précisément, comme on peut le voir dans le *Cyclope* d'Euripide, la représentation des détails familiers de la vie commune. Élagué de la tragédie antique, ce germe fut conservé et développé dans le drame du moyen âge. Restreinte dans une mesure raisonnable, cette tendance, qui fut un défaut, aurait pu peut-être devenir une qualité.

Le *jeu du fils de Gédron* devait offrir non seulement aux écoliers, mais aux autres spectateurs, rassemblés pour la fête de saint Nicolas dans l'abbaye de Saint-Benoît-sur-Loire, un véritable et vif intérêt, analogue à celui des mélodrames de notre temps, avec le sentiment religieux en plus. L'enlèvement de Dieudonné par les hommes d'armes de Marmorin, au milieu des préparatifs d'une cérémonie religieuse, l'apparition de saint Nicolas lui apportant tout à coup la délivrance et le reconduisant dans sa patrie, étaient de ces coups de théâtre toujours agréables aux parterres naïfs, qui ne se lasseront jamais non plus de voir l'effusion d'une joie de mère retrouvant son fils perdu. Il faut joindre à cela l'intérêt du chant et des masses chorales. Notre pièce, en effet, est un dialogue lyrique, échangé tantôt entre deux personnages, tantôt entre un chœur et un acteur. Sa versification, appropriée à sa nature musicale, consiste en couplets symétriques de quatre vers de dix syllabes, rimés en général deux à deux, mais dont parfois la rime s'étend sur le quatrain entier. Ces vers n'ont rien de sublime, mais habilement mesurés selon les principes de la rythmique latine, dont Adam de Saint-Victor faisait vers la même époque un si bel emploi dans ses proses, ils ne manquent ni d'aisance, ni d'harmonie.

Le principal agrément, en dehors de celui que donnait le chant, était celui du spectacle, qui était pompeux, libre et varié. Il ne faut parler ni d'unité de temps ni d'unité de lieu. L'année qui doit s'écouler entre l'enlèvement de Dieudonné et sa délivrance, ne dure dans le drame que le temps de chanter une centaine de vers, et la distance séparant sa ville natale du lieu de sa captivité, y est figurée par un espace tout au plus égal à celui qui s'étend d'une galerie à l'autre dans une cour de cloître. Les marches et contre-marches de divers cortèges en forme processionnelle, et les jeux d'acteurs muets ajoutaient beaucoup au plaisir des regardants et n'étaient pas moins agréables à ceux qui y prenaient part. On peut croire notamment que la collation de pain et de vin, servie par l'ordre d'Euphrosine aux pauvres de la ville d'Excorande, ne fut pas une scène indifférente pour les estomacs scolaires qui y jouèrent un rôle actif.

Nous avons déjà plusieurs fois indiqué les

principaux traits de la mise en scène de ces jeux dramatiques des grandes écoles. Sans y insister aujourd'hui, nous nous bornerons à placer sous les yeux de nos lecteurs le début de notre *miracle*, qui renferme à cet égard des détails intéressants :

« Pour représenter comment saint Nicolas délivra le fils de Gédron des mains de Marmorin, roi des Agaréniens, que l'on dispose en un lieu convenable, avec ses serviteurs armés, le roi Marmorin, assis sur un siège élevé, qui figure son royaume. Que l'on dispose en un autre lieu Excorande, la cité de Gédron, et, dans cette ville, Gédron, avec ses consolateurs, sa femme Euphrosine et leur fils Dieudonné ; à l'orient de la cité doit être l'église de Saint-Nicolas, où l'enfant sera enlevé. Les choses ainsi disposées, que les serviteurs du roi Marmorin viennent devant lui et lui disent tous ensemble, ou seulement le premier d'entre eux :

« Salut, prince, salut, très gracieux roi ! Faites connaître sans retard à vos serviteurs la volonté de votre âme. Ils sont tout prêts à l'exécuter.

LE ROI

« Allez donc, ne tardez pas, soumettez à ma puissance autant de peuples que vous le pourrez ; ceux qui résisteront, tuez-les ».

« Cependant que Gédron et Euphrosine, avec une multitude de clercs, se rendent, menant leur fils avec eux, à l'église de Saint-Nicolas, comme pour célébrer sa fête. Et, comme ils verront venir les serviteurs armés du roi, dans la terreur qui les saisit, qu'ils s'enfuient, oubliant leur fils. Alors que les serviteurs du roi, enlevant l'enfant, viennent devant le roi et qu'ils disent tous, ou seulement le second d'entre eux :

« Gracieux roi, nous avons exécuté vos ordres, nous avons soumis un grand nombre de peuples à votre empire, et parmi le butin que nous avons fait, voici cet enfant que nous vous amenons ».

« Qu'ils ajoutent tous ensemble, ou seulement le troisième d'entre eux :

« Cet enfant, beau de visage, sage d'esprit, noble de race, est bien fait, à notre avis, pour être votre serviteur.

LE ROI

« Louange éternelle à Apollon, qui gouverne toutes choses, et à vous merci, à vous qui avez fait tant de nations sujettes et tributaires de mon empire » !

Le *jeu du fils de Gédron*, comme celui des *filles dotées*, se termine par le chant qu'entonne le chœur tout entier, c'est-à-dire tous les groupes d'acteurs réunis, d'une antienne choisie dans l'office de saint Nicolas. Par là se marque d'une façon sensible le lien qui rattache encore le drame naissant à ses origines liturgiques, tandis que certains de ses développements nous offrent déjà des traits analogues à ceux que présenteront plus tard les grands mystères, les vastes *vies de saints* figurées et dialoguées au quinzième et au seizième siècle, pendant trois et quatre jours successifs, sur les places publiques des cités.

1882.

VI

La Conversion de saint Paul

Nous avons coutume, tous les ans, à l'occasion de la fête de Noël, de présenter à nos lecteurs (1) une étude sur quelque texte ou quelque point relatif à l'histoire du drame chrétien, dont l'origine se rattache, en effet, principalement à la liturgie de cette fête, en même temps qu'à la liturgie de la fête de Pâques. Nous n'avons pas seulement, à l'occasion de Noël, examiné les drames représentés à cette solennité même, mais aussi ceux qui, sans s'y rattacher aussi directement, se rapportaient pourtant à l'événement divin qui est le sujet des offices de ce jour, quoique, sous leur première et plus ancienne forme, ils eussent trouvé place

---

(1) Ce préambule s'adressait aux lecteurs du journal *l'Union*, où furent publiées la plupart des études réunies ensuite dans le volume intitulé : *Le Drame chrétien au moyen âge*, puis, de 1878 à 1883, un certain nombre de celles qui composent le présent volume.

dans les offices d'autres fêtes: tels le drame des *Innocents* et le drame des *Mages*, dont la réunion avec le drame des *Bergers*, plus particulièrement fixé à Noël, constitua les premières ébauches des mystères étendus de la *Nativité*. Mais en cela nous ne sortions pas d'une conformité réelle entre le sujet de notre étude et la date choisie pour la présenter à nos lecteurs.

Il faut maintenant qu'ils nous permettent d'élargir beaucoup notre cadre, et considérant cette date de Noël, aussi bien que celle de Pâques, en vertu d'une habitude à présent acquise, comme affectée ici aux études de ce genre, de leur soumettre au besoin nos remarques sur les drames qui ne se rattachent à ces deux fêtes que par un lien d'origine assez lointain : tels sont, par exemple, les plus anciens drames connus du genre des *Miracles*, qui sont relatifs à la vie et à la fête de tel ou tel saint, et qui furent composés dès la première moitié du douzième siècle, à l'imitation des drames déjà existants de Noël et de Pâques.

Celui dont nous parlerons aujourd'hui a pour sujet la *Conversion de saint Paul* et il était représenté le jour de la fête destinée à perpétuer le souvenir de ce grand événement, c'est-à-dire le 25 janvier. Cette date ne nous écarte pas trop des fêtes de Noël, surtout si l'on considère que ces fêtes, au moyen âge, formaient, notamment dans les écoles épiscopales et monastiques, une période de réjouissances qui se prolongeait au-delà de l'Épiphanie. A peine cette période était-elle close, que la fête de la Conversion de saint Paul venait offrir aux maîtres et aux écoliers un nouveau sujet de joie, une nouvelle occasion de donner carrière à leur veine poétique, musicale et dramatique. Cette fête, en effet, paraît, comme la Sainte-Catherine et la Saint-Nicolas, avoir eu alors une importance particulièrement scolaire. Cela résulte, non seulement de ce fait que le grand apôtre des Gentils est encore aujourd'hui considéré comme l'un des patrons de la littérature chrétienne, mais encore de l'existence même du drame dont nous allons parler. Ce drame, en effet, nous a été transmis par un manuscrit provenant de l'abbaye de Saint-Benoît-sur-Loire, siège de grandes écoles au douzième siècle, et le même manuscrit contient plusieurs autres drames relatifs soit aux fêtes de Noël et de Pâques, soit à la fête de saint Nicolas. Il faut donc considérer la pièce dont il s'agit comme composée et représentée pour le divertissement des écoliers de Saint-Benoît-sur-Loire, à l'occasion de la fête d'un de leurs saints patrons.

Ce drame a été composé à l'imitation des drames existants de Noël et de Pâques. Toutefois, un fait propre à la liturgie de la fête de la Conversion de saint Paul a pu contribuer à en donner la première idée. Mais cela demande quelque explication. Dans la liturgie catholique, la leçon appelée *épître*, qui se lit à la messe avant l'*évangile,* est toujours choisie dans la Sainte Écriture, mais jamais dans les Évangiles. Elle est donc empruntée soit à l'Ancien Testament, soit aux Actes des Apôtres, soit enfin, ce qui est très fréquent, aux *épîtres* canoniques, d'où le nom qu'elle a reçu. Mais il résulte de cette règle que cette leçon, ou bien n'a pas un caractère *narratif,* mais seulement *didactique,* ou bien, alors même qu'elle aurait un caractère narratif, n'a qu'un rapport indirect, quand il s'agit d'un saint qui n'est pas mentionné dans l'Écriture, avec les événements de la vie de ce saint. Pour la fête de la Conversion de saint Paul, au contraire, l'épître, empruntée aux Actes des Apôtres, consiste dans le récit de cette conversion même, si vivant et si dramatique. Étant donnée l'influence considérable que la liturgie, jusque dans ses détails, a certainement eue sur la naissance et les premiers développements du drame chrétien, il nous a semblé utile de signaler cette circonstance, sans y insister outre mesure.

Le drame de la *Conversion de saint Paul,* tel que nous l'a transmis le manuscrit de Saint-Benoît-sur-Loire, ne tient d'ailleurs à la liturgie ordinaire que par un lien déjà bien relâché. Il a dû être représenté dans l'intervalle des offices, et non pas même peut-être dans l'église du monastère, mais dans une de ces cours entourées d'arcades auxquelles appartient proprement le nom de *cloître.* La mise en scène, quoique bien sommaire, a pourtant un certain développement ; son caractère, qui contient, pour ainsi dire, en germe toute la *dramaturgie* du moyen âge, est curieux à noter d'après la rubrique latine placée au début du texte, lui-même entièrement latin (1).

« Pour représenter la conversion du bienheureux Paul apôtre, que l'on dispose en un endroit convenable, figurant Jérusalem, un siège, et sur ce siège prendra place le Prince des prêtres. Que l'on dispose aussi un autre siège, et sur ce siège prendra place un jeune homme représentant Saul ; il aura avec lui des serviteurs armés. De l'autre côté, à quelque distance de ces deux sièges, que l'on prépare deux autres sièges, comme dans la ville de Damas : sur l'un prendra place un homme appelé Judas et sur l'autre le Prince de la Synagogue de Damas. Entre ces deux sièges, que l'on dispose aussi un lit, où sera couché un homme représentant Ananie. Les choses ainsi disposées, que Saul dise à ses serviteurs :

« Je ne saurais vous exprimer toute la violence de ma haine contre les Chrétiens, qui, par leur astuce, séduisent tout ce pays.

« Allez donc, ne tardez pas, et tous ceux que vous pourrez trouver, saisissez-les par force et amenez-les moi chargés de chaînes ».

« Ayant ouï ces paroles, que les serviteurs s'en aillent, et, quand ils reviendront, qu'ils amènent à leur maître deux prisonniers en disant :

---

(1) Coussemaker. *Drames liturgiques du moyen âge*, pp. 210 et suiv.

« Nous avons rencontré beaucoup de chrétiens et nous avons arrêté ces deux-ci ; les autres séducteurs de ce peuple se sont enfuis à Damas ».

« Qu'alors Saul, comme irrité, se lève et qu'il aille vers le Prince des prêtres ; et quand il sera venu devant lui, qu'il dise :

« Donnez-moi vos lettres pour Damas, où les chrétiens par leurs flatteurs et astucieux discours séduisent les habitants de cette ville ».

« Qu'alors le Prince des prêtres lui donne une lettre scellée en disant :

« Je vous remets mes lettres pour Damas contre les chrétiens : Gardez-vous de laisser échapper ceux que vous trouverez ».

Il y a ici une omission dans la rubrique, que l'on peut, selon nous, suppléer ainsi :

« Que Saul se mette en route pour Damas ; que Notre-Seigneur (sortant peut-être de l'église, dont l'une des entrées donnait sur la cour du cloître) vienne à sa rencontre et lui dise :

« Saul ! Saul ! pourquoi me persécutes-tu ? J'ai vu les maux que tu as faits à mon peuple. Pourquoi veux-tu nuire à ceux que j'ai aimés ? Tu regimbes en vain contre l'aiguillon.

« A ces paroles, que Saul tombe à terre comme demi-mort, et qu'il dise, déjà privé de la vue :

« Que dites-vous ? Qui êtes-vous, Seigneur ? Pourquoi m'avez-vous privé de la vue ? Quand ai-je affligé votre peuple ? Qui êtes-vous ? Quel est votre nom ?

LE SEIGNEUR

« Je me nomme Jésus, celui que tu persécutes, dont tu as souvent affligé les serviteurs. Lève-toi pourtant, entre dans la ville, et tu apprendras ce que tu dois faire ».

« Alors que Saul se relève, et quand ses hommes verront qu'il est devenu aveugle, qu'ils le soutiennent et le conduisent à Damas à la demeure de Judas. Alors que le Seigneur vienne vers Ananie et lui dise :

« Ananie, lève-toi en hâte, et va dans la demeure de Judas. Là, attend un homme nommé Saul ; tu lui diras ce qu'il doit faire.

ANANIE

« J'ai beaucoup entendu parler de ce Saul ; il a fait à votre peuple de bien grands maux ; aussitôt qu'il aperçoit quelqu'un de vos serviteurs, il entre en fureur et veut le tuer.

« Il a des lettres du Prince de la Synagogue pour exterminer tous les chrétiens : pour ces raisons, je crains ce Saul, je n'ose point aller trouver ce Saul.

LE SEIGNEUR

« Ananie, lève-toi promptement ; va trouver Saul avec confiance : il prie, en effet, pour que tu viennes et que tu lui rendes la vue.

« Je l'ai élu pour mon service, je l'ai élu pour notre Église, je l'ai élu pour qu'il annonce ma vérité et qu'il glorifie mon nom ».

« Alors qu'Ananie, se levant, entre dans la demeure de Judas, et, voyant Saul, qu'il lui dise :

« Saul, le Seigneur m'a envoyé vers toi, le Seigneur Jésus, fils du Père céleste, qui t'est apparu sur le chemin ; il m'a ordonné de venir à toi.

« Tu prêcheras son nom devant les princes et les nations ; afin que tu deviennes citoyen de la céleste patrie, tu souffriras bien des maux pour le nom du Christ ».

« Alors que saint Paul se lève et, comme déjà croyant, qu'il prêche d'une voix forte et dise :

« Pourquoi, Juifs, ne venez-vous pas à résipiscence ? Pourquoi contredisez-vous la vérité? Pourquoi niez-vous que la Vierge Marie ait enfanté le Dieu-homme ?

« Jésus-Christ, fils de Marie, est à la fois et Dieu et homme de chair ; il tient de son Père sa divinité et de sa mère il a reçu sa chair d'homme ».

« A ces paroles, que le Prince de la Synagogue de Damas dise à ses serviteurs armés :

« Gardez les entrées de la ville, veillez aux débouchés des rues, et aussitôt que vous aurez aperçu Saul, ne différez pas de le mettre à mort ».

« Alors que les serviteurs aillent et cherchent Saul. Apprenant cela, que les disciples de Saul, le plaçant dans une corbeille, le descendent à terre d'un lieu élevé, figurant une muraille. Quand il sera arrivé à Jérusalem, qu'un homme, représentant saint Barnabé, vienne à sa rencontre, et, en voyant Saul, qu'il lui dise :

« Le Fils de Marie t'a choisi pour t'associer à nos frères ; viens donc maintenant louer avec nous le Seigneur ; voici le collège des apôtres.

Aux apôtres :

« Réjouissons-nous, frères, dans le Seigneur ; marquons notre joie de recevoir un tel associé ; celui qui tout à l'heure était un loup rempli de rage, est maintenant un agneau plein de mansuétude ».

« Alors que tous les apôtres entonnent :

« TE DEUM LAUDAMUS ».

Cette pièce ne manque certainement pas de grandeur dans sa sobriété, dans sa simplicité grave. Pourtant, non seulement l'auteur ne s'est pas élevé, ce qui ne saurait surprendre, à la hauteur du récit de l'Écriture, mais même il n'en a pas reproduit, autant qu'il l'aurait pu faire, la vérité si vivante et si dramatique. Il n'a pas su s'en inspirer aussi profondément que l'a fait, pour la parabole des vierges sages et des vierges folles, l'auteur du beau drame de l'*Époux*, contenu dans le manuscrit de Saint-Martial de Limoges. Peut-être le caractère un peu trop symétrique de la versification qu'il a adoptée lui a-t-il été une gêne. Sa pièce est en vers latins rythmiques de dix syllabes, rimés deux par deux, et régulièrement groupés en couplets de quatre vers, la parole ou réplique de chaque personnage formant toujours un couplet au moins. Cette symétrie s'explique, d'ailleurs, par la raison que la pièce était chantée tout entière, sans que cette raison justifie d'ailleurs l'excès de cette symétrie.

On peut ranger la *Conversion de saint Paul* du manuscrit de Saint-Benoît-sur-Loire au nombre des drames qui, comme nous l'avons indiqué naguère, à propos d'un Miracle de saint Nicolas, sont peut-être de nature à nous donner quelque idée de la façon dont le caractère dramatique pouvait apparaître dans les dithyrambes tragiques de l'ancienne Grèce, alors que le chœur des fêtes dionysiaques en fournissait uniquement le personnel. La troupe de notre drame est constituée, en effet, pour ainsi dire, par un chœur d'étudiants, subdivisé en groupes et en personnages. Ici, toutefois, ce qu'on nous permettra d'appeler *l'individuation* des acteurs, est poussée bien plus avant qu'elle ne le fut jamais, sans doute, dans les chœurs tragiques de la Grèce, et nous apercevons ainsi une différence à noter dans l'examen comparé des origines et des développements du drame religieux, en Grèce, aux temps antiques, et dans l'Europe occidentale, au moyen âge.

Les acteurs de notre drame sont donc des étudiants, et peut-être avec eux un ou deux de leurs maîtres. Les spectateurs étaient tout le personnel du monastère, depuis l'abbé jusqu'au moindre frère servant, au plus jeune écolier, au plus pauvre serf de l'abbaye, et de plus les parents des écoliers et généralement les populations environnantes. La pièce était, il est vrai, en latin, mais en latin liturgique, soutenu par des notes de plain-chant, et avait ainsi, même sur les paysans les plus illettrés, le puissant effet des beaux offices de l'Église. L'action, d'ailleurs, s'expliquait d'elle-même à des âmes familières dès l'enfance avec les grandes scènes de l'histoire du christianisme.

C'est par cette présence de spectateurs laïques aux pièces représentées dans les églises et les monastères que l'on s'explique aisément la naissance du drame en langue vulgaire qui, dès la seconde moitié du douzième siècle pour le moins, se montre en France à côté des jeux latins d'étudiants. On avait pris goût à ces jeux, et parmi les spectateurs ignorants du latin, les uns désirèrent devenir acteurs, les autres aspirèrent à des représentations dont la langue elle-même leur fût entièrement intelligible. Les confréries pieuses, nées de besoins et pour des objets divers, qui, à partir de cette époque, se constituèrent en grand nombre, sous le patronage des évêques, des curés, des moines, à l'ombre, pour ainsi dire, des églises et des monastères, qui leur servirent de centres et de lieux de réunion, donnèrent satisfaction à cette double aspiration dramatique des auditoires séculiers.

L'abbaye de Sainte-Geneviève de Paris, si célèbre et si puissante au moyen âge, fut assurément l'un des centres importants des confréries parisiennes. C'est sans doute pour l'une de ces confréries que fut écrite, ou peut-être récrite, dans le courant du quatorzième siècle, un drame français de la *Conversion de saint Paul* (1), dont la première origine peut se rattacher à quelque drame latin autrefois représenté par les écoliers de l'abbaye, et analogue au drame de Saint-Benoît-sur-Loire. Mais d'ailleurs l'auteur français s'est directement servi, pour composer sa pièce, du texte de l'Écriture. Cette pièce, comparée au jeu de Saint-Benoît, est d'une étendue à peu près triple. Malheureusement,

---

(1) Publié par Achille Jubinal dans le recueil intitulé : *Mystères inédits du quinzième siècle*, t. I, pp. 26 et suiv. (Paris, Techener, 1837, in-8°.)

ce que l'auteur a surtout développé, ce sont ces détails insignifiants de la vie et de la conversation communes, au moyen desquels il est toujours aisé d'étendre n'importe quel sujet. Nous citerons, en rajeunissant la langue, le début et la fin de cette œuvre trop vulgaire. Elle commence ainsi :

SAULUS ET SES COMPAGNONS

« Dieu garde les maîtres de la loi !

LES PHARISIENS

« Vous êtes les bienvenus, amis, sur notre foi !

SAULUS

« Mes seigneurs, sachez qu'à Damas — il y a une masse de ces chrétiens insensés — qui notre foi entièrement confondent — et une loi nouvelle fondent — qui confondra toute notre loi — à moins que l'on n'y pourvoie bientôt. — Nous avons tué un de leurs prêcheurs. — nous l'avons lapidé à coups de pierres. — Les autres en seront plus timides : — si on les tient court, ils cesseront. — Donnez-moi donc, s'il vous plaît, une lettre — pour que je puisse les enchaîner et les mettre — en vos prisons sans opposition.

ANNAS, CAYPHAS, ALEXANDER

« Que béni soit qui a dit cela !

ANNAS

« Saulet, Saulet, mon fils, viens çà ! — Tu es taillé à faire le bien. — (*Il lui donne une lettre*). — Je te donne commission — d'aller par cette région — rechercher ces méchants chrétiens. — Tiens, va les mettre en forts liens — et les amène en nos prisons.

SAULUS

« Seigneur, s'il y a aucun homme — pris à rançon,

au lieu que je le fasse — enchaîner ou tuer sur place,
— je prie Dieu que l'on me puisse pendre.

ANNAS

« Va, que le grand Dieu te puisse défendre ! »

Alors SAULUS *monte à cheval en disant:*

« A cheval, à cheval tout homme ! — Nous ne valons pas une pomme — s'il y en a un qui nous échappe, — Si je ne vous les mets sous la trappe — qu'on me couronne d'un trépied ! »

SES COMPAGNONS

« Chevauchez; nous irons à pied... »

La pièce se termine ainsi:

SAINT BARNABÉ

« Voici Paul que je vous amène. »

SAINT PAUL

« Jésus qui pour nous souffrit peine. — Mes seigneurs, vous donne bonne vie ! »

LES APOTRES

« Bienvenue soit cette compagnie ! »

SAINT PIERRE

« Mon frère et mon ami loyal, — mon compagnon tout spécial, — mon appui, mon amour, mon soulagement, — par vos méfaits nous avons tous été tristes, — mais par Jésus-Christ notre tristesse — nous a été changée en grande liesse — quand il a changé votre cœur — et votre folie en sagesse, — quand il vous a si rempli de lumière — que par vous sera instruit — dans la vraie foi le monde entier, — quand la grâce noblement abonde — où abondait l'iniquité. — Gloire à la Sainte Trinité ! — Venez me baiser, moi et mes frères. »

SAINT PAUL

« Volontiers et de cœur, Saint-Père,

SAINT PIERRE

« Frères, cette conversion — est des anges solennisée ; — car par divine élection — a été faite et ordonnée. — Nous voulons donc qu'elle soit célébrée — dignement, avec dévotion — en sainte Église chaque année ; — et ainsi chantons : *Te Deum* ».

Sans doute, ces mystères en rimes françaises ne manquent pas toujours, dans leur style trop courant et trop commun, d'une certaine grâce naïve, d'une certaine aisance d'allure. Mais, comme d'ailleurs la plupart du temps les autres genres de la littérature en langue vulgaire, ils manquent d'art. On ne peut se dissimuler qu'en littérature l'idée de l'utile au moyen âge a presque complètement dominé l'idée du beau. Le beau cultivé en lui-même, non pas indépendamment, mais distinctement du bien, auquel il doit toujours conduire, au moins comme dernier terme et comme impression finale, est une conception dont la philosophie chrétienne reconnaît parfaitement la légitimité, mais qui, en général, ne paraît pas être entrée dans l'esprit des anciens poètes français. De là l'utilité relative du mouvement de la Renaissance, dont l'exagération d'ailleurs, nous persistons à le croire, a eu des suites fâcheuses pour notre littérature.

1881.

VII

Jeu de l'Antechrist

Les étudiants des grandes écoles monastiques du douzième siècle n'étaient pas tellement absorbés par le culte de la science, qu'ils demeurassent insensibles aux événements du dehors. Les mouvements et les opinions qui agitaient la société politique de leur temps, les aspirations et les exagérations du sentiment national chez les divers peuples entre lesquels se partageait la Chrétienté, avaient un écho parmi eux, comme parmi leurs maîtres. A plus forte raison les uns et les autres ne demeuraient-ils pas indifférents aux mouvements et aux opinions qui remuaient ou qui menaçaient la société religieuse, ni aux événements qui l'intéressaient, aux hérésies, aux schismes, aux luttes du sacerdoce et de l'empire, aux croisades enfin et à ces vicissitudes des établissements chrétiens de la Terrre-Sainte, dont la lutte héroïque contre les Sarrasins fixait tous les regards et faisait battre tous les cœurs.

De curieuses traces de ces préoccupations de l'esprit public, mêlées à la vie studieuse des grandes écoles, nous ont été conservées dans un document qui nous offre en même temps l'un des plus précieux spécimens du drame du moyen âge, dans cette forme semi-liturgique et scolaire dont nous avons déjà indiqué l'importance et les caractères principaux. Il s'agit d'un *jeu de l'Antechrist*, représenté aux fêtes de Pâques dans l'abbaye de Tegernsée, en Bavière, peu de temps, à ce qu'il semble, avant le départ de l'empereur Frédéric Barberousse pour la croisade où il devait trouver la mort. Cette pièce, composée tout entière en vers latins rythmiques, faits pour être chantés comme les proses ou les tropes de la liturgie, nous est parvenue dans un manuscrit qui du trésor de Tegernsée a passé dans la Bibliothèque de Munich, où il porte aujourd'hui le numéro 19,411 du fonds latin. Le texte, publié une première fois au siècle dernier par Dom Bernard Pez, l'un de ces infatigables travailleurs qu'a donnés à la science historique l'ordre de Saint-Benoît, a été récemment l'objet d'une édition nouvelle et l'occasion de recherches étendues et de nombreux rapprochements dus à un professeur d'Erlangen, M. Gerhard de Zezschwitz (1).

---

(1) *Vom rœmischen Kaiserlum deutscher Nation,* ein mittelalterliches Drama, nebst Untersuchungen ueber die byzantinischen Quellen der deutschen Kaisersage. Leipzig, 1877, in-8°.— Depuis,

L'une des raisons qui ont déterminé le choix des fêtes de Pâques pour la représentation du drame de l'Antechrist est, croyons-nous, celle-ci : Les deux principales époques de ces jeux scolaires étaient Noël et Pâques. Or, de même que tous les événements qui, dans l'histoire religieuse de l'humanité, ont précédé et annoncé la venue du Messie, depuis l'origine du monde, étaient rattachés, conformément aux habitudes liturgiques, à l'histoire de la *Nativité* du Sauveur, c'est-à-dire au cycle de Noël, de même, tout ce qui avait été ou devait être la conséquence de sa mission, continuée par l'Église jusqu'à la fin des temps, était rattaché à l'histoire de la *Passion* et de la *Résurrection* de Notre-Seigneur, c'est-à-dire au cycle de Pâques. Ce n'est pas que cette règle ne puisse souffrir quelques exceptions, mais alors il y a beaucoup de chances pour que ces exceptions elles-mêmes trouvent leur explication dans certaines particularités de la liturgie.

Le lieu de la représentation a dû être le cloître de l'abbaye, c'est-à-dire cette cour entourée d'ar-

---

le jeu de Tegernsée a été l'objet de nouvelles recherches. Cf. Wilhelm Creizenach, *Geschichte des neueren Dramas*, t. I, pp. 78 et suiv. (Halle, 1893, in-8º). Le commentaire, toujours docte et ingénieux, de M. Creizenach diffère du nôtre sur deux ou trois points. D'après MM. Giesebrecht et W. Meyer, il fait remonter aux environs de l'année 1160 la date de la composition du jeu. Il pense que sous le nom d'*Hypocrites* y sont désignés et attaqués les zélateurs orthodoxes de la réforme du clergé d'alors, zélateurs fort mal vus par l'auteur de notre drame, qui aurait été lui-même au nombre des clercs mondains.

cades sur laquelle ouvrait l'une des portes de l'église. La cour tout entière formait la scène. Les spectateurs se pressaient sous les arcades, sur les galeries supérieures et aux fenêtres des bâtiments ayant vue sur la cour. Ils se composaient de la partie du personnel de l'abbaye qui n'avait point de rôle dans la représentation, des parents des écoliers, d'invités de distinction et généralement de la population du voisinage. Un bon nombre des étudiants et quelques-uns de leurs maîtres formaient la troupe, divisée en un certain nombre de groupes choraux faisant cortège aux personnages principaux et exécutant des chants d'ensemble et des marches rythmées.

Les décors consistaient en un certain nombre de *sièges* ou estrades, décorés de tapisseries et distribués en divers endroits du cloître, et peut-être en outre dans une construction sommaire dressée contre la porte de l'église et figurant le temple de Jérusalem. Les costumes étaient empruntés au trésor de l'abbaye. L'action commençait, se poursuivait et se terminait comme nous allons voir.

« Que le temple du Seigneur et les sept sièges royaux soient placés de cette façon, dit la rubrique. A l'orient, le temple du Seigneur; à côté du temple, le siège du Roi de Jérusalem et le siège de la Synagogue. A l'occident, le siège de l'Empereur romain; à côté de ce siège, le siège du Roi d'Allemagne et le siège du Roi de France. Au nord, le siège du Roi de Grèce (c'est-à-dire l'Empereur de Constantinople). Au midi, le siège du Roi de Babylone (c'est-à-dire le chef des musulmans, Saladin par exemple) et de la Gentilité (le moyen âge confondait volontiers les Sarrasins avec les païens). Ces choses ainsi disposées, que la Gentilité s'avance avec le Roi de Babylone (et leur cortège) en chantant :

« L'immortalité des dieux doit être l'objet du culte de tous et leur pluralité partout révérée.

« Ce sont des insensés, de vrais fous, ceux qui disent qu'il n'y a qu'un Dieu ; ils contredisent ainsi ridiculement les traditions de l'antiquité, etc. ».

Quand le Roi de Babylone et la Gentilité ont pris place sur leur estrade, on voit s'avancer la Synagogue avec les Juifs, qui chantent en chœur des strophes célébrant leur foi et répudiant Jésus-Christ. La Synagogue s'assied sur son trône, entourée de ses fidèles. « Alors l'Église s'avance, dit la rubrique, en vêtement de femme, portant une cuirasse et un diadème, ayant à sa droite la Miséricorde avec un vase d'huile, et à sa gauche la Justice, avec une balance et un glaive, toutes deux en vêtement de femme. Elle est suivie à droite par le Pape accompagné du clergé, et à gauche par l'Empereur, accompagné de la chevalerie (le clergé et la chevalerie sont figurés par deux groupes d'étudiants). L'Église chantera, ajoute la rubrique, qui indique ici un hymne ou cantique pour cet objet, et, à chaque vers, ceux qui la suivent répondront :

« Voilà la foi d'où vient la vie, la foi qui détruit la loi de mort ; celui, quel qu'il soit, qui croit autrement, nous le condamnons pour l'éternité ».

L'Église, le Pape et l'Empereur prennent place sur la même estrade qui figure Rome, avec leurs cortèges. Nous noterons ici que le rôle du Pape est entièrement muet et presque totalement effacé. Nous sommes, à Tegernsée, en compagnie gibeline ; nous en aurons encore d'autres indices tout à l'heure. Ensuite, chacun des rois s'avance en chantant avec son cortège et prend place sur son siège. « Le temple du Seigneur et un trône restent vides », dit la rubrique. Quel est donc ce trône ? C'est celui du Roi d'Allemagne qui, ne faisant qu'un avec l'Empereur, ne peut occuper à la fois deux sièges.

Mais tout cela n'est que le prologue. C'est maintenant que l'action s'engage. L'Empereur adresse le discours suivant aux ambassadeurs qu'il a résolu d'envoyer au Roi de France :

« Comme le rapportent les écrits des historiographes, le monde entier a constitué le domaine des Romains. Ce domaine, qu'avait conquis la vaillance des ancêtres, la mollesse de leurs descendants l'a laissé se dissiper, et l'on a vu s'écrouler la puissance de l'Empire. Mais, dans la vigueur de notre majesté, nous avons résolu de revendiquer ce patrimoine. Nous voulons donc que tous les rois paient de nouveau à l'Empire romain les tributs jadis imposés. Toutefois, comme la nation des Français est particulièrement vaillante à la guerre, c'est par le secours de ses armes que leur roi doit servir l'Empire. Allez donc lui transmettre l'ordre de venir promptement nous faire ce service avec ses fidèles ».

On retrouve dans ces paroles l'écho indubitable des théories de droit public, particulièrement soutenues par les conseillers des empereurs allemands, et qui attribuaient à ceux-ci, comme successeurs des Césars, une juridiction sur les couronnes, analogue à celle qui de droit divin appartient aux Papes sur les évêques. Mais bien que la supériorité des empereurs fût en théorie reconnue par les publicistes du moyen âge, leur suzeraineté effective et les droits qui, dans l'ordre féodal, en seraient résultés pour eux, n'étaient aucunement acceptés par les autres souverains de l'Occident et étaient en particulier très peu de mise à la cour de France, dont les sentiments à cet égard se reflètent dans la réponse faite par le Roi aux ambassadeurs de l'Empereur :

« Si l'on doit s'en rapporter aux récits des historiographes, ce n'est pas nous qui devons service à l'Empire, mais l'Empire qui nous le doit. Nos ancêtres les Gaulois ont en effet possédé l'Empire et nous ont transmis leurs droits sur lui. Vous voulez maintenant nous en priver par la force. A Dieu ne plaise que nous cédions sans résistance à une telle usurpation » !

Il n'est pas impossible qu'en nommant les Gaulois, l'auteur de notre drame, interprétant les sentiments du Roi de France et lui attribuant l'érudition un peu pédantesque d'un écolâtre de l'époque, ait voulu faire allusion à la prise de Rome par Brennus, mais la réponse du Roi, dans la pensée même de notre auteur, pourrait avoir pour fondement des faits historiques plus récents. On sait en effet que la Maison carolingienne régnait encore en France, alors que le titre impérial, naguère relevé par Charlemagne, fut joint par la dynastie saxonne à la couronne de Germanie.

On conçoit que, malgré leur peu de puissance dans leur propre royaume, les derniers Carolingiens de France, descendants directs du grand Empereur, n'aient pas volontiers reconnu que ce titre, passé aux descendants d'un ancien vassal de leur famille, pût donner à ceux-ci une supériorité sur eux. C'est ainsi que, dans la campagne de 978, le roi Lothaire, s'étant emparé d'Aix-la-Chapelle, fit fièrement retourner du côté de l'Allemagne l'aigle d'or surmontant le palais de Charlemagne, qui avait la tête tournée du côté de la France. Les premiers Capétiens, sans affecter au même degré à l'égard des empereurs cette attitude d'égalité, même théorique, qui leur aurait été moins naturelle qu'aux descendants de Charlemagne, n'en héritèrent pas moins, en fait, des sentiments de ceux-ci au sujet de l'indépendance effective de leur royaume, et quand, comme il arriva sous Louis-le-Gros en 1124, celle-ci parut menacée par une invasion impériale, tous les barons de France, oubliant leurs querelles, se groupèrent en si grand nombre autour de leur roi, que l'Empereur dut renoncer à son entreprise.

Dans notre drame, les choses se passent autrement. L'Empereur, irrité de la réponse du Roi de France, entre en campagne avec son cortège. Une bataille s'engage dans la cour du cloître, et les Français sont vaincus. Le Roi de France se reconnaît alors vassal de l'Empereur qui, sous cette condition, consent à lui laisser son royaume. Il envoie ensuite ses ambassadeurs (toujours en chantant et en vers latins rythmiques) au Roi de Grèce pour le sommer de payer tribut. Bien que ce souverain, qui représente ici l'Empereur de Constantinople, héritier des empereurs romains d'Orient, n'ait aucune raison de reconnaître la suzeraineté de l'Empereur romain d'Allemagne, il ne se fait pas pourtant prier, non plus que le Roi de Jérusalem, à qui la même sommation est adressée ensuite.

Ainsi toute la chrétienté, telle du moins qu'elle figurait dans le monastère de Tegernsée, reconnaît l'autorité de l'Empereur, ainsi que notre auteur se fait une joie de nous en avertir dans la rubrique : « *Cum jam tota Ecclesia subdita sit imperio romano* ». Cela étant, il passe à la seconde partie de son drame, toujours pour la plus grande gloire de l'Allemagne, comme nous allons voir.

Le Roi de Babylone (mettez le sultan Saladin) déclare aux siens qu'il a résolu d'extirper totalement du monde la foi des chrétiens et qu'il va commencer par la bannir du pays d'où elle a tiré son origine. Il part donc avec son cortège et traverse le cloître pour mettre le siège devant l'estrade du Roi de Jérusalem. Celui-ci envoie demander secours à l'Empereur, qui rassemble son armée. Un ange annonce aux habitants de Jérusalem ce secours prochain.

Bientôt, en effet, l'Empereur vient livrer bataille au Roi de Babylone, qu'il met en fuite. Il entre alors dans le temple du Seigneur, et après s'être prosterné, ôte son diadème et chante ces paroles devant l'autel :

« Recevez, Seigneur, ce que je vous offre d'un cœur soumis. Je résigne à vos pieds l'Empire, ô Roi des rois : vous par qui les rois règnent, vous seul pouvez être nommé Empereur, vous seul êtes le chef du genre humain ».

Déposant alors le sceptre et la couronne impériale sur l'autel du Seigneur, l'Empereur s'en retourne avec son cortège, mais comme il vient d'abdiquer, il ne reprend point son ancienne place et s'assied sur le siège royal demeuré vide depuis le commencement du jeu. Il n'est plus que le Roi d'Allemagne. Cependant l'Église, qui l'a accompagné dans sa croisade, demeure dans le temple du Seigneur à Jérusalem. Il n'est pas malaisé de trouver dans cette scène à la fois le reflet de l'insuccès réel des empereurs allemands dans leurs prétentions à la domination temporelle et même spirituelle du monde chrétien, et une allusion justificative au prétendu motif qui les aurait dirigés dans ces prétentions, à savoir l'union de la chrétienté sous leur sceptre pour vaincre les Sarrasins et délivrer la Terre-Sainte. Il y a là comme un écho de la querelle des investitures, terminée, on le sait, par le triomphe de la Papauté et la renonciation des Empereurs aux droits qu'ils avaient affectés sur l'Église.

L'auteur nous transporte maintenant à la fin du monde qui peut-être, dans sa pensée, devait suivre de près la magnanime abdication des droits de l'Allemagne sur l'univers. L'Église, la Gentilité et la Synagogue répètent tour à tour les chants qu'elles ont fait entendre au commencement du jeu. « Que les Hypocrites (l'auteur désigne peut-être ainsi les Cathares, les Albigeois, les Vaudois et autres hérétiques de son temps) s'avancent alors çà et là, dit la rubrique, marchant en silence et s'inclinant avec une humilité feinte, afin de gagner la faveur des laïques ; qu'ils se réunissent ensuite en un groupe devant l'Église et le siège du roi de Jérusalem. Celui-ci, les accueillant avec honneur, se soumet entièrement à leurs conseils. Alors paraît l'Antechrist, portant une cuirasse sous ses vêtements, accompagné de l'Hypocrisie à droite et de l'Hérésie à gauche, auxquelles il chante :

« L'heure de mon règne est arrivée. Il faut donc que sans délai je monte, grâce à vous, sur le trône, que le monde m'adore, moi et non plus un autre. Je vous ai reconnues propres à cette œuvre, pour laquelle je vous ai nourries jusqu'à ce jour. Le moment est venu où votre labeur et votre habileté me sont nécessaires.

« Les nations honorent le Christ, le vénèrent et l'adorent. Abolissez donc son nom et transportez-moi sa gloire.

« Il dit à l'*Hypocrisie :*

« Sur toi repose le fondement de mon entreprise.

« A l'*Hérésie :*

« C'est par toi qu'elle recevra l'accroissement.

« A l'*Hypocrisie :*

« Toi, gagne la faveur des laïques.

« A l'*Hérésie :*

« Toi, ruine la doctrine des clercs.

« Toutes les deux lui répondent :

« Par nous le monde croira en toi. Le nom du Christ cèdera au tien.

« L'Hypocrisie :

« Car par moi les laïques t'écouteront avec faveur.

« L'Hérésie :

« Et par moi les clercs en viendront à nier le Christ.

« Elles marchent alors devant lui et il les suit à pas lents. Et après qu'ils sont venus devant le siège du Roi de Jérusalem, l'Hypocrisie parle tout bas aux Hypocrites, leur murmurant à l'oreille la venue de l'Antechrist. Ils s'avancent aussitôt à sa rencontre en chantant :

« La sainte Religion est depuis longtemps chancelante, la vanité a pris possession de l'Église, notre mère. La perdition est venue par ces hommes chargés d'ornements somptueux. Dieu n'aime point les prélats mêlés aux affaires du siècle. Monte donc au sommet de la puissance royale. Que par toi la tradition des abus antiques soit corrigée ».

Avec l'aide des Hypocrites qui, enfin, dépouillant leur humilité d'emprunt, n'hésitent pas à tirer l'épée, *expositis gladiis*, l'Antechrist détrône le Roi de Jérusalem et prend sa place. L'infortuné souverain se réfugie auprès du Roi d'Allemagne, auquel il adresse les paroles suivantes, dans lesquelles notre auteur ne néglige pas l'occasion de nous assurer que tous ces maux auraient été épargnés à l'Église si le Roi d'Allemagne avait conservé l'empire effectif de la chrétienté :

« J'ai été trompé par l'apparence vertueuse de ces Hypocrites, et voici que leur fraude m'a renversé, moi, qui croyais gouverner si bien par leurs conseils. Alors que tu étais l'avoué du Saint-Siège « *Romani culminis dum esses advocatus* », l'Église était florissante et honorée. Le mal qui est résulté de ton abdication est maintenant évident. La loi empestée de la fausse religion l'emporte ».

Cependant l'Antechrist transporte son trône dans le temple du Seigneur, d'où l'Église, accablée de coups, est chassée avec honte. Elle retourne auprès du Pape, qui était demeuré seul sur l'estrade représentant Rome, où l'Église et l'Empereur avaient d'abord pris place avec lui au commencement du jeu. L'Antechrist envoie alors ses ambassadeurs, les Hypocrites, aux divers rois, pour les sommer de se soumettre à sa puissance. Le Roi de Grèce vient le premier lui rendre hommage et est marqué sur le front du signe de l'imposteur. C'est ensuite le tour du Roi de France, auquel les Hypocrites font remarquer que la voie leur a été préparée par les hérétiques de son royaume. Le Roi d'Allemagne résiste, car notre auteur tient à nous le présenter comme le dernier défenseur de la vraie foi. Non seulement il refuse son hommage à l'imposteur, mais il le défait en bataille rangée. L'Antechrist alors, recourant à des prestiges diaboliques, accomplit de faux miracles, qui décident le Roi d'Allemagne à se soumettre. Le Roi de Babylone et la Gentilité, vaincus à leur tour, embrassent la foi de l'Antechrist, que la Synagogue et les Juifs reconnaissent pour le vrai Messie.

Mais à ce moment paraissent Hénoch et Élie, conservés vivants par Dieu jusqu'à la fin des siècles pour annoncer le second avènement du Rédempteur et dessiller les yeux des Juifs. La Synagogue reconnaît sa longue erreur, abjure l'Antechrist et adore la Sainte Trinité. Les Hypocrites avertissent leur maître de cette défection. L'imposteur furieux fait saisir et massacrer les deux prophètes. Puis, ne mettant plus de bornes à son orgueil, il convoque tous les rois, ses vassaux, avec leurs peuples, et se fait adorer comme étant Dieu. Mais alors la foudre éclate sur sa tête, il tombe et tous ses sujets prennent la fuite. L'Église chante : « Voici l'homme qui n'a point pris Dieu pour appui ; mais moi, je suis comme l'olivier chargé de fruits dans la maison du Seigneur ». Elle reçoit dans son sein les nations repentantes et termine le drame par un chant d'action de grâces. « Tunc omnibus redeuntibus ad fidem, Ecclesia ipsos suscipiens incipit : *Laudem dicite Deo nostro* ».

1881.

II

LES MYSTÈRES

I

Les plus anciens drames en langue française

Les lecteurs de la *Revue catholique de Normandie* ont pu se faire, en lisant le travail si intéressant de M. Gasté, une idée juste des origines liturgiques du drame au moyen âge (1). A la période des origines, qui commence dès la fin du IXe siècle, a succédé la période que l'on peut appeler *scolaire*, parce que les compositions et les représentations dramatiques qui s'y rattachent furent l'œuvre des maîtres et des élèves des grandes écoles établies auprès des cathédrales et des abbayes. Le drame scolaire en prose latine, et surtout en vers métriques et rythmiques, fleurit en France dans ces établissements d'enseignement secondaire et supé-

---

(1) *Les Drames liturgiques de la cathédrale de Rouen.* Livraisons des 15 janvier, 15 mars et 15 mai 1893, — 4e, 5e et 6e de la seconde année de la *Revue.* — Comme on le voit par cette entrée en matière, la présente étude a été publiée en premier lieu dans l'excellent recueil provincial dont le titre y apparaît tout d'abord.

rieur, du milieu du xi⁰ au milieu du xii⁰ siècle. Si les auteurs et les acteurs de ce théâtre semi-liturgique et scolaire étaient uniquement des *clercs*, professeurs ou étudiants, il n'en était pas de même du public accouru en grand nombre à ces représentations, données dans les églises mêmes ou dans les cloîtres des cathédrales et des abbayes, aux fêtes solennelles de Noël et de Pâques, aux anniversaires principaux de la Sainte Vierge, ou encore de certains bienheureux particulièrement chers aux étudiants : saint Nicolas, sainte Catherine. L'intelligence de l'action était singulièrement facilitée aux spectateurs séculiers, ignorants de la langue latine, par ce fait que le sujet du drame était toujours emprunté à des histoires et à des légendes, que l'éducation religieuse, la tradition orale, la liturgie ordinaire et les arts plastiques avaient rendues familières à tous les fidèles. La forme scénique elle-même n'était qu'une adaptation à ces pieuses réjouissances des procédés et des pompes habituelles à la liturgie. Enfin ces drames scolaires étaient des œuvres musicales en même temps que poétiques et dramatiques, c'étaient comme des opéras sacrés, des chœurs divisés et subdivisés, des dialogues chantés : nouvel attrait pour la foule, nouvelle compensation de l'intelligence incomplète dont elle était obligée de se contenter par rapport aux détails du texte, dont l'harmonieuse interprétation enchantait ses oreilles, en même temps que les mouvements rythmés et cadencés des personnages charmaient ses yeux.

Il est certain cependant qu'il dut y avoir pour les spectateurs laïques redoublement de plaisir quand, par une innovation assez naturelle en pareille circonstance, la langue commune fit irruption, par quelques refrains d'abord, puis par quelques strophes, au milieu de cette prose ou de cette poésie latine. Il y avait à cet égard des précédents, même dans la liturgie ordinaire, par exemple ces épîtres *farcies* récitées à divers fêtes, notamment le jour de Saint-Étienne, et dans lesquelles la leçon tirée des Actes des apôtres et racontant le martyre du bienheureux diacre, était accompagnée et coupée de strophes françaises traduisant et amplifiant le texte de la Vulgate (1). Les compositions dramatiques de l'étudiant Hilaire, disciple du célèbre Abélard, et grand amateur de poésie rythmique et de représentations scolaires, nous offrent, dans la première moitié du xiiᵉ siècle, de curieux exemples de ces bizarres et piquantes farcitures, qui ne plaisaient pas seulement à l'auditoire illettré, mais ajoutaient, pour ainsi dire, par leur étrangeté même, un ragoût de plus au divertissement des écoliers. Dans le jeu pascal de la *Résurrection de Lazare*, Marie de Béthanie s'adresse en ces termes au Sauveur :

---

(1) Voyez une de ces épîtres dans Du Méril, *Origines latines du théâtre moderne*, p. 410.

Ex culpa veteri
Damnantur posteri
Mortales fieri :
Hor ai dolor,
Hor est mis frere morz ;
Por que gei plor.

Per cibum vetitum
Nobis interitum
Constat impositum :
Hor ai dolor, etc.

Facta sum misera
Et soror altera
Per fratris funera :
Hor ai dolor, etc.

Cum de te cogito,
Frater, et merito
Mortem afflagito :
Hor ai dolor, etc.,...

Marthe, sœur de Marie et de Lazare, chante à son tour :

Mors execrabilis !
Mors detestabilis !
Mors mihi flebilis !
Lase, chative !
Desque mis frere est morz,
Porque sue vive ?

Fratris interitus
Gravis et subitus
Est causa gemitus :
Lase, chative ! etc.

> Pro fratre mortuo
> Mori non abnuo
> Nec mortem metuo :
>> *Lase, chalive !* etc.
>
> Ex fratris funere
> Recuso vivere ;
> Væ mihi miseræ !
>> *Lase, chalive !* etc.

Un peu plus loin, Marthe s'adresse encore au Sauveur en ces termes :

> Si venisses primitus,
>> *Dol en ai,*
>
> Non esset hic gemitus :
>> *Bais frere, perdu vos ai !*
>
> Quod in vivum poteras,
>> *Dol en ai,*
>
> Hoc defuncto conferas :
>> *Bais frere, perdu vos ai !*
>
> Petis Patrem quidlibet ;
>> *Dol en ai,*
>
> Statim Pater exhibet :
>> *Bais frere, perdu vos ai* (1).

Le même mélange singulier, avec addition d'une nuance de comique, qui, pour l'auditoire, n'en diminuait pas l'agrément, se retrouve dans une autre pièce d'Hilaire, un *jeu de saint Nicolas* (2).

---

(1) Du Méril, ouvrage cité, pp. 226-230.
(2) Voir sur cette pièce notre travail intitulé : *Le Jeu de saint Nicolas*, que l'on trouvera immédiatement après celui-ci.

La part de la langue vulgaire, c'est-à-dire, dans le cas dont il s'agit, du dialecte poitevin, est beaucoup plus considérable dans un drame de la même époque, la représentation de l'*Époux*, plus connue sous le nom de *Mystère des vierges sages et des vierges folles*, parce qu'en effet elle consiste dans la mise en scène de la célèbre parabole évangélique. Non seulement on y trouve un refrain comme celui-ci, revenant à la fin de chacune des strophes latines chantées par les vierges folles :

> Dolentas ! chaitivas ! trop i avem dormit.

Mais les strophes suivantes adressées par l'ange Gabriel aux vierges sages sont entièrement en langue vulgaire et servent comme de paraphrase au chant latin qui les précède :

> Oiet, virgines, aiso que vos dirum,
> Aiet presen que vos comandarum :
> Attendet un espos, Jhesu Salvaire a nom.
>   Gaire no i dormet,
> Aiso l'espos que vos hor atendet.

> Venit en terra per los vostres pechet,
> De la Virgine en Betleem fo net,
> E flum Jorda lavet e lutcet,
>   Gaire, etc.

> Eu fo batut, gablet e laidenjet,
> Sus e la crot levet e claufiget,
> Eu monumen desoentre pauset.
>   Gaire, etc.

> E resors es, la scriptura o dii ;
> Gabriels soi, eu m'a trames aici ;
> Attendet lo, que ja venra praici.
>   Gaire, etc. (1).

Également en langue vulgaire est cette réponse des vierges sages aux vierges folles qui leur demandent de leur huile :

> De nostr'oli queret nos à doner,
> Non avret pont, alet en achapter
> Deus merchaans que lai veet ester.
> Dolentas ! chaitivas ! trop i avet dormit (2).

Et cette réponse des marchands :

> Domnas gentils, no vos covent ester
> Ni lojamen aici ademorer ;
> Cosel queret, nou vos poem doner,
> Queret lo deu chi vos pot coseler.
> Dolentas ! etc.

---

(1) « Écoutez, vierges, ce que nous vous dirons, — ayez présent ce que nous vous commanderons ; — vous attendez un époux, il a nom Jésus Sauveur, — Ne dormez pas. — Voici venir l'époux que maintenant vous attendez.

« Il vint en terre pour vos péchés, — de la Vierge en Bethléem fut né, — dans le fleuve Jourdain lavé et baigné. — Ne dormez pas, etc.

« Il fut battu, bafoué et maltraité, — en haut sur la croix élevé et cloué, — dans le sépulcre après cela déposé. — Ne dormez pas etc.

« Il est ressuscité, l'Écriture le dit ; — je suis Gabriel, il m'a envoyé ici ; — attendez-le, car il viendra par ici. — Ne dormez pas, etc. ».

(2) « De notre huile vous nous demandez de vous donner, — vous n'en aurez point, allez en acheter — aux marchands que vous voyez établis là-bas. — Malheureuses ! infortunées ! vous avez trop dormi ».

> Alet areir à vostras sinc seros
> E preiat las per Deu lo glorios
> De oleo fasen socors à vos,
> Faites o tost que jà venra l'Espos.
>
> Dolentas ! etc. (1).

En langue vulgaire enfin cette malédiction du Christ :

> Alet, chaitivas, alet, malaureas,
> A tol jors mais vos so penas livreas ;
> En efern ora seret meneias (2).

Le développement croissant de ces parties en langue vulgaire au détriment des parties latines semble *a priori* assez indiqué par le progrès naturel du genre dramatique. La substitution d'une langue à l'autre paraît en effet avoir eu lieu de cette façon, pour ainsi dire, interne et logique dans les représentations des grands établissements ec-

---

(1) Nobles dames, il ne vous convient pas de rester ici — ni d'y séjourner longuement ; — vous cherchez conseil, nous ne pouvons vous en donner, — demandez-le à qui peut vous conseiller. — Malheureuses ! etc.

« Retournez en arrière vers vos cinq sœurs — et priez les par Dieu le glorieux — que de leur huile elles fassent secours à vous, — faites vite que déjà va venir l'Époux. — Malheureuses ! etc. »

(2) « Allez, infortunées, allez, malheureuses, — pour toujours désormais vous sont peines infligées ; — en enfer maintenant vous serez menées ». — Du Méril, ouvrage cité, p. 223 et suiv. — Cf. Ms du fonds latin 1139 à la Bibliothèque Nationale, fol. 53 et suiv. — *Le Drame chrétien au moyen âge*, pp. 24 et suiv., 113 et suiv. — Gaston Paris, *La Littérature française au moyen âge*, 2ᵉ édition, Paris, Hachette, 1890, p. 237. — W. Cloetta, *Romania*, t. xxii, p. 177 et suiv. — H. Morf dans *Zeitschrift für romanische Philologie*, t. xxii, p. 385 et suiv. — *Romania*, t. xxvii, pp. 625-626.

clésiastiques de Suisse et d'Allemagne, où les mêmes usages s'étaient établis qu'en France, mais où ils semblent s'être continués avec une vigueur de plus en plus florissante jusqu'à la fin du moyen âge et au delà. Il résulterait de ce fait que le drame religieux, quoique entièrement envahi par l'idiome commun, aurait néanmoins conservé très longtemps dans ces pays une attache étroite avec les écoles claustrales et gardé son caractère particulier de réjouissance scolaire (1). Mais il n'en fut pas de même dans notre pays, où le développement et la transformation dont il s'agit subirent vers le milieu du XIIe siècle l'influence d'une cause extérieure, qui fut toute-puissante. L'un de ses effets fut d'anéantir, en prenant sa place, sinon l'existence, du moins la vigueur et la popularité du drame scolaire. Celui-ci d'ailleurs ne pouvait manquer d'éprouver le contre-coup du mouvement qui, à partir des premières années du XIIIe siècle, substitua, pour l'enseignement supérieur, le système des universités, inauguré à Paris avec tant d'éclat, au système antérieur des écoles cathédrales ou monastiques, mouvement qui s'accomplit beaucoup plus tôt et d'une façon beau-

---

(1) Cf. dans Du Méril, le *Mystère de la Passion* du manuscrit de Munich, représenté au XIIIe siècle à l'abbaye de Benedictbeuern, p. 125 et suiv., et la *Passion* de Francfort, représentée à la fin du XVe siècle à l'école ecclésiastique de Saint-Barthélemy, p. 297 et suiv. — Voyez aussi Wilken, *Geschichte der geistlichen Spiele in Deutschland*, passim.

coup plus absorbante en France qu'en Allemagne et en Suisse.

Ce ne fut donc pas chez nous dans les représentations des étudiants qu'acheva de se constituer le drame en langue vulgaire, ce fut dans celle des *confréries*, dont on constate de très bonne heure l'existence, mais dont la période originaire est encore enveloppée d'une assez épaisse brume. Un texte découvert par M. Léopold Delisle dans un Sacramentaire de l'Église de Paris, nous révèle l'existence, dès le xie siècle, d'une *Confrérie des douze apôtres* ainsi composée : « Noms des frères de la Société des douze apôtres : Eude diacre, Hubert abbé, Ingelbold prêtre, Richard prêtre, Germont prêtre, Gislebert *laïque*, Landry prêtre, Ainard clerc, Garlent prêtre, Pierre prêtre, Alran prêtre, Martin, Durand, Richard prêtre (1) ». Il est peut-être permis de conjecturer que Martin et Durand, dont les noms ne sont suivis d'aucune désignation, étaient des laïques comme Gislebert. La proportion dut s'accroître et la majorité passer du côté des laïques dans les très nombreuses associations

---

(1) « Ec sunt nomina fratrum de societate duodecim apostolorum. Odo levita. Hubertus aba. Ingelbodus sacerdos. Ricardus sacerdos. Germunt sacerdos. Gislebertus laïcus. Landricus sacerdos. Ainardus clericus. Vuarlenus sacerdos. Petrus sacerdos. Alrannus sacerdos. Martinus. Durandus. Ricardus sacerdos. » *Mémoire sur d'anciens sacramentaires*, 1886, broch. in-f°. (Extrait des *Mémoires* de l'Académie des inscriptions et belles-lettres, t. xxxii (1re partie), pp. 150 et 376.

de ce genre qui se constituèrent, dans le courant du xiiᵉ siècle, sous des formes très variées et souvent avec des rapports divers, mais incontestables, aux sociétés ou corporations professionnelles. C'est à une institution tout à fait établie et déjà ancienne que fait allusion cette *prière du prône* relevée par M. Léon Gautier dans un livre liturgique de la seconde moitié du xiiiᵉ siècle : « *Pour les confrères*. — Ensuite, faisons prière à Notre-Seigneur Jésus-Christ pour tous les confrères, hommes et femmes, de Notre-Dame sainte Marie, et pour ceux de saint Nicolas, et pour ceux et celles qui en cette église, en l'honneur de Dieu et de Notre-Dame, font et célèbrent leurs fêtes, et pour ceux et celles qui céans apportent leurs offrandes et leurs luminaires, que Notre-Seigneur, par sa pitié et par sa miséricorde, les défende de malechance et de mésaventure, et les illumine et remplisse de son bien et de sa grâce, et leur conserve et multiplie leurs biens, de telle sorte qu'ils l'en reconnaissent pour seigneur et pour donateur, et qu'il leur accorde de faire les œuvres qui lui sont agréables, afin que, quand leurs âmes quitteront leurs corps, il les reçoive au repos de son saint paradis et les réunisse à leurs parents et à leurs amis défunts. Dites donc pour cela, tous et toutes, la sainte oraison de Notre-Seigneur : *Pater noster* (1) ».

---

(1) *Notice sur un livre liturgique appartenant à M. le professeur*

Les confréries, comme cela résulte de ce dernier texte et comme on le sait d'ailleurs, avaient des offices, des fêtes et par conséquent des réjouissances qui leur étaient propres. Rien d'étonnant que les représentations dialoguées aient pris place de bonne heure parmi ces pieux divertissements comme elles l'avaient fait antérieurement dans les réjouissances scolaires. Cela doit d'autant plus être supposé que ces confréries mêmes, surtout à l'origine, comptaient dans leur sein et avaient à leur tête des prêtres et des clercs, et parmi eux, sans aucun doute, des maîtres et des étudiants de l'église cathédrale, collégiale ou abbatiale à laquelle elles se rattachaient par leur fondation. Vers le milieu du XIIe siècle, elles s'emparèrent donc, croyons-nous, de l'art dramatique, et tout

---

G. Stephens de Copenhague, dans la *Bibliothèque de l'École des chartes*, XXXVIII, année 1877, p. 483 et suiv. — Ce manuscrit fut acheté à Naples en 1872, mais il est évidemment d'origine française, comme en témoigne assez le texte des prières qu'il renferme. Voici l'original de la prière ci-dessus traduite : « *Por les confreres*. En après feson proiere à N. S. J. C. por toz les confreres et les confraresses de Nostre Dame sainte Marie, et por ceaus de saint Nicolas, et por ceaus et celes qui en ceste yglise, en l'enor de Dieu et de Nostre Dame, les soes festez font et festivent, et por ceaus et celes qui ceens aportent lor oblacions et lor lumineres, que Nostre Sire, par sa pitié et par sa misericorde, les desfende de mescheance et de mesaventure, et les enlumine et replenisse de son bien et de sa grace, et lor sauve et munteplit lor biens en tel maniere q'il l'en reconoissent à segnor et à doneor, et lor doist fere les soes ovres, si que, quant les armes partiront des cors, il les reçoive en repos en son saint paradis ensembléement ob lor parens et ob lor amis defuns. Si en ditez tuit et totes la sainte oreison Nostre Seignor. *Pater noster* ».

en lui conservant d'abord en bonne partie les caractères de son origine liturgique et ecclésiastique, commencèrent à l'introduire dans une voie nouvelle, où l'emploi habituel de la langue vulgaire dans la composition des pièces représentées par leurs membres fut un de leurs premiers et plus considérables pas.

C'est bien, tout du moins porte à le croire, à une confrérie dirigée par des clercs, mais composée en bonne partie de membres séculiers, qu'il faut attribuer l'origine du plus ancien drame en langue française qui nous soit parvenu, le drame d'*Adam*. Ce texte est en dialecte normand, mais en dialecte normand d'Angleterre, c'est-à-dire dans l'idiome qui était devenu depuis Guillaume-le-Conquérant la langue officielle et supérieure de la bonne société laïque de ce pays et qui faillit même s'y substituer définitivement à l'anglo-saxon. Depuis la conquête normande, dont les résultats furent encore fortifiés par l'avènement des Plantagenet, le royaume insulaire formait avec les possessions continentales de la dynastie issue de Guillaume, un groupe d'états ou de provinces, dont l'union politique ne pouvait manquer d'avoir des conséquences littéraires. Les divers genres nés sur le sol français fleurirent en Angleterre avec une rare vigueur et il y eut entre l'île et le continent un échange continuel de poètes et de poèmes. Les compositions et représentations dramatiques paraissent avoir été goûtées de bonne heure dans l'île. Avant 1119, Geoffroy du Mans, appelé en Angleterre pour remplir les fonctions d'écolâtre à l'abbaye de Saint-Alban, faisait représenter à Dunstaple, sans doute par les écoliers de cette abbaye, un jeu latin de sainte Catherine. Une cinquantaine d'années plus tard, les représentations des confréries semblent avoir été dans ce pays un usage établi, qui lui était commun avec la Normandie continentale et aussi, sans aucun doute, avec plusieurs autres provinces de France. Le texte anglo-normand du drame d'*Adam* nous a été transmis dans un manuscrit contenant avec lui d'autres œuvres poétiques, latines ou françaises, qui ne sont pas toutes originaires de la même contrée. La première partie de ce recueil paraît avoir été formée sur quelque point des bords de la Loire (1). S'il en est ainsi, le fait seul de la transcription indique la possibilité, le désir même, sinon l'intention et l'occasion positive d'une représentation du drame hors de son pays d'origine. Il est curieux de noter que le texte d'*Adam* est précédé dans le manuscrit d'un jeu latin de la *Résurrection*

---

(1) Le manuscrit dont il s'agit est aujourd'hui conservé à la bibliothèque de la ville de Tours. Il provient des moines de Marmoutier, qui l'avaient acheté à Toulouse, en 1716, de la famille de Lesdiguières. L'une des pièces qu'il renferme paraît se rapporter à la ville de Nantes. — Il a été écrit à deux époques différentes, à la fin du XII*e*, puis au commencement du XIII*e* siècle.

et de diverses pièces de poésie latine rythmique indiquant chez le possesseur primitif de ce recueil des connaissances et des préoccupations liturgiques et scolaires. Nous y remarquons notamment un cantique en l'honneur de saint Nicolas :

> Nicholaus inclitus,
> Laudet omnis spiritus ;
> Factus est divinitus
> Præsul in lætitia ;
> Laudet omnis spiritus
> Gubernantem omnia...
> Sic est sacra deditus
> Præsul in Lycia.
> Laudet omnis spiritus (1).

Le prêtre ou clerc, directeur de confrérie, qui fut l'auteur du drame d'*Adam* et l'organisateur de la première représentation de ce jeu en Angleterre, était certainement lui-même un fort habile *liturgiste*. Nous avons naguère longuement examiné la construction de cette pièce dans ses rapports avec les rites ordinaires ou extraordinaires du culte (2). Nous nous contenterons de noter ici l'art ingénieux avec lequel, dans sa composition et dans sa mise

---

(1) *Office de Pâques ou de la Résurrection*, accompagné de la notation musicale et suivi d'hymnes et de séquences inédites, publié pour la première fois d'après un manuscrit du xiie siècle de la bibliothèque de Tours par Victor Luzarche. Tours, 1856, p. 42.

(2) Cf. *Les Prophètes du Christ*, étude sur les origines du théâtre au moyen âge p. 81 et suiv. — *Le Drame chrétien au moyen âge*, p. 121 et suiv.

en scène, les règles et les habitudes liturgiques ont été adaptées, appropriées aux nécessités et aux convenances d'une représentation dialoguée, comment l'auteur, pour ainsi dire, a su tirer de la liturgie une *dramaturgie*. Le système des *leçons*, tel surtout qu'une récitation déjà demi-dialoguée l'avait développé dans les offices des monastères, lui a fourni le cadre de cette représentation, dont le système, déjà dramatique aussi par lui-même, des *répons*, lui a donné la parure lyrique et musicale. Il a emprunté aux rubriques, aux habitudes du rituel le grave et majestueux symbolisme de sa mise en scène, la disposition plastique de ses personnages et de ses tableaux, qui sont dans une analogie sensible avec les figures et les scènes sculptées de l'art roman et des premiers temps de l'art gothique (1). En même temps il a su profiter avec talent et avec goût des sources et des modèles littéraires dont son imagination pouvait

---

(1) Cf. l'intéressant travail de M. Julien Durand: *Monuments figurés du moyen âge d'après des textes liturgiques*, Caen, 1889, broch, in-8°. — Les rapports entre les monuments figurés et les plus anciens *mystères* tiennent à ce que les uns et les autres se sont inspirés de la littérature cultivée dans les écoles claustrales du ixe au xiiie siècle. On n'ignore pas que les beaux-arts étaient aussi enseignés dans ces écoles et que ce furent les moines eux-mêmes qui furent les créateurs de l'art roman. — « Pictura est laïcorum litteratura », écrivait au commencement du xiie siècle Honoré d'Autun, caractérisant ainsi l'objet que se proposèrent les premiers artistes du moyen âge et aussi, du moins en partie, les auteurs de nos vieux drames, c'est-à-dire d'enseigner aux illettrés l'histoire et les dogmes de la religion.

disposer : écrits et jeux latins antérieurs et compositions diverses de poésie narrative ou didactique en langue vulgaire. Il était lui-même, en même temps qu'un assez docte clerc, un trouvère fort bien doué, un versificateur expert en rythmes et en rimes. Il avait de plus de véritables aptitudes dramatiques et un rare instinct du dialogue. On en jugera par les scènes suivantes de la tentation d'Adam et d'Ève dans le paradis (1).

« *Le Diable viendra trouver Adam et lui dira :*

DIABOLUS

« Que fais-tu, Adam ?

ADAM

« Je vis ici en grand plaisir.

DIABOLUS

« Tu t'y trouves bien ?

ADAM

« Je ne sens rien qui m'ennuie.

DIABOLUS

« On peut être mieux.

ADAM

« Je ne puis pas savoir comment.

---

(1) Nous avons suivi pour notre traduction le texte que nous avions sous la main, celui donné par M. Luzarche : *Adam, drame anglo-normand du XII*[e] *siècle*, publié pour la première fois d'après un manuscrit de la bibliothèque de Tours. Tours, 1854, in-8°. Mais une nouvelle et meilleure édition a été donnée par M. Karl Grass : *Das Adamsspiel* etc. Halle, 1891, in-8° (t. VI de la *Romanische Bibliothek* de M. Wendelin Fœrster).

DIABOLUS

« Veux-tu le savoir?

ADAM

« J'en aurais assez le désir.

DIABOLUS

« Moi, je sais comment.

ADAM

« Après tout, que m'importe?

DIABOLUS

« Pourquoi non?

ADAM

« Cela ne me vaut rien.

DIABOLUS

« Mais si, cela te serait fort avantageux.

ADAM

« Je ne sais pas quand.

DIABOLUS

« Ma foi, je ne te le dirai pas au pied levé.

ADAM

« Allons, dis-le moi.

DIABOLUS

« Je n'en ferai rien, — je te laisserai me prier jusqu'à en être las.

ADAM

« Bah! je n'ai nul besoin de savoir cela.

DIABOLUS

« Au reste, tu n'es pas fait pour avoir aucun avantage. — Tu as le bien, tu ne sais pas en jouir.

ADAM

« Comment cela?

Diabolus

« Veux-tu l'ouïr ? — Je te le dirai confidemment.

Adam

« Vrai ?

Diabolus

« Vrai. — Écoute, Adam, prête-moi l'oreille ; — ce sera ton profit.

Adam

« Alors, j'y consens.

Diabolus

« Me croiras-tu ?

Adam

« Oui, très bien.

Diabolus

« De tout en tout ?

Adam

« Oui, sauf en une seule chose.

Diabolus

« Quelle chose donc ?

Adam

« Je vais te le dire. — Je ne veux pas offenser mon Créateur.

Diabolus

« As-tu donc si peur de lui ?

Adam

« Oui, en vérité, je l'aime et le crains.

Diabolus

« Ce n'est pas raisonnable. — Que te peut-il faire ?

Adam

« Et bien et mal.

Diabolus

« Voilà une idée bien folle ! — Quoi ! tu t'imagines que mal te puisse advenir ! — N'es-tu pas en état de gloire ? tu ne peux mourir.

Adam

« Dieu me l'a dit, que je mourrai, — quand je violerai son commandement.

Diabolus

« Quelle est cette grosse désobéissance ? — Je serais curieux de le savoir, je n'y comprends rien.

Adam

« Je te le dirai en toute vérité. — Voici le commandement qu'il m'a fait. — De tous les fruits du paradis — il m'est permis de manger, Dieu me l'a dit, — excepté d'un seul ; celui-là m'est défendu, — celui-là, je n'y porterai pas la main.

Diabolus

« Et lequel est-ce ?

(Adam doit lever la main et montrer le fruit défendu).

Adam

« Le vois-tu là ? — C'est celui-là que Dieu m'a tout à fait interdit.

Diabolus

« Sais-tu pourquoi ?

Adam

« Moi ? certes non.

Diabolus

« Je m'en vais t'en dire la raison. — Des autres fruits il n'a cure, — *(Le Diable doit ici montrer le fruit défendu)*, il ne se soucie que de celui qui pend là haut. —

C'est le fruit de sapience, — de toutes choses donnant la science ; — si tu le manges, ce sera pour toi une bonne affaire.

ADAM

« Et en quoi donc ?

DIABOLUS

« Tu le verras ; — tes yeux désormais seront grand ouverts. — Tu connaîtras tout ce qui doit être. — Tu pourras faire tout ce que tu voudras. — Ce serait une plaisante chose d'attirer la branche à toi. — Mange donc, et tu feras bien. — Tu n'auras rien à craindre de ton Dieu. — Désormais tu seras son égal. — C'est bien pour cela qu'il s'est avisé de cette défense. — Me croiras-tu ? goûte du fruit.

ADAM

« Non, je ne le ferai pas.

DIABOLUS

« Ce serait pour toi une grande jouissance. — Tu ne veux pas le faire ?

ADAM

« Non.

DIABOLUS

« Tu n'es qu'un sot. — Il te souviendra de mes paroles.

« *Le Diable doit s'éloigner et aller rejoindre les autres démons. Tous ensemble feront une course à travers la place. Après un peu de temps le Diable reviendra le visage gai, l'air joyeux, pour tenter de nouveau Adam, et il lui dira :*

DIABOLUS

« Adam, que fais-tu ? Ne veux-tu pas changer d'avis ? — Es-tu encore dans ce doute ridicule ? — Je te l'ai bien dit, l'autre jour : — Dieu t'a fait ici son pensionnaire. — Il t'y a mis pour manger ces fruits. — As-tu donc suffisant plaisir ?

ADAM

« Certes oui, le plaisir ne me manque pas.

DIABOLUS

« N'oseras-tu jamais monter plus haut ? — Pourras-tu bien te tenir pour satisfait, — de ce que Dieu t'a fait son jardinier ? — Dieu t'a fait gardien de son jardin. — Ne chercheras-tu jamais autre jouissance ? — T'a-t-il formé seulement pour assouvir ton ventre ? — Ne voudra-t-il jamais t'appeler à plus grand honneur ? — Écoute-moi, Adam, et crois-moi. — Je te conseillerai de bonne foi. — Si tu le veux, tu pourras être sans seigneur ; — tu seras l'égal du Créateur. — Je te dirai toute la vérité. — Si tu manges la pomme, (*il élèvera la main vers l'arbre qui est dans le paradis*) — tu règneras en majesté. — Tu peux partager avec Dieu la toute-puissance.

ADAM

« Va-t'en d'ici.

DIABOLUS

« Que dis-tu, Adam ?

ADAM

« Va-t'en d'ici, tu es Satan. — Tu donnes de mauvais conseils.

DIABOLUS

« Moi ! comment cela ?

ADAM

« Tu veux me jeter dans les tourments, — tu veux me brouiller avec mon Seigneur, — m'enlever ma joie, me livrer à la douleur. — Je ne te croirai pas ; va-t'en d'ici. — Ne sois jamais plus si hardi — que de revenir devant moi ; — tu es un traître, un être sans foi.

« Alors, triste et le front baissé, le Diable s'éloignera d'Adam et s'en ira jusqu'aux portes de l'enfer, où il aura un colloque avec les autres démons. Ensuite il fera une course à travers la place. Puis, il retournera vers le paradis, mais du côté d'Ève, et l'abordant d'un air gai, caressant, il lui parlera ainsi :

DIABOLUS

« Ève, me voici venu vers toi.

EVA

« Dis-moi, Satan, pourquoi cela ?

DIABOLUS

« Je cherche ton avantage, ton honneur.

EVA

« Dieu me l'accorde !

DIABOLUS

« N'aie pas peur. — Il y a bien longtemps que j'ai appris — tous les conseils du paradis, — je t'en dirai une partie.

EVA

« Commence donc et je t'écouterai.

DIABOLUS

« M'écouteras-tu ?

EVA

« Oui, certainement, — je ne te fâcherai en rien.

DIABOLUS

« Me garderas-tu le secret ?

EVA

« Oui, sur ma foi.

DIABOLUS

« Personne ne le saura ?

EVA

« Non, non, du moins par moi.

DIABOLUS

« Je m'en remets donc à ta promesse, — je ne veux de toi aucun autre gage.

EVA

« Tu peux te fier à ma parole.

DIABOLUS

« Tu as été à bonne école ; — j'ai vu Adam, mais il est trop fou.

EVA

« Il est un peu dur.

DIABOLUS

« Il deviendra mou. — Maintenant il est plus dur que l'enfer.

EVA

« Il est très franc.

DIABOLUS

« Lui ! c'est un véritable serf. — Il ne veut pas prendre soin de son bonheur. — Mais toi, du moins, prends soin du tien. — Tu es faiblette et tendre chose, — tu es plus fraîche que la rose ; — tu es plus blanche que le cristal ; — que la neige tombant sur la glace en un vallon ; — mauvais couple fit en vous le Créateur, — tu es trop tendre, et Adam trop dur ; — mais néanmoins tu es plus sage ; — ta volonté est de grand sens ; — — aussi fait-il bon venir à toi. — Je veux te dire quelque chose.

EVA

« Parle, parle.

DIABOLUS
« Mais que personne n'en sache rien.

EVA
« Qui le saurait ?

DIABOLUS
« Pas même Adam ?

EVA
« Non, non, pas par moi.

DIABOLUS
« Je te dirai donc, écoute-moi bien... — N'y a-t-il que nous deux sur cette route ? — Adam n'est-il pas là, qui puisse nous entendre ?

EVA
« Tu peux parler haut, il n'en saura rien.

DIABOLUS
« Je vous avertis d'une grande fraude, — qui vous est faite en ce jardin. — Les fruits que Dieu vous a donnés, — n'ont pas en eux grande bonté ; — celui qu'il vous a défendu, — celui-là a en soi grande vertu ; — en celui-là est grâce de vie, — de puissance et de seigneurie ; — il fait tout connaître, le bien et le mal.

EVA
« Quel goût a-t-il ?

DIABOLUS
« Un goût céleste. — A ton beau corps, à la figure, — bien conviendrait cette aventure, — que tu devinsses reine du monde, — de tout ce qui est en haut, de tout ce qui est en bas, — que tu connusses tout ce qui existe, — et que de tout tu fusses la bonne dame et maîtresse.

EVA
« Le fruit est-il tel ?

DIABOLUS

« Oui, en toute vérité.

(*Alors Ève regardera attentivement le fruit défendu, en disant*) :

EVA

« Cela me fait déjà du bien, rien que de le voir.

DIABOLUS

« Que sera-ce donc si tu en manges?

EVA

« Mais, après tout, moi, qu'en sais-je?

DIABOLUS

« Ne veux-tu pas me croire? — D'abord manges-en, puis donne-le à Adam. — Du ciel vous aurez pour toujours la couronne ; — vous serez semblables au Créateur. — Il ne vous pourra cacher aucun de ses desseins. — Après que vous aurez mangé du fruit, — le cœur vous sera pour toujours changé ; — vous serez avec Dieu sans défaillance, — égaux à lui en bonté, en puissance. — Allons, goûte du fruit...

EVA

« Je le ferai.

DIABOLUS

« Mais quand?

EVA

« Laisse-moi attendre un peu qu'Adam soit endormi.

DIABOLUS

« Mange donc, ne crains rien, — attendre plus longtemps serait un enfantillage.

« *Le Diable alors doit s'éloigner d'Ève et s'en aller dans l'enfer. Adam, lui, viendra trouver Ève, mécontent de voir que le Diable se soit entretenu avec elle, et il lui dira:*

ADAM

« Dis-moi, femme, qu'avait affaire avec toi — le méchant Satan ? Que te voulait-il ?

EVA

« Il m'a parlé de notre honneur.

ADAM

« Ne crois pas ce traître. — Oui, c'est un traître.

EVA

« Je le sais bien.

ADAM

« Comment cela ?

EVA

« Parce que je l'ai entendu. — Mais qu'importe que je le voie ou non ? — Il saura bien te faire changer d'avis.

ADAM

« Il ne le fera pas, car je ne le croirai, — sur aucune chose que je sache. — Ne le laisse plus jamais venir à toi. — Car il est de trop mauvaise foi. — Il a déjà cherché à trahir son Seigneur, — et à se placer plus haut que Dieu même. — Un tel vaurien qui a osé faire cela, — je ne veux pas qu'il ait accès auprès de vous.

« *Alors un serpent fabriqué avec art doit monter le long du tronc de l'arbre du fruit défendu. Ève approchera de lui son oreille comme pour écouter ses avis. Ensuite elle prendra le fruit et le présentera à Adam. Mais celui-ci ne voudra pas d'abord l'accepter et Ève lui dira:*

EVA

« Mange, Adam, tu ne sais ce que c'est, — prenons ce bien qui nous est préparé.

ADAM

« Est-il si bon ?

EVA

« Tu le sauras. — Tu ne peux pas le savoir si tu n'y goûtes.

ADAM

« J'en doute.

EVA

« Alors, laisse-le.

ADAM

« Non, je ne le ferai pas.

EVA

« Seras-tu bientôt las d'hésiter ainsi ?

ADAM

« Allons, je le prendrai.

EVA

« Manges-en. — Ainsi tu connaîtras le mal et le bien. — Au reste, j'en mangerai, moi, la première.

ADAM

« Et moi après.

EVA

« Bien sûr ? — (*Alors Ève mangera une partie du fruit et dira à Adam*) : — J'en ai goûté ; Dieu ! quelle saveur ! — Jamais ne tâtai de pareil goût ! — De telle saveur est cette pomme...

ADAM

« De quelle ?

EVA

« Jamais de pareille ne goûta homme. — Or voici mes yeux si clairvoyants — que je ressemble à Dieu, le tout-puissant. — Tout ce qui fut, tout ce qui doit être,

— je le connais très bien, mon cœur en est maître. — Mange, Adam, ne tarde pas, — tu auras pris là un bon parti.

(*Alors Adam recevra la pomme de la main d'Ève, en disant :*)

ADAM

« Je t'en croirai, tu es ma compagne.

EVA

« Mange, tu n'as rien à craindre.

« *Alors Adam doit manger une partie du fruit ; l'ayant mangée il reconnaîtra aussitôt son péché, et se courbera (se dissimulant derrière les courtines qui entouraient le paradis) de façon à n'être plus aperçu du peuple. Il se dépouillera de ses habits de fête et prendra de pauvres vêtements cousus de feuilles. Alors, manifestant une grande douleur, il commencera ses lamentations...* »

Nous placerons encore sous les yeux de nos lecteurs les scènes qui constituent la seconde partie du drame d'*Adam*, et que l'on pourrait intituler : *Abel et Caïn*.

« *Ensuite viendront* (sur la place, sortant de l'église où est le chœur) *Caïn et Abel. Caïn doit être habillé de vêtements rouges, Abel de vêtements blancs, et ils cultiveront la terre disposée pour cela. Après s'être reposé un peu de temps de son travail, Abel s'adressera à son frère Caïn d'un air doux et aimable et il lui dira :*

ABEL

« Frère Caïn, nous sommes frères germains, — nous sommes les fils du premier homme : — c'est Adam, et notre mère a nom Ève. — Au service de Dieu ne soyons pas de mauvaise grâce ; — soyons en tout temps soumis au Créateur ; — servons-le de façon à conquérir son amour, — que nos parents ont perdu par leur folie. — Qu'il y ait entre nous deux bien ferme amour. — Servons Dieu de manière à lui être agréables. — Rendons-lui tout ce que nous lui devons, sans en rien retenir. — Si de bon cœur nous voulons lui obéir, — nos âmes n'auront pas peur de périr. — Donnons-lui sa dîme et tous ses droits de justice, — prémices, offrandes, dons, sacrifices. — Si nous en retenons quelque chose par avarice, — nous serons perdus en enfer sans aucun doute. — Qu'il y ait entre nous deux grande dilection ; — qu'il n'y soit aucune envie, aucune haine. — Pourquoi aurions-nous dispute ? — La terre entière nous est livrée.

(*Alors Caïn regardera son frère d'un air moqueur et lui dira :*)

Chaïm

« Beau frère Abel, vous savez bien sermonner, — bien développer et montrer votre raisonnement ; — celui qui voudra écouter votre doctrine, — en peu de jours il n'aura plus grand chose à donner. — Donner dîme ne fut jamais à mon gré. — De ton avoir tu peux faire tes largesses, — et, moi, du mien je ferai ma volonté ; — ce n'est pas pour mon méfait que tu seras condamné. — La nature nous invite à nous aimer ; — entre nous deux qu'aucun n'agisse avec feinte. — Qui entre nous commencera la guerre, — qu'il le paye très cher, car il est juste qu'il ait à s'en plaindre.

« *Après quelque temps Abel viendra parler de nouveau à son frère Caïn, qui lui répondra d'une façon plus douce qu'à son ordinaire. Abel dira :*

ABEL.

« Caïn, beau frère, écoute-moi.

CAÏN

« Volontiers, de quoi s'agit-il ?

ABEL.

« De ton avantage.

CAÏN

« Cela me plaît d'autant mieux.

ABEL.

« Ne fais pas le rebelle contre Dieu, — ne montre pas d'orgueil envers lui, — je t'en avertis.

CAÏN

« Je le veux bien.

ABEL.

« Crois mon conseil, allons offrir un sacrifice — au Seigneur Dieu pour lui être agréables. — S'il est apaisé par nos prières, — nous ne serons jamais en proie au péché, — jamais sur nous ne viendra tristesse. — Il fait bon rechercher son amour. — Allons offrir à son autel — un don qu'il veuille regarder favorablement ; — prions-le de nous accorder son amour, — de nous défendre de mal nuit et jour.

(*Alors Caïn répondra comme si l'avis d'Abel lui plaisait ; il dira :*)

CAÏN

« Beau frère Abel, tu as très bien dit, — ton sermon est fort bien écrit, — je croirai bien ton sermon. — Allons offrir un sacrifice, c'est très juste. — Mais qu'offriras-tu ?

ABEL

« Moi, j'offrirai un agneau, — tout le meilleur et le

plus beau — que je pourrai trouver en ma demeure ; — voilà ce que j'offrirai, non autre chose. — J'offrirai encore de l'encens. — Je t'ai dit toute ma pensée. — Toi, qu'offriras-tu ?

CHAÏM

« Moi, j'offrirai de mon blé, — tout tel que Dieu me l'a donné.

ABEL

« Sera-ce du meilleur ?

CHAÏM

« Non, non pas, certes ; — de celui-là je ferai du pain pour mon repas du soir.

ABEL

« Une telle offrande n'est pas acceptable.

CHAÏM

« Tu ne sais pas ce que tu dis.

ABEL

« Tu es un homme riche, tu as beaucoup de bêtes.

CHAÏM

« J'en ai.

ABEL

« Pourquoi ne pas compter les troupeaux par têtes — et de toutes donner la dîme, — que tu offriras à Dieu lui-même? — Fais-lui cette offrande de bon cœur, — et tu en recevras bonne récompense. — Feras-tu ainsi ?

CHAÏM

« Voyez la rage! — De dix ne resteront que neuf. — Ce conseil ne vaut pas un œuf. — Allons faire notre offrande. — Chacun offrira ce qu'il voudra.

Abel

« J'y consens.

« *Alors ils iront vers deux grandes pierres disposées à cet effet. L'une des pierres sera éloignée de l'autre de telle sorte que quand paraîtra la* Figure (1) (*sortant de l'église où elle se tient avec le chœur*), *la pierre d'Abel se trouve placée à sa droite, la pierre de Caïn à sa gauche. Abel offrira un agneau et de l'encens, d'où il fera monter une grande fumée. Caïn offrira une poignée d'épis. La* Figure *paraîtra donc, bénira les présents d'Abel et repoussera ceux de Caïn. Après l'offrande, Caïn jettera sur Abel un regard farouche. Leurs offrandes faites, ils s'en retourneront à leurs places. Ensuite Caïn viendra trouver Abel, voulant l'emmener avec lui par ruse afin de le tuer, et il lui dira* :

Chaïm

« Beau frère Abel, allons là dehors.

Abel

« Pourquoi ?

Chaïm

« Pour délasser nos corps — et pour regarder notre labour, — voir comme les épis ont crû, s'ils sont en fleur. — Ensuite, nous nous en irons dans les prés. — Nous en serons après plus dispos.

Abel

« J'irai avec toi où tu voudras.

---

(1) Ce nom mystérieux est constamment employé dans la représentation d'*Adam* pour représenter le personnage de Dieu. Il représente, croyons-nous, plus particulièrement le *Verbe*, qui doit plus tard s'incarner en Jésus-Christ. La même personne divine est une fois nommée *Salvator* (le Sauveur) par la rubrique : « *Tunc veniat* Salvator *indutus dalmatica* ».

Chaïn

« Allons, viens-t'en, tu feras bien.

Abel

« Tu es mon frère aîné. — Je suivrai donc ta volonté.

Chaïn

« Va donc devant, j'irai après, — à petits pas sans me presser.

« *Alors ils iront tous deux dans un lieu écarté et censé secret. Là Caïn, comme furieux, se jettera sur Abel dans l'intention de le tuer. Il lui dira:*

Chaïn

« Abel, tu es mort.

Abel

« Qui? moi? pourquoi?

Chaïn

« Je veux me venger de toi.

Abel

« Ai-je méfait?

Chaïn

« Oui, oui, assez. — Tu es un traître bien prouvé.

Abel

« Certes non, je ne le suis pas.

Chaïn

« Dis-tu que non?

Abel

« Jamais je n'aimai à faire trahison.

Chaïn

« Tu l'as faite.

Abel

« Moi? comment?

CHAÏM

« Tu le sauras bientôt.

ABEL

« Je ne comprends pas.

CHAÏM

« Je ne tarderai pas à te le faire savoir.

ABEL

« Tu ne pourras jamais prouver que cela soit vrai.

CHAÏM

« La preuve n'est pas loin.

ABEL

« Dieu m'aidera.

CHAÏM

« Je te tuerai.

ABEL

« Dieu le saura.

(*Alors Caïn lèvera contre lui une main menaçante, en disant :*)

CHAÏM

« Voici qui fera la preuve.

ABEL

« En Dieu est toute ma confiance.

CHAÏM

« Contre moi il te servira de peu de chose.

ABEL

« Il peut bien, s'il veut, empêcher ton dessein.

CHAÏM

« Il ne pourra te garantir de mort.

ABEL

« Je m'en remets du tout à sa volonté.

Chaïm

« Veux-tu savoir pourquoi je te tuerai ?

Abel.

« Oui, dis-le moi. Pourquoi ?

Chaïm

« Je vais te le dire. — Tu te fais trop de Dieu le favori. — C'est à cause de toi qu'il m'a repoussé, — à cause de toi qu'il a rejeté mon offrande. — Penses-tu donc que je ne te le rende ? — Je t'en rendrai la récompense. — Tu demeureras aujourd'hui mort sur ce sable.

Abel.

« Si tu me tues, ce sera à tort, — Dieu vengera sur toi ma mort. — Je n'ai fait mal, Dieu le sait bien, — près de lui je n'ai cherché aucunement à te desservir ; — au contraire, je t'ai conseillé d'agir de telle sorte, — que tu fusses digne d'être en paix avec lui ; — je t'ai dit de lui rendre ce que tu lui dois : — dîmes, prémices, offrandes, — et qu'ainsi tu pourrais obtenir son amour. — Tu n'as pas voulu le faire, et maintenant tu es furieux. — Dieu ne trompe point ; à celui qui le sert — il donne grands biens en retour et ne souffre point sa perte.

Chaïm

« Tu as trop parlé, tu vas mourir.

Abel

« Frère, que dis-tu ? c'est toi qui m'emmenas. — Je suis venu ici sur ta foi.

Chaïm

« Ta confiance ne te servira de rien. — Je te tuerai, je te défie.

Abel.

« Je prie Dieu qu'il ait de moi merci.

« *Alors Abel s'agenouillera vers l'Orient ; il aura près de lui une marmite dissimulée par ses habits, sur laquelle frappera Caïn, comme s'il tuait Abel. Abel demeurera étendu par terre comme s'il était mort. Le chœur chantera le répons:* Ubi est Abel, frater tuus ? — *Alors la* Figure *sortira de l'église, se dirigeant vers Caïn, et quand le chœur aura terminé le répons, elle dira d'une voix irritée :*

Figura

« Caïn, où est ton frère Abel ? — Es-tu entré en rébellion contre moi ? — Tu as commencé contre moi querelle. — Montre-moi ton frère vivant.

Chaïm

« Que sais-je, Seigneur, où il est allé ; — s'il est à sa maison ou à ses blés. — Pourquoi, moi, devrais-je le trouver ? — Je n'étais pas chargé de le garder.

Figura

« Qu'en as-tu fait? où l'as-tu mis ? — Je le sais bien, tu l'as tué. — Son sang en fait vers moi clameur, — au ciel en monta la vapeur. — Tu as fait grande félonie ; — tu en seras maudit toute ta vie. — Tu auras pour toujours malédiction. — A tel méfait telle récompense. — Mais je ne veux pas que l'on te tue ; — je veux qu'en douleur tu endures ta vie ; — quiconque tuera Caïn, — en sera puni au septuple. — Ton frère est mort en ma foi. — Dure en sera ta pénitence.

« *Alors la* Figure *retournera dans l'église. Ensuite les diables viendront et emmèneront Caïn en le poussant et le bousculant jusque dans l'enfer. Ils emmèneront aussi Abel, mais plus doucement* ».

Comme nous l'avons montré ailleurs, la représentation d'*Adam* n'était qu'une forme nouvelle, développée, amplifiée, de celle des *Prophètes du Christ*, et par conséquent elle a dû se rattacher au cycle liturgique et dramatique de Noël. Pour le cycle de Pâques, c'est encore la littérature anglo-normande qui nous offre le plus ancien exemple d'une représentation entièrement en langue vulgaire. Ce drame, dont une partie seulement nous est parvenue, a pour sujet la *Résurrection* du Sauveur. Il a, lui aussi, été composé à l'usage d'une confrérie, et même d'une confrérie solidement constituée, pour qui les jeux dramatiques étaient aux fêtes marquées, aux fêtes de Pâques tout au moins, un exercice et un plaisir habituels, puisqu'elle paraît bien avoir été pourvue d'un matériel scénique qui lui appartenait en propre. L'auteur de cette pièce était certainement un clerc qui, entre autres sources ou modèles, a eu sous les yeux ou dans la mémoire des drames latins liturgiques et scolaires fort développés et aussi, sans doute, divers textes français de forme analogue au sien, mais ayant un caractère encore plus prononcé de *récitations* à la fois narratives et dialoguées. Ce caractère, quoique affaibli, est encore l'un des traits les plus remarquables de la pièce dont il s'agit. Il ne nous paraît pas inutile d'en offrir à nos lecteurs la traduction intégrale, en plaçant l'introduction du drame et les parties narratives dans la bouche d'un personnage auquel nous attribuons le nom de *lecteur* (1).

(Le Lecteur)

« En cette manière récitons — la sainte résurrection. — Premièrement disposons — tous les lieux et les demeures (2) : — le crucifix premièrement — et puis après le tombeau. — Il doit y avoir une geôle — pour enfermer les prisonniers. — Que l'enfer soit mis de ce côté ; — les demeures de l'autre — et puis le ciel, et sur les sièges (3) — d'abord Pilate avec ses vassaux ; — il

---

(1) Le texte du fragment de la *Résurrection* se trouve dans le manuscrit 902 du fonds français à la Bibliothèque Nationale, fol. xcii et suiv. — Il a été plusieurs fois publié. La dernière traduction intégrale que nous en connaissions est celle qui se trouve dans le *Dictionnaire des Mystères* publié en 1854 par le comte de Douhet dans la *Nouvelle encyclopédie théologique* de l'abbé Migne.

(2) « Tus les *lius* et les *mansions.* » Les *lieux* et les *mansions* dans la mise en scène du théâtre du moyen âge, dès son origine, désignaient les *endroits* et *édifices* divers, figurés d'une façon plus ou moins significative, où devait successivement se transporter l'action. Ils étaient figurés tous ensemble et, pour ainsi dire, côte à côte, quelle que fût la distance qui les séparât dans la réalité historique et géographique. En un mot la *décoration* scénique était non pas successive, comme elle l'est aujourd'hui, dans les pièces à plusieurs *tableaux*, mais *simultanée*, et elle est demeurée telle non seulement jusqu'à la Renaissance, mais presque jusqu'à Corneille. Les pièces d'Alexandre Hardy furent encore représentées d'après ce système, qui a laissé des traces manifestes dans la façon dont a été conçue et construite l'action du *Cid*. C'est ce qu'a très bien établi M. Alexandre Rigal dans son excellent ouvrage : *Alexandre Hardy et le théâtre français à la fin du xvie et au commencement du xviie siècle.* Paris, Hachette, 1889, 1-8o.

(3) « E puis le ciel e as *estals* ». Les *estals* sont des *sièges*, disposés parfois sur des *estrades* ou *échafauds* plus ou moins élevés, sur lesquels se tenaient, dès le début de la représentation, les principaux acteurs ou groupes d'acteurs, et qui, à l'origine,

aura six ou sept chevaliers. — Cayphe sera sur l'autre. — Avec lui soit la Juiverie. — Puis Joseph d'Arimathie. — Au quatrième lieu soit le seigneur Nicodème. — Chacun a près de soi les siens. — Au cinquième les disciples du Christ. — Que les trois Marie soient sur le sixième. — Que l'on pourvoie à figurer — la Galilée au milieu de la place. — Que l'on y figure encore Emmaüs, — où Jésus fut à l'hôtel conduit. — Et quand les gens sont tous assis — et la paix mise de toute part, — que le seigneur Joseph, celui d'Arimathie, — vienne trouver Pilate et qu'il lui dise :

Joseph

« Dieu qui des mains du roi Pharaon — sauva Moïse et Aaron, — qu'il sauve aussi Pilate, mon seigneur, — qu'il lui donne dignités et honneur.

Pilatus

« Qu'Hercule qui occit le dragon — et détruisit le vieux Géryon, — donne à celui-là bien et honneur — qui me salue de bonne amitié.

Joseph

« Sire Pilate, béni sois-tu. — Que Dieu t'aide par sa grande vertu. — Que Dieu par sa puissance — te donne pour moi bienveillance. — Veuille m'accorder le Dieu tout-puissant — que tu m'écoutes avec bonté.

---

suffisaient pour représenter leurs *domiciles* respectifs et même les *villes* ou les *contrées* qu'ils habitaient. Il faut ici s'imaginer sur une place située probablement près d'une église, en face des spectateurs qui en occupent la moitié, à droite, un *enfer* sommairement représenté, puis, de droite à gauche, sur une ligne à angles saillants et rentrants, le *sépulcre*, le *calvaire*, une *prison*, ensuite les six *estals* énumérés dans le prologue, enfin, à l'extrémité gauche, le *ciel*, faisant pendant et contraste avec l'*enfer*. Plus en avant, au milieu de la place, étaient représentées la *Galilée* et l'*hôtellerie d'Emmaüs*.

Pilatus

« Seigneur Joseph, sois le bienvenu. — Tu dois être de moi bien reçu. — Tu es bien avec moi sans aucun doute. — Si tu pensais autrement, ce serait enfantillage. — Sache donc bien et vraiment — que je t'écouterai favorablement.

Joseph

« Beau sire, que cela ne vous fâche pas — si je vous parle du fils de Marie, — de celui qui là est pendu. — Sachez très bien que ce fut un vrai prud'homme, — qui était tout à fait l'ami du Seigneur Dieu. — Vous l'avez mis à mort, vous et les Juifs. — Aussi devez-vous grandement redouter — qu'il vous en advienne grande calamité.

Pilatus

« Seigneur Joseph d'Arimathie, — je ne craindrai pas de te le dire, — les Juifs par suite de leur grande envie — ont entrepris là une grande félonie. — J'y ai consenti par lâcheté, — de peur de perdre ma charge. — Ils m'auraient accusé à Rome. — J'en aurais pu perdre bientôt la vie.

Joseph

« Si tu reconnais que tu as méfait, — crie lui merci, ce sera une utile prière. — Nul ne lui demande pardon sans l'obtenir, — pas même ceux qui l'ont conduit à la mort. — Mais c'est pour autre chose que je suis venu ici ; — accorde-moi seulement son corps ; — je vous en supplie, accordez-le moi ; — je ferai ce que je dois faire.

Pilatus

« Bel ami, qu'en voulez-vous faire ? — Pensez-vous le rappeler à la vie ? — Il a souffert bien grande angoisse. — Pensez-vous qu'il puisse encore vivre ?

Joseph

« Certes, beau sire Pilate, non. — (à part) Il ressuscitera pourtant. — Mais pour suivre notre coutume — et pour l'amour de Dieu je veux l'ensevelir.

Pilatus

« A-t-il donc rendu l'âme ?

Joseph

« Oui, beau sire, n'en doutez pas.

Pilatus

« C'est ce que nous saurons par nos sergents.

Joseph

« Appelez-les, en voilà suffisamment.

Pilatus

« Levez-vous, sergents, promptement. — Allez-vous en vite où ce condamné est pendu, — allez voir ce crucifié, — savoir si vraiment il a expiré.

(Le Lecteur)

« Alors s'en allèrent deux des sergents — portant en main leurs lances. — Et ils ont dit à Longin l'aveugle, — qu'ils ont trouvé assis en un lieu (1).

Unus militum

« Frère Longin, veux-tu faire gain ?

Longinus

« Oui, beau sire, n'en doutez pas.

(1 Ce *lieu* où est assis Longin n'est pas indiqué dans le prologue. Il est probable que l'aveugle était placé non loin du calvaire, sur le chemin même, en avant des *mansions* et des *eslals*, que l'on appela plus tard le *parc du jeu*, et qui servait à la circulation des acteurs.

Miles

« Viens, tu auras un *denier douzain* (1) — pour percer le côté de ce supplicié.

Longinus

« J'irai bien volontiers avec vous, — car j'ai grand besoin de gagner. — Je suis pauvre, je n'ai rien pour vivre. — Ce n'est pas faute de mendier, mais cela me sert de peu.

(Le Lecteur)

« Quand ils furent arrivés devant la croix, — ils lui mirent une lance au poing.

Unus militum

« Prends cette lance en ta main, — pousse-la ferme en haut et que ce ne soit pas en vain : - fais-la entrer jusqu'au poumon ; — ainsi nous saurons s'il est mort ou non.

(Le Lecteur)

« Il prit la lance et il l'enfonça — au cœur, d'où sortirent sang et eau, — qui lui ont coulé sur les mains. — Il en a mouillé sa face. — Mais quand il en a touché ses yeux, — vraiment il vit clair; alors il dit :

Longinus

« Ah ! Jésus ! Ah ! beau sire, — jusqu'à présent je ne sus que dire au ciel. — Mais tu es un bien grand médecin. — Tu tournes ta colère en miséricorde. — J'ai mérité de toi la mort — et tu m'as fait si grande grâce — que maintenant mes yeux voient la lumière que jamais ne virent. — Je me rends à vous, je vous crie merci.

---

(1) Petite pièce de monnaie de la valeur de douze deniers. Cf. Du Cange, au mot *Dozenus*.

(Le Lecteur)

« Alors il se prosterna en pénitence — et dit tout doucement une oraison. — Les chevaliers s'en retournent. — Ils parlent à Pilate de cette manière :

Unus militum

« Beau sire prince, sachez qu'en vérité — Jésus a quitté la vie. — Nous avons vu de lui un beau miracle. — Beau compagnon, ne le vis-tu pas ?

Alter ex militibus

« Nous l'avons vu tous les deux ensemble.

Pilatus

« Taisez-vous, sots, pas un mot de plus.

(Le Lecteur)

« Alors il se tourna vers le seigneur Joseph. — Il n'était pas content. Il parla ainsi :

Pilatus

« Seigneur Joseph, vous m'avez toujours bien servi. — Prenez le corps, je vous l'accorde.

Joseph

« Sire, je vous rends très humbles grâces. — Si je vous ai servi, j'en suis bien récompensé.

(Le Lecteur)

« Quand Joseph de Pilate eut pris congé — et vers Nicodème s'en fut allé, — Pilate aux sergents a parlé. — Il a dit à l'un d'eux, qu'il a appelé :

Pilatus

« Holà ! vassal, avance ici. — Quel miracle as-tu vu là-bas ? — Dis-moi vite comment tu as eu connaissance — de ce fait sur quoi je t'ai imposé silence.

Miles

« Quand Longin l'aveugle eut frappé — ce pendu de sa lance au côté, — il prit du sang et le mit à ses yeux. — Ce fut une heureuse idée qu'il eut ; — car auparavant il était aveugle et alors il vit. — Ce n'est pas merveille si désormais il crut en lui.

Pilatus

« Tais-toi, vassal, ne parle de cela à personne. — C'est une illusion ; n'y croyez pas. — Or donc j'ordonne que Longin soit saisi — et sur le champ enfermé en geôle. — Allez tôt, mettez-le en prison — de peur qu'il n'aille partout prêcher tel sermon.

(Le Lecteur)

« Ils allèrent donc trouver Longin, — là où il était par terre, la tête inclinée.

Miles

« Çà, frère, çà, debout, tu vas aller en prison. — Tu seras aujourd'hui logé à mauvais hôtel. — Il n'est pas vrai que tu fusses aveugle. — C'est un mensonge, nous le savons bien. — C'est parce que tu crois à ce pendu, — que tu dis qu'il t'a rendu les yeux.

Longinus

« Il me les a rendus vraiment — et je crois en lui parfaitement. — Je crois en lui, il n'y a rien de mieux à faire, — car il est seigneur et roi du ciel.

Alter Miles

« Tout à l'heure vous parliez mal, maintenant c'est encore pis. — Pour cela vous serez mis en prison. — Allons, marchons, on va vous y conduire.

Longinus

« Eh bien ! J'en suis joyeux et satisfait.

(Le Lecteur)

« Quand ils furent venus à la geôle, — ils lui dirent cette parole :

MILES

« Entre là-dedans et tu n'en sortiras plus, — que pour perdre tout ce que tu as, — c'est-à-dire les membres et la vie, — à moins que tu ne renies le fils de Marie.

LONGINUS

« Le fils de Marie est roi et seigneur. — Je le crois fermement et fermement je veux le dire. — C'est à lui que je recommande ma vie. — Pour vous, peu m'importe ce que vous en dites.

(Le Lecteur)

« Pendant que cela se passait, Joseph le prud'homme — était venu trouver Nicodème.

JOSEPH

« Seigneur Nicodème, venez avec moi. — Allons détacher notre roi. — N'hésitons pas, tout mort qu'il est, — il nous donnera encore son puissant secours. — Emportez avec vous tenailles et marteau — afin d'enlever les clous. — Quiconque lui aura fait honneur, — il le lui rendra, soyez en sûr. — Ainsi, bel ami, allons donc ensemble — lui rendre l'honneur que nous lui devons. — Que son corps soit par nous honorablement — déposé en un sépulcre.

NICHODEMUS

« Sire Joseph, je l'ai bien vu — que le Seigneur qui est là pendu — fut un vrai prophète et un saint homme, — plein de Dieu et de grande vertu. — Il me le fit bien connaître, — quand je vins à lui pour être son disciple. — Et pourtant je n'ose entreprendre — d'aller avec vous le détacher de la croix. — J'ai certes bien grand désir — de lui rendre mes services. — Mais j'ai si peur de la justice — que je ne l'ose faire en aucune façon. — J'irai d'abord avec vous trouver Pilate. — De sa bouche même j'entendrai sa permission. — Alors je pourrai agir avec plus de sécurité.

Joseph

« Venez donc, je vous y mènerai.

(Le Lecteur)

« Ils vont donc ensemble trouver Pilate, — et avec eux deux serviteurs, — dont l'un portait les outils — et l'autre la boîte où était le baume.

Joseph

« Sire, j'ai besoin d'un compagnon — et je ne puis l'avoir qu'avec votre aide. — Dites à celui-ci qu'il ait confiance — et qu'il vienne avec moi sans crainte.

Pilatus

« Vous pouvez y aller, bel ami, — il ne vous adviendra rien de pis. — Suivez donc hardiment votre propos. — Je vous serai garant de tout.

(Le Lecteur)

« Quand ils furent venus devant la croix, — Joseph s'écria d'une forte voix :

Joseph

« Ah ! Jésus, fils de Marie, - la Sainte Vierge douce et pieuse ! — Quelle félonie commit Judas ! — Quelle folie à son préjudice ! — Quand il vous vendit par envie — à ceux qui ne vous aiment point.

Nichodemus

« L'âme de Judas en a péri, — quand il s'est lui-même arraché la vie. — Certes, ils en devraient être bien affligés, — ces misérables Juifs, qui sont mes parents. — Car ils sont plus à plaindre que tous autres gens. — Cela est bien vrai, tu ne mens pas.

(Le Lecteur)

« Nicodème prit ses outils — et Joseph alors lui dit :

Joseph

« Allez aux pieds d'abord.

Nichodemus

« Volontiers, sire, bien doucement.

Joseph

« Montez aux mains, ôtez les clous.

Nichodemus

« Sire, je ferai bien volontiers l'un et l'autre.

(Le Lecteur)

« Quand Nicodème eut fait ainsi, — il dit à Joseph qui prenait le corps :

Nichodemus

« Prenez-le doucement entre vos bras.

Joseph

« C'est ce que je fais, soyez-en sûr.

(Le Lecteur)

« Ils descendirent donc soigneusement le corps — et Joseph dit alors à son serviteur :

Joseph

« Donnez-moi çà le baume — afin d'en oindre ce corps.

(Le Lecteur)

« Pendant qu'on donnait le baume à Joseph, — Nicodème dit d'une voix forte :

Nichodemus

« Ah ! Dieu tout-puissant, — le ciel, la terre, l'eau et le vent, — sans faute sont tous constamment — soumis à ton commandement, — et toutes autres choses semblablement, — excepté seulement sur la terre les mauvaises gens, — qui ont mis ce saint homme à tourment, — et l'ont livré à la mort sans jugement. — La vengeance viendra en son temps. — Mais, Seigneur, tu es très patient. — Accorde-nous de faire dignement — de ce saint corps l'enterrement.

(Le Lecteur)

« Quand ils eurent embaumé le corps, — ils le mirent dans la bière.

Nichodemus

« Sire Joseph, vous êtes mon aîné, — prenez la tête, je vais aux pieds. — Allons vite l'ensevelir. — Avez-vous un tombeau où nous puissions l'enterrer ?

Joseph

« J'ai un très beau sépulcre, — tout nouvellement construit en pierre. — Allons-y sur le champ. — C'est là que nous lui donnerons la sépulture.

(Le Lecteur)

« Quand il fut enterré et la pierre mise sur le tombeau, — Caïphe, s'étant levé de son siège, parla de la sorte :

Caïphas

« Sire Pilate, écoutez mon conseil. — J'aurais grand tort si je vous cachais ceci. — Le félon Jésus, ce trompeur, — qui a été pendu là-bas ainsi qu'un voleur, — affirmait en son vivant, — et il y a beaucoup de gens qui s'imaginent — qu'après trois jours il ressuscitera. — Il est bien fou, celui qui croit cela. — Mais faisons garder le sépulcre, — pour que ses disciples ne viennent pas l'enlever. — Car ils iraient partout prêchant — et annonçant dans tout le pays — qu'il est ressuscité et vivant, — ce qui entraînerait les faibles, — et tout irait de mal en pis.

Pilatus

« Vous dites vrai, c'est mon avis. »

(Le Lecteur)

Alors un des sergents se leva de son siège, — et parla ainsi à Pilate :

Quidam miles

« Si l'on veut m'en donner la charge — je garderai le sépulcre — et s'il arrive par aventure — qu'un de ses amis veuille venir — pour enlever son corps, — il ne s'en retournera pas sans qu'il lui en cuise ; — il n'aura membre que je ne lui tranche, — et de cela je ne demanderai l'absolution à aucun prêtre. »

(Le Lecteur)

« Trois autres sergents se levèrent — et au premier ainsi parlèrent :

Alter quidam miles

« Beau compagnon, nous irons avec vous — et nous garderons le sépulcre. — Nul n'y viendra que nous ne le saisissions, — et le mort ne se lèvera pas sans que nous le sachions. »

Tertius

« Allons-y tôt et hardiment — et gardons bien le tombeau. — Si quelqu'un vient pour enlever le corps — nous lui ferons avoir grand'peur. »

Quartus

« Par la foi que je dois à Pilate, — si quelqu'un vient

pour faire un mauvais tour, — je lui paierai quinze coups tels — que du premier je le coucherai par terre.

Pilatus

« Ce que vous jurez, je crois que vous le tiendrez de bonne foi. — Si aucun homme est assez hardi — à partir de ce soir pour venir — guetter et espionner — afin de voir s'il pourra vous enlever le corps ; — quoi qu'il puisse dire pour expliquer sa conduite ; — jurez maintenant devant moi — que, soit qu'il s'agisse d'un petit ou d'un grand, — à moins qu'il ne soit autorisé par les princes, — vous le saisirez au collet, — et, quand il sera pris, vous nous l'amènerez ; — jurez de tenir loyalement cette promesse. — Où est le rouleau de la loi ? Faites-le venir.

(Le Lecteur)

« Voici venir un prêtre, qui avait nom Lévi, — qui avait la loi de Moïse écrite en un rouleau.

Levi

« Voici la loi que fit Moïse, — comme Dieu lui-même la lui dicta. — Les dix commandements y sont. — Celui qui voudrait se parjurer fera bien mieux de se taire.

Caïphas

« Eh bien, jurez tous sur cet écrit — de faire tout ce qu'on vous a dit.

Unus militum

« Par la loi ici présente, — si quelqu'un ose venir en cachette, — je me charge de le saisir — avec l'aide de mon compagnon et de vous l'amener.

Alter

« Par la grande vertu de cette loi, — ce que dit mon compagnon, je le tiendrai de bonne foi.

Tertius

« Et moi aussi, s'il plaît à Dieu, — par la sainte loi que voici.

Quartus

« Que cette loi me soit en aide ! — je tiendrai cette promesse en ce qui me regarde.

Caïphas

« Je vais vous accompagner — pour vous mettre en possession de votre charge. — Permettez-vous, sire, qu'il en soit ainsi ?

Pilatus

« Sire Caïphe, j'y consens bien volontiers.

(Le Lecteur)

« Comme donc ils s'en allaient au sépulcre, — un homme qui se trouvait sur le chemin leur demanda :

Aliquis in via

« Où allez-vous d'un si grand pas ?

Unus miles

« Nous allons garder le tombeau — où est enseveli Jésus, — qui a dit qu'il ressusciterait au troisième jour.

Item qui supra

« Est-ce Pilate qui vous a commandé cela ?

Alter ex militibus

« Oui, sachez-le, en vérité. — Voici l'évêque Caïphe — qui vient lui-même avec nous — pour organiser notre garde. — Vienne maintenant qui voudra venir !

(Le Lecteur)

« Quand Caïphe les eut menés à leur poste, — il leur a dit et commandé :

Caïphas

« Vous voici arrivés au sépulcre. — Faites-y bonne et parfaite garde. — Si vous vous endormez et que le corps vous soit ravi, — jamais nous ne serons bons amis... »

Là s'arrête malheureusement le texte de la pièce, tel qu'il nous est parvenu. Comparé au drame d'*Adam*, on en voit d'abord l'infériorité littéraire. Dans la naïveté, parfois expressive, de cette composition, commencent dès lors à se montrer les défauts, qui devaient se développer de plus en plus, aux époques suivantes, dans le drame français du moyen âge, et donner enfin beau jeu contre lui à l'école néo-classique du XVIe siècle. On y regrette déjà l'abus des petits détails, souvent étrangers au sujet; l'imitation par trop exacte des habitudes et du langage de la vie commune; une tendance aux peintures d'un réalisme vulgaire, qui plus tard deviendra grossier; enfin l'absence presque totale d'élévation et de poésie en un sujet pourtant si sublime. On ne peut guère, d'autre part, se refuser à reconnaître dans ce vieux fragment dramatique du naturel et de la vie, un tableau mouvant et animé qui devait attirer et retenir l'attention des spectateurs. La partie narrative, confiée au *lecteur*, n'y semble pas trop gênante. Réduite à sa plus simple expression, elle n'est plus guère qu'une série d'indications scéniques récitées tout haut. On aurait pu l'omettre sans que l'intelligence de la pièce en fût aucunement compromise. C'est, croyons-nous, par fidélité à une tradition antérieure que l'auteur de notre *Résurrection*, comme pour l'acquit de sa conscience, a encore enfermé son drame dans ce cadre déjà usé de son temps, mais autrefois habituel.

Issu d'un procédé de récitation liturgique dont l'influence avait été grande sur la naissance et les premiers développements de l'art dramatique dans les églises et dans les cloîtres, ce système de narration dialoguée, dont les jongleurs, de leur côté, dans leurs récits en vers français, soit profanes ou pieux, ont bien pu aussi faire dès lors quelque usage, ce système, disons-nous, paraît avoir été volontiers appliqué par les premières confréries dans leurs représentations en langue vulgaire. Il nous a même semblé en retrouver encore la trace dans quelques-unes des rubriques ou indications scéniques du *jeu de Théophile* du poète parisien Rutebeuf, contemporain de saint Louis, mais qui peut-être avait sous les yeux un *jeu* sur le même sujet composé de cette manière à une époque antérieure (1). Ces indications, qui sont en français, ont un caractère narratif assez prononcé et paraissent même en un endroit offrir la trace d'anciens vers : « Ici vient Theophiles *à Salatin qui parloit — au deable quant il voloit...* Or se depart Theophiles de Salatin et si pense que trop a grant chose en Dieu renoier et dist... Ici parole Salatins au

---

(1) Cf. notre travail intitulé : *Un drame religieux du moyen âge. Le Miracle de Théophile*, publié dans la *Revue historique et archéologique du Maine* et que l'on trouvera plus loin.

deable et dist... Or vient li deables qui est conjuré et dist... Ici va Theophiles au deable, si a trop grant paor, et li deables li dist... Or baille Theophiles les lettres au deable et li deables li commande à ouvrer ainsi... Or parole Pinceguerre à Theophile et Theophiles respont... Or se lieve l'evesque contre Theophile et li rent sa dignité et dist... Ici va Theophiles à ses compaignons tencier, premierement à un qui avoit nom Pierres... Ici se repent Theophiles et vient à une chapele de Nostre Dame et dist... Ici aporte Nostre Dame la chartre à Theophile... Ici vient Theophiles à l'evesque et li baille la chartre et dist... Ici list l'evesque la chartre et dist... » — Peut-être même pourrait-on encore soupçonner quelque analogie avec le vieux système de la récitation dialoguée dans le prologue tout narratif que récite le *prêcheur* en tête du *jeu de saint Nicolas* de Jean Bodel, d'Arras, qui avec le *Théophile* de Rutebeuf, avec le fragment de la *Résurrection* et avec la représentation d'*Adam*, constitue le groupe si curieux, si précieux, des plus anciens monuments, parvenus jusqu'à nous, du drame religieux en langue française.

1894.

II

Le Jeu de saint Nicolas

I

L'une des parties les plus importantes du cycle dramatique chrétien, ce sont les *Vies de saints* ou *Miracles* par personnages. L'origine en est plus récente que celle des drames de Pâques et de Noël, dont les développements successifs et la réunion en un seul drame constituèrent peu à peu les grands mystères de la *Passion*. On ne s'avisa même de traiter ces nouveaux sujets que par imitation des jeux de Noël et de Pâques, dont la représentation entrait pour une si forte part dans les réjouissances des fidèles en ces deux grandes fêtes, et surtout dans les joies auxquelles s'abandonnaient, avec tant d'ardeur, les étudiants des écoles épiscopales ou monastiques. Ces écoles distribuaient tout ensemble l'enseignement primaire, l'enseignement secondaire et l'enseignement supérieur et constituaient, dès les plus hauts temps du moyen âge, sur tous les points de l'Europe chrétienne, de véritables universités.

Il faut distinguer avec soin, dans les écoles du onzième et du douzième siècle, les *novices* des *étudiants*. Le régime des uns et celui des autres différaient beaucoup. Les novices étaient destinés à la vie religieuse. Les étudiants, au contraire, devaient rentrer dans le monde, soit comme prêtres séculiers, soit comme simples clercs, pourvus seulement des ordres mineurs, soit même comme laïques de diverses conditions, entre lesquelles l'état chevaleresque et militaire ne laissait pas de figurer. En effet, l'ignorance attribuée à la noblesse du moyen âge n'était pas aussi générale qu'on se le figure, et il y aurait là-dessus bien des distinctions à faire. Si la vie des novices était sévère, les étudiants, une fois arrivés aux classes supérieures, où se donnait un enseignement comparable à celui de nos facultés et de nos écoles spéciales, étaient beaucoup moins assujettis. La liberté qu'on leur laissait allait trop souvent jusqu'à la licence, et ils en usaient, surtout aux jours de fête, d'une façon fort tumultueuse. Il faut dire qu'il y avait des étudiants de tout âge, depuis vingt ans, par exemple, jusqu'à quarante et au-delà. Les maîtres célèbres voyaient accourir à eux une foule avide de savoir, parmi laquelle on remarquait des professeurs redevenus disciples. Il y avait des étudiants nomades qui passaient d'une école à l'autre.

Un maître ouvrait souvent en tel ou tel lieu, et même en plein air, des cours qui ne se rattachaient que par un lien fort lâche soit à la cathédrale, soit à l'abbaye voisine. Tel était à peu près l'état des choses, par exemple, au temps d'Abélard.

Parmi les amusements que les étudiants mêlaient à leurs études, la poésie et la musique tenaient une large place. Cette poésie, tantôt métrique, tantôt rythmique, parlait la langue de l'Église et des écoles, le latin ; cette musique était le plain-chant. Mais l'une et l'autre faisaient, parfois au-delà de toute mesure, des emprunts à la poésie et à la musique populaires, et même à cette tradition de bouffonnerie *goliardique* que les jongleurs de bas.étage avaient transportée, à travers les flots de l'invasion barbare, des tréteaux du Bas-Empire dans les foires du haut moyen âge. La poésie des étudiants était surtout lyrique, satirique et dramatique. On peut considérer comme un échantillon du premier genre quelques-unes des hymnes composées par Abélard pour le Paraclet ; celles qui ne semblent différer que par un sujet et un but meilleurs, des rythmes gracieux composés par lui, nous le savons, dans sa jeunesse. On y sent l'accent de cette piété vraie, qui dans ces âges de foi, persistait sous les égarements de l'esprit et du cœur, et laissait toujours la porte toute grande ouverte au repentir :

« Dans l'aimable saison du printemps le Seigneur

est ressuscité. C'est quand le monde commence à revivre qu'il était bon que son Créateur sortît du tombeau.

« Au milieu de la joie de tous, le Seigneur est ressuscité. Le gazon renaît, les arbres se couvrent de feuillages, les fleurs multiplient leurs parfums.

« Voilà enfin l'hiver fini, le Seigneur est ressuscité. Dans les joies de la vie éternelle où il nous conduit, il n'est plus trace de tristesse.

« Pour restaurer toutes choses le Seigneur est ressuscité ; comme si la matière elle-même était sensible à cette joie, voici que le monde refleurit avec le corps du Sauveur ».

> Veris grato tempore
> Resurrexit Dominus;
> Mundus reviviscere
>   Quum jam incipit,
> Auctorem resurgere
>   Mundi decuit.
>
> Cunctis exultantibus.
> Resurrexit Dominus ;
> Herbis renascentibus,
>   Frondent arbores,
> Odores ex floribus
>   Dant multiplices.
>
> Transacta jam hieme
> Resurrexit Dominus,
> In illa perpetuæ
>   Vitæ gaudia,
> Nullius molestiæ
>   Quæ sunt conscia.
>
> Ut restauret omnia
> Resurrexit Dominus;
> Tanquam ista gaudia
>   Mundus senserit,

Cum carne dominica
Jam refloruit (1).

Les chansons des étudiants n'étaient pas toujours aussi louables. L'esprit naturellement satirique de la jeunesse inspirait souvent à la muse universitaire de véritables pamphlets. Mais sans nous occuper de ces excès, il nous faut reconnaître que des saillies de gaieté comique se mêlaient volontiers aux effusions d'une piété à laquelle l'Église laissait la bride un peu lâche, parce qu'elle use toujours avec ses enfants, tant qu'ils ne la renient pas, d'une indulgence maternelle. Certains noëls, encore chantés de nos jours, peuvent donner quelque idée de ce mélange, dont les jeux dramatiques composés et représentés dans les grandes écoles du moyen âge, offrent de frappants exemples. Ces jeux étaient des compositions lyriques, puisqu'ils étaient presque entièrement notés et chantés. Comme les chansons ordinaires des étudiants, ils étaient versifiés en langue latine, dans le système rythmique, mais souvent avec un mélange de morceaux métriques, et aussi de prose empruntée aux textes de la liturgie. Les plus anciens mystères, les premiers rites dialogués de Noël et de Pâques étaient même tout entiers en prose. C'est en les remaniant, en les développant pour leurs réjouis-

(1) Dans Félix Clément, *Carmina e poetis christianis excerpta*, Paris, Gaume, 1857, in-12, p. 423. — Cf. notre ouvrage intitulé : *Saint-Gildas de Rais. Aperçus d'histoire monastique*, p. 184 et suiv.

sances, que les étudiants y introduisirent les productions plus ou moins heureuses de leur talent poétique. Il est vrai qu'ils composèrent aussi des jeux nouveaux entièrement en vers. C'est le cas des plus anciens *Miracles* qui nous soient parvenus, et dont la plupart, ce qui ne doit pas surprendre, se rapportent à saint Nicolas, et étaient représentés à la fête de ce patron des écoliers.

Ce n'est pas précisément à la vie authentique du Saint qu'on empruntait le sujet de ces petites pièces. Les questions d'authenticité, dont l'Église de Rome fut toujours préoccupée, n'avaient pas la même importance aux yeux du commun des fidèles, ni même des clercs. Les légendes apocryphes n'étaient guère moins goûtées que les traditions vraies, surtout quand il s'agissait, non de la liturgie ordinaire, qu'observait avec soin l'œil vigilant des Papes, mais de cette sorte de liturgie facultative, extraordinaire, qui s'y était juxtaposée, et à laquelle se rattachent les développements du drame chrétien. Les légendes prêtaient davantage à ce développement dramatique, dont les étudiants furent, notamment au onzième et au douzième siècle, de si actifs agents, avec la complicité, pour ainsi dire, de la foule des catholiques de toute condition, qui accouraient à Noël, à Pâques, à la fête de saint Nicolas, prendre, comme spectateurs, leur part des offices solennels et des jeux qui s'y rattachaient. Les grands monastères bénédictins abritaient ces jours-là des populations entières.

Parmi les *Miracles de saint Nicolas* représentés au douzième siècle dans l'illustre abbaye de Saint-Benoît-sur-Loire, il en est un qui a pour sujet la conversion d'un Juif auquel l'image du Saint aurait fait restituer son trésor perdu. C'est une composition médiocre, où l'on sent trop l'exercice scolaire d'une matière développée tellement quellement en vers latins. On y peut cependant relever quelques traits heureux. Le Juif ayant recommandé son trésor à une statue de saint Nicolas qu'il possède, et en laquelle il a tant de confiance qu'il n'a point fait mettre de serrure à son coffre-fort, sort pour aller aux champs vaquer à ses affaires. Les voleurs arrivent et tiennent conseil. Ils décident de mettre la main sur l'argent du Juif. L'un d'eux, tandis qu'ils se dirigent vers le logis alors désert, fait cette réflexion, inexacte dans le cas présent, mais que l'auditoire, non sans raison, dut considérer comme fort juste en général :

« O mes amis, marchez plus doucement, avec plus de circonspection, car un homme de cette race garde avec plus de soin que tout autre son bien, pour lequel il craint, et sa vigilance est rarement en défaut ».

> O mei comites, ite suavius,
> Vosque prospicite nunc diligentius ;
> Vir talis cautius servat quam alius
> Rem de qua metuit, et vigilantius
>   Est servata.

Le désespoir, la colère du Juif, quand il rentre et qu'il s'aperçoit du vol, sont assez bien exprimés et rappellent un scène classique. Il est probable qu'il y a ici quelque imitation de Plaute :

« Ah ! je suis mort ! Il ne me reste plus rien ! Pourquoi ai-je vu le jour ? Pourquoi, ma mère, et toi, père cruel, m'avez-vous donné l'être ? Hélas ! à quoi me sert-il d'avoir été engendré, mis au monde ? Pourquoi, Nature, mère de toutes choses, as-tu voulu que j'eusse l'existence, toi qui prévoyais pour moi un tel malheur, une telle douleur ? Mais qui accuserai-je de cette ruine dont je suis accablé ? Moi qui tout à l'heure étais riche, qui du moins ne manquais presque de rien, qui avais de l'argent, de l'or, des vêtements précieux, me voilà misérable, écrasé d'autant plus sous le poids de la pauvreté que je n'ai pas appris à la souffrir... »

>   Vah ! perii ! Nihil est reliqui mihi : cur fore cœpi ?
>   Cur, mater, cur, sæve pater, fore me tribuisti ?
>   Heu ! quid proferri mihi profuit aut generari ?
>   Cur, Natura parens, consistere me statuebas,
>   Quæ luctus mihi, quæ gemitus hos prospiciebas ?
>   Quod querar in tantam mihi crimen obesse ruinam ?
>   Qui modo dives eram, vix aut nullius egebam,
>   Pollens argento, pretiosis vestibus, auro,
>   Sum miser, idque mei moles est pauperiei :
>   Nam latet ex habitu me post modo quo fruar usu ;
>   Quod levius ferrem, si ferre prius didicissem...

La joie du Juif, après que saint Nicolas apparaissant aux voleurs les a contraints de rapporter le trésor, lui inspire une chanson qu'il adresse aux spectateurs, et dont le refrain, sans doute répété en chœur par les étudiants, est tout universitaire :

« Réjouissez-vous avec moi, très chers amis ; tout ce que j'avais perdu m'a été rendu. Réjouissons-nous.

« Ce que mon incurie avait laissé perdre, je l'ai recouvré par la bonté de saint Nicolas. Réjouissons-nous.

« Louons ensemble ce serviteur de Dieu, abjurons le culte d'une idole aveugle (1). Réjouissons-nous.

« Afin que l'erreur étant arrachée de nos esprits, nous méritions de partager dans le ciel le bonheur de saint Nicolas. Réjouissons-nous ».

> Congaudete mihi, carissimi,
> Restitutis cunctis quæ perdidi,
> Gaudeamus !
>
> Quæ mea dispersit incuria,
> Nicolai resumpsi gratia ;
> Gaudeamus !
>
> Conlaudemus hunc Dei famulum ;
> Abjuremus obcæcans idolum ;
> Gaudeamus !
>
> Ut errore sublato mentium,
> Mereamur ejus consortium ;
> Gaudeamus !

Tout le chœur entonnait ensuite l'antienne : *Statuit ei Dominus*, empruntée à la liturgie ordinaire, où elle forme l'introït, selon le rite romain,

---

(1) Ces paroles sont bizarres dans la bouche d'un Juif, aussi bien que le culte de la Nature qui lui semble attribué plus haut. Il est probable que la légende, déjà mise en scène dans un plus ancien jeu, se rapportait originairement à un païen, et que l'auteur ou les auteurs de notre drame, en changeant le principal rôle, n'ont pas pris assez garde à le mettre d'accord avec tout le reste.

de l'une des messes pour le commun des Pontifes (1).

A peu près vers la même époque, ou plutôt à une époque un peu antérieure, l'un des étudiants qui suivaient en foule les leçons de Pierre Abélard, un nommé Hilaire, composait et représentait avec plusieurs de ses condisciples une pièce sur le même sujet. Entre ce jeu et celui de Saint-Benoît-sur-Loire l'analogie est grande, pour la façon de comprendre et de développer la matière. La principale différence, c'est que le personnage converti est un païen « barbarus » et non un Juif (2). Les voleurs sont ici des personnages muets. Il n'y a donc à vrai dire que deux acteurs : le païen et saint Nicolas. Le drame est tout entier en vers rythmiques, groupés en strophes qui composent, pour ainsi dire, un certain nombre de chansons, car il est certain que cette pièce, comme la précédente, était chantée. Hilaire d'ailleurs me semble l'emporter de beaucoup, sinon par l'invention, du moins par son talent de versificateur, sur son émule anonyme. Voici les plaintes du païen après l'enlèvement de son trésor :

---

(1) Ed. du Méril. *Origines latines du théâtre moderne*, pp. 265-271.

(2) Cela confirme l'observation faite ci-dessus. Hilaire est demeuré fidèle à la tradition de ce plus ancien jeu, auquel le rédacteur de Saint-Benoît-sur-Loire a fait de maladroits emprunts.

« Destinée triste et cruelle ! J'avais laissé ici bien des choses, mais sous une mauvaise garde. Dieu ! quel dommage ! qui perd son bien, comment n'enragerait-il pas ?

« Ici j'avais placé plus de cent objets précieux, et de l'argent, mais je ne trouve plus rien. Dieu ! quel dommage ! qui perd son bien, comment n'enragerait-il pas ?

« Ici j'avais laissé tout mon trésor, mais il n'y a plus rien, c'est l'image de saint Nicolas qui est coupable. Dieu ! quel dommage ! qui perd son bien, comment n'enragerait-il pas » ?

Comme dans le jeu de Saint-Benoît-sur-Loire, il s'en prend à la statue et la menace du fouet :

« J'avais rassemblé ici tout mon trésor, je te l'avais recommandé, c'est en quoi j'ai eu bien tort. Ah ! Nicolas, si tu ne me rends ma fortune, tu me le paieras.

« Ici j'ai mis toutes mes affaires, je te les ai confiées, je les ai perdues. Ah ! Nicolas, si tu ne me rends ma fortune, tu me le paieras.

« Je te rendais de grands hommages, mais ta faute ne demeurera pas impunie. A cette heure je te somme de me restituer ma fortune que j'avais placée ici.

« J'atteste ton Dieu que si tu ne me rends pas ce qui est à moi, je te fouetterai comme un coquin. A cette heure je te somme de me restituer ma fortune que j'avais placée ici ».

> Gravis sors et dura !
> Hic reliqui plura,
> Sed sub mala cura.
> Des ! quel domage !
> Qui pert la sue chose, purque n'enrage ?

LES MYSTÈRES 173

   Hic res plus quam centum
   Misi et argentum;
   Sed non est inventum.
    Des! quel domage!
 Qui pert la sue chose, purque n'enrage?

   Hic reliqui mea,
   Sec hic non sunt ea;
   Est imago rea.
    Des! quel domage!
 Qui pert la sue chose, purque n'enrage?

Deinde accedens ad imaginem, dicet ei:

   Mea congregavi,
   Tibi commendavi,
   Sed in hoc erravi.
    Ha! Nicholax,
 Si ne me rent ma chose, tu ol comparras.

   Hic res meas misi,
   Quas tibi commisi,
   Sed eas amisi.
    Ha! Nicholax,
 Si ne me rent ma chose, tu ol comparras.

Sumto flagello, dicet:

   Ego tibi multum
   Inpendebam cultum,
   Non feres inultum.
    Hore t'en ci,
 Quare me rent ma chose que g'ei mis ci.

   Tuum testor Deum,
   Te ni reddas meum,
   Flagellabo reum.
    Hore t'en ci,
 Quare me rent ma chose que g'ei mis ci.

Quand saint Nicolas a contraint les voleurs de rapporter le trésor, la joie du païen éclate :

« Si mes yeux ne me trompent, j'ai tout retrouvé,

j'aperçois mon trésor. Quelle merveille ! j'en suis frappé.

« Ce que j'avais perdu est de retour, j'ai tout retrouvé, et mes mérites n'y sont pour rien. Quelle merveille ! j'en suis frappé.

« Quelle bonne garde que saint Nicolas ! j'ai tout retrouvé, il m'a tout rendu. Quelle merveille ! j'en suis frappé ».

Il vient alors s'agenouiller devant la statue :

« C'est comme un suppliant que je viens à toi, Nicolas ; car grâce à toi voici que je recouvre tout ce que tu avais en garde.

« Je suis sorti furieux, Nicolas ; mais j'avais tort, puisque je retrouve entièrement tout ce que tu avais en garde.

« J'étais fou tout à l'heure, mais mon esprit est guéri, Nicolas ; il n'a jamais rien manqué de tout ce que tu avais en garde ».

>   Nisi visus fallitur,
>   Jo en ai ;
>   Thesaurus hic cernitur :
>   De cei grant mervegle en ai.
>
>   Rediere perdita,
>   Jo en ai ;
>   Nec per mea merita :
>   De cei grant mervegle en ai.
>
>   Quam bona custodia
>   Jo en ai ;
>   Qua redduntur omnia !
>   De cei grant mervegle en ai.

Tunc accedens ad imaginem et supplicans, dicet:

>   Supplex ad te venio
>   Nicholax ;
>   Nam per te recipio
>   Tut icci que tu gardas.

> Sum profectus peraegre,
> Nicholax;
> Sed recepi integre
> Tut icci que tu gardas.
>
> Mens mea convaluit,
> Nicholax;
> Nihil enim defuit
> De tut cei que tu gardas.

Dans la scène finale où saint Nicolas apparaît au païen et le convertit, le poète a racheté la familiarité excessive des scènes précédentes par beaucoup de force et d'élévation lyrique. Il se rapproche alors de ces grandes compositions de la poésie liturgique, dont plusieurs sont demeurées l'honneur du moyen âge et comptent parmi les chefs-d'œuvre de l'esprit humain.

SAINT NICOLAS

« Ce n'est pas moi qu'il faut adorer, frère, mais Dieu seul. C'est lui, le Créateur du ciel, le Créateur de la terre et de la mer, qui t'a rendu ce qui t'avait été enlevé.

« Ne sois plus ce que tu as été; invoque comme divin le seul nom du Christ; adore ce seul Dieu par la volonté de qui tu as recouvré la perte. Le mérite n'en est pas à moi.

LE PAIEN

« Sans balancer, sans tarder, je veux abjurer mon erreur; je veux, abandonnant la religion des Gentils, croire en Jésus-Christ, Fils de Dieu, qui a fait tant de miracles.

« C'est lui qui a créé toutes choses, le ciel, la terre et les mers: qu'il daigne m'accorder le pardon de mon erreur! Lui le Tout-Puissant, le Seigneur, il effacera mon crime. Son règne n'aura point de fin ».

Beatus Nicolaus dicet :

Supplicare mihi noli,
Frater, imo Deo soli :
Ipse namque factor poli,
Factor maris atque soli,
Restauravit perditum.

Ne sis ultra quod fuisti;
Solum laudes nomen Christi;
Soli Deo credas isti,
Per quem tua recepisti :
Mihi nullum est meritum (1).

Cui respondens Barbarus dicet :

Hic nulla consultatio;
Nulla erit dilatio,
Quin ab erroris vitio
   Jam recedam :
In Christum, Dei filium,
Factorem mirabilium,
Ritum linquens gentilium
   Ego credam.

Ipse creavit omnia,
Cœlum, terram et maria;
Per quem erroris venia
   Mihi detur!
Ipse potens et Dominus
Meum delebit facinus;
Cujus regnum ne terminus
   Consequetur (2).

---

(1) Il faut se rappeler que c'est à un *païen*, qui a fait de sa statue une *idole*, que le Saint s'adresse. On a contesté, il est vrai, mais sans preuve suffisante, la parfaite orthodoxie d'Hilaire au sujet du culte, si raisonnable, des saints.

(2) Du Méril, pp. 272-6.

II

On a remarqué sans doute les refrains en langue française ajoutés par Hilaire à ses couplets latins. Ce mélange avait assez souvent lieu dans les compositions poétiques des étudiants du moyen âge, et c'est là une raison qui, jointe à beaucoup d'autres, ne permet pas de croire qu'il y ait eu entre le monde de *clergie* et le monde *laïque*, entre les auteurs en langue latine et les poètes en langue romane une infranchissable distance. Outre que les deux sociétés ne cessaient de se coudoyer, il y avait toute une classe de personnes qui vivaient, pour ainsi dire, sur les confins des deux mondes, et même passaient et repassaient de l'un à l'autre avec une singulière facilité. Je veux parler des simples *clercs* qui, ayant reçu seulement les ordres mineurs, rentraient après des études plus ou moins achevées dans les rangs de la société civile, et y occupaient divers offices qui, par leur nature, conservaient à leurs possesseurs un lien avec la société cléricale et scolaire. Tels, par exemple, les notaires, les avocats, les médecins, etc., qui généralement, au temps où nous nous plaçons, appartenaient à la nombreuse catégorie des clercs inférieurs et même des *clercs mariés*. L'Église ne les repoussait point du rang qu'ils occupaient dans son sein au-dessous du sacerdoce, mais elle tenait particulièrement ses regards sur eux, pour surveiller leurs mœurs et pour éviter qu'ils n'abusassent du privilège de *clergie*.

Ces *clercs*, en quittant les grandes écoles, ne perdaient point le goûts des plaisirs de l'esprit, des compositions musicales et poétiques. Ils s'efforçaient, au contraire, d'unir la savante culture qu'ils avaient acquise aux dons plus spontanés de la poésie profane, et, si l'on me permet cette métaphore un peu hardie, d'enrichir de leurs points d'orgue les accents de la lyre et de la flûte des trouvères. Les goûts littéraires et en particulier les goûts dramatiques de la *basoche*, c'est-à-dire des *clercs judiciaires*, sont un fait suffisamment constaté au moyen âge. Les confréries pieuses qui, vers le milieu du douzième siècle, commencèrent à composer et à représenter, à côté des drames latins des étudiants et sur le même patron, mais élargi, des drames sacrés en langue vulgaire, se recrutèrent certainement, pour une bonne part, parmi les anciens élèves des écoles épiscopales ou monastiques, devenus de bons bourgeois sans cesser tout à fait d'être des *cléricaux* et des *universitaires*. A cette époque-là, en France, ces deux derniers mots auraient été synonymes. Les *clercs* rentrés dans le monde fournirent, à plus forte raison, un bon nombre d'adhérents à ces académies qui, vers la fin du même siècle, développant le côté littéraire des premières associations, s'établirent dans plusieurs villes, surtout au nord et au nord-est, sous le nom de *Puys*, et se placèrent généralement sous la protection de Notre-Dame.

Parmi les écoles poétiques qui se formèrent ainsi dans des cités que l'industrie et le commerce rendaient florissantes, celle d'Arras eut, au douzième et au treizième siècle, un grand éclat, dû au talent de ses trouvères ; parmi ceux-ci les *clercs* tinrent une place considérable. Il faut certainement ranger parmi les anciens étudiants rentrés dans la vie civile, Adam de la Halle, et probablement aussi son aîné Jean Bodel, deux poètes, dont les noms ont mérité de demeurer dans l'histoire de la littérature française et en particulier dans l'histoire de la littérature dramatique. L'un et l'autre me paraissent avoir été ce que j'appellerais volontiers des *clercs échappés*, c'est-à-dire des étudiants que telle ou telle aventure avait enlevés à leurs études, faites, par exemple, dans la grande abbaye de Vaucelles, à deux lieues au sud de Cambrai (1), pour les jeter non pas seulement dans la vie civile, dans les offices médicaux ou basochiens, mais dans la vie agitée et passablement irrégulière des trouvères et des ménestrels de profession : un jour riches, un jour pauvres, parasites des grands seigneurs et des riches bourgeois, dont ils mangeaient aujourd'hui le rôt,

---

(1) C'est ce qui paraît certain pour Adam de la Halle. On peut le croire de Jean Bodel, par analogie, mais on peut croire aussi qu'il avait tout simplement étudié aux écoles épiscopales d'Arras. Le cours des études était peut-être moins étendu dans ces écoles que dans celles de l'abbaye.

quitte à se contenter, le lendemain, de pain sec et de fumée; assidus aux séances du puy, où se faisaient de si beaux jeux de rimes, et plus encore à celles des tavernes, où se faisaient de si beaux coups de dés; forts mangeurs, forts buveurs, et, comme on disait alors, grands *lecheours;* trop galants, mais gardant au fond de l'âme la foi et même la piété de leur enfance, le souvenir et le regret de l'abbaye où ils avaient fait tant de vers latins, métriques et rythmiques, composé et représenté de si beaux mystères, à Noël, à Pâques, à la fête de saint Nicolas, où ils avaient appris tous les secrets de la musique, et, n'eût été la rencontre de Marote ou de Marion, où ils enseigneraient peut-être à leur tour la rhétorique, la dialectique, ou peut-être même, gravissant les hauteurs du *quadrivium,* la physique et l'astronomie. Ils y revenaient parfois, sur leurs vieux jours, pour mourir dans la paix et dans la pénitence, parfois aussi ils finissaient leur vie en Terre-Sainte, à la croisade, ou, hélas! comme le pauvre Jean Bodel devenu lépreux, dans une ladrerie.

Avant cette triste fin, notre malheureux clerc fut un trouvère complet : lyrique, épique et dramatique. Il composa des chansons d'amour et des pastourelles, une chanson de geste et un *jeu de saint Nicolas* par personnages, en vers français. Il serait conforme à la vraisemblance de regarder ce drame comme destiné à l'une des réunions solennelles du puy d'Arras. Mais on peut aussi lui supposer une autre destination. Ce n'étaient pas seulement les personnes pieuses unies pour des œuvres de religion et de charité, ou encore les musiciens et les poètes, les trouvères et les ménestrels qui formaient des confréries sous l'invocation de Notre-Dame ou d'un saint patron. C'étaient tous les corps de métiers, tous les industriels, tous les commerçants, maîtres, ouvriers, apprentis, qui se groupaient à certains jours sous la bannière religieuse qui leur était propre, assistaient à l'office solennel du bienheureux qu'ils avaient choisi pour leur protecteur, célébraient sa veille et sa fête par des cérémonies, des aumônes et des réjouissances extraordinaires. Les corporations mêmes dont la réputation n'a jamais été parfaite avaient, comme les autres, leurs confréries et leurs patrons : ainsi les jongleurs, les ménétriers, les taverniers. La fréquence et l'étendue disproportionnée des scènes de jeu et de cabaret dans le *Miracle de saint Nicolas* composé par Jean Bodel, conduisent assez naturellement à imaginer que cette pièce a pu être faite pour la réunion solennelle de quelque confrérie de ce genre. Les confrères aimaient à retrouver dans les drames composés pour eux, leurs occupations, leurs impressions de tous les jours.

Le poète avait sans aucun doute dans son souvenir quelque jeu latin de *saint Nicolas* représenté, par exemple, à l'abbaye de Vaucelles, au temps où il y faisait ses études, et analogue au drame d'Hilaire ou au jeu de Saint-Benoît-sur-Loire. Mais il a aussi puisé ailleurs, probablement dans une de ces nombreuses légendes latines, traduites souvent et amplifiées de quelque texte byzantin, qui ont exercé la plume de tant de pieux scribes dans les monastères, du neuvième au treizième siècle, et qui exercent aujourd'hui la critique de nos Bollandistes. C'est ce qu'on peut conclure du prologue que récitait le *Prêcheur*, c'est-à-dire, à l'origine, Bodel lui-même, rétabli pour quelques heures dans une fonction ou, pour mieux dire, dans un semblant de fonction cléricale et scolastique :

« Oyez, oyez, seigneurs et dames, — que Dieu garantisse vos âmes ! — Ne vous ennuyez pas de votre profit. — Nous voulons vous parler aujourd'hui — de saint Nicolas, le confesseur, — qui a fait tant de beaux miracles. — Ceci nous content ceux qui disent vrai — qu'en sa vie nous trouvons, en la lisant, — que jadis fut un roi païen, — dont le royaume confinait à celui des chrétiens ; — chaque jour était entre eux la guerre. — Un jour le païen fit attaquer — les chrétiens en un moment — où ils n'étaient point sur leurs gardes. — Aussi furent-ils trompés et surpris ; — il y en a eu beaucoup de morts et de pris. — Facilement les païens les déconfirent. — Or voici qu'en une cahute ils virent — en prière un prud'homme de grand âge, - à genoux devant une image — de saint Nicolas, le baron. — Là vinrent les coquins félons ; — ils lui firent beaucoup d'outrages et d'ennuis ; — puis emmenèrent l'image et lui, — de près le gardèrent et tinrent, — et enfin devant leur roi vinrent, — qui fut fort joyeux de la victoire ; — et ils lui contèrent l'histoire — du chrétien, comme ils l'avaient trouvé. — « Vilain, dit le roi au prud'homme, — est-ce en ce bois que tu as créance » ? — « Sire, c'est qu'il est fait à la ressemblance, — de saint Nicolas, que j'aime beaucoup. — Aussi je l'invoque et je le prie, — parce que nul homme, qui se recommande à lui de cœur, — ne s'égarera en aucune sorte ; — et il est si bonne garde à choisir — qu'il multiplie et fait profiter — tout ce qu'on lui donne à garder ». — « Vilain, je te ferai larder — s'il ne conserve et multiplie, — mon trésor ; je le lui mets en garde — pour te confondre en cette occasion ». — Alors, il le fait mettre en prison, — et un carcan au cou river ; — puis il fit de son coffre les serrures ôter — et dessus coucher l'image ; — il dit que s'il en reçoit aucun dommage, — et que le chrétien ne lui en puisse rendre bon compte, — il le fera mourir en grande honte. — Ainsi à saint Nicolas recommanda son avoir. — Quand les larrons purent le savoir, — une nuit à trois ils s'assemblèrent ; — au trésor vinrent et l'enlevèrent ; — et quand ils l'eurent emporté, — Dieu leur envoya envie — de dormir : tel sommeil leur vint — qu'il leur fallut s'endormir là, — je ne sais où, en un habitacle. — Mais, pour abréger le miracle, — je passe outre en suivant l'écrit. — Quand le roi sut cela, et vit, — que son trésor a déménagé, — alors il se tint pour dupé. — Il commande qu'on amène le vilain, — et, quand il le voit, il lui demande : — « Vilain, pourquoi m'as-tu déçu » ? — A peine répondre lui sut — le prud'homme, de la façon dont le menaient — ceux qui des deux parts le tenaient. — L'un le pousse, l'autre le tire. — Le roi commande qu'on le fasse — mourir de mort laide et honteuse. — « Ah ! roi, pour Dieu ! donne-moi répit — pour cette nuit seulement, fait le chrétien ; — afin que je voie si de ces liens — me tirera saint Nicolas ». — A grand peine il obtient ce délai ; — et ici raconte le texte — qu'en sa prison le roi le fit remettre. — Quand il fut remis en prison, — il fut toute la nuit en oraison — et il ne cessa de pleurer. — Saint Nicolas se mit en chemin, — lui qui n'oublie pas son serviteur ; — il s'en vint trouver les voleurs, — et les réveilla, car ils dormaient ; — et maintenant, quand ceux-ci le virent, — ils furent tout à fait disposés — à faire selon sa volonté ; — et lui, sans s'amuser, — leur fit sur le champ reporter — le trésor, sans plus de retard, — et remettre l'image dessus, — tout ainsi qu'ils l'avaient trouvé. — Quand le roi eut ainsi éprouvé — la puissance miraculeuse du bon saint, — alors il commande qu'on lui amène — le prud'homme, sans le maltraiter. — Il se convertit et se fit baptiser, — lui et tous ses vassaux païens ; — et il devint prud'homme et bon chrétien ; — onques n'eut plus de mal faire envie. — Seigneurs, voilà ce que nous trouvons en la vie, — du saint dont c'est aujourd'hui la veille, — ainsi il ne faudra pas vous étonner — si vous voyez diverses choses ; — car tout ce que vous nous verrez faire, — sera, sans aucun doute, moyen — de représenter le miracle — tel que je viens de vous le conter. — C'est sur le miracle de saint Nicolas — que ce jeu est fait et composé. — Or faites paix, vous l'entendrez ».

La façon dont Bodel a traité la matière qu'il vient d'exposer ainsi, nous paraît aujourd'hui fort étonnante. Il ne faut pas chercher seulement la raison de cette différence entre ses vues et les nôtres, dans sa façon personnelle de comprendre et d'exprimer les diverses circonstances de son sujet, c'est-à-dire dans la distance qui sépare un auteur dramatique du douzième siècle d'un lecteur du dix-neuvième, mais l'explication s'en trouve aussi dans les nécessités que lui imposait son auditoire, et dont plusieurs, quoiqu'il les subît sans trop de peine, répugnaient peut-être au fond à son goût comme elles répugneraient au nôtre. Malgré les termes de politesse « seigneurs et dames » qu'il lui adresse, on a droit de penser que cet auditoire n'était pas d'un ordre très élevé. Il y avait d'ailleurs dans le sujet une difficulté réelle de développement, car le miracle en lui-même ne fournissait que quelques scènes ; et c'est aux circonstances accessoires qu'il fallait demander, et que Bodel a en effet demandé de quoi produire une œuvre plus étendue et plus variée que les jeux latins des écoles. Parmi ces circonstances, le goût de son auditoire l'a conduit à donner une importance démesurée à celles qui pouvaient fournir des scènes de mœurs contemporaines, ou, comme nous dirions, des tableaux réalistes. La peinture de la vie de taverne, amenée par la mise en scène des larrons qui doivent dérober le trésor, est vive et vraie, mais elle occupe dans le drame une place exagérée, et elle contient des répétitions et des longueurs insupportables pour toute assistance, qui ne se serait pas composée en grande partie d'aubergistes ou de piliers de cabaret.

Mais l'eau ou plutôt le vin devait venir à la bouche de tels auditeurs, en écoutant la scène suivante. Le roi ordonne à son sénéchal de faire crier que ses trésors sont à la merci du premier qui voudra les prendre :

LE SÉNÉCHAL

« Or, ça, Connart, crie ce ban, — que le trésor est aux galants. — Belle chance pour les voleurs !

CONNART *le crieur*

« Oyez, oyez, vous tous, seigneurs ; — venez avant, écoutez-moi. — De par le roi je vous fais savoir — qu'à son trésor et à son avoir — n'y aura désormais ni clef ni serrure. — Tout ainsi comme en pleine terre — le peut-on trouver, ce me semble. — Qui le peut enlever, qu'il l'enlève, — car il n'est gardé par personne, — sauf par un Mahomet cornu, — qui est tout mort, car il ne remue. — Maudit soit tout crieur qui bien ne hue !

LE TAVERNIER

« Caignet, nous vendons bien peu ; — va et dis à Raoul qu'il crie — le vin ; les gens en sont rassasiés.

CAIGNET (*valet d'auberge*)

« Or ça, vous crierez, Raoul, — le vin percé tout de nouveau, — le vin d'Auxerre, à plein tonneau.

CONNART

« Qu'est-ce que ce musard ? Que veux-tu faire ? — Viens-tu m'enlever mon affaire ? — Assieds-toi et reste coi, — car sur mes droits tu entreprends.

RAOULET

« Qui es-tu, toi, qui de crier me défends ? — Dis-moi ton nom, que Dieu te garde !

CONNART

« Ami, on m'appelle Connart ; — je suis crieur, par droit d'hérédité, — des échevins de la cité. — Depuis soixante ans passés et plus — je gagne ma vie à crier. — Et toi, quel est ton nom, je te prie ?

RAOULET

« J'ai nom Raoul, qui le vin crie ; — j'appartiens aux hommes de la ville.

CONNART

« Fuis, ribaud, et laisse-là la fourberie ; — quand tu cries, c'est à trop bas ton ; — mets bas ton pot et ton bâton. — Je ne t'estime pas un fétu.

RAOULET

« Qu'est-ce, Connart ? me pousses-tu ?

CONNART

« Oui, et peu s'en faut que je ne te frappe ; — mets bas ton pot et ton hanap, — et me laisse le métier quitte.

RAOULET

« Oyez, quelle fourberie il a dite ! — Celui qui me commande de crier se moque de toi, — Connart, ne fais pas le rodomont, — de peur que tu n'aies la volée. — Toujours les gens de ton espèce sont battus. — Jamais ils ne seront contents, si on ne les bat.

CAIGNET

« Sire, voici qu'il y a combat — entre Raoulet et Connart, à cause du métier.

LE TAVERNIER

« Oh ! oh ! seigneurs, cela ne fait pas l'affaire. — Tiens-toi tranquille, Raoul, et toi, Connart ; — choisissez-moi pour arbitre, — vous y gagnerez tous les deux.

RAOULET

« J'y consens.

CONNART

« J'y consens aussi, — quand même j'y devrais tout perdre.

LE TAVERNIER

« Certes, je suivrai le droit chemin. — Que chacun de vous dans la ville ait son office. — Connart, tu crieras le ban, — tu seras au roi et aux échevins ; — et Raoul criera les vins. — Il y gagnera au moins de quoi vivre. — De ce que Raoulet s'enivre, — je ne veux pas pour cela qu'on lui fasse tort. — Va, Raoulet, fais les avances. — Je ne veux qu'il y ait discorde.

RAOULET

« Tenez, Connart, accordons-nous. — L'un se doit à l'autre fier.

CONNART

« La paix est faite, va ton vin crier.

RAOULET

« Le vin percé tout de nouveau, — à plein pot et à plein tonneau, — sage et buvant, et plein, et gros, — rampant comme écureuil au bois, — sans nul goût de pourri ni d'aigre, — il court sur sa lie, sec et maigre, — clair comme larme de pécheur, — et *croupe* sur langue de lécheur ; — autres gens n'en doivent tâter !

PINCEDÉS (*un des larrons*)

« Alors, moi, j'en dois bien goûter. — Il est tout-àfait taillé à ma mesure. — Nul lécheur n'en boira plus que moi. — J'en fais tous les jours mon ordinaire.

RAOULET

« Voyez comme il mange son écume, — et saute et étincelle et frit ! — Tiens-le sur la langue un petit, — tu sentiras un fameux vin... »

Il est aisé de voir que la cité du roi païen n'est pas très différente d'Arras en Artois, et, si l'on en doutait, Jean Bodel ne s'est pas fait faute de nous en fournir une preuve. Après la restitution du trésor, quand les voleurs se séparent, l'un d'eux déclare qu'il s'en va à Fraisne. Il y a encore aujourd'hui un village de ce nom (Fresnes-les-Montauban) près d'Arras. Les licences de ce genre, historiques et géographiques, surabondent dans le théâtre du moyen âge, et l'on sait combien peu Shakespeare, fidèle à la tradition des mystères, songe à s'en garder. Au reste, la tragédie grecque non plus n'en est pas exempte, et l'on s'en apercevrait bien davantage, s'il nous était plus facile de saisir nettement toutes les différences qui séparaient la civilisation du temps d'Eschyle de celle du temps d'Agamemnon.

C'est aussi un trait commun aux mystères, mais qui nous apparaît pour la première fois dans la pièce de Jean Bodel, que le type du geôlier facétieux, jouant grossièrement et cruellement avec le malheur des condamnés. Il y a dans ce type une exagération évidente, destinée à produire un effet comique sur les nerfs très peu sensibles de nos ancêtres ; mais il est clair que cette exagération a du moins pour fondement une observation réelle, et cela nous fait mieux sentir, par exemple, toute la valeur des réclamations de Jeanne d'Arc, demandant avec instance à être conduite non dans les prisons séculières, mais dans les prisons d'Église.

LE ROI

« Sénéchal, mène-le (le prud'homme) à Durand, — mon tourmenteur, mon bourreau, — mais prends bien garde qu'on le tienne aux fers.

LE SÉNÉCHAL

« Durand, Durand, ouvre la chartre ; — et tu auras ces peaux de martre.

DURAND

« Ma foi, mal soyez vous venu !

LE PRUD'HOMME

« Ah ! sire, comme votre massue est grosse !

DURAND

Entre, vilain, dans cette fosse ! — Aussi la prison était seule. — Jamais tant que je t'aurai en garde, — ne seront oisives mes tenailles, — ni tant que tu auras dent en gueule ».

Le peu de couleur locale dont Bodel a essayé d'enrichir sa pièce est empruntée à la tradition épique ; son roi païen et les émirs, ses vassaux, sont copiés sur les personnages analogues des chansons de geste. Mais ici encore c'est plutôt à la tradition héroï-comique que le poète s'est adressé. Le caractère des chefs sarrasins a déjà, dans la *Chanson de Roland*, une nuance de grotesque, qui ne pouvait manquer de s'accentuer plus tard, dans des compositions moins purement héroïques. Le poète dramatique d'Arras s'est attaché à la faire ressortir encore. C'est ce qui apparaît dès la première scène du drame:

LE COURRIER AUBERON

« Roi, que ce Mahomet qui t'a fait naître, — te sauve et garde, toi et ton baronage, — et qu'il te donne force de te défendre, — contre ceux qui te sont courus sus, — et ta terre dévastent et pillent ! — Ces gens-là n'adorent ni ne prient nos dieux, — ce sont des chrétiens, une vilaine race !

LE ROI *au sénéchal*

« Othon, par mon dieu Apollon ! — les chrétiens sont-ils donc en ma terre ? — ont-ils commencé la guerre ? — sont-ils si hardis, si audacieux ?

AUBERON *au roi*

« Roi, telles forces ni telle armée — ne furent depuis que Noé fit l'arche, — comme celles qui sont entrées en cette marche ; — partout courent déjà les fourriers ; — les ribauds et les maraudeurs — vont brûlant le pays et le réduisant en cendres. — Roi, si tu ne penses à le défendre, — il est perdu totalement.

LE ROI *à Tervagan (son idole)*

« Ah ! fils de coquine, Tervagan, — avez-vous donc souffert telle œuvre ? — Que je regrette l'or dont je couvre — ce laid visage et ce laid corps ! — Certes, si vous ne m'apprenez par sortilège, — comment tous les chrétiens confondre, — je vous ferai brûler et fondre — et vous partagerai entre mes gens, — car vous êtes plus qu'en argent, — vous êtes du plus fin or d'Arabie.

Au sénéchal

Sénéchal, peu s'en faut que je ne devienne enragé, — et ne meure de chagrin et de colère.

LE SÉNÉCHAL

Ah ! roi, vous ne devriez pas dire — telle exagération ni telle folie. — Il ne convient pas à un homme bien né, comte ou roi, — d'ainsi ses dieux injurier ; — vous en êtes fort à blâmer ; — mais puisque je dois vous conseiller, — allons vers Tervagan tous deux, — pour lui demander pardon, — à nus coudes, à nus genoux, — afin que par sa sainte vertu — les chrétiens soient abattus, — et si l'honneur de la bataille devons avoir, — qu'il vous le fasse savoir — par telle voix ou telle signifiance — que nous puissions y avoir confiance. — En ce conseil il n'y a point de piège. — Remettez encore à Tervagan — dix marcs d'or, pour accroître ses joues.

LE ROI *au sénéchal*

« Allons-y, puisque tu le veux. — (*à Tervagan*) Tervagan, par *mélancolie*, — je vous ai dit mainte folie, — mais j'étais plus ivre qu'une soupe. — Merci vous demande, m'avouant coupable — à nus genoux et à nus coudes, — qu'il vaudrait mieux que j'eusse perdus ! — Sire, que ton secours me vienne, — de notre loi qu'il te souvienne, — que les chrétiens croient nous ravir ! — Déjà ils sont répandus sur toute ma terre. — Sire, par sortilège et par signe, — montre-moi comment les en chasser. — Fais savoir à ton ami par sortilège et art diabolique — si je pourrai me défendre contre eux. — Dis-le moi, en telle manière : — si je dois être vainqueur, ris ; — si je dois être vaincu, pleure. — Sénéchal, quel est votre avis ? — Tervagan a tout à la fois pleuré et ri. — Cela doit avoir grande signifiance.

LE SÉNÉCHAL

« Certes, sire, vous dites vrai ; — en son rire vous pouvez avoir — grande assurance et confiance.

LE ROI

« Sénéchal, par la foi que je dois à Mahomet, — par la foi que tu me dois comme homme lige, — explique-moi ce présage.

LE SÉNÉCHAL

« Sire, par la foi que je dois à votre corps ; — si le présage vous était expliqué, — je crois qu'il ne vous serait pas fort agréable.

LE ROI

« Sénéchal, n'ayez aucune crainte. — Par tous mes dieux, je vous promets de ne vous faire aucun mal. — Mettez bas toute crainte et fiez-vous à moi.

LE SÉNÉCHAL

« Sire, je crois bien à votre serment par tous vos dieux ; — mais je vous croirais encore mieux, — si vous heurtiez votre ongle contre votre dent.

LE ROI (*touchant sa dent*)

« Sénéchal, ne craignez donc plus ; — voici la plus haute garantie ; — quand vous auriez tué mon père, — vous n'auriez pas besoin de vous garder de moi.

LE SÉNÉCHAL

« Maintenant que je n'ai plus peur à la langue, — le présage va être expliqué : — De ce qu'il a ri d'abord, c'est votre bien ; — vous serez vainqueur des chrétiens — à l'heure où contre eux vous irez ; — mais c'est à bon droit qu'après il a pleuré, — c'est signe de grande douleur et grande pitié, — parce qu'en la fin vous l'abandonnerez. — C'est ce qui arrivera un jour ou l'autre.

LE ROI

« Sénéchal, maudit soit cinq cents fois — celui qui a dit cela ou qui l'a dans sa pensée ! — Par la foi que je dois à tous mes amis ! — si le doigt à la dent n'eût été mis, — Mahomet lui-même n'aurait pu empêcher — que je ne te fisse défaire. — Quoi qu'il en soit, parlons d'autre affaire. — Allez, faites faire la semonce de mon armée. — Que tous viennent m'aider en ma besogne — depuis l'Orient jusqu'en Catalogne. »

Il faut citer, dans le même genre, la présentation des émirs :

L'ÉMIR D'ICONIUM

« Roi, de par Apollon et Mahom, — je te salue comme ton lige homme, — je suis venu à ton commandement, — ainsi que c'était mon devoir.

LE ROI

« Bel ami, vous agissez en homme sage ; — vous venez toujours quand je vous mande.

L'ÉMIR D'ICONIUM

« Roi, d'assez outre le Pré-de-Néron, — de la terre où croissent les *ourlons* — je suis venu sur votre semonce. — Ce serait bien à tort que jamais vous me haïriez, — car je suis venu avec des souliers ferrés, — trente journées par dessus la glace.

LE ROI

« Dis-moi, toi, de quel pays sont ceux-ci ?

L'ÉMIR D'ORKENIE

« Sire d'outre Grise —Wallengue, — là où les chiens déterrent l'or. — Vous me devez beaucoup aimer, — car je vous fais venir par mer, — cent navires de mon trésor.

LE ROI

« Seigneur, grand merci de votre peine. — Et toi, d'où es-tu ?

L'ÉMIR D'ORKENIE

« Roi, du pays d'Outre-mer, — une terre ardente et chaude, — je ne suis pas pour vous avare, — car je vous amène trente chars — pleins de rubis et d'émeraudes.

LE ROI

« Et toi, qui me regardes-là, — d'où es-tu ?

L'ÉMIR D'OUTRE L'ARBRE-SEC

« D'outre l'Arbre-Sec. — Mais je ne sais pas comment je pourrais vous rien donner, — car en notre pays en guise de monnaie — on se sert de pierres de moulin.

LE ROI *au sénéchal*

« Othon, par mon dieu Mahomet ! — Quel étrange avoir celui-ci me promet ! — Avec ses dons je ne serai jamais pauvre.

L'ÉMIR D'OUTRE L'ARBRE-SEC

« Sire, je ne vous mens en rien ; — en notre pays un homme emporte bien — cent sous en son aumônière. »

Mettant en présence une armée chrétienne et une armée sarrasine, il était impossible qu'un poète du douzième siècle ne pensât pas aux croisades. Le souffle héroïque des grandes guerres pour le tombeau du Sauveur s'est ici emparé de Jean Bodel, et lui a inspiré la meilleure scène de sa pièce, une page qui est l'un des chefs-d'œuvre de la poésie du moyen âge et qui mérite de rester classique.

LES CHRÉTIENS.

« Saint-Sépulcre, à notre aide! Seigneurs, songeons à bien faire! — Sarrasins et païens viennent pour nous déconfire. — Voyez reluire les armes : tout mon cœur s'en éclaire de joie. — Or, combattons si bien que notre prouesse se montre. — Contre chacun des nôtres ils sont bien cent, à les compter.

UN CHRÉTIEN

« Seigneurs, n'en doutez pas, voici pour vous le jour du jugement ; — je sais bien que nous y mourrons tous au service de Dieu ; — mais je m'y vendrai bien cher, si mon épée ne se brise ; — ni coiffe ni haubert ne garantiront un seul païen. — Seigneurs, que chacun se sacrifie aujourd'hui pour le service de Dieu ! — Le paradis sera pour nous, et eux, ils auront l'enfer. — Ayez soin, quand on en viendra aux mains, que leurs corps rencontrent nos fers.

UN CHRÉTIEN, *nouvellement armé chevalier*

« Seigneurs, parce que je suis jeune, ne m'ayez pas en mépris ; — on a vu souvent grand cœur en corps petit. — Je frapperai ce brigand, je l'ai déjà choisi. — Sachez que je le tuerai, si tout d'abord il ne me tue.

L'ANGE

« Seigneurs, soyez en toute assurance, — n'ayez doutance ni peur, — Je suis messager de Notre-Seigneur, — qui vous mettra hors de douleur. — Ayez vos cœurs fermes et croyants — en Dieu. Il ne faut pas qu'à cause de ces mécréants, — qui vous viennent ici courir sus, — vous ayez au cœur autre chose que de l'assurance. — Mettez hardiment en péril vos corps — pour Dieu, car telle est la mort — dont doit mourir tout le peuple — qui aime Dieu de cœur et le croit.

LE CHRÉTIEN

« Qui êtes-vous, beau sire, qui ainsi nous réconfortez, — et si haute parole de Dieu nous apportez? — Sachez que, si cela est vrai, ce que vous nous dites, — nous recevrons de pied ferme nos ennemis mortels.

L'ANGE

« Je suis un ange de Dieu, bel ami ; — pour vous réconforter il m'a ici envoyé. — Soyez en assurance, car, dans les cieux, — Dieu vous a marqué place entre ses sages élus. — Allez, vous avez bien commencé, — pour Dieu vous serez tous massacrés ; — mais vous aurez haute couronne. — Je m'en vais, Dieu vous garde ! »

Mais une traduction ici ne suffit pas et il faut citer l'original :

LI CRESTIEN *parolent*

Saint Sepulcres. aïe ! Segneur, or du bien faire !
Sarrasin et païen viennent pour nous fourfaire.
Ves les armes reluire : tous li cuers m'en esclaire.
Or le faisons si bien que no proueche y paire.
Contre chascun des nos sont bien cent par devise.

UNS CRESTIENS

Segneur, n'en doutés jà, ves chi vostre juise :
Bien sai tout i morrons el dame Dieu servise ;
Mais mout bien m'i vendrai, se m'espée ne brise.
Jà n'en garira un ne coiffe ne haubers.

Segneur, el Dieu serviche soit hui chascuns offers !
Paradis sera nostres, et eus sera enfers !
Gardés, à l'assauter, qu'il encontrent no fers.

UNS CRESTIENS, NOUVIAUS CHEVALIERS

Segneur, se je sui jones, ne m'aiés en despit ;
On a véu souvent grant cuer en cors petit,
Je ferrai cel forcheur, je l'ai piecha eslit ;
Sachiés je l'ochirai, s'il anchois ne m'ochit.

LI ANGELES

Segneur, soiés tout asseür,
N'aiés doutanche ne peür.
Messagiers sui Nostre Segneur,
Qui vous metra fors de doleur.
Aiés vos cuers fers et creans
En Dieu. Jà pour ches mescreans,
Qui chi vous vienent à bandon,
N'aiés les cuers se seürs non.
Metés hardiement vos cors
Pour Dieu, car chou est chi li mors
Dont tout li pules morir doit
Qui Dieu aime de cuer et croit.

LI CRESTIENS

Qui estes vous, biaus sire, qui si nous confortés,
Et si haute parole de Dieu nous aportés ?
Sachiés, ce chou est voirs que chi nous recordés,
Asseür rechevrons nos ennemis mortés.

LI ANGELES

Angles sui à Dieu, biaus amis ;
Pour vo confort m'a chi tramis.
Soiés seür, car ens es chieus
Vous a Dieu fait sages eslieus.
Alés, bien avés coumenchié ;
Pour Dieu serés tout détrenchié ;
Mais le haute couronne arés,
Je m'en vois ; à Dieu demourés (1).

---

(1) *Théâtre français au moyen âge*, publié par MM. Mommerqué et F. Michel. Didot, gr. in-8°, pp. 162-207.

Il serait bien injuste, après avoir cité cette scène, de refuser à Jean Bodel un véritable talent d'écrivain et de poète. Ce talent, par malheur, est, pour ainsi dire, intermittent. Le sens et le goût de la perfection dans le style a presque toujours manqué aux écrivains du moyen âge. Ils ont d'heureuses rencontres, mais ils ne cherchent pas à les multiplier par la réflexion, ni surtout à les lier entre elles par une élégance continue. Ils prennent les vers comme ils leur viennent, bons, médiocres ou mauvais. Cela est vrai surtout du genre épique et du genre dramatique, car, dans le genre lyrique, il y a eu de véritables efforts pour la création d'un style de choix, efforts souvent heureux, mais généralement mal dirigés. C'est, outre son talent naturel, à ses habitudes de trouvère lyrique, et peut-être aussi aux études latines que nous lui avons supposées, que Jean Bodel doit la fermeté, la grâce, l'élégance de certains passages. Quant à la verve comique, elle est de race chez nous, et d'une veine si naturellement heureuse, qu'elle avait à peine besoin de culture pour trouver l'expression à la fois forte, naturelle et juste. Mais cette verve avait besoin de se contenir, car elle tombe à chaque pas dans la grossièreté triviale, l'un des défauts de Bodel, comme des écrivains de son temps, tandis que sa facilité de versificateur tourne, comme celle de ses confrères, au verbiage et à la prose rimée.

Mais, qualités et défauts mis en regard et balancés, on peut dire que le drame chrétien et national, tel qu'il nous apparaît dans l'œuvre de Bodel, portait en soi au douzième siècle des espérances qui n'ont pas été aussitôt réalisées qu'elles auraient pu l'être, et dont même plusieurs ne l'ont jamais été chez nous. Le *Jeu de saint Nicolas* rappelle Thespis et annonce Shakspeare, avec les dons tout français de Corneille, de Molière et de La Fontaine. Le drame français, en quittant l'enveloppe liturgique et latine, avait, presque dès son premier vol, une liberté d'allure, que la tragédie grecque, resserrée dans son cadre lyrique et musical, ne put jamais acquérir. Débarrassé de ces entraves, notre drame avait conservé de ses origines l'heureuse tradition de la variété des rythmes, et une grande et facile liberté de mise en scène. Ses proportions étaient bonnes, quoique mal équilibrées par l'inexpérience des poètes. L'art manquait, ce beau don que la Grèce eut dès son berceau, mais pourtant on en sentait l'approche, et il pouvait venir, puisqu'après tout, au seizième, au dix-septième siècle, il est venu, mais avec un cortège d'imitations, de raideurs et surtout de paganisme qui n'était pas nécessaire. La Renaissance, à vrai dire, n'est pas seule coupable. Le mouvement dramatique, si curieux d'ailleurs et si puissant, du quatorzième et du quinzième siècle, s'est, par suite de son exagération même, égaré hors de la vraie voie, et il a provoqué sans la justifier la réaction qui suivit. Il y a eu ainsi en France à cet égard beaucoup de temps et de qualités perdus.

1879.

III

Un drame religieux du moyen âge

LE MIRACLE DE THÉOPHILE

Le dimanche et le lundi 7 et 8 septembre 1539, veille et jour de la fête de la Nativité de la Sainte Vierge, la ville du Mans se trouva en grand et joyeux émoi, car, sur la place située devant l'église des Jacobins, on y représenta, en ces deux journées, un mystère par personnages, dont le sujet était le *Miracle de Théophile.* Non seulement les très honorés chanoines du chapitre de Saint-Julien, qui avaient juridiction sur une pareille œuvre, avaient accordé l'autorisation nécessaire, mais, voulant témoigner leur toute spéciale faveur à cette pieuse entreprise, ils avaient arrêté que durant les deux jours susdits, malgré la fête, on ne sonnerait point, de peur de troubler les acteurs, les cloches de la cathédrale, depuis la messe capitulaire, qui se chantait à neuf heures du matin, jusqu'à trois heures de l'après-midi, où se célébraient les vêpres.

Bien plus, ils ne craignirent point de se mettre en frais et, par les mains de leur trésorier, ils versèrent dans la caisse du receveur dudit lieu, chargé de la partie financière de l'entreprise, la somme de six livres tournois, pour contribuer aux dépenses (1).

Il n'y avait aucunement lieu de s'étonner de la bienveillance du chapitre en cette occasion. Non seulement en effet les chanoines de Saint-Julien étaient bien disposés en général pour les mystères par personnages, mais, de plus, il s'agissait ici de la représentation d'une légende chère à toute la ville et à eux-mêmes en particulier, car elle était figurée sur les belles verrières du chevet de leur basilique.

L'histoire du clerc Théophile qui, ayant vendu son âme au diable, fut, grâce à son repentir, délivré de ce pacte de mort par l'intervention directe de la Sainte Vierge, avait été peinte au XIIIe siècle en plusieurs panneaux et médaillons circulaires, et l'une des scènes de cette histoire avait aussi fourni le sujet d'un des vitraux du *triforium* (2).

---

(1) Cf. Dom Piolin, *Recherches sur les mystères représentés dans le Maine*, p. 38. — Petit de Julleville, *Les Mystères*, t. II, pp. 136, 137.

(2) Les verrières de Saint-Julien relatives au miracle de Théophile ont été décrites par M. Hucher dans son ouvrage intitulé: *Calques des vitraux de la cathédrale du Mans*. Le Mans, 1855-1864, gr. in-fol. Elles occupaient alors la 15e lancette de la chapelle de la Vierge ou du chevet. Mais depuis elles ont été changées de place et remplissent maintenant la 13e lancette en comptant de gauche à droite et en regardant l'autel.

La cathédrale du Mans n'était d'ailleurs pas la seule à offrir aux regards des fidèles la représentation figurée du miracle de Théophile. C'est un des sujets qui semblent avoir été le plus familiers aux artistes du moyen âge, dociles aux traditions des clercs qui, après les avoir devancés, les inspiraient dans l'exercice de leur art. Il a été sculpté deux fois à Notre-Dame de Paris, l'une au portail du nord, l'autre contre le mur du nord au rond-point. Il n'occupe pas moins de dix-huit médaillons dans les verrières du chevet de la cathédrale de Laon. On le retrouve aussi dans les vitraux de la cathédrale de Beauvais et de celle de Troyes (1). Il fut encore, au XVIᵉ siècle, peint à fresque sur les murs de la chapelle de la Conception de la paroisse de Saint-Epvre, à Nancy, dans une manière qui se rapproche de celle d'Albert Durer (2). Il ne nous paraît pas douteux que l'on ne le trouvât, si on l'y cherchait, en beaucoup d'autres endroits, soit sculpté ou peint (3).

---

(1) Cf. *Théâtre français au moyen âge* par Monmerqué et Francisque Michel, p. 138.

(2) *Dictionnaire des mystères* par le comte de Douhet dans la *Nouvelle encyclopédie théologique* de l'abbé Migne, t. XLIII, p. 934.

(3) Le regretté Ernest Faligan, dans son remarquable ouvrage: *Histoire de la légende de Faust*, Paris, 1887, Introduction, p. X, indique, en plus des représentations mentionnées ci-dessus, les verrières d'Auxerre, de Saint-Julien-du-Sault, du Grand-Andely, et un bas-relief ou une sculpture de la cathédrale de Lyon. — Les rapports de la légende de Faust avec celle de Théophile sont étudiées et discutées dans l'introduction et la

Quelle était la première origine de cette histoire si populaire? Un récit en langue grecque attribué à un clerc nommé Eutychianus. Ce texte fut recueilli au Xe siècle dans la collection de vies de saints formée par Siméon le Métaphraste (1). Mais avant cette époque même, l'histoire de Théophile avait pénétré dans la chrétienté occidentale au moyen d'une traduction latine du récit d'Eutychianus, rédigée par un diacre de Naples appelé Paul et dédiée par lui à un souverain que les Bollandistes estiment avoir été Charles-le-Chauve (2). Ce récit, où l'élément historique est amplifié et orné d'éléments oratoires et parénétiques, remonte, d'après ses caractères intrinsèques, à une assez haute antiquité. Les Bollandistes pensent que l'on peut rapporter l'événement qui en fait le sujet au règne de

---

conclusion de ce livre. — Notre savant confrère et ami, M. Jos. Berthelé, à propos du présent travail, a signalé dans la *Revue de l'art chrétien* (1891) un monument figuré relatif à Théophile, déjà relevé, mais avec une identification inexacte, par M. le Dr Corlieu. C'est une peinture sur bois, du XVIIe siècle, conservée dans l'église de Charly-sur-Marne (Aisne).

(1) En dehors de la collection de Métaphraste, le texte dont il s'agit nous a été conservé dans deux manuscrits au moins. L'un est celui qui porte le numéro 283 du fonds Coislin grec à la Bibliothèque nationale et qui a été copié au XIe siècle par le moine Grégoire. L'autre appartient à la Bibliothèque impériale de Vienne. M. L. de Sinner a donné, d'après ces deux manuscrits, une édition du texte grec de la légende de Théophile dans l'édition des œuvres de Rutebeuf, publiée par M. Achille Jubinal en 1839.

(2) *Acta sanctorum februarii*, t. I, p. 482. Les Bollandistes ont publié, au 4 février, d'après trois manuscrits, la version du diacre Paul.

l'empereur Justinien. Dans une déclaration par laquelle se termine le texte à nous transmis par le Métaphraste, mais qui manque dans la version du diacre Paul, l'auteur, c'est-à-dire le clerc Eutychianus, affirme avoir été non seulement le contemporain, mais le commensal et le disciple de Théophile (1).

Celui-ci était le principal personnage, après l'évêque, de l'église d'Adana, dans la Cilicie seconde. Sous le nom d'*économe* (οἰκονόμος, titre que le diacre Paul traduit par le mot latin *vice-dominus*) il prenait part à la conduite générale du diocèse et était en particulier chargé de l'administration du temporel. Il remplissait ses fonctions à la satisfaction

---

(1) *Acta sanctorum* februarii, t. I, p. 481. « Ego autem Eutychy... humilis et peccator, qui fui natus in ædibus hujus beati ... Theophili, et deinde clericus hujus catholicæ Ecclesiæ, cum seculus meum dominum ei inservissem in afflictione, quæ vidi oculis meis et auribus audivi a beata ejus lingua, secure et certo scripsi, quæ ei contigerant, et exposui fidelibus amicis et piis viris, ad gloriam Dei omnipotentis et Domini nostri Jesu Christi, qui glorificatur in sanctis suis. » — Quelques auteurs ont confondu Théophile d'Adana avec saint Théophile, archevêque de Constantinople, et cette confusion est, croyons-nous, ancienne. — Dans un article où est analysé et discuté le présent travail (*Romania*, t. XXIII (1894), p. 601 et suiv.) M. Henri Strohmayer a donné avec une grande érudition des détails beaucoup plus complets, auxquels nous renvoyons bien volontiers le lecteur, sur les origines et les documents littéraires de la légende de Théophile, considérée en elle-même. Ce n'était là qu'une partie très accessoire de notre sujet. Aussi avons-nous été un peu surpris, vu le caractère et le titre même de notre travail, de voir M. Strohmayer, si attentif et si abondant sur ce point, pour nous secondaire, qualifier en revanche de « digression » nos développements « sur le théâtre religieux en France au moyen âge ».

de tous, clercs et laïques, et avait la réputation méritée d'un homme de prières et de bonnes œuvres. A la mort de l'évêque, il fut d'une voix unanime désigné au métropolitain pour occuper le siège vacant. Mais son humilité s'effraya de la charge épiscopale et, à force de supplications, il obtint du métropolitain que celui-ci choisît et consacrât un autre évêque. Pour lui, il conserva son office antérieur, mais non pas longtemps. Desservi par de mauvais clercs auprès du nouveau chef du diocèse, il fut bientôt privé de ses fonctions et réduit à l'exercice des vertus privées. Il fut alors fortement tenté de colère et d'orgueil et il succomba à la tentation. Il se mit en rapport avec un juif adonné aux pratiques de la magie et déjà condamné pour ce fait et celui-ci, à son tour, le conduisit à une sorte de sabbat nocturne tenu dans le cirque de la ville sous la présidence du démon (1). Là il fit hom-

---

(1) Cette réunion de magie nocturne est vivement peinte et avec une remarquable couleur antique et locale : « Nefandus vero Hebræus duxit illum ad circum civitatis et dixit ei : « Quodcumque videris aut qualemcumque audieris sonum, ne terrearis nec signum crucis tibi facias. Illo autem spondente, subito ostendit ei albos chlamydatos cum multitudine candelabrorum clamantes, et in medio Principem sedentem. Erat enim diabolus et ministri ejus... » — L'auteur du poème faussement attribué à Marbode a quelque peu surchargé les traits de cette peinture et les a rapprochés de la conception du *sabbat* qui prévalut au moyen âge :

Inde per horrorem noctis, dum cuncta soporem
In terris agerent nec quavis luce niterent
Stelle vel luna, dictus miser et magus una
Ut convenerunt, ad quæ loca constituerunt,

mage à Satan, qui lui promit de le rétablir dans la charge qu'il avait perdue et de le favoriser en tout, moyennant qu'il reniât le Christ et la Sainte Vierge et déposât entre ses mains l'acte de cette apostasie en forme de chirographe et scellé de son anneau. Théophile consentit à tout. Tout le monde désormais trembla sous lui. De temps à autre il recevait la visite du juif, qui venait lui rappeler le service rendu.

Cependant, il n'était pas heureux. Le remords déchirait sa conscience. Dieu le prit en pitié et lui suggéra le repentir. Il résolut de recourir à la toute-puissante intercession de la mère du Sauveur et ne cessa plus de la prier jour et nuit avec effusion de larmes et un jeûne presque continuel. Après quarante jours de cette pénitence, accomplie dans une église spécialement consacrée à la Sainte Vierge, Marie soudain lui apparut, et après avoir repoussé sa demande, non seulement consentit à demander sa grâce, mais après trois jours lui apparut de nouveau pour lui annoncer le pardon de son péché, et ensuite, après trois jours encore, pendant un sommeil dans lequel il était tombé, il la vit en songe tenant en main l'écrit

---

Vociferante mago, Satanas rex, mortis imago,
Illius signa, turba comitante maligna,
Ipse teter, fuscus, barathri tamen igne coruscus,
Splendentique parum, decet ut regem tenebrarum,
Adveniens sedit sublimis...

Acta sanctorum, loc. cit., p. 488.

qu'il avait remis au diable et qu'il avait supplié la Vierge de lui faire rendre, et en se réveillant il trouva le chirographe déposé sur sa poitrine. Le lendemain, qui était un dimanche, dans l'église épiscopale, pendant l'office solennel, après la lecture de l'Évangile, Théophile se jeta aux pieds de l'évêque, lui confessa publiquement son crime et lui présentant l'acte qu'il avait miraculeusement recouvré, le pria d'en faire donner lecture au peuple. Cela fut fait et fut suivi d'une exhortation de l'évêque et de grandes actions de grâces. Puis la messe fut célébrée et Théophile admis à la communion. Le visage du coupable repentant parut illuminé d'un éclat céleste. Il tomba presqu'aussitôt gravement malade dans l'église de la Sainte Vierge, à laquelle il était allé témoigner sa reconnaissance. Trois jours après, il y mourut en odeur de sainteté et fut inhumé en ce lieu même. Il avait distribué tous ses biens aux pauvres.

Ce pieux récit, dont nous n'avons pas à examiner ici le degré d'authenticité, les caractères historiques ou légendaires, fut accueilli avec une prompte faveur par le public lettré, c'est-à-dire par le clergé séculier et régulier d'Occident. C'était l'époque où il se fit, de l'Église grecque à l'Église latine, une grande transmission de fêtes, de traditions, de légendes d'origine orientale. L'histoire de Théophile copiée de manuscrit en manuscrit, se répandit de monastère en monastère. Elle devint bientôt un des thèmes préférés sur lesquels s'exerçait dans les cloîtres, les cathédrales et les abbayes, l'art poétique des meilleurs clercs, qui s'étaient repris, depuis Charlemagne, avec une ardeur nouvelle à cultiver l'antique hexamètre. Parmi ces compositions en vers latins, une toute spéciale mention est due à l'œuvre de la savante religieuse allemande qui, sur la terre même arrosée naguère du sang des farouches guerriers de Witikind, à Gandersheim en Saxe, se livrait, pour l'édification et le plaisir de ses compagnes, à l'imitation assez heureuse de Virgile et de Térence. Le poème de Hroswitha est du Xe siècle (1). Un autre est du siècle suivant. On l'a longtemps attribué, mais à tort, à Marbode, archidiacre d'Angers, qui devint évêque de Rennes en 1096, et qui est surtout

---

(1) La docte religieuse remonte dans son récit jusqu'à l'enfance de Théophile et, nous retraçant son éducation, elle nous le représente comme un disciple aussi studieux, aussi zélé qu'elle-même, du *trivium* et du *quadrivium* :

> Postquam lux fidei crescens per climata mundi
> Siciliam (*sic*) tenebris errorum solvit ab atris,
> Vir salis illustris nutritur partibus istis,
> Nobilitate potens, meriti splendore refulgens.
> Hicce Theophilus fuerat de nomine dictus,
> Puri sacrata tinctus baptismatis unda :
> Quem devota patrum divinis cura suorum
> Obsequiis igitur primis signavit ab annis
> Atque sui dulcem pie sollicitando nepotem
> Cuidam pontifici credidit nimium sapienti,
> Quo nutriret eum studio florente docendum,
> Ipsius ingenium mentisque rigaret agellum
> De sophiæ rivis septeno fonte manantis...

Acta sanctorum, loc. cit., p. 482.

connu par son poème sur les pierres précieuses, point de départ des curieux *lapidaires* du moyen âge.

La célébrité de l'histoire de Théophile alla grandissant. Elle est attestée par les allusions qu'y font dans leurs écrits ou dans leurs sermons les docteurs et les prédicateurs à partir du Xe siècle : Fulbert de Chartres, saint Pierre Damien, Honoré d'Autun, saint Bernard, Albert le Grand, saint Bonaventure, Vincent de Beauvais, etc. Elle eut naturellement sa place marquée dans les recueils latins de miracles dus à l'intercession de la Sainte Vierge, compilés par divers auteurs du XIe et du XIIe siècle. D'autres clercs, dès cette époque, mais surtout dans les premières années du siècle suivant, s'étant initiés à l'art profane des trouvères, se mirent à l'exercer, pour la plus grande édification du peuple, sur les mêmes sujets pieux dont abondait la littérature cléricale et qu'ils rimèrent dans la langue commune. Gautier de Coincy, moine à Saint-Médard de Soissons, puis prieur de Vic-sur-Aisne, mort en 1236, composa en trente mille vers un recueil français des *Miracles de Nostre Dame*, parmi lesquels il n'eut garde d'oublier la conversion et le salut de Théophile (1). Le crime et la pénitence du clerc d'Adana entrèrent désormais dans le vaste répertoire narra-

---

(1) Cf. Gaston Paris, *La Littérature française au moyen âge*, deuxième édition, p. 205 et suiv.

tif, lyrique et satirique des ménestrels et jongleurs qui charmaient les loisirs des princes dans leurs palais, des barons dans leurs manoirs, des riches bourgeois dans leurs *ostels*, des convives dans les noces et du peuple dans les rues et les places des cités. Ce devint un des lieux communs de la littérature et de la mémoire populaires. Aussi ce vaurien de Villon, qui avait des ailes de poëte à ses épaules d'écolier devenu bandit, était-il dans la vérité et la vraisemblance quand il mettait le nom de Théophile sur les lèvres de sa vieille mère illettrée priant la Sainte Vierge, dans la touchante ballade qu'il composa à sa requête :

> A vostre Filz dictes que je suis sienne,
> De luy soient mes pechez aboluz,
> Qu'il me pardonne comme à l'Egyptienne
> Ou comme il feit au clerc Theophilus,
> Lequel par vous fut quitte et absoluz,
> Combien qu'il eust au diable faict promesse (1)...

Dans ces conditions et dans ces circonstances il n'y a pas lieu de s'étonner que l'histoire de Théophile ait aussi trouvé place dans la littérature dramatique du moyen âge. Il y aurait plutôt lieu de s'étonner du contraire. Mais c'est, croyons-nous, par une voie moins directe et plus ancienne que la simple transformation en représentations dialo-

---

(1) Ballade VI du *Grand testament* de Villon, faite à la requête de sa mère, citée dans le *Théâtre français au moyen âge*, p. 138.

guées des narrations rimées des jongleurs que la légende est devenue drame.

Un point important à noter sur cette question, c'est que le *Miracle de Théophile* ne s'était pas seulement, dans la première période de sa floraison en Occident, transmis de cloître en cloître, de composition en compilation, de docteur en prédicateur ; il avait eu accès jusque dans la liturgie. Un ancien *lectionnaire* de l'église de Saint-Omer nous le montre formant la huitième leçon de l'office de Matines au septième jour de l'octave de la Nativité de la Sainte Vierge, leçon tirée de la version du diacre Paul. Il y était fait allusion dans diverses proses en l'honneur de Marie, que l'on a signalées dans de vieux missels, et dont l'une était chantée le jour de l'Annonciation (1). Or l'influence de la liturgie sur la naissance et le développement du genre dramatique au moyen âge est un fait à présent hors de contestation. C'est par de petites interpolations dialoguées dans les grands offices de Noël et de Pâques qu'il fit en France sa première apparition formelle vers la fin du IXe siècle. Les germes qui le contenaient, comme on dit, virtuellement, se développèrent avec beaucoup de force dans la période subséquente, surtout aux XIe et XIIe siècles, où les fêtes de la Nativité et de la Résurrection du Sauveur furent de plus en plus célé-

---

(1) *Acta sanctorum, loc. cit.*, p. 483.

brées dans les grandes églises et dans les grands monastères par la représentation d'une série déjà imposante de compositions dramatiques, rattachées par un lien encore évident, quoique de jour en jour moins étroit, à la liturgie de ces fêtes, qui en avait fourni les sujets et la matière. Dès la première moitié du XIIe siècle un bon nombre de ces compositions étaient de véritables petits poèmes dialogués et chantés, en vers latins métriques et rythmiques, où l'on commençait même à mêler, d'une façon parfois bizarre, quelques parties ou du moins quelques mots en langue vulgaire.

Les auteurs et les acteurs de ces poèmes n'étaient autres que les maîtres et surtout les étudiants des grandes écoles cathédrales et monastiques où se distribuait, avant la constitution des Universités, non seulement l'enseignement secondaire, mais l'enseignement supérieur. Les représentations étaient des réjouissances cléricales et scolaires, où la foule pourtant, à titre de public, était volontiers admise, et où elle prit le goût de tels jeux. Or les fêtes de Noël et de Pâques n'étaient pas les seules réjouissances de l'année des écoliers. Les classes et cours étaient suspendus et les jeux se donnaient tout particulièrement carrière à certaines fêtes, dont l'importance liturgique n'était pas toujours en rapport exact avec leur valeur scolaire. Tels étaient, par exemple, les anniversaires des saints spécialement considérés comme patrons des études et des étudiants : saint Nicolas et sainte Catherine. Aussi l'idée vint-elle assez naturellement aux maîtres et à leurs élèves de composer pour ces jours-là et d'y représenter des poèmes dramatiques, analogues à ceux de Noël et de Pâques, mais dont le sujet et la matière seraient empruntés à la légende et à la liturgie des saints dont on célébrait la fête. C'est ainsi que nous possédons plusieurs *Miracles* de saint Nicolas mis en forme poétique et dramatique, au XIIe siècle, par les étudiants de la grande abbaye de Fleury-sur-Loire, et aussi par un certain Hilaire et par ses camarades, disciples de Pierre Abélard dans sa communauté philosophique du Paraclet. C'est ainsi que nous savons par l'historien Mathieu Paris qu'un savant écolâtre, nommé Geoffroy et natif du Mans, qui avait achevé ses études dans les écoles déjà célèbres de Paris, ayant été appelé pour être chargé de la direction de l'enseignement à l'abbaye de Saint-Alban, près de Dunstaple, en Angleterre, transporta dans son nouveau séjour, avec sa science, son goût des exercices dramatiques. Il composa en effet et fit représenter à Dunstaple, sans doute par les écoliers de l'abbaye, un *jeu de sainte Catherine*, pour lequel il obtint du sacristain le prêt des plus belles chapes portées par les moines au chœur (1).

---

(1) *Dictionnaire des mystères* au mot *Catherine*, p. 228. — Cf. Petit de Julleville, *Les Mystères*, t. I, p. 108, en note. — On re-

Une fois en pleine vigueur, cette habitude, cherchant les occasions de s'étendre, dut être appliquée, pour une raison ou pour une autre, à d'autres occurrences encore. Nous savons, par exemple, grâce à un poème dramatique tout à fait analogue à ceux dont nous venons de parler, que la fête de la Conversion de saint Paul était célébrée de cette même façon dans l'abbaye de Fleury-sur-Loire. Il ne nous paraît donc pas trop hardi de conjecturer que l'une ou l'autre des principales fêtes de la Sainte Vierge avait, à côté de son importance liturgique, sa valeur scolaire, et donnait lieu aussi à des représentations dialoguées. S'il en était ainsi, le sujet et la matière de ces drames en l'honneur de Marie ne devaient pas être choisis dans les événements même de sa vie terrestre, réservés aux représentations de la *Nativité* à Noël, de la *Passion* et de la *Résurrection* à Pâques, mais bien plutôt empruntés aux récits et légendes, alors si en faveur dans la littérature ecclésiastique, qui rapportaient les nombreux miracles accomplis par son intercession, à ceux surtout qui avaient obtenu quelque accès dans la liturgie. L'histoire de Théophile était certainement, nous l'avons vu, un de ces récits les plus célèbres et les plus goûtés. Rien donc ne serait moins de nature à nous surprendre que si,

---

marquera que les fêtes et les légendes de saint Nicolas et de sainte Catherine sont, comme le miracle de Théophile, d'origine et d'importation orientale.

quelque jour, on venait à découvrir dans quelque vieux manuscrit oublié un drame scolaire en vers latins du XIIe siècle sur ce sujet, et nous sommes, quant à nous, très disposé à faire remonter jusqu'à cette période de l'histoire du théâtre religieux l'un des genres les plus curieux qui aient fleuri dans notre ancienne littérature, celui des *Miracles de Notre-Dame* par personnages.

Du milieu du XIIe siècle au milieu du XIIIe un pas énorme fut accompli par l'art dramatique en France et dans les pays de langue française. La langue vulgaire s'empara entièrement du genre, tout en lui laissant d'abord ses points d'attache et de rapport assez sensibles avec ses origines latines et liturgiques. Le théâtre scolaire s'effaça peu à peu devant le théâtre séculier, duquel d'ailleurs les clercs et les écoliers demeurèrent d'abord les directeurs et toujours, au moyen âge, des participants actifs. Ce mouvement s'accomplit pour les *Miracles* des *Saints* et de *Notre-Dame* par personnages, aussi bien que pour les *Mystères* de la *Nativité*, de la *Passion* et de la *Résurrection*. Nous en avons des preuves certaines dans le *Jeu de saint Nicolas* de Jean Bodel, d'Arras, et dans le *Miracle de Théophile*, de Rutebeuf, de Paris, rapprochés du drame d'*Adam* et du précieux fragment de la *Résurrection*, ces derniers composés et représentés dans le dialecte normand d'Angleterre, mais ayant eu, sans aucun doute, d'assez nombreux similaires de la même époque sur le continent français.

De ces quatre pièces, les plus anciens monuments de notre théâtre sérieux, celle de Rutebeuf est de beaucoup la plus récente. Elle a dû être composée et représentée vers 1260 et laisse supposer, d'après certains traits sur lesquels il serait trop long d'insister ici, des compositions dramatiques antérieures, même purement françaises, dont l'auteur n'a pas négligé de profiter. Ce Rutebeuf est un fort curieux type, dont il est malheureux que l'on sache si peu de chose. Parisien, sinon de naissance, au moins d'éducation et de carrière, il appartient à la catégorie assez nombreuse et assez remuante des clercs *manqués*, qui ne furent pas le moins efficace trait d'union, au moyen âge, entre la société et la littérature cléricales, d'une part, la société et la littérature laïques, de l'autre. Rutebeuf était, ce semble, un écolier de famille pauvre qui, faute d'argent ou de travail, faute probablement de l'un et de l'autre, doué d'une humeur vagabonde, passionné pour les dés et pour les rimes, renonça à poursuivre le cours des études par lui commencées dans la grande Université parisienne alors naissante, et, au lieu de devenir prêtre et chanoine, se fit ménestrel et jongleur. Il ne rompit d'ailleurs aucunement ses relations universitaires, et demeura toute sa vie, en même temps qu'un colporteur et un *trouveur* de poèmes et de récits à l'usage des seigneurs, des bourgeois et du peuple, un étudiant de vingtième année, fort zélé pour les intérêts de ses camarades, les écoliers de la cité et de la montagne Sainte-Geneviève, et même fort engoué de certains professeurs, comme maître Guillaume de Saint-Amour, dont il épousa et défendit, avec une ardeur de vrai pamphlétaire, les erreurs et la querelle contre les Ordres mendiants. En qualité de jongleur et de trouvère, il débitait et composait dans tous les genres de son métier, narratif, lyrique et satirique, mais il préférait celui-ci, et quand il était en proie à sa verve critique et médisante, il n'épargnait ni pape ni évêques, ni prêtres ni moines, pas même le bon roi saint Louis, alors régnant, maître et justicier beaucoup moins sévère, à ce qu'il semble, pour la langue des poètes et chroniqueurs ambulants que pour celle des blasphémateurs (1).

Toutefois, quel que fût son penchant naturel et acquis, quand quelque pieuse princesse lui commandait une œuvre dévote, Rutebeuf se gardait bien de refuser à cette noble dame le concours de son talent. Il s'empressait au contraire de profiter d'une si bonne aubaine. C'est ainsi qu'il fit passer de prose latine en rimes françaises, pour la reine Isabelle de Navarre propre fille du roi de France, la vie de sainte Élisabeth de Hongrie. Il *renou-*

---

(1) Cf. Léon Clédat, *Rutebeuf*, dans la collection in-16, intitulée : *Les Grands écrivains français*, entreprise par la librairie Hachette.

vela en outre, et remit à la mode, peut-être de sa propre initiative, le poème un peu défraîchi d'un ancien trouvère sur la vie et la légende de sainte Marie l'Égyptienne, qui n'étaient guère moins populaires que le miracle de Théophile. Mais ce fut sur commande, on a tout lieu de le croire, qu'il aborda ce dernier sujet, cette fois sous la forme d'un jeu dramatique. Ce soin lui fut confié, selon toute vraisemblance, par l'une des confréries ou sociétés parisiennes, qui étaient alors nombreuses et de natures très variées et qui s'étaient placées sous le patronage de tel ou tel saint et en particulier sous celui de Notre-Dame. Il est possible que cette pieuse association, qui célébrait chaque année dans une église ou chapelle déterminée et dans les locaux attenants, les fêtes de sa céleste protectrice, eût le caractère littéraire et quasi-académique qu'avaient pris ou allaient prendre dans le nord-est de France, notamment dans la ville d'Arras, les sociétés appelées *puys*, du nom, dit-on, de la ville du Puy-en-Velay où avaient été plus anciennement institués des concours poétiques en l'honneur de la Sainte Vierge. Quoi qu'il en soit, elle devait être composée d'hommes graves, peut-être mi-partie d'ecclésiastiques et de notables prud'hommes, car Rutebeuf a manifestement mis un frein dans son *Miracle* à sa verve satirique et *réaliste*, tandis que Jean Bodel s'était fort librement et fort étrangement laissé aller à une humeur analogue dans son

Jeu de saint Nicolas, composé, cela est visible, pour des auditeurs aussi familiers avec les habitudes du cabaret qu'avec l'office et la légende de leur saint patron (1).

Il faut ajouter que la carrière dut être mesurée à notre poète par le temps, sans doute assez restreint, destiné à la représentation de son œuvre, jouée très probablement à l'issue de l'office, peut-être entre deux offices, à l'une des fêtes de la Sainte Vierge (2), dans un lieu de dimensions médiocres et avec des moyens assez restreints de mise en scène. C'est par là que s'explique à nos yeux le caractère visiblement écourté de la composition de Rutebeuf, qui est loin d'avoir utilisé toute la matière et toutes les indications dramatiques contenues dans les sources mises à sa disposition soit par son répertoire de jongleur, soit par sa science d'écolier, soit enfin par les traditions et par les bibliothèques où il a pu assez facilement puiser, notamment chez ses bons amis, les chanoines de Saint-Victor (3). Parmi les sources narratives dont

---

(1) Cf. Léon Clédat, ouvrage cité, p. 157. — Gaston Paris, ouvrage cité, pp. 185, 241.

(2) Il semble que les représentations de ce genre ont dû quelquefois trouver place à l'issue du dîner solennel, le jour où l'un des jours de *siège*, c'est-à-dire de séance, d'assemblée générale de la confrérie. Cf ms. fr. 933 à la Bibliothèque nationale, fol. 13 v°.

(3) Parmi ses attaques virulentes et continuelles contre les ordres religieux, Rutebeuf fait au contraire l'éloge des chanoines réguliers de Saint-Victor. Léon Clédat, p. 70. — On

il a certainement profité il faut, croyons-nous, compter Gautier de Coincy (1). Nous inclinons à penser qu'il a eu aussi entre les mains ou dans la mémoire, entre autres compositions dramatiques antérieures, un *Miracle* français, de forme analogue au fragment anglo-normand de la *Résurrection*, et peut-être, de plus, un ancien *Miracle* latin d'étudiants comparable au *Jeu de saint Nicolas* d'Hilaire.

La pièce de Rutebeuf commence *ex abrupto* par les lamentations de Théophile privé de sa charge. Il y a de l'énergie originale et quelque sens psychologique dans l'expression de son désespoir et de sa rébellion contre l'épreuve que Dieu lui impose :

« Ahi ! ahi ! Dieu, roi de gloire, — moi qui vous ai tant eu en mémoire, — qui ai tant donné et dépensé, — tant de fois tendu la main aux pauvres, — voici qu'il

---

sait que l'abbaye de Saint-Victor de Paris, en décadence au temps de saint Louis, avait été au siècle précédent un puissant foyer d'études, d'enseignement et de production théologique et littéraire. La poésie latine liturgique et rythmique y avait brillé de plus vif éclat sous la plume du moine Adam, dit de Saint-Victor. Il serait bien étonnant que les écoliers de ce monastère, au XIIe siècle, n'aient pas eu leurs jeux dramatiques en vers latins aussi bien que ceux de Fleury-sur-Loire.

(1) Une métaphore tirée du jeu d'échec, que Rutebeuf met dans la bouche de son Théophile :

Bien m'a dit li evesque eschac
Et m'a rendu maté en l'angle,
Sanz avoir m'a lessié tout sangle...

se trouve déjà en termes presque identiques dans la narration rimée du prieur de Vic-sur-Aisne.

ne m'est pas resté la valeur d'un sac. — L'évêque m'a bien fait échec, — m'a bien rendu mat à l'angle de l'échiquier ; — il m'a laissé tout nu, sans avoir. — Maintenant il me faut mourir de faim, — si je ne mets ma robe en gage pour avoir du pain. — Et mes gens, que feront-ils ? — Je ne sais si Dieu se chargera de les nourrir. — Dieu ! ah bien oui ! qu'en a-t-il affaire ? — Ils feront bien d'aller chercher ailleurs. — Puisqu'il me fait la sourde oreille — et qu'il n'a cure de mon malheur, — moi aussi, je lui ferai la moue. — Honni soit qui de lui se loue ! — Pour avoir il n'est rien qu'on ne fasse. — Peu m'importent Dieu et son courroux. — Irai-je me noier ou me pendre ? — Ce n'est pas à Dieu que je puis m'en prendre, — puisqu'on ne peut aller jusqu'à lui. — Ah ! quiconque pourrait le tenir — et le bien battre pour se revancher, — il aurait fait bonne journée ; — mais il s'est en si haut lieu mis — pour échapper à ses ennemis — qu'on n'y peut atteindre par trait ou lance. — Ah ! si je pouvais le quereller, — combattre et m'escrimer avec lui, — je lui ferais frémir la chair. — Mais il est là haut en sa joie ; — hélas ! et moi malheureux je suis dans les lacs — de Pauvreté et de Souffrance. — Voilà bien ma vielle brisée. — On va dire que je *rassole* ; — ce sera le bruit général. — Je n'oserai plus voir personne, — ni m'asseoir parmi les autres gens, — car l'on m'y montrerait au doigt. — Je ne sais ce que dois faire. — Dieu m'a cruellement trompé ».

Théophile se résout à aller trouver un sorcier nommé *Salalin*. Ce nom nous paraît un écho, déjà exprimé par quelqu'un des devanciers de Rutebeuf, de l'impression faite sur l'opinion publique dans la chrétienté par les succès du grand sultan Saladin, conquérant de Jérusalem en 1187. Le sorcier lui dit de revenir le lendemain matin, car les auteurs dramatiques du moyen-âge n'ont jamais eu le moindre souci de l'unité de temps pas plus que de l'unité de lieu, à laquelle était diamétralement opposé leur système de mise en scène. Dans l'intervalle, Théophile est en proie à l'angoisse. Son âme flotte entre sa foi et sa colère. Cet orage intérieur est esquissé avec naturel et avec une certaine vigueur dans un monologue d'un caractère vraiment dramatique. Cependant Salatin évoque le diable, non sans une pointe de comique qui devait se développer jusqu'à l'absurde dans les scènes de diablerie de plus en plus abondantes dans le théâtre religieux des siècles suivants. Tous deux conviennent de leur fait. Guidé par le sorcier, Théophile va trouver le démon dans un vallon situé près de la demeure de Salatin et conclut le pacte. Le dialogue de ces scènes est naturel, précis et semé de quelques traits heureux. L'évêque rend sa charge à Théophile qui devient dur et désagréable à tous. Mais ce changement de caractère et la nouvelle vie, mondaine et méchante, du clerc apostat, qui aurait pu fournir toute une série de scènes vivantes et pittoresques, sont à peine et très faiblement indiqués. Rutebeuf passe brusquement et sans transition à la pénitence de Théophile, qui lui fournit l'occasion de deux longs morceaux lyriques, dont le double sujet, sous le nom de la *Repentance* et de la *Prière Théophilus*, était devenu un des lieux communs de la poésie des trouvères et du répertoire des jongleurs, indépendamment de toute représentation dramatique. Le poète y montre quelque vérité de sentiment, et il y déploie dans la forme les ressources d'un art habile et ingénieux, mais qui ne s'était pas développé dans sa vraie voie et qui se complaisait assez souvent en des raffinements puérils, en des jeux de mots, de sens et de sons barbares et malencontreux, en des cacophonies systématiques et exaspérantes.

Écoutez plutôt :

> Ame doit l'en amer ; m'ame n'est pas amée.
> N'os demander la Dame qu'ele ne soit dampnée.
> Trop a male semence en semoisons semée
> De qui l'ame sera en enfer sorsemée.

> Ha, las ! com fol bailli et com fole baillie !
> Or sui-je mal baillis et m'ame mal baillie !
> S'or m'osoie baillier à la douce baillie,
> G'i seroie bailliez e m'ame jà baillie.

> Ors (1) sui, et ordoiez doit aller en ordure ;
> Ordement ai ouvré, ce set cil qui or dure (2)
> Et qui toz jours durra : s'en aurai la mort dure.
> Maufez, com m'avez mors (3) de mauvese morsure !

---

(1) Souillé.
(2) J'ai vilainement agi, comme le sait celui qui maintenant dure.
(3) Mauvais, comme vous m'avez mordu.

Les scènes de l'apparition de la Sainte Vierge et du pardon de Théophile n'offrent rien de remarquable, sauf un trait énergique quand Notre-Dame arrache à Satan le pacte fatal. Mais ce trait ne peut être apprécié que selon la vive familiarité de la vieille langue, bien moins *marquise* que la nôtre :

« *Ici*, dit la rubrique, *va* NOSTRE DAME *por la chartre Theophile* :

>Sathan, Sathan ! es-tu en serre ?
>S'es or (1) venuz en ceste terre
>Por commencier à mon clerc guerre,
>   Mar (2) le penssas.
>Rent la chartre que du clerc as.
>Quar tu as fet trop vilain cas.

>   SATHAN *parole* :
>   Je la vous rande !
>J'aim miex assez que l'en me pende.
>Jà li rendi-je sa provande (3)
>Et il me fist de lui offrande
>   Sanz demorance (4)
>De cors et d'ame et de sustance.

>   NOSTRE DAME
>Et je te foulerai la pance.

Ici aporte NOSTRE DAME *la chartre à Theophile...* »

La pièce se conclut, après la lecture publique du

---

(1) Si tu es maintenant.
(2) Mal.
(3) Prébende.
(4) Exception.

pacte, par ces paroles de l'évêque, suivies du chant du *Te Deum* :

> Issi ouvra icil preudom (1).
> Delivré l'a tout à bandon (2)
> La Dieu ancelle (3),
> Marie, la virge pucele,
> Delivré l'a de tel querele :
> Chantons tuit (4) por ceste novele.
> Or, levez sus,
> Disons : *Te Deum laudamus.*

Comme le drame d'*Adam*, comme le *Jeu de saint Nicolas* de Jean Bodel, le *Miracle de Théophile* de Rutebeuf nous offre, chez les poëtes du XII⁰ et du XIII⁰ siècle, des indices de facultés dramatiques dont on aurait pu attendre beaucoup plus, au point de vue esthétique et littéraire, que n'a produit le théâtre français du moyen âge, dont l'essor prodigieux, dans les deux siècles suivants, est plutôt marqué par une décadence que par un progrès de l'art et du goût. C'est sous cette réserve que nous avons à signaler la persistance et la prospérité, interrompues seulement par la Renaissance, du genre des *Miracles de Notre-Dame* par personnages. Parmi la grande quantité de pièces perdues, il nous est demeuré des documents qui ne souf-

---

(1) Ainsi agit ce prud'homme.
(2) Entièrement.
(3) La servante de Dieu.
(4) Tous.

frent à cet égard aucun doute. Le plus précieux est la collection de quarante drames de cette espèce contenus dans un manuscrit de la Bibliothèque nationale et récemment publiés par MM. Gaston Paris et Ulysse Robert pour la Société des anciens textes français (1). M. Paris, avec sa compétence bien connue pour tout ce qui touche à notre ancienne littérature, en a ainsi déterminé et apprécié les caractères distinctifs :

« C'est pour un « pui Nostre Dame » et sans doute par des membres de la confrérie que fut composée, peut-être encore dans la première moitié du XIV⁵ siècle, la grande collection de quarante *Miracles de Notre-Dame par personnages* qui nous est parvenue... Toutes les pièces qui composent ce recueil ont entre elles une étonnante ressemblance de fond, de forme et de manière. La polymétrie qui règne dans *Adam*, dans le *Nicolas* de Bodel et dans les pièces d'Adam de la Halle (ajoutons : dans le *Théophile* de Rutebeuf) a disparu ; sauf quelques « rondeaux » mis dans la bouche des anges qui convoient régulièrement Notre-Dame du ciel à la terre et de la terre au ciel, tout est en vers de huit syllabes rimant deux à deux ; mais chaque réplique se termine par un vers de quatre syllabes rimant avec le premier vers de la réplique suivante (le premier miracle seul conserve, au der-

---

(1) Paris, Firmin-Didot, 1876-1883, 8 vol. in-8°.

nier vers des répliques, son nombre régulier de syllabes). Il en résulte que, à très peu d'exceptions près, toutes les répliques ont au moins deux vers, ce qui amène des redites et des banalités insupportables. Ces pièces n'ont d'ailleurs, sauf quelques endroits assez naïfs et touchants, qu'une très faible valeur littéraire ; elles sont construites avec une simplicité tellement dénuée d'artifice qu'elles en deviennent plates et souvent presque grotesques ; mais elles montrent de quel développement était susceptible la forme des *miracles*, bien supérieure, au point de vue dramatique, à celle des mystères. Ceux-ci, gênés par la sainteté même de l'action qu'ils représentaient, ne pouvaient prendre aucune liberté et étaient emprisonnés dans des données surnaturelles exclusives de tout intérêt vraiment humain ; dans les miracles, au contraire, l'action est tout humaine, et le poète est libre de la traiter comme il l'entend ; la Vierge ou le saint qui, par un miracle, doit la dénouer, n'apparaît qu'à la fin, vrai *deus ex machina*, sans peser, pendant la durée du drame, sur la conduite des personnages. Entre les mains de poètes quelque peu habiles, le miracle aurait pu devenir le vrai drame moderne, en éliminant peu à peu l'intervention surnaturelle qui le terminait. Il n'en fut rien, grâce à l'absence de talent et surtout d'initiative personnelle chez les auteurs de miracles, et le théâtre sérieux des temps modernes trouva ses origines dans l'imitation de l'antique. Il faut louer cependant, dans la collection des *Miracles de Notre-Dame*, l'extrême variété des sujets traités et la familiarité avec laquelle les actions et les paroles des gens de toutes conditions sont représentées sur la scène : c'est ce qui donne de l'intérêt à ces pièces, malgré leur faiblesse presque constante, et les fait encore lire avec plaisir » (1).

L'opinion de M. Paris sur l'élément surnaturel dans le drame ne nous paraît pas incontestable. Nous sommes, quant à nous, d'un avis sensiblement différent. Mais, ce point mis à part, nous ne pouvons que nous ranger au jugement porté par le savant académicien sur le genre dramatique dont il s'agit. Nous le trouvons encore en pleine vigueur théâtrale, mais aussi en pleine faiblesse artistique et littéraire, à la veille même des triomphes de Ronsard et de Jodelle. Un curieux manuscrit de la Bibliothèque nationale nous a en effet conservé une collection de douze *Miracles de Notre-Dame*, composés et représentés, presque d'année en année, de 1536 à 1550, pour la pieuse récréation de la confrérie parisienne de Notre-Dame de Liesse, à l'occasion de la fête de la Nativité de la Sainte Vierge. Cette confrérie avait son centre religieux à l'église de l'hôpital du Saint-Esprit-en-Grève et son siège social dans une maison de la rue de la

---

(1) *La Littérature française au moyen âge*, pp. 211-213.

Vieille-Tixerauderie. Son dramaturge attitré, Jean Louvet, auteur desdits douze miracles, n'était pas un poète de profession, un famélique homme de lettres comme Rutebeuf. C'était ce que nous appellerions aujourd'hui un officier ministériel, un huissier près le tribunal de première instance, ce qu'on appelait alors un sergent à verge de la prévôté et vicomté de Paris ou simplement du Châtelet (1).

Par un de ces hasards fréquents dans les études d'histoire littéraire, aucun des miracles de Notre-Dame par personnages, postérieurs à Rutebeuf, qui nous ont été conservés, n'a pour sujet la légende de Théophile. Mais nous avons la preuve positive que ce sujet n'a, pour ainsi dire, pas cessé au moyen âge d'être mis en œuvre sous forme de représentation dramatique. Dans une lettre de rémission datée de l'année 1384, on lit la mention du fait suivant : « Comme les habitans de la ville d'Aunay (2) et du pays d'environ eussent entrepris que le dimenche après la Nativité saint Jehan Baptiste ilz feroient uns jeux ou commemoracion du miracle qui à la requeste de la Virge Marie fust fait à Theophile, ouquel jeu avoit un personnage de un qui devoit getter d'un canon... » (3). Ce canon qui,

---

(1) Cf. Petit de Julleville, ouvrage cité, t. II, p. 608.
(2) Il s'agit d'Aunay-lès-Livry ou lès-Bondy (Seine). — A. Thomas, *Romania*, t. XXI, p. 608.
(3) Petit de Julleville, t. II, p. 5. — Cf. *Romania*, t. XXI, p. 611.

par sa date exacte, nous reporte déjà aux origines de l'artillerie, mais qui semble, à plus forte raison, constituer un flagrant anachronisme dans un drame tiré d'une légende de l'époque de Justinien, ce canon ne doit pourtant choquer personne. Il est en effet extrêmement probable qu'il figurait ici comme l'un des engins infernaux vainement opposés par Lucifer et ses satellites à la puissance de Notre-Dame, venant, jusque dans l'empire même du démon, lui arracher le pacte de Théophile. Au reste, il faut l'avouer, quand bien même il eût été employé dans la pièce à un usage moins extraterrestre, les spectateurs d'alors ne s'en fussent aucunement choqués. L'anachronisme porté à son plus haut degré est en effet l'habitude constante de la dramaturgie comme de la peinture du moyen âge. Ledit canon d'ailleurs et le personnage chargé d'en faire parler la poudre doivent être chers à la critique. Ils servent en effet à démontrer ce qu'il faudrait d'ailleurs supposer de prime abord, que le texte du jeu dramatique représenté à Aunay dans le dernier tiers du XIV° siècle, était une composition autre que celle de Rutebeuf et beaucoup plus développée.

Si l'on tenait absolument à se faire une idée un peu mieux déterminée de cette pièce à fracas, et, du même coup, de nombre d'autres représentations analogues du *Miracle de Théophile* sur le sol français, au XIV° et au XV° siècle, dont la mémoire ne nous est pas parvenue, cela n'est pas impossible, au moins par approximation. Mais il faut pour cela passer la frontière et recourir à des textes allemands. Trois drames ou fragments de drames sur Théophile nous ont été conservés en dialecte bas-allemand. Ils sont contenus dans trois manuscrits différents, aujourd'hui conservés dans la bibliothèque de la ville de Trèves, dans celle d'Helmstadt et enfin dans celle de Stockolm. Ces trois textes ont été en Allemagne l'objet de diverses publications. Mais il ne nous a été possible de nous rendre un peu nettement compte que de celui de Trèves, qui ne laisse pas d'avoir, au point de vue où nous sommes en ce moment, un assez grand intérêt. Le manuscrit est du milieu du XV⁰ siècle, mais la pièce est plus ancienne et, de plus, procède, croyons-nous, au moins indirectement, d'un drame français, qui pourrait bien remonter à une date peu éloignée de la représentation d'Aunay (1).

Le texte de Trèves n'est qu'un fragment qui renferme tout au plus le tiers du drame total et qui

(1) Notre hypothèse sur le rapport du texte de Trèves à un drame français antérieur a été contestée par M. Strohmayer dans l'article précité, *Romania*, t. XXIII, pp. 604-606. Mais ses objections n'ont point paru décisives à un juge très compétent, M. W. Creizenach : *Jahresberichte für neuere deutsche Litteraturgeschichte*, V, II, 4 a. — Sur les rapports des drames religieux allemands du moyen âge avec les mystères français, voyez le récent et important travail de M. M. Wilmotte : *Les Passions allemandes du Rhin dans leur rapport avec l'ancien théâtre français*. Paris, Bouillon, 1898, in-8°.

pourtant est déjà notablement plus étendu que l'œuvre entière de Rutebeuf. La légende de Théophile nous y apparaît non seulement développée, mais quelque peu défigurée par de singulières métamorphoses. Le personnage principal n'y est plus représenté comme un clerc, d'abord tout à Dieu et à ses devoirs, dont l'âme est brusquement bouleversée par le ressentiment d'une amère injustice, par la honte et la pauvreté qui en sont pour lui la conséquence, mais comme un chanoine d'esprit mondain, négligent du service divin et de ses devoirs professionnels, qui a refusé l'épiscopat non par humilité, mais par une sorte d'insouciance aristocratique, et qui implore le secours du diable, non pas afin d'être rétabli dans ses fonctions et dans son honneur, mais pour avoir en abondance de l'argent et des plaisirs. Les quatre premières scènes nous offrent un tableau piquant d'un chapitre d'église cathédrale avec tous ses dignitaires, prévôt, doyen, chambrier, écolâtre, trésorier, cellerier, préchantre etc., ainsi que des rivalités et des intrigues auxquelles pouvait donner lieu une élection épiscopale au XIVe et au XVe siècle. L'auteur nous transporte ensuite dans une réunion de jeunes gens en train de boire de la bière et de s'amuser des tours d'un prestidigitateur. Le chanoine Théophile, destitué par son évêque, vient se mêler à cette compagnie joyeuse et consulte le magicien sur le projet qu'il a conçu d'appeler le diable à son aide. Mais le prestidigitateur, qui se soucie peu de cette magie noire, renvoie Théophile à en causer avec les juifs. Le chanoine vient donc trouver ceux-ci dans leur assemblée et recueille leurs conseils. L'un de ces hébreux porte le nom tout français de *Bonenfant* (1). Résolu de profiter des renseignements obtenus d'eux, et d'ailleurs de première force lui-même dans les sciences occultes, Théophile évoque solennellement le démon. Satan lui apparaît et lui fait ses conditions. Le pacte est conclu. Satan qui, dans cette pièce comme dans les mystères français de la même époque, n'est que l'un des principaux diables, mais non le prince des ténèbres, va faire son rapport à Lucifer, son souverain. Celui-ci ratifie avec joie le traité et charge Satan de conduire Théophile dans un château nommé Ovelgunne, où l'apostat doit vivre désormais dans l'abondance et les plaisirs. Le chœur termine par son chant cette partie de la pièce et annonce la suivante qui doit avoir pour sujet la vengeance tirée de l'évêque par Théophile. Là s'arrête le texte de Trèves. On peut sans témérité en induire le caractère des *Miracles* français

---

(1) Ce fait en lui-même n'est point une preuve de l'origine française du texte de Trèves. En effet, comme le fait observer M. Strohmayer d'après une communication de M. Gaston Paris, « au XIV° et au XV° siècle, les juifs français, expulsés de France, pullulaient sur les bords du Rhin, et un poète de cette région rencontrait certainement souvent des Bonenfant à côté des Isaac et des Samuel ».

sur le même sujet à l'époque indiquée ci-dessus et à l'époque ultérieure (1).

Il y a au contraire assez de peu de chose à tirer à ce point de vue d'un drame italien de *Teofilo* (la célébrité de la légende était, on le voit, universelle en Occident) composé et représenté à Florence au XV⁰ siècle. Nous y noterons seulement la mise en scène, qui a dû avoir lieu également dans certaines pièces françaises, de la première partie de la vie de Théophile, telle que nous l'indiquent l'antique légende grecque, la version du diacre Paul et bien d'autres textes ; telle que la rappelle Théophile lui-même au début du *Miracle* de Rutebeuf. L'auteur italien nous représente le pieux prêtre exerçant l'aumône. Il nous montre aussi, cela lui est propre, la ruse dont usa le diable pour changer l'esprit de l'évêque et amener la destitution du clerc calomnié (2).

Cependant la popularité de la vieille légende et sa représentation par personnages n'avait fait que progresser encore en France dans la seconde moitié du XV⁰ siècle, qui la transmit au XVI⁰. Le

---

(1) Cf. Wilken, *Geschichte der geistlichen Spiele in Deutschland*, p. 161 et suiv. — *Theophilus, niederdeutsches Schauspiel*, etc. von Hoffmann von Fallersleben. Hannover, 1853, in-8°. — Nous regrettons de n'avoir pu avoir à notre disposition que la première édition, la moins complète, de cette intéressante publication.

(2) Cf. *Sacre rappresentazioni dei secoli XIV, XV e XVI raccolte e illustrate per cura di Alessandro d'Ancona*. Firenze, 1872, t. II, p. 415 et suiv.

dernier âge des *mystères* (avec lesquels les *miracles* étaient à peu près confondus) est marqué par les proportions démesurées auxquelles s'étendirent souvent alors les compositions dramatiques. Le *Théophile* ne fut pas à l'abri de cette croissance monstrueuse. Les registres consulaires de la ville de Limoges renferment la mention suivante parmi celles qui se rapportent à l'année 1533 : « Pour amplier et decorer les dictes ostensions (de reliques sans doute) et esmouvoir le peuple à devotion, furent jouez par grant appareil le mistere de sainte Barbe et de Théophile par personnaiges, durant neuf journées (1) ». En accordant cinq jours à sainte Barbe, il reste encore quatre journées de représentation pour Théophile, ce qui est beaucoup. Comment s'y prit-on pour remplir un si vaste cadre ? Nous nous permettons de renvoyer ceux qui désireraient s'en rendre compte, au moins par analogie, aux énormes mystères qui nous sont parvenus de ce temps-là, aux *Actes des Apôtres* des frères Greban par exemple et à la *Passion* de Jean Michel. Nous les renverrons aussi aux longues compilations en prose où étaient venus, dans la dernière période du moyen âge, se dissoudre, se diluer dans les flots d'une prose diffuse et avec des additions et amplifications de toute espèce, les narrations poétiques et légendaires des

---

(1) Petit de Julleville, ouvrage cité, t. II, p. 120.

âges précédents. La bibliothèque ou, comme on disait, la *librairie* des derniers ducs de Bourgogne de la maison de Valois, s'était emplie, notamment sous Philippe-le-Bon, d'œuvres de ce genre, rédigées sur commande par des secrétaires et *rhétoriqueurs* rétribués à cet effet : un Jean Miélot, un David Aubert. Nous savons précisément qu'une *Vie de Théophile* figurait dans cette *librairie*, à côté de la *Vie de sainte Catherine* et de beaucoup d'autres *histoires* et *romans* pieux ou profanes, dont un grand nombre sont encore aujourd'hui conservés dans la bibliothèque royale de Bruxelles, principale héritière de la riche collection ducale (1).

Revenons à présent dans la bonne ville du Mans, d'où nous sommes partis pour cette petite excursion à travers la littérature dramatique et la littérature légendaire du moyen âge. Il est juste de reconnaître la modération relative des auteurs de la représentation de *Théophile* donnée sur la place des Jacobins aux fêtes de la Nativité de la Sainte Vierge de l'an 1539, puisque deux journées leur suffirent pour se contenter eux-mêmes, satisfaire leur auditoire et justifier la faveur dont les avaient honorés les dignes chanoines de Saint-Julien. Le texte

---

(1) Cf. *Acta sanctorum*, loc. cit., p. 483. — *Vie de sainte Catherine d'Alexandrie* par Jean Miélot, texte revu et rapproché du français moderne. Paris, 1881, in-4°. — Manuscrit 6449 du fonds français à la Bibliothèque nationale.

joué en ces beaux jours n'était certainement pas le premier, sur ce sujet, qui eût été mis en scène dans la cité. Eu égard à la date de la représentation, fixée précisément à une fête liturgique de Notre Dame, il n'est pas défendu de supposer que l'initiative en a peut-être été due à quelque vieille confrérie, qui aura voulu faire partager à ses concitoyens par un mystère plus ample, déployé en plein air et en plein soleil, la pieuse récréation qu'elle se donnait tous les ans à elle-même et à un petit nombre d'amis dans un local clos. Même en dehors de cette hypothèse, comment ne pas attribuer au *Théophile* de 1539 une série perdue d'ancêtres manceaux, quand on songe à la verrière du chevet de Saint-Julien et quand on pense que les deux célèbres dramaturges du XVe siècle, Arnoul et Simon Greban, nés tous deux au Mans, y revinrent achever tous deux leur carrière et y moururent l'un et l'autre chanoines de la noble cathédrale (1). Nous ne voulons pas dire par là qu'ils aient eux-mêmes composé un *Théophile*, mais qu'ils en ont dû tout au moins favoriser, dans leur ville natale, la composition et la représentation. Mais on peut, on doit, ce nous semble, remonter plus haut. La verrière est du XIIIe siècle et l'on en a signalé, avec grande raison, l'analogie avec le *miracle* de Rutebeuf. Mais

---

(1) Cf. Dom Piolin, ouvrage cité, p. 18 et suiv. — *Le Mystère de la Passion d'Arnoul Greban*, publié par Gaston Paris et Gaston Raynaud. Paris, 1878. Introduction, p. v et suiv.

comme elle renferme au moins un épisode (celui du poisson offert à Théophile) qui ne figure pas dans ledit miracle, il ne nous est pas possible d'accorder qu'elle en procède (1). Ce que nous inclinons beaucoup à croire, c'est qu'une pièce française analogue à celle du trouvère parisien, et à peu près contemporaine, a pu être composée et représentée au Mans, et s'inspirer en partie de la verrière. Quant à l'origine de celle-ci, nous ne pensons pas qu'il faille la chercher ailleurs que dans la cathédrale même, c'est-à-dire que dans le chapitre et dans l'école cléricale qui y étaient annexés, et où la légende du clerc d'Adana n'avait certainement pas obtenu moins de faveur que dans les autres centres ecclésiastiques d'Occident. L'école cathédrale du Mans avait été très florissante dans la seconde moitié du XIe siècle. Il est à peu près sûr que l'écolâtre Geoffroy, dont nous avons parlé ci-dessus, y avait commencé ses études, achevées ensuite aux grandes écoles de Paris. En tous cas c'est du Mans, nous le savons, qu'il partit pour se rendre en Angleterre, où nous avons vu qu'il composa et fit représenter à Dunstaple, par les écoliers de l'abbaye de Saint-Alban, un *Jeu de sainte Catherine*. Il nous semble très naturel d'induire de là, avec Dom Piolin, que des pièces de cette nature, c'est-

---

(1) Cette opinion a été émise par M. Hucher dans la description précitée.

à-dire analogues selon nous aux *miracles* en vers latins des écoliers de Fleury-sur-Loire, faisaient partie des réjouissances habituelles de l'école du Mans à la fin du XIe et dans le courant du XIIe siècle. De là à conjecturer l'existence possible d'un *Jeu de Théophile* manceau de ce genre et de cette époque, il n'y a qu'un pas. Puisque nous sommes en train d'hypothèses, nous n'hésitons point à le franchir (1).

Cette vieille légende, ce vieux drame du moyen âge avaient-ils vers 1550 tellement épuisé leurs destinées littéraires qu'ils n'eussent plus qu'à disparaître devant les sujets antiques restaurés par la Renaissance? ou bien, si la Renaissance avait su approprier dans notre pays les qualités nécessaires de goût et d'art qu'elle nous apportait à la tradition antérieure, si elle avait fait une réforme au lieu d'une révolution, l'histoire de Théophile, plus ou moins transformée, ne pouvait-elle pas devenir dans la poésie française la matière d'un chef-d'œuvre, dans le genre par exemple de *Polyeucte* et d'*Athalie*? Telle est la question que nous nous posons en terminant. La réponse est peut-être dans le *Faust* de Marlowe et dans le *Faust* de Goethe.

1894.

---

(1) Cf. Dom Piolin, ouvrage cité, p. 13 et suiv.

IV

Un Drame relatif à l'histoire du Rosaire.

Parmi les monuments arrivés jusqu'à nous du théâtre chrétien au moyen âge, l'un des plus curieux est le recueil de quarante « miracles de Notre-Dame par personnages », conservé au département des manuscrits de la Bibliothèque Nationale sous les numéros 819 et 820 du fonds français. Il a été publié pour la Société des anciens textes français par MM. Gaston Paris et Ulysse Robert (Paris, Firmin-Didot, 1876 et années suivantes). Les caractères extérieurs et spécialement l'écriture de ces deux volumes les datent du commencement du quinzième siècle. Mais la composition des pièces qu'ils renferment remonte au siècle précédent et peut être fixée aux environs de 1340. Leur objet était de servir aux pieux divertissements de l'une de ces associations ou académies placées sous le patronage de la Sainte Vierge, qui avaient reçu le nom de « puis », et dont le caractère, au moins à l'origine, était à la fois religieux et littéraire.

L'intérêt du recueil dont il s'agit est considérable pour l'histoire de notre littérature dramatique. Les « miracles » dont il se compose offrent, en outre, quantité de traits qui peuvent servir à l'histoire des idées et des mœurs de nos ancêtres. Il en est un, par exemple, le onzième de la série, où nous avons remarqué des renseignements, qu'il nous paraît utile de relever, sur l'une des dévotions les plus chères aux âmes pieuses, les plus autorisées et recommandées par les Souverains Pontifes.

La première période de l'histoire du Rosaire est insuffisamment éclaircie. Cette période s'étend depuis l'origine jusqu'à la fin du XV⁰ siècle, époque où un dominicain breton, Alain de la Roche, propagea cette dévotion, de 1473 à 1475, avec un zèle ardent et un plein succès. Les difficultés que cette obscurité soulève ont donné lieu à une dissertation spéciale des Bollandistes (tome I du mois d'août, pag. 422 et suiv.) et sont encore aujourd'hui l'objet de recherches et de controverses. On conçoit dès lors l'intérêt de tous les documents se référant aux temps antérieurs à la prédication d'Alain de la Roche. Tel est le cas du petit drame intitulé : « Cy commence un miracle de Nostre Dame, comment elle garanti de mort un marchant, qui long temps l'avoit servie de chapiaux (1), d'un larron

---

(1) Couronne. On appelait *chapeau de fleurs* au moyen âge une couronne de fleurs.

qui l'espioit et conment elle s'aparu au larron et au marchant et puis devint le larron hermite. » Comme toutes les pièces du même recueil, le sujet de celle-ci a été certainement emprunté à une source plus ancienne, qui toutefois, dans le cas présent, ne nous est point connue.

Au début du drame nous voyons un jeune homme, voué au commerce, et sans doute orphelin, aux pieds d'une statue de la Sainte Vierge, priant en ces termes :

> Doulce Vierge, moult lonc temps a
> Que diligenment monstré m'a
> Et prouvé par raison mon père,
> A qui Dieu vray ami appére,
> Que pour le sauvement de s'ame
> On vous doit servir, doulce dame,
> Sur touz les sains de paradis.
> Ce en memoire ay eu touz dis. (1)
> Or ne say je, dame des cielx,
> Que faire qui vous plaise miex.
> De clergie (2) ne scay je rien ;
> Un homme sui de rude engien, (3)
> Si ne vous say, dame, prier,
> Et pour ce me vueil octrier, (4)
> Dame, à vous servir de chapiaux,
> Chascun samedi, tous nouviaux,

---

(1) Toujours.
(2) Science.
(3) D'intelligence grossière, illettrée.
(4) Consentir, décider.

> Et plus souvent, s'il chiet à point, (1)
> Et les feray tout en tel point
> Com puis un po de temps fait ay ;
> Et maintenant un en feray
> De roses, que de bon courage
> Presenteray à vostre ymage,
>   Mais que fait soit.

L'oncle du jeune homme, qui paraît être comme son tuteur, le vient trouver et lui reproche de passer son temps à faire de ces couronnes de fleurs au lieu de se mettre en devoir d'aller voyager pour apprendre le commerce. Il loue, sans doute, sa dévotion quand il apprend l'objet de ce travail, mais il insiste pour que son neveu entre sérieusement dans le négoce. Le jeune homme se montre disposé à suivre ses avis, mais il va d'abord porter à la Sainte Vierge la couronne qu'il vient d'achever, et lui adresse cette prière et cette promesse :

> Royne des cieulx, mére au Roy
> Qui de niant tout compassa.
> En qui cuer (2) la douleur passa
> Que Jhesus, ton chier filz, souffri,
> Quant à morir en croiz s'offri,
> A toy me complain et lamente
> J'ay jà mis, un grant temps, m'entente,
> Dame, à toy servir de chapiaux,
> De roses, de fleurs, faiz nouviaux ;

---

(1) Si cela tombe à point, si c'est possible.
(2) Dans le cœur de qui.

Et encore cestui t'aport,
Vierge, de grace rive et port.
Regarde moy, dame, en pitié,
Si que ne perde t'amistié ;
Car je voy qu'il me fault laissier
Cestui servise et moy plaissier (1)
Et devenir marchant ou monde.
Ha ! dame où toute grace habonde,
Autrement ne puis avoir paiz
A mes amis, se ne les laiz (2).
Mais puis qu'il fault que je les laisse
A faire, je te fais promesse
Que chascun jour de cuer entier,
Dame, je dirai *ton saulier*
Où il a cent avemaries
Et cinquante, afin que n'oblies
Moy, qui oblier ne te doy.
Dame, souviengne toy de moy ;
Ottroie à moy, qui petit vail (3),
Grace que parmy le travail
De ce monde en la fin je puisse
Venir en ta gloire, où je truisse (4)
    Repos parfait.

Le *psautier de Notre-Dame*, ainsi nommé par analogie avec les psaumes de David, et consistant dans la récitation de *cent cinquante Ave Maria*, ce n'est pas autre chose que la dénomination et la

---

(1) Me plier, me mettre à la peine.
(2) Si je ne cesse de faire ces couronnes.
(3) Qui vaux peu.
(4) Trouve.

forme, ou l'une des formes primitives du Rosaire.
— Cette promesse faite à la Sainte Vierge, notre jeune homme se rend aux instances de son oncle et se met en route pour Bruges, sous la garde et avec l'assistance d'un « bon et seur varlet », nommé Polet, qui de plus est « marchant assez sage, — et si scet parler maint langage ».

La mise en scène dramatique du moyen âge reposait sur un principe diamétralement opposé à celle de nos jours : elle exigeait la multiplicité et la simultanéité des lieux que devait traverser l'action, ce qui permettait à celle-ci un développement même excessif. Nos voyageurs vont traverser un bois où les guette un « larron », attendant depuis plus d'un mois pareille aubaine. Le positif Polet estime qu'il serait bien temps de se rafraîchir, tandis que son jeune compagnon est tenu par une préoccupation d'ordre plus élevé.

POLET

Il se feroit bon atourner
De savoir où boire irons,
Car je say bien miex en irons
    S'avons beû.

LE MARCHAND

Polet amis, or soit sceû,
Je t'empri ; scez tu que feras ?
Un petit devant t'en iras
Et je tanstost te suiveray,

Car un po de chose à dire ay
Qu'à jeun vueil dire.

POLET

De par Dieu, je vois devant, sire ;
Delivrez vous.

LE MARCHANT

Voulentiers, Polet, ami doulx.
Faites que je truisse tout prest :
De dire seray plus aspret
Qu'une autre foiz.

LE LARRON

Je ne sçay se c'est un bourgois
Ou un clerc que voy là aler ;
Mais il ne me peut eschaper,
Puis que je le voy sus ma marche.
Egar ! il ne va ne ne marche,
Ains est touz quoyz (1). Que veult il faire ?
Je vueil regarder son affaire
De ci endroit.

LE MARCHANT

Royne des cieulx et de droit
Dame, devotement te proy
Que tu aies mercy de moy
Et me pardonnes mon meffait
De ce qu'encore je n'ai fait
Le salut que je te doy faire,
Car, doulce Vierge debonnaire,
Acquitter m'en vueil maintenant,

---

(1) Mais il est tout tranquille, tout immobile.

> Ains que je voise (1) plus avant.
> En un lieu seul et desert sui
> Et ne voy entour moy nullui.
> Pour c'ici m'agenoilleray,
> Vierge, et de cuer recorderay
> Votre sautier.

La Sainte Vierge descend du ciel pour récompenser son serviteur et lui mettre une couronne sur la tête. Mais elle ne se rend visible qu'au seul larron.

NOSTRE DAME
> My ange, (2) or m'entendez vous deux.
> Ce gent chappel ici donrray
> A mon ami pour qui fait l'ay.
> Car si bien et bel m'a servi
> Qu'il a bien avoir desservi (3).
> Mais par tel maniére l'ara
> En son chief que rien n'en sara...

L'apparition terminée, le larron, qui n'en a point reconnu le céleste caractère, se précipite sur le jeune marchand et le menace de le tuer s'il ne fait revenir cette belle dame pour lui donner, à lui aussi, une couronne :

> Je vueil que le chief m'enchapelle.
> Comme a fait toy.

LE MARCHANT
> Ai je chapel ?

---

(1) Avant que je n'aille.
(2) Mes anges. Saint Michel et saint Gabriel.
(3) Mérité.

LE LARRON

   Oïl, par foy.
 Taste en la teste.

Le jeune homme, constatant le miracle accompli en sa faveur, en explique alors la raison au voleur, d'abord sceptique :

  ..... Jadis quand avoir
  Poi (1) quatorze ans ou environ.
  J'oy en moy ceste opinion
  Que la mére Dieu serviroie
  De chapiaux que je li feroie ;
  Et ainsi com je le pensay
  Le fis long temps, puis les laissay
  A faire et tout par le conseil
  De mes amis, dont je me dueil,
  Quant il convint que les laissasse
  A faire et que je marchandasse
  Et alasse par le païs.
  Et pour ç'à la Vierge promis
  Que chascun jour, de cuer entier,
  Recorderoie son sautier.
  Ainsi l'ay depuis maintenu
  Jusqu'au jour d'ui, qu'est advenu
  Qu'au matin dire ne le poy.
  Pour ce me mis en ce recoy (2)
  Et le disoie vraiement
  En celle heure et en ce moment
  Que la Vierge venir veïstes,

---

(1) Quand je pus avoir.
(2) Lieu écarté.

> Qui ce chapel, si com vous dites
> Et com voir (1) est, me mist ou chief,
> Dont j'ay le cuer à grant meschief,
> Quant ne la vi.

Touché de la grâce, le larron veut se convertir, ce qui laisse son valet fort incrédule.

LE VALLET DU LARRON

> Il a belle queue, le chat ;
> Il ne pourra mais (2) de lait boire,
> Vous ferez pis, par saint Magloire,
> Que n'avez fait.

La conversion pourtant est bien sérieuse. Le larron va se confesser à un ermite que Notre-Dame, en son absence, a indiqué, en une apparition nouvelle, au jeune marchand. Il lui raconte ainsi le miracle dont il a été témoin :

> J'estoie orains (3) tout en ce point
> Con me veez en mon aguet.
> Ce marchant là, qui preudomme est,
> Vi venir, qui se destourna
> Dedans ce bois, puis s'arresta
> Et prioit de cuer Nostre Dame :
> Tantost après vi une famme
> Plus belle et de plus noble arroy
> C'onques ne fu femme de roy.
> Devant celui estant (4) estoit ;

---
(1) Vrai.
(2) Plus.
(3) Tout à l'heure.
(4) Debout.

> Un chappel de roses faisoit,
> Et les prenoit la dame doulce
> De ce marchant dedanz la bouche,
> Puis li assist dessus son chief.
> Lors desving, pére, à grant meschief,
> Car la dame si s'en ala.
> Au marchant m'en ving tantost là ;
> Si li dis que je l'occirroie
> Se je celle dame n'avoie.
> Elas ! il ne l'ot pas veü,
> Dont il se tint moult desceü.
> Toutesfoiz alai tant entour
> Qu'il me compta conment, maint jour,
> La mére Dieu servi avoit
> De gens chapiaux qu'il li faisoit,
> Et que pour moy à bien attraire
> La doulce Vierge debonnaire
> Estoit illeucques descendue,
> Si que, puisque je l'ay veüe,...
> A li vueil tout estre rendu,
> Car je me sant jà délivré
> Du Sathan, qui moult m'a livré
>   Travail et paine.

Le larron et le jeune homme se résolvent à vivre désormais avec l'ermite dans la prière et la pénitence, et ils commencent leur pieuse association par un pèlerinage « à Rochemador », c'est-à-dire à Notre-Dame de Rocamadour.

La forme dans laquelle nous apparaît ici la dévotion du « psautier Notre-Dame » est tout à fait analogue à ce que rapporte Lenain de Tillemont (t. V, p. 339) de l'une des pratiques ordinaires de la piété de saint Louis, d'après ses biographes contemporains : « Après complies, il demeurait longtemps seul en prières ; et l'on remarque particulièrement qu'il faisait cinquante génuflexions de suite, se relevant tout droit et s'agenouillant aussitôt... A chaque génuflexion il disait un *Ave Maria* ». Une mention semblable se rencontre dans une des « anecdotes historiques » racontées par le dominicain Étienne de Bourbon (né entre 1190 et 1195, mort en 1261), et dont un très intéressant et utile recueil a été publié, pour la Société de l'histoire de France, par M. Lecoy de la Marche (1877). Il y est fait mention (p. 41) d'un père de famille qui, depuis une certaine époque, n'avait jamais manqué de saluer tous les jours la Sainte Vierge cinquante fois en fléchissant les genoux : « *Eam singulis diebus quinquagesies flexis genibus salutaverat* ». Le savant éditeur a reconnu là les cinquante *Ave Maria* du *chapelet*.

Ce mot même de *chapelet*, et aussi la dénomination de *rosaire*, certainement employée déjà pour une dévotion pareille par Thomas de Cantimpré, qui florissait dans la seconde moitié du XIII⁰ siècle, nous montrent comme assez digne d'attention, dans notre « miracle par personnages », qui emploie, lui, la dénomination plus ancienne de « psautier Notre-Dame », le rapprochement entre ce psautier et les couronnes ou *chapeaux de roses*, qui se rattachent également au culte de la Sainte Vierge. Il faut remarquer notamment la couronne ou chapel que la Sainte Vierge elle-même place sur la tête du jeune marchand, et dont même, selon le récit du larron, elle fait éclore les roses de la bouche de son serviteur en train de réciter son « psautier ». Il est curieux de noter qu'Alain de la Roche, en s'appuyant d'ailleurs sur des raisons qui semblent peu décisives, donnait hautement la préférence à ce nom de *psautier* sur celui de *rosaire*, qui a pourtant, on le sait, absolument prévalu.

1896.

V

La Passion du Sauveur

MYSTÈRE PROVENÇAL

Il y a dans l'histoire du drame en France, au moyen âge, une solution de continuité entre l'époque des origines, qui comprend le onzième et le douzième siècle, et l'époque du développement le plus étendu, qui correspond au quinzième siècle et à la première moitié du seizième. Ce vide ne résulte pas d'une interruption réelle dans l'enchaînement des faits qui constituent cette histoire, mais dans l'absence presque totale des textes de la période intermédiaire, que la vogue des drames de la dernière époque a fait oublier, et par suite disparaître. Aussi réussit-on à le remplir, à l'aide du raisonnement et d'une induction légitime, en faisant usage des matériaux que fournit pour cet objet l'histoire du drame chrétien en d'autres pays, où les textes correspondant à la période dont il s'agit ont été mieux conservés. L'absence de textes français n'en est pas moins regrettable et donne une importance considérable à tout ce que l'on peut découvrir en ce genre.

Il faut donc regarder comme un événement très heureux pour cet ordre d'études la découverte faite en ces dernières années d'un mystère de la *Passion* contenu dans un manuscrit du quatorzième siècle. Ce mystère, il est vrai, n'est pas en français proprement dit; il est en langue provençale. Mais, peu importe, car, sauf des nuances à l'heure présente indéterminables, cela revient au même pour l'histoire du théâtre en France. C'est, si je ne me trompe, mon savant ami Léon Gautier qui reconnut le premier l'importance de ce manuscrit, lequel fait partie de la collection formée par feu M. Ambroise-Firmin Didot (1). Un philologue éminent, M. Paul Meyer, spécialement versé dans la connaissance de l'ancienne langue provençale, a été autorisé à en prendre une copie, dont il prépare la publication. C'est sur cette copie qu'il a bien voulu nous confier, avec une obligeance dont nous le remercions vivement, que nous avons fait du texte nouvellement décou-

---

(1) Il est entré depuis à la Bibliothèque nationale, où il porte le numéro 4232 dans le fonds des Nouvelles acquisitions françaises. Voyez la description qui en a été donnée par M. Paul Meyer dans l'introduction du poème de *Daurel et Beton*, publié par lui pour la Société des anciens textes français. Paris, 1881, in-8°.

vert une étude dont nous allons communiquer brièvement à nos lecteurs les principaux résultats.

Il est assez facile de reconnaître les liens qui rattachent ce document nouveau aux drames antérieurs sur le même sujet et aussi les différences qui l'en distinguent. Les deux textes auxquels on doit surtout le comparer sont la *Passion* de Benedictbeuern, qui a été, de notre part, l'objet d'une précédente étude, et le fragment de la *Résurrection* française du douzième siècle, dont nous avons également essayé naguère de retracer à nos lecteurs les caractères les plus saillants.

Ce qui permet de rapprocher le mystère provençal de l'un et de l'autre drame est aussi le trait qui le distingue le plus nettement de ces documents plus anciens, c'est-à-dire la réunion en une seule pièce, d'une représentation continue, de la *Passion* proprement dite et de la *Résurrection du Sauveur*. Comparé avec la *Passion* de Benedictbeuern, il nous fait voir le développement que prirent en France de très bonne heure les principes dramatiques contenus dans les *jeux* latins ou *farcis* des étudiants, issus eux-mêmes des premiers rites dialogués de la liturgie extraordinaire. Comparé avec la *Résurrection* française du douzième siècle, il nous montre la continuité dans notre pays et le progrès des représentations pieuses organisées à l'usage de spectateurs dont la majorité n'entendait pas le latin, c'est-à-dire de la société laïque, par des confréries demi-laïques elles-mêmes, mais aussi demi-cléricales.

Il nous paraît, en effet, difficile de ne pas admettre que notre mystère a été composé pour une association de ce genre par un *clerc*, ayant pris à tâche de rendre son ouvrage accessible à tous. Il est manifeste qu'il en a cherché surtout les éléments dans l'Évangile, et il est même curieux de remarquer qu'il n'a fait qu'un usage extrêmement sobre des apocryphes, c'est-à-dire des traditions non autorisées, auxquelles puisait alors si abondamment la littérature populaire. Nous devons pourtant noter l'apparition dans son œuvre de l'absurde légende de Judas, qui devait devenir inséparable des *Passions* dramatiques du moyen âge. Mais est-ce lui qui est coupable de cette introduction ? Il peut fort bien en cela n'avoir fait que suivre quelque mystère antérieur, car il a eu vraisemblablement sous les yeux des drames plus anciens, des pièces françaises ou provençales et aussi des pièces latines. Certains indices pourraient même faire croire à des remaniements successifs du mystère qui lui donneraient, à certains égards, le caractère d'une compilation ; pourtant l'ensemble de l'œuvre ne nous paraît pas manquer d'unité.

Les rapports qu'elle offre dans sa seconde partie avec les drames liturgiques sont tout à fait remarquables. L'imitation apparaît avec évidence dans la scène de l'*achat des parfums*. Le cantique latin des saintes femmes, tel que nous le trouvons dans la *Résurrection* de Tours (1), pièce dont les caractères, si dramatiques déjà, sont encore cependant si profondément liturgiques ; tel que nous le retrouvons, imité en français, dans le mystère composé pour les religieuses d'Origny-Sainte-Benoîte (2) ; nous le retrouvons encore, imité de nouveau sur le même rythme, — des tercets monorimes avec refrain, — dans notre *Passion* provençale.

> Ay ! senher Dieus, ver payre glorios,
> Que rezemist del lien sanc presios,
> Puis que (tu) fust mort en la Crot (per nos).
>   Ay ! Dieus ! ta grans son mas dolors !

Il est aisé de reconnaître dans ce dernier vers le refrain du cantique latin : « *Heu ! quantus est noster dolor !* »

Les liens qui rattachent la *Passion* provençale aux origines liturgiques du drame chrétien sont donc évidents. D'autre part, son étendue, qui est d'environ *deux mille cinq cents vers,* signale un progrès considérable sur les monuments précédents. Je ne parle pas ici des documents latins ou *farcis* qui ne seraient pas à cet égard un bon terme de comparaison. Je suis obligé de laisser aussi de côté la *Résurrection* française du douzième

---

(1) Publiée par Luzarche et reproduite par Coussemaker dans ses *Drames liturgiques au moyen âge.*
(2) Voyez Coussemarker et le *Drame chrétien au moyen âge,* p. 168 et suiv.

siècle, dont nous ne possédons qu'un fragment assez court, mais le drame d'*Adam*, à peu près de la même époque et composé aussi en français, est bien moins étendu que la *Passion* provençale. Celle-ci, en revanche, ne paraît plus qu'une pièce bien mince, comparée avec les grands mystères cycliques du quinzième siècle, avec la *Passion* d'Arnoul Greban, par exemple, laquelle atteint, hélas! au chiffre énorme de *trente-cinq mille vers*, dépassé encore de beaucoup dans le remaniement de ce même drame par le docteur Jean Michel.

Ce prodigieux accroissement ne s'explique que dans une faible mesure par la réunion du cycle de la *Nativité* au cycle de Pâques, comprenant la *Passion* proprement dite et la *Résurrection* du Sauveur. Cette réunion ne paraît s'être généralement opérée que dans le courant du quatorzième siècle. C'est seulement au cycle de Pâques que correspond notre mystère, et il conserve même, dans la distinction assez nette des deux parties dont il se compose, le souvenir d'une époque où la *Passion*, d'une part, et la *Résurrection*, de l'autre, formaient encore des drames séparés. La soudure existe pourtant et on pouvait déjà en entrevoir la matière dans les documents plus anciens. Ainsi la scène de Joseph d'Arimathie et de Pilate, ou de la *Sépulture du Sauveur*, est tout à la fois la dernière scène de la *Passion* de Benedictbeuern et la première de la *Résurrection* française du douzième siècle.

Une autre scène, que l'on peut aussi considérer comme ayant contribué à opérer la jointure, figurait dans la partie perdue de cette même *Résurrection*, et se retrouve assez développée dans notre mystère provençal. C'est le tableau de la *descente de Jésus aux enfers.* Selon M. Wilken (1), ce tableau devint en Allemagne la scène caractéristique des drames populaires du cycle de Pâques. Comme notre drame nous en offre l'un des plus anciens spécimens connus, et que d'ailleurs la version qu'il nous en donne est curieuse par elle-même, nous en placerons la traduction abrégée sous les yeux de nos lecteurs :

« JÉSUS dit aux diables qui sont aux portes d'enfer :

« Barons, écoutez, vous qui êtes ici ; moi, qui suis venu ainsi, j'ai souffert passion pour donner le salut au monde, à tous ceux qui furent damnés, parce qu'ils n'étaient pas baptisés. J'ai racheté de mon sang les saints Pères qui étaient perdus. Ils aimèrent Dieu si fort que pour eux j'ai souffert la mort. J'ai fait cela en vérité. Maintenant, je vous dis que vous m'ouvriez.

LES DIABLES

« Bon homme, nous ne savons pas seulement qui vous êtes. Certes, vous n'entrerez pas ici. Non, vous n'êtes pas le Fils de Dieu. Ce qui s'est fait demeurera fait en dépit de vous. Ainsi, retournez-vous-en, vous n'entrerez pas.

---

(1) *Geschichte der geistlichen Spiele in Deutschland*, p. 91 et suiv.

JÉSUS

« J'entrerai, en vérité, et je vous enlèverai votre pouvoir. Tous ceux qui sont ici, je ne les abandonnerai pas, car je les ai rachetés de mon sang... »

Jésus s'approche donc des enfers malgré la résistance des démons, et s'adresse en ces termes aux captifs qu'il vient délivrer :

JÉSUS

« Mes amis, venez à moi, vous allez jouir au Paradis d'une joie sans fin...

LES PROPHÈTES, louant Dieu :

« Béni soit le Fils de Dieu qui a sauvé son peuple, qui est ainsi vers nous descendu pour nous donner joie et salut ! Bénies soient les entrailles qui l'ont porté et les mamelles qui l'ont allaité !...

JÉSUS

« Allons, suivez-moi, bonne gent, sortez bien vite de ce tourment, venez, vous aurez le salut, car voici les démons vaincus. Vous avez prédit la vérité, vous en serez maintenant récompensés...

LE DÉMON BARABAN

« Ah ! beau seigneur, d'où venez-vous ainsi, tout couvert de sang ? que cherchez-vous ? Vous ne devez pas mettre le pied ici.

JÉSUS

« Ami, je veux entrer ici, je veux sauver ce peuple, je l'ai acheté d'un prix bien cher ; pour lui, j'ai voulu verser mon sang... Je suis vraiment le Fils de Dieu, qui ai souffert bien grief tourment pour sauver mon peuple...

« Ici apparaît, dit la rubrique, le Père céleste, qui parle à Jésus-Christ son Fils :

« Oui, vous entrerez, vous, mon Fils, qui avez souffert mort et douleur. Vous avez réparé le monde en ruines ; soyez béni et loué !

« Alors le Fils de Dieu dit à Adam et aux autres :

« Venez avec moi, mes amis, venez, vous serez assis près de moi, et vous goûterez une joie sans fin. Vous avez fait mes commandements ; vous avez cru au Dieu tout puissant. Je vous mets au front cette couronne. Désormais vous êtes tous des rois.

« Alors le Fils de Dieu s'en va au Ciel avec son escorte. *Les* Anges *et toute la cour céleste* chantent et disent :

« *Gloria in excelsis Deo et in terra pax hominibus bonæ voluntatis. Christus Dominus resurrexit. Deo gratias.* »

La partie de notre mystère qui correspond aux anciennes *Passions* séparées est évidemment tracée sur le plan, plus ou moins modifié, de celles-ci, et ce cadre est rempli à l'aide des Évangiles tantôt paraphrasés et tantôt abrégés.

Le drame commence ici à la guérison de l'aveugle-né, dont les conséquences sont assez longuement développées d'après le récit de saint Jean. L'ordre des scènes est souvent défectueux. Mais, outre les raisons de ce défaut données par nous dans une précédente étude, il y en a une que nous devons noter aujourd'hui et qui pouvait résulter de la mise en scène. Nous sommes, par exemple, porté à croire que *le Temple* d'une part, et *Jérusalem* de l'autre, formaient dans cette mise en scène deux *lieux* distincts et qui ne se commandaient point. Dès lors, on s'étonnera moins de voir l'*expulsion des marchands* placée entre l'envoi des apôtres à la recherche de l'ânesse qui devait servir à l'entrée triomphale de Notre-Seigneur dans Jérusalem, et le tableau même de cette entrée. Nous remarquons, dans les scènes relatives aux *interrogatoires du Seigneur*, une certaine confusion qui peut-être provient de remaniements subis par la pièce. La scène des *lamentations de la Sainte Vierge* au pied de la Croix est une imitation évidente du rite dramatique, qui était en usage dans un certain nombre d'églises le jour du Vendredi saint, et qui, comme nous l'avons expliqué naguère, avait été transporté de la liturgie extraordinaire de ce jour dans les jeux pascals de la *Passion* (1). La scène des deux voleurs crucifiés avec le Christ et la récompense du bon larron sont ici l'objet d'un développement à noter.

---

(1) M. Chabaneau a reconnu dans cette scène un *Planctus sanctæ Mariæ* en langue vulgaire, déjà publié par Villanueva dans son *Viage à las Iglesias de Espana* (t. IX, p. 281), d'après un manuscrit du XIIIe siècle de l'église d'Ager, et par Mila y Fontanals dans ses *Observaciones sobre la poesía popolar* (p. 67). Ces sortes de complaintes se chantaient le jeudi et le vendredi saint dans nombre d'églises du midi de la France et de la Catalogne. L'auteur de la *Passion* provençale en a tout simplement inséré une dans son drame. — *Revue des langues romanes*, t. XVII (1880), p. 301 et suiv.

Enfin nous devons noter aussi l'absence de ces scènes grotesques qui devaient tenir plus tard une si grande place jusque dans la représentation des tableaux les plus douloureux des souffrances de l'Homme-Dieu, et remarquer l'indication très brève des dérisions et des tortures qu'il eut à subir, et qui donnèrent lieu, dans les mystères postérieurs, à des scènes aussi répugnantes qu'interminables.

La partie correspondant aux anciennes *Résurrections* séparées offre, comme nous l'avons dit, des rapports manifestes avec les drames liturgiques sur le même sujet, surtout avec les plus développés, tels que la *Résurrection* d'Origny-Sainte-Benoîte ou celle du manuscrit de Tours. Les rapports avec le fragment français du douzième siècle ne sont pas moins évidents. La structure générale du mystère provençal est certainement la même que celle du mystère français, et que celle des mystères latins ou *farcis* les plus étendus. Cette partie de notre drame se compose en effet, outre les scènes de jointure avec la *Passion* proprement dite, des scènes de *l'achat des parfums* et de la *visite au Sépulcre*, suivies d'un dialogue des saintes femmes avec la Sainte Vierge et saint Jean, qui nous offre une sorte d'appropriation à notre mystère de la fin du *Victimæ paschali laudes*, dialoguée dans un certain nombre de drames liturgiques ; des scènes de *l'apparition du*

Sauveur à Marie-Madeleine sous l'aspect d'un jardinier, du *Voyage des apôtres en Galilée*, traitée ici d'une manière assez confuse, de *l'apparition à Emmaüs*, de *l'apparition au cénacle*, de *l'incrédulité et de la conviction de saint Thomas*.

Ces trois dernières scènes constituaient très anciennement un rite de la liturgie extraordinaire du lundi ou du mardi de Pâques, l'*Office des voyageurs*, dont la réunion à l'*Office du sépulcre*, plus ancien encore, avait formé les premiers mystères développés de la *Résurrection du Sauveur*.

Notre *Passion* provençale se termine à la scène de saint Thomas, comme le faisaient ces mystères, mais on peut déjà prévoir, à certains indices, qu'un jour viendra où l'on donnera à l'action qui y est représentée sa conclusion naturelle, par l'adjonction des scènes de la *mission des apôtres*, de l'*Ascension du Sauveur* et de la *venue du Saint-Esprit*. Ces indices sont, d'une part, la solennelle introduction *dans le Ciel*, par Notre-Seigneur, des patriarches et des prophètes, après sa descente aux enfers, bien qu'en réalité ils n'y aient été admis qu'après l'Ascension : mais cette scène tient précisément ici lieu de l'*Ascension* : c'est, d'autre part, le fait que l'apparition du Sauveur aux apôtres et à saint Thomas se manifeste, non pas dans le Cénacle, comme le rapporte l'Évangile, mais sur le chemin où ils ont rencontré Didyme, tandis qu'ils s'en allaient annoncer au monde la bonne nouvelle, comme le leur avait ordonné le Sauveur dans sa précédente apparition.

Notre mystère est, avons-nous dit, en langue provençale. C'est à M. Paul Meyer qu'il appartiendra, et nul mieux que lui ne le pourra faire, d'en fixer plus exactement dans son édition les caractères dialectaux (1). Mais ce que nous devons relever, c'est que, sauf un ou deux cantiques empruntés à la liturgie ordinaire, la langue latine en est totalement absente, et que l'auteur ne l'emploie même pas, comme cela fut d'usage longtemps encore après lui, pour la rédaction des *rubriques* ou indications à l'usage des acteurs. Cela nous autorise à penser que la confrérie qui représenta la *Passion* comptait un bon nombre de simples laïques. L'absence des formes liturgiques, si sensibles encore dans le drame d'*Adam* et, d'une autre manière, dans la *Résurrection* française, est un fait qu'il importe aussi de remarquer dans un drame, dont les rapports avec les offices dialogués se retrouvent d'ailleurs si aisément.

---

(1) On a pris, en attendant, l'habitude de le rapporter au dialecte gascon. Toutefois M. Chabaneau a signalé l'existence d'une version catalane, qu'il est disposé à considérer comme plus ancienne. — Cf. *Revue des langues romanes*, t. XVII (1880), pp. 302, 303 ; t. XXVIII (1885) pp. 5 et 53. — A. Jeanroy et H. Teulié, *Mystères provençaux du XVe siècle*. Toulouse, 1893, in-8°, p. XV et suiv. — En constatant l'usage fait au XVe siècle de notre *Passion* par l'auteur ou les auteurs de la compilation cyclique en dialecte rouergat, qui fait le sujet de la publication précitée, M. Jeanroy a montré une fois de plus que, quoi qu'on en ait dit, le fil de la tradition dramatique au moyen âge est continu.

La versification en est essentiellement conforme au système qui prévalut en France pour les œuvres dramatiques, lorsque le théâtre chrétien se fut constitué sous sa forme propre, à côté des rites de la liturgie, et eut adopté l'usage de la langue vulgaire. Le principal trait de ce système est l'emploi du vers narratif de huit syllabes à rimes plates, qui était le rythme ordinaire de l'épopée religieuse. Mais en aucun temps cet emploi ne fut exclusif; le drame, au moyen âge, admit toujours une assez grande variété de rythmes, et conserva jusqu'à la fin un élément lyrique, mêlé à l'élément épique qui y avait de très bonne heure prédominé.

Nous trouvons dans notre mystère, par exemple dans l'action de grâces de Lazare, l'emploi des rimes entrecroisées. Nous y trouvons, dans les premières scènes de la *Résurrection*, l'usage de rythmes variés : quatrains monorimes, tercets de vers de dix syllabes monorimes avec refrain, et même, à un endroit, une suite de huit vers sur la même rime, qui nous rappelle l'un des traits de certains drames liturgiques en vers latins. Enfin la versification des *lamentations de la Sainte Vierge* nous offre tous les caractères d'un morceau de poésie purement lyrique.

Jugée comme œuvre littéraire, la *Passion* provençale n'est certainement pas une merveille. Le style, d'une naïveté toujours sérieuse et touchante par instants, a peu de valeur expressive. Il est souvent banal et diffus. Le principal mérite de l'auteur est d'avoir évité les défauts de goût où ses successeurs se précipitèrent, et dont on trouve déjà les germes dans ses devanciers et dans ses contemporains. On remarque dans sa pièce un certain art négatif: il ne fait pas ressortir dans sa copie les tableaux de l'Évangile, il en efface plutôt sans le vouloir la lumière et la couleur, mais il ne les gâte pas, du moins, par les traits discordants et le grossier réalisme, où se complurent de jour en jour davantage, dans l'âge suivant, les auteurs et les spectateurs des mystères, et dont, dès le treizième siècle, Jean Bodel nous offre de regrettables exemples dans de nombreux passages de son *Jeu de Saint Nicolas*. Il n'y a peut-être pas en somme beaucoup lieu de s'étonner que la paisible possession de la vérité religieuse ait, au point de vue dramatique, moins bien inspiré les poètes du moyen âge, que la recherche ou plutôt la préoccupation inquiète et passionnée de cette vérité absente, qui semble avoir été l'un des caractères du dithyrambe, n'avait inspiré en Grèce les créateurs de la tragédie (1).

Au reste, pour juger, je ne dis pas la valeur

---

(1) Nous pensions en écrivant ces lignes au remarquable livre de M. Jules Girard : *Le Sentiment religieux en Grèce d'Homère à Eschyle*, dont la seconde édition (Paris, Hachette, 1879) nous avait fourni le sujet d'un article dans le même journal (*l'Union*) où fut d'abord insérée la présente étude.

intrinsèque de notre drame, mais l'effet produit sur les spectateurs, ce n'est pas au texte qu'il faut se reporter, mais à la représentation. Cette représentation eut lieu aux fêtes de Pâques, très probablement devant une église. La mise en scène, très semblable à celle du drame d'*Adam* ou de la *Résurrection* du douzième siècle, en était animée, quoique encore fort simple. On voyait le ciel d'un côté, où Dieu siégeait dans sa majesté avec toute la cour céleste ; on voyait de l'autre l'enfer, qu'habitaient les démons et où gémissaient les prophètes et les patriarches. Entre le ciel et l'enfer, divers *lieux* étaient sommairement figurés : Jérusalem, le Temple, le Cénacle, le Calvaire, le Sépulcre, Béthanie, Emmaüs, le logis de Simon, etc. On voyait sur des échafauds divers Cayphe, Pilate, Hérode, avec leur suite.

L'action allait librement d'un lieu, d'un échafaud à un autre, ce qui jetait dans le spectacle beaucoup de mouvement et de variété. Il y avait, outre les acteurs proprement dits, un assez grand nombre de figurants. Le texte était animé par beaucoup de pantomimes. Ainsi le *recteur du Temple* s'avançait solennellement au devant de Jésus, accompagné de ses deux acolytes, vêtus d'aubes. Les rubriques nous donnent d'ailleurs peu de renseignements sur les costumes et les jeux de scène. Ceux-ci ne paraissent pas avoir été fort compliqués. On peut même douter que Judas, par exemple, se pendît devant les spectateurs, mais l'affirmative est plus probable. En résumé, bien que l'appareil scénique prêtât certainement au mystère une valeur expressive bien supérieure à son style, elle ne débordait pas encore le texte, comme cela eut lieu plus tard ; elle lui était même, jusqu'à un certain point, subordonnée.

Fixer exactement l'âge de notre drame est un soin qu'il faut laisser à M. Meyer, d'après l'étude de la langue. Il est évidemment plus ancien que le manuscrit qui nous l'a transmis, mais de combien ? Provisoirement, c'est vers la fin du treizième siècle ou le commencement du quatorzième, au temps de Philippe-le-Hardi ou de Philippe-le-Bel, que nous placerons la représentation du mystère provençal. Nous considérons ce document comme un excellent échantillon des jeux de Pâques en langue vulgaire. Il nous offre un exemple du drame de la *Passion*, après sa réunion avec la *Résurrection*, avant sa réunion avec la *Nativité*. Il nous donne une idée de l'état moyen du théâtre chrétien en France, entre l'époque de ses origines et celle de son développement excessif et exubérant.

1880.

VI

Développement du mystère de la Nativité.

Nos lecteurs n'ont peut-être pas tout à fait perdu le souvenir des quelques notices consacrées par nous aux origines et à la formation du cycle dramatique de Noël, qui fait une partie considérable de l'histoire du théâtre chrétien au moyen âge (1). Nous leur avons exposé comment les antiques scènes des *Bergers*, des *Innocents* et des *Mages*, nées au sein de la liturgie, s'y étaient développées, puis avaient tendu à se réunir pour former un mystère de dimensions plus amples, comprenant dans une seule représentation les circonstances principales de la *Nativité* du Sauveur. Nous leur avons montré cette réunion accomplie dans le drame composé et joué par les étudiants de Benedictbeuern, en Haute-Bavière, à la fin du douzième ou dans les premières années du treizième siècle.

---

(1) Nous avons recueilli ces notices dans le volume intitulé : *Le Drame chrétien au moyen âge.* — Ce préambule s'adressait aux lecteurs de l'*Union*.

Aux trois scènes des *Bergers*, des *Innocents* et des *Mages*, les auteurs de cette pièce avaient joint encore une scène de l'*Annonciation* complétée par une scène de la *Visitation* ; ils avaient développé la scène de la *Fuite en Égypte*, indiquée déjà dans le drame plus ancien de *Rachel* ou des *Innocents*, et, donnant au tout pour prologue la scène des *Prophètes du Christ*, ils avaient constitué le plus ancien mystère synoptique de la *Nativité* qui nous soit parvenu.

Mais le développement dramatique du sujet n'en devait pas demeurer là. L'Évangile et la tradition, les apocryphes et les légendes offraient des ressources dont les auteurs ne pouvaient manquer de faire usage pour donner à l'action plus d'abondance et de consistance, et pour mieux répondre aux exigences d'un public de plus en plus avide de représentations étendues et détaillées. L'allure brusque et lyrique des premiers drames religieux devait faire place de jour en jour davantage à l'ampleur minutieuse d'une exposition épique et d'une figuration, pour ainsi dire, narrative.

La première scène qui paraît avoir été ajoutée à celles qui avaient d'abord constitué le mystère, tel du moins que nous l'avons vu à Benedictbeuern, fut la scène de la *Présentation au temple*, où se trouvait naturellement comprise la prophétie du vieillard Siméon. Le plus ancien drame où nous la rencontrions est le *jeu dit de Saint-Gall* en dialecte souabe, qui remonte seulement au quatorzième siècle, mais qui nous donne, je crois, une idée assez juste des *Nativités* en langue vulgaire représentées dans le courant du treizième. Le jeu de Benedictbeuern, avec lequel le jeu de Saint-Gall offre encore de frappantes similitudes, était tout entier en latin. Mais les étudiants des grandes écoles monastiques, surtout en Allemagne et en Suisse, en vinrent par degrés à composer leurs jeux dans la langue ordinaire des spectateurs laïques, qui accouraient en foule à leurs représentations (1). En France, l'emploi définitif de la langue vulgaire paraît se rattacher plutôt à l'organisation de ces confréries demi-ecclésiastiques, demi-séculières, qui s'y formèrent de très bonne heure, et dont l'influence se substitua chez nous, pour le développement du drame chrétien, à celle des écoles universitaires, avec lesquelles d'ailleurs elles conservèrent des liens plus ou moins étroits.

C'est aussi le jeu de Saint-Gall qui nous offre le plus ancien exemple d'une seconde addition, qui dut être, à ce que je crois, séparée de la première par un certain intervalle. Il s'agit du *Mariage de Marie et de Joseph*. Cette scène, indiquée seulement dans le jeu de Saint-Gall, fut plus tard développée, et elle s'augmenta elle-même de scènes prélimi-

---

(1) Le jeu de Saint-Gall a été publié par Mone : *Schauspiele des Mittelalters*, t. I, p. 132 et suiv. Cf. Wilken : *Geschichte der geistlichen Spiele in Deutschland*, p. 25 et suiv.

naires, représentant l'*Enfance de la Sainte Vierge*, et où l'on fit quelquefois paraître les parents de Marie, sainte Anne et saint Joachim. Il en était ainsi dans un mystère représenté à Toulon aux fêtes de Noël de l'an 1333, et qui ne comprenait pas moins de soixante-dix personnages. La liste nous en a été conservée sur le registre d'un notaire, qui prit sans doute une part active à l'organisation du jeu, dont le texte est perdu. On sait, par le nom des acteurs, que les principales familles de la ville contribuèrent à la représentation, et que plusieurs ecclésiastiques y tinrent des rôles, entre autres un clerc de l'évêque et le chantre de la cathédrale, maître Jean, chef des écoles de la cité, qui remplit le rôle de saint Joseph (1).

Une autre addition consista dans la scène de *Jésus au milieu des docteurs*. Il est probable que cette addition fut faite dans quelqu'un des premiers drames cycliques, c'est-à-dire dans un des mystères où, à un moment donné, l'on essaya de réunir en une seule représentation la matière des jeux de Noël et la matière des jeux de Pâques. La scène dont il s'agit forme en effet comme la transition entre l'enfance du Sauveur et sa vie publique, que les jeux de Pâques en étaient peu à peu venus à embrasser tout entière. Le *jeu de Maëstricht*, en dialecte néerlandais, dont le texte paraît être du

---

(1) *Revue des sociétés savantes*, année 1874, 2⁰ semestre, p. 259 et suiv.

milieu du quatorzième siècle (1), est à ma connaissance le plus ancien drame parvenu jusqu'à nous où cette scène figure, et c'est précisément un mystère cyclique. Mais une fois introduite dans les représentations, la scène de *Jésus au temple* fut souvent conservée, même dans les purs jeux de Noël, dans les *Nativités* séparées. La preuve nous en est fournie par l'une des pièces du précieux recueil manuscrit de la Bibliothèque nationale intitulé : *Miracles de Notre-Dame par personnages* (2).

La nature même, toute particulière, des drames qui constituent ce recueil, et la composition de la *Nativité* qui y est comprise, et où, précisément, la scène en question n'aurait pas dû figurer, prouvent que déjà antérieurement au milieu du quatorzième siècle, date approximative de ces *miracles*, c'était devenu une habitude assez générale de terminer les mystères de la *Nativité* par la scène de *Jésus au milieu des docteurs*.

Une habitude, assez générale aussi, fut de les commencer, si l'on fait abstraction de la scène des *Prophètes du Christ*, par une scène allégorique

---

(1) Ce jeu a été publié par M. Julius Zacher dans le recueil de M. Haupt, intitulé: *Zeitschrift fur deutsches Alterthum*, t. II, p. 302 et suiv. Cf. Wilken, pp. 172-173.

(2) Le texte de la pièce en question a été publié par Du Méril, *Orig. lat. du théâtre moderne*, p. 361. — On le trouve au t. I, p. 203 et suiv., de l'édition du recueil donnée par MM. Gaston Paris et Ulysse Robert.

qui prit, dans le drame chrétien, une assez grande importance, et qu'on appelle la scène du *Procès de Paradis*. Cette scène consistait dans le développement dramatique d'un passage du psaume 84 (verset 11), justement appliqué par l'Église à la Rédemption de l'humanité par Jésus-Christ, seul capable d'apaiser la Justice de son Père et de le réconcilier avec sa Miséricorde. Cette scène ne figure ni dans le jeu de Benedictbeuern, ni dans celui de Saint-Gall.

Comme la précédente, le plus ancien drame où nous la rencontrions est le jeu cyclique de Maëstricht, où la dispute qui s'engage dans le Ciel entre Justice et Miséricorde comprend une centaine de vers. Il est certain que l'apaisement de la Justice divine ne devant être complet que par la mort du Rédempteur, la scène du *Procès de Paradis* était peut-être mieux à sa place dans les drames où la *Passion* était comprise. Mais en admettant, comme on peut être porté à le croire, qu'elle ait paru d'abord dans les mystères cycliques (1), il n'est pas douteux qu'une fois introduite dans les représentations, on lui conserva très souvent sa place au début des *Nativités* séparées.

L'addition la plus récente paraît avoir été celle

---

(1) Comme le psaume 84 figure dans la liturgie de Noël, l'opinion contraire serait aussi très soutenable. — Cf. le sermon I de saint Bernard *in festo Annuntiationis* dans la *Patrologie latine* de Migne, t. CLXXXIII, p. 385 et suiv. — Petit de Julleville, *Les Mystères*, t. II, p. 359, note 1.

de la scène que l'on pourrait appeler *l'Édit de recensement* et dont le principal personnage était l'empereur Auguste, auquel on donne généralement dans les mystères le nom, d'ailleurs fort exact, d'*Octavien*. Cette scène, dans certaines *Nativités*, prit un développement considérable par suite de l'introduction du personnage de la *Sibylle* et de la mise en scène d'une légende fort accréditée au moyen âge, selon laquelle cette Sibylle aurait annoncé à l'empereur la naissance du Messie. Comme la *Sibylle* était un des personnages de la scène des *Prophètes du Christ*, source du *Vieux Testament*, la scène d'*Octavien* trouva place aussi dans ce dernier cycle, lequel d'ailleurs, par son origine, se rattache également à la liturgie de Noël, et se reliait souvent en un seul mystère à la *Nativité* proprement dite, reliée elle-même à la *Passion* et à la *Résurrection*.

En dehors de ces additions de scènes nouvelles, la *Nativité* fut développée par l'amplification des scènes seulement indiquées ou brièvement figurées dans les premiers drames, par la représentation plus détaillée des circonstances dont furent entourés les événements divins racontés dans l'Évangile, et par l'introduction d'autres circonstances, empruntées aux légendes apocryphes ou même imaginées d'après la vraisemblance, telle que se la forgeaient, d'après les conceptions et les mœurs de leur temps, les auteurs de nos mystères.

Ainsi, pour ce qui concerne la première partie du jeu, c'est-à-dire l'*Annonciation* et la *Naissance du Sauveur*, nous voyons peu à peu s'ajouter aux faits représentés dans le drame de Benedictbeuern les *Paroles de l'ange à saint Joseph* (d'après saint Mathieu, I, 20) ; le *Voyage* des saints époux *de Nazareth à Bethléem* ; la *Recherche de l'auberge*, qui donna lieu dans certains jeux à des observations satiriques assez développées contre l'avarice et la dureté des aubergistes, de leurs femmes et de leurs valets ; enfin, la *Légende de Zebel et de Salomée*, l'incrédulité de cette dernière, sa punition et sa guérison par l'intercession de Notre-Dame. Cette dernière légende est précisément le sujet du *Miracle* dont nous avons parlé ci-dessus et dont le texte remonte au milieu du quatorzième siècle.

La scène de l'*Adoration des bergers* fut surtout développée au moyen d'un tableau de la vie pastorale, pour lequel les auteurs dramatiques mirent bientôt à contribution les inventions de la poésie lyrique des trouvères et des troubadours. Parmi les genres empruntés par ceux-ci, plus ou moins directement, à la poésie populaire, la *pastourelle*, ou chant de bergers, tenait une place très importante : des morceaux de cette nature furent placés dans la bouche des pasteurs de Bethléem, dont les naïvetés rustiques, exprimées d'une façon plus ou moins élégante, devinrent un des agréments les plus goûtés des spectateurs.

La scène des *Mages* fut entourée de toutes les circonstances qu'offraient soit la tradition, soit la légende. Les trois rois Melchior, Balthazar et Gaspard parurent avec leurs chevaliers d'escorte, comme des princes du moyen âge, et leur voyage fut représenté avec tous les détails de vie familière où se complaisait de jour en jour davantage le public du drame religieux. *Hérode*, avec ses conseillers, ses scribes, ses messagers, ses espions, ses soldats et ses bourreaux, offrit l'image réduite de la cour d'un tyran, de Charles-le-Mauvais ou de Pierre-le-Cruel. Le *Massacre des Innocents* s'accrut des plaisanteries féroces de la soldatesque, calquée sur les *ribauds* d'alors et les aventuriers des grandes compagnies. D'après une tradition très ancienne, un fils d'Hérode, encore au berceau, fut compris par mégarde au nombre des victimes. Cette tradition, introduite dans nos mystères, donna lieu aux lamentations de la nourrice du jeune prince, au désespoir du tyran, à son suicide et à l'enlèvement de son âme par les démons.

Les diables paraissent déjà dans la *Nativité* de Benedictbeuern. Ils étaient dès la fin du onzième siècle (mystère de l'*Époux*) au nombre des personnages du drame religieux. Mais dans les *Nativités* comme dans les *Passions* du quatorzième siècle, le nombre et l'importance des scènes diaboliques s'accrurent singulièrement, et l'on vit s'établir à cet égard une tradition qui, développée encore dans les mystères cycliques, surtout dans les grands spectacles du quinzième siècle, devint l'une des parties essentielles et caractéristiques de la dramaturgie du moyen âge.

Dans les grands mystères français du quinzième siècle, la *Nativité* forme la première partie, la première *journée* du drame. Mais il y eut aussi chez nous, à cette époque, de grandes *Nativités* séparées. Tel fut, par exemple, le mystère de l'*Incarnation et Nativité* représenté avec beaucoup de pompe, aux fêtes de Noël de l'an 1474, sur la place du Marché-Neuf, à Rouen. Cette partie du drame religieux était chère, par bien des côtés, au cœur des habitants des campagnes. Aussi des *Nativités* populaires ont-elles continué d'être çà et là représentées après la chute des grands mystères, et M. Du Méril (1) a reproduit le texte d'une *Pastorale sur la naissance de Jésus-Christ*, imprimée à Saint-Malo et à Avignon sous le premier Empire, et qu'il se souvenait d'avoir vu jouer dans son enfance. Cette pièce commence par la scène de la *Recherche de l'auberge*. Nous en citerons ce dialogue entre l'hôte, sa femme et sa servante :

L'HÔTE

Notre maison est grande pour une hôtellerie,
Des gens de condition elle s'en va remplie.
Il nous faut prendre garde à ne point recueillir
Des gens de bas état qui n'ont train à nourrir.

---

(1) *Orig. lat. du théâtre moderne*, p. 390 et suiv.

Exprès j'ai fait ce soir fermer toutes les portes ;
Elles sont assez bonnes, bien assurées et fortes.

Marie et Joseph, dit le livret, frappent à la porte de l'hôtellerie, menant avec eux un âne chargé de leurs hardes et outils.

L'HÔTE

Écoutez, l'on y frappe ; voyez, voyez qui c'est :
Nous les logerons bien, et le souper est prêt,
Pourvu qu'ils ayent grand train, chevaux et équipages,
Et suite de leurs gens, valets, laquais et pages.

LA SERVANTE

C'est une jeune femme avecque son mari,
Qui demande en payant à loger cette nuit :
Je crois qu'elle est enceinte et prête d'accoucher ;
Son mari la respecte et n'ose la toucher.

L'HÔTE

Ont-ils beaucoup de gens, de chevaux, de valets ?
Veulent-ils table d'hôte, des chapons, des poulets ?

LA SERVANTE

Ils semblent fort honnêtes ; mais leur pauvre équi-
[page
Montre assez qu'ils n'ont qu'eux et leur petit ba-
[gage
Dessus un pauvre ânon, avecque des outils,
Des haches, des marteaux, des rabots et des scies ;
J'en ai compassion, s'il vous plaît les loger.

L'HÔTESSE

Dans l'étable aux brebis avec notre berger.
   Mon ami, je t'en prie ;
Ou bien en l'un des coins de la grande écurie,
Seulement sur du foin ou bien sur de la paille.

L'HÔTE
Je ne veux point chez moi loger de la canaille.

L'HÔTESSE
C'est par ton avarice que Dieu nous a puni ;
Nous ne faisons état des pauvres ni de lui.
Nous n'avons point d'enfants et amassons du bien
Pour des riches parents qui n'ont besoin de rien :
Ayez au moins pitié de cette femme enceinte,
J'en ai le cœur transi ; mon âme en est atteinte.

L'HÔTE *dit en se retirant avec ses gens* :
Fermez, fermez la porte ;
Nous ne logerons point des gens de cette sorte.

Comme l'indique le titre du drame, la plus grande partie en est occupée par des scènes de vie pastorale. Nous citerons ce fragment du dialogue des bergers qui, sur l'invitation de l'ange, vont adorer l'enfant nouveau-né :

CLIMÈNE, *bergère*
Laissons donc tous paître nos bêtes ;
Allons, cherchons, trouvons le lieu ;
Quittons moutons et brebiettes,
Afin d'adorer ce grand Dieu :
Notre mâtin sans cesse gronde,
Quand il ne voit pas son berger ;
Il fait incessamment la ronde,
Gardant nos troupeaux du danger.

GUILLOT
Allons, allons de compagnie,
Chère troupe de nos cantons,
Et composons une harmonie
De toutes nos belles chansons :

Pierrot jouera de sa musette ;
Je jouerai de mon flageolet ;
Clorinde, qui est si discrette,
Nous dira un air nouvellet.

CLORINDE

Pensons plutôt, je vous en prie,
A porter quelques provisions
De lait, de beurre et de bouillie,
Et des agneaux et des moutons,
Pour subvenir à l'accouchée
Et à son enfant nouveau-né ;
Car l'Ange nous a assuré
De leur extrême pauvreté.

ISIDORE

C'est bien dit : prenons dans nos huttes
Tout ce que nous aurons de bon.
Colin, n'oublie donc pas tes flûtes,
Ton tambourin et ton flacon :
Remplis-le de vin, je te prie,
Du meilleur qui soit au tonneau,
Pour le présenter à Marie
Et au petit enfant nouveau.

Nos lecteurs seront frappés sans doute de l'analogie qu'offrent ces paroles avec celles de certains *Noëls* encore chantés de nos jours. Cette analogie est toute naturelle ; nombre de *Noëls* ne sont pas, en effet, autre chose qu'un débris ou un prolongement des *Nativités* dramatiques.

Le développement populaire des jeux de Noël fut considérable en Allemagne et y forme un des chapitres les plus importants de l'histoire du drame religieux. On y composa aussi et on y représenta, au seizième et au commencement du dix-septième siècle, un certain nombre de *Nativités* savantes, c'est-à-dire de comédies où les principes de l'art antique sont plus ou moins heureusement appliqués à la matière dramatique des jeux de Noël.

On a de Hans Sachs une pièce de ce genre, imprimée en 1557. Une autre, qui est attribuée, mais sans preuves, à G. Pondo, fut représentée en 1589, à Berlin, dans le palais de l'électeur de Brandebourg. Les rôles étaient tenus par les jeunes princes de la maison électorale et les jeunes nobles de la cour (1). En Espagne, où le drame religieux a pris définitivement place, sous le nom *d'auto*, dans le théâtre classique, et a exercé le génie des Lope et des Calderon, il y eut, à côté des *autos sacramentales* de la Fête-Dieu, les *autos de Nacimiento* représentés à Noël et spécialement consacrés à la *Nativité* du Sauveur.

1879.

---

(1) *Wilken*, ouvrage cité, pp. 52, 55, 56.

VII

Les premiers drames cycliques

Ceux de nos lecteurs qui ont bien voulu nous suivre dans nos travaux sur les origines du drame chrétien au moyen âge (1) savent que nous avons essayé d'expliquer par quels procédés se formèrent, d'une part, le mystère de la *Nativité*, auquel fut rattachée la scène des *Prophètes du Christ*, et par elle l'Ancien Testament, et, d'autre part, le mystère de la *Passion et Résurrection*, représentant le cycle de Pâques, comme la *Nativité* représentait celui de Noël. Nous avons indiqué qu'à un moment donné les deux cycles devaient s'unir et que, de même qu'on avait joint en un seul mystère la *Résurrection* et la *Passion*, primitivement séparées, on devait joindre la *Passion et Résurrection* à la *Nativité*, pour n'en former qu'un seul drame.

C'est une tentative qui ne semble pas avoir été

---

(1) C'est encore aux lecteurs de l'*Union* que s'adressait ce préambule.

faite, du moins avec un succès durable, avant les premières années du quatorzième siècle. Ainsi, en 1298, le jour de la Pentecôte et les jours suivants, le clergé de Cividale en Frioul représenta devant le patriarche d'Aquilée le *Jeu du Christ*, et ce jeu comprenait la *Passion* et la *Résurrection*, auxquelles on avait joint l'*Ascension*, la *Descente du Saint-Esprit* et le *Jugement dernier*. Cinq ans plus tard, en 1303, à la même fête, dans la même ville, les mêmes acteurs donnèrent encore une représentation semblable, mais qui comprenait cette fois, avec la matière du cycle de Pâques, celle du cycle de Noël, c'est-à-dire la *Création*, l'*Annonciation* et les scènes relatives à la *Nativité* du Sauveur (1). Telle est, à notre connaissance, la plus ancienne mention qui nous soit parvenue d'une représentation réunissant la *Passion* et la *Nativité* dans la teneur d'un seul et même jeu, que l'on peut désigner par le nom de *cyclique*.

Il est infiniment probable, comme le pense M. D'Ancona (2), que le *Jeu du Christ* de Cividale était une pièce ou, si l'on veut, une série de pièces latines. Il faut savoir que le drame latin du moyen âge, après la naissance du drame en langue vulgaire, issu de lui, continua encore ses destinées propres, avec plus ou moins d'importance selon

---

(1) Du Cange, au mot *Ludus Christi et Dei*.
(2) *Origini del dramma sacro in Italia*, t. I, p. 81 et suiv.

les pays, et eut, pour ainsi dire, un développement parallèle. Par là s'explique la présence en Frioul du plus ancien des jeux cycliques connus, car, si l'on considère le drame en langue vulgaire, on remarque précisément que, entre les pays chrétiens de l'Europe occidentale, où le drame religieux a fleuri au moyen âge, l'Italie est peut-être celui qui a été le plus opposé au développement cyclique, lequel trouva au contraire en France un terrain très favorable, puisqu'il constitue l'un des traits caractéristiques de l'histoire de notre ancien théâtre, dans la période de son plein épanouissement.

Le plus ancien mystère cyclique en langue vulgaire qui soit venu jusqu'à nous, n'est pourtant point écrit en langue française. C'est le *jeu* dit *de Maëstricht*, en dialecte moyen-néerlandais. Mais nous sommes, quant à nous, extrêmement porté à croire que ce drame, qui paraît remonter à la première moitié du quatorzième siècle, s'il n'est une imitation de mystères français analogues, procède du moins d'un texte latin, qui a aussi servi de base aux premiers drames cycliques français. Les nombreux rapports existant au quatorzième siècle entre la France et les Pays-Bas, permettent fort bien l'hypothèse qui rattacherait le jeu de Maëstricht au développement dramatique français. Il serait, selon nous, beaucoup moins facile de le rattacher au développement allemand, dans lequel le mouvement cyclique, plus considérable qu'en Italie, fut cependant beaucoup moins important et beaucoup plus tardif qu'en France (1).

Le drame de Maëstricht (2) nous offre les scènes suivantes : création et chute des anges ; création et chute de l'homme ; dispute dans le Ciel entre Justice et Miséricorde ; vocation des prophètes du Christ (Balaam, Isaïe et Virgile) par un personnage nommé *Ecclesia* (c'est la personnification de l'Église) ; Annonciation ; Nativité du Christ et adoration des bergers ; les Mages et Hérode ; massacre des Innocents et fuite en Égypte ; Jésus au milieu des docteurs ; baptême et tentation du Sauveur ; vocation de Pierre et d'André ; les noces de Cana ; Marie-Madeleine pécheresse ; Jésus chez Simon ; résurrection de Lazare ; entrée triomphale à Jérusalem et les voleurs chassés du temple ; Jésus chez Marthe, effusion des parfums ; conseil des Pharisiens, trahison de Judas ; la Passion proprement dite. La dernière partie du texte est incomplète et la fin du jeu, qui comprenait sans doute la Résurrection, manque tout à fait.

---

(1) Cf. à ce propos les judicieuses analyses de mystères allemands données par M. Creizenach dans son ouvrage : *Geschichte des neueren Dramas*, t. I, p. 219 et suiv. Nous devons dire à cette occasion que l'auteur établit très bien que la *Passion* de Francfort remonte à la seconde moitié du XIV° siècle. C'est donc à tort que ci-dessus (p. 115, note 1) nous l'avons, d'après Du Méril, datée de la fin du XV°.

(2) Il a été publié par M. Julius Zacher, dans le *Zeitschrift für deutsches Alterthum*, t. II, p. 302 et suiv. — Cf. W. Creizenach, ouvrage cité, p. 230.

Si le plan de ce fort ancien drame cyclique est étendu, en revanche le développement de chacune des scènes qui le composent est assez sommaire, ce qui le rapproche du caractère probable des mystères cycliques latins, et si l'on joint à cela la présence dans le texte de Maëstricht d'un certain nombre de passages latins, on se sentira incliner plus encore vers la supposition qui lui donnerait pour origine un texte latin, lequel, selon nous, aurait alors également servi de base, ou du moins de cadre, aux premiers drames cycliques français.

Nous devons ajouter que ces premiers drames n'ont pas été conservés. Mais nous possédons un texte qui, dans notre opinion, représente assez bien le plan général de ces drames. C'est le mystère contenu dans le manuscrit qui porte le numéro 904 du fonds français à la Bibliothèque nationale. La copie qui nous est parvenue a été exécutée seulement en 1488, mais le texte est antérieur, et abstraction faite des retouches qu'il a pu subir, remonte, à notre avis, quant à sa constitution essentielle, aux dernières années du quatorzième siècle pour le moins. Nous croyons de plus que cette constitution elle-même repose sur des textes antérieurs, appartenant à la première moitié de ce siècle, et qui devaient offrir de frappantes analogies avec le jeu de Maëstricht. Avant de montrer ce qui subsiste encore de ces analogies dans le texte du manuscrit 904, nous devons noter, comme une particularité importante pour déterminer l'âge de ce texte, la présence, à plusieurs endroits, du petit vers de quatre syllabes venant, pour ainsi dire, accentuer la fin d'une tirade ou d'une *réplique* en vers de huit syllabes. Ce trait est, en effet, considéré, d'après d'autres exemples, comme l'un des signes caractéristiques de la versification dramatique du quatorzième siècle.

Le mystère du manuscrit 904 est un drame cyclique où se trouvent réunies la *Nativité*, la *Passion* et la *Résurrection* du Sauveur, précédées d'un certain nombre de scènes empruntées à l'Ancien Testament ; ces dernières sont comme soudées à celles qu'a inspirées le Nouveau par la scène des *Prophètes du Christ*. C'est dans ce début du mystère qu'apparaît, d'une façon assez frappante, l'analogie avec le jeu de Maëstricht. Voici l'indication exacte de ces premières scènes : création et chute des anges ; création et chute de l'homme ; Caïn et Abel, mort d'Adam ; Noé, le déluge, malédiction de Chanaan ; le sacrifice d'Abraham ; Moïse, le rocher d'Horeb, les tables de la Loi ; les prophètes du Christ. La partie empruntée à l'Ancien Testament est sans doute bien plus développée ici que dans le jeu de Maëstricht. Mais un trait significatif nous fait très bien saisir la communauté d'origine, au moins partielle, des deux textes. C'est que les prophètes qui, dans le mystère du manuscrit 904, sont Moïse, la Sibylle, David, Isaïe,

Daniel et Jérémie (1), sont évoqués dans l'un et l'autre drame par le personnage symbolique d'*Ecclesia*.

Le plan général du mystère contenu dans le manuscrit 904 représente donc, selon nous, celui des premiers drames cycliques français, analogues au jeu de Maëstricht. Mais le développement respectif des diverses parties placées dans ce cadre cyclique, n'a plus le caractère sommaire que le jeu de Maëstricht semble avoir imité des mystères cycliques latins. Il se rattache en effet à une autre origine que nous allons essayer de déterminer rapidement.

La réunion de la *Nativité* avec la *Passion et Résurrection* en un seul drame, dont chacune des parties dut être, à l'origine, d'autant moins développée, que le nombre en était plus considérable, cette réunion, qui constitua les premiers mystères cycliques, ne fit point obstacle à la continuation des représentations séparées de la *Nativité* d'une part, de la *Passion et Résurrection* de l'autre. Ces drames distincts furent l'objet, durant le quatorzième siècle, de développements particuliers. Les drames corniques publiés par M. Norris (2) et qui, à notre avis, ne sont que des traductions de mys-

---

(1) Sur les versions nombreuses et variées de cette scène et les raisons de leurs divergences, voyez notre travail intitulé: *Les Prophètes du Christ. Étude sur les origines du théâtre au moyen âge.*

(2) *The Ancient cornish drama*, etc., Oxford, 1859, in-8°.

tères anglais, imités eux-mêmes de mystères français, et les mystères francais du manuscrit de la bibliothèque Sainte-Geneviève (1), nous offrent des exemples de ces développements spéciaux. Mais, à un moment donné, les auteurs des drames cycliques, suivant la pente qui, en France, les poussait à produire des œuvres de plus en plus étendues, s'emparèrent de ces développements particuliers pour les employer dans leur cadre général. C'est ainsi qu'en plaçant l'un à côté de l'autre, par la pensée, dans un cadre analogue à celui du jeu de Maëstricht, les drames corniques et ceux du manuscrit de Sainte-Geneviève, en les complétant l'un par l'autre et en supprimant les doubles emplois, on obtient un drame cyclique dont l'analogie avec le mystère du manuscrit 904 devient saisissante, non plus seulement dans l'ensemble, mais dans les diverses parties.

Nous avons naguère essayé de donner à nos lecteurs l'indication des développements successifs dont fut spécialement l'objet la *Nativité*. Il nous reste donc, pour leur présenter une idée au moins approximative de la composition des mystères cycliques de la fin du quatorzième siècle, à leur dire un mot des développements spéciaux que reçut à cette époque la *Passion et Résurrection*, dont nous avons constaté l'état vers la fin du

---

(1) Publiés par Achille Jubinal sous le titre de *Mystères inédits du XV° siècle*. Paris, Techener, 1837, 2 vol. in-8°.

treizième siècle ou le commencement du quatorzième, en étudiant le précieux mystère provençal que nous a conservé un manuscrit de la collection formée par feu M. Ambroise Firmin-Didot.

Les développements qui furent donnés au type représenté par le texte provençal, consistèrent principalement en des amplifications de *motifs* seulement indiqués dans ce texte, et en des intercalations de scènes nouvelles, d'un caractère généralement légendaire, épisodique ou comique. Comme exemple de *motif* développé, nous mentionnerons l'intervention de la femme de Pilate auprès de son mari en faveur de Jésus ; cette intervention, indiquée en quatre vers dans le mystère provençal, prit une certaine importance dans les mystères du quatorzième siècle. L'auteur du texte contenu dans le manuscrit 904 la présente comme le résultat d'un calcul du démon, inspirant à la femme de Pilate le dessein de sauver Jésus, afin d'empêcher par là le salut du monde, lié à la mort du Rédempteur. Il s'accorde en cela avec l'auteur de la *Passion* publiée par M. Norris. Dans la *Passion* du manuscrit Sainte-Geneviève, cette idée n'est pas mise en œuvre, mais en revanche on y voit le fils et la fille de Pilate se joindre à leur mère pour demander la délivrance du Juste.

La Passion proprement dite, c'est-à-dire le tableau des souffrances du Sauveur, sobrement présenté dans le mystère provençal, fut dans les drames postérieurs l'objet de développements d'un réalisme repoussant. Le rôle de Judas fut amplifié jusqu'à l'absurde dans le sens légendaire et épisodique. A la représentation du baptême du Sauveur, qui dut figurer dans quelques mystères du treizième siècle, on ajouta celle de l'emprisonnement et de la mort de saint Jean-Baptiste, avec des détails empruntés à la vie réelle. On mit dans la bouche de Lazare ressuscité la description de ce qu'il avait vu en enfer. Les scènes amplifiées ou nouvellement intercalées de l'organisation de la garde du sépulcre et des conversations des gardes, de la robe du Sauveur jouée aux dés, de l'achat du suaire et de l'achat des parfums, dans lesquelles on se plut parfois à faire faire par le marchand l'énumération et l'éloge de ses marchandises ; l'épisode de Longin et de son valet, etc., furent l'occasion de développements réalistes dont le sujet du drame n'était plus guère que le prétexte. Le ton trivial et comique devint dominant dans les scènes de diables qui commencèrent à se multiplier et à s'étendre.

On aura une idée de la tendance à la fois fantaisiste et réaliste des développements que reçut au quatorzième siècle la représentation de la *Passion*, par la scène suivante que nous empruntons au manuscrit 904, et qui nous fait assister — chose bien nécessaire ! — à la fabrication des clous qui servirent au crucifiement. Une scène analogue se trouve dans la *Passion* publiée par M. Norris.

MARQUE (c'est MALCHUS).

« Or tôt, maître Nichodemus, — allume du feu en ta forge, — et vite trois clous d'acier me forge — pour Jésus-Christ crucifier.

NICHODEMUS *faber.*

« M'oserai-je en vous fier ? — Je vous avoue que mal ne ferai — à Jésus tant que je vivrai, — et d'ailleurs j'ai en mes mains la rogne, — de sorte que frapper ne puis sur enclume ; — ainsi, j'en dois être excusé.

MARQUE

« Diable ! serai-je ainsi abusé ? — Montrez voir ces mains que vous dites.

NICHODEMUS

« Seigneur, jamais telles ne vîtes, — regardez, suis-je vrai disant ?

MARQUE

« Vous êtes de forger exempt. — Je m'en vais chez un autre ouvrier.

GRUMATON, *femme du forgeron.*

« Que mauvais feu vous brûle les lèvres ! — Hier tout le jour nous forgeâmes ensemble, — et tu n'avais mal d'aucune sorte. — Tu es un très mauvais vilain, — d'ordure et de grand venin plein. — Ami Marque, venez ici, — puisque ces clous sont pour le mécréant, — toute seule je les ferai — et de bon cœur les forgerai. — Mais auparavant il me faut ce glouton battre — et contre la terre l'abattre. — Je lui baillerai sur son museau. — De par le diable ! ça, la peau ! — Il me faut mon valet pour souffler, — car ce lourd vilain *bourranflé* — s'est de trahison entremis ; — jamais il ne sera mon ami. — Nous aurons bientôt achevé.

MARQUE

« Vous me montrez grande amitié. — Les Juifs vous doivent bien aimer. — Aussi comme prix pourrez-vous bien réclamer — cent et dix livres.

GRUMATON

« Marque, vous aurez bientôt votre affaire. — Or ça, viens ici, Mirouflet, — prend le manche de ce marteau — et frappe de bonne manière.

MIROUFFLET

« Volontiers, gracieuse dame, — mais je vous prie avant qu'on souffle, — de me laisser boire un coup à ce *condouffle*, — car certainement j'ai très grande soif.

GRUMATON

« Par le grand Dieu ! je te le permets, — et quand bu très bien tu auras, — de meilleur cœur tu forgeras.

MIROUFFLET

« De bien boire ne serai paresseux. — J'ai bien bu sans manger de lard. — Or, tenez, voici votre part ; — tenez, buvez ce restant.

GRUMATON

« Volontiers et comme quelqu'un qui s'y entend, — car il y a longtemps que je l'ai bien appris.

MIROUFFLET

« Je forgerai sans faire prix. — En avant, ma très douce dame ; — de très bien forger, par mon âme, — sachez que je ne m'épargnerai pas.

GRUMATON

« En forgeant chantons haut et bas, — nous n'aurons pas pour cela fini plus tard.

MIROUFFLET

« Qu'il soit pendu à male hart, — qui de bien chanter

se retiendra ! — Car très bien il nous adviendra. — Allons, chantons le boisseau d'orge.

« *Alors que Grumaton chante et que Mirouffleʳ lui réponde.*

GRUMATON

Valet de forge doit-on aimer,
Valet de forge doit-on aimer,
Je voudrais qu'il m'eût coûté,
Valet de forge doit-on aimer,
Je voudrais qu'il m'eût coûté
Un boisseau d'orge.
Valet de forge doit-on aimer,
Valet de forge.
Je suis maréchal de grand' renommée, etc.
Lantantu la turelurette lantantu, etc.

« Ce clou-ci que j'ai forgé le premier — sera très bon pour les pieds ; — ces deux-ci que j'ai faits ensuite, — et qui sont forts, durs et tranchants, — perceront très bien les mains — et feront plus de mal qu'un fin baume. — Je vous le dis bien, mon ami doux.

MARQUE

» Vous chantez bien, par la foi que je dois à vous !

GRUMATON

« Allons, Marque, emportez les clous, — que mon mari, le vilain glouton, — n'a pas daigné forger. — Allez maître Jésus crucifier — tant que lui sortent les boyaux. — Aux Juifs il est trop déloyal. — Je vous prie qu'il soit bien fixé — et contre la croix si serré — qu'il ne se puisse débarrasser.

MARQUE

« Je l'empêcherai bien d'échapper. — Adieu, ma mie Grumaton.

GRUMATON

» Tiens, prends aussi ce marteau, Marquon, — ce poinçon et ces tenailles — pour lui gâter tout son corps. — De male mort puisse-t-on l'abattre ! — Adieu, mon doux ami Marquon.

MARQUE

« Adieu, ma mie au grand menton ».

Il n'est pas besoin de faire ressortir le caractère, non seulement grotesque et trivial, mais tout à fait à côté et en dehors du sujet, qu'a cette scène du mystère contenu dans le manuscrit 904. Son inconvenance dans un drame de la *Passion* saute aux yeux. Mais, d'autre part, il est difficile de ne pas sentir une certaine verve, populacière mais puissante, dans cette scène d'atelier et dans ce type de mégère, si vivement placés sous nos yeux. Il y a là en germe, ce nous semble, des qualités shakspeariennes, qui, réglées par le goût, auraient pu peut-être avoir leur place, non sans avantage, dans le drame cornélien, comme elles l'ont eue dans certaines comédies de Molière, dont l'une notamment touche au drame. Nous voulons parler de *Don Juan*.

Mais, quoi qu'il en soit, sans assumer aujourd'hui la lourde tâche de chercher dans les innombrables défauts littéraires du manuscrit 904 les germes de qualités possibles, au cas où la Renaissance aurait réformé, sans la détruire, notre tradition dramatique du moyen âge, nous nous bornerons à en constater, pour terminer cette étude, l'importance historique, qui est considérable. Nous croyons, en effet, que ce document nous offre un très précieux spécimen des mystères cycliques français du quatorzième siècle, et qu'il nous fournit une transition au moyen de laquelle peuvent se rattacher sans effort à la *Passion* provençale, c'est-à-dire au type que cette *Passion* représente et que l'on peut faire remonter jusqu'au treizième siècle, les vastes compositions, plus personnelles, plus réfléchies, du quinzième.

1883.

VIII

La grande Passion de Greban (1).

La réunion des deux cycles principaux de la liturgie extraordinaire, le cycle de Noël et le cycle de Pâques, constitua, probablement dès les premières années du XIV⁰ siècle, de nouveaux drames religieux, de nouveaux *mystères*, relativement étendus, et où le plan divin de la Rédemption était, pour ainsi dire, exposé aux regards des pieux spectateurs du théâtre chrétien, et se développait sous leurs yeux, depuis l'Incarnation promise ou accomplie du Verbe, jusqu'à l'Ascension du Sauveur. C'est surtout en France que ce mouvement à la fois de concentration et de développement de la matière dramatique, élaborée depuis trois siècles au sein, puis à côté de la li-

---

(1) Cette étude fut écrite pour la *Revue des questions historiques* à propos de la publication intitulée : *Le Mystère de la Passion d'Arnoul Greban*, publié d'après les manuscrits de Paris, avec une introduction et un glossaire, par Gaston Paris et Gaston Raynaud. Paris, Vieweg, 1878, gr. in-8⁰. — Nous avons naturellement beaucoup profité de l'introduction des éditeurs, qui est un excellent morceau d'histoire littéraire.

turgie, prit peu à peu toute son ampleur, et eut une efficacité peut-être excessive, mais assurément bien curieuse. Les associations religieuses désignées par le nom de *confréries* eurent une grande part à ce mouvement ; leur influence sur le théâtre se substitua chez nous d'assez bonne heure à celle des écoles universitaires, avec lesquelles, d'ailleurs, elles conservèrent des points d'attache. Mais leur histoire est à faire, et les documents nécessaires sont encore bien peu nombreux et bien dispersés. Les mystères composés et représentés par elles durant le XIVe siècle ont été en partie absorbés, en partie effacés par les énormes constructions dramatiques du siècle suivant ; elles ont été elles-mêmes, aux yeux des historiens du théâtre, rejetées dans l'ombre par cette fameuse Confrérie de la Passion de Paris, qui, pourvue d'un privilège royal en 1402, établit pour la première fois, dans les bâtiments de l'hôpital de la Trinité, des représentations fixes et régulières sur une scène permanente.

A l'influence des confréries il faut ajouter, pour se rendre un compte exact du mouvement dramatique, qui fut l'un des traits les plus originaux des mœurs françaises au XVe siècle, l'action des associations temporaires, formées dans presque toutes les villes de France, à des intervalles indéterminés, en vue de telle ou telle représentation de mystère. Ces associations durent souvent, surtout à l'origine, se rattacher aux confréries existantes, comme à un point de départ, à un centre de direction et de ralliement ; elles revêtirent aussi en beaucoup d'endroits un caractère public, à la fois paroissial et municipal, et se constituèrent par l'initiative et sous le contrôle direct des curés et des magistrats de la cité, des échevinages et des chapitres. C'est vers 1450, au moment où la France, sauvée par l'intervention miraculeuse de Jeanne d'Arc, reprenait possession de son territoire, et sentait déjà ses forces se ranimer, sa grandeur se rétablir sous la main ferme et habile du roi Charles VII, c'est à ce moment, dis-je, que, dans sa prospérité renaissante, elle se prit d'un goût ardent pour le plaisir du théâtre. Elle songea d'autant moins à s'en défendre qu'elle cherchait aussi dans ce plaisir un moyen d'instruction et d'édification religieuse, et pensait faire tout ensemble une œuvre agréable à Dieu et aux hommes. Les jeux dont elle s'était jusqu'alors contentée ne lui suffirent plus ; les plus développés lui parurent encore beaucoup trop courts et beaucoup trop maigres. Il y eut à cet égard comme une effervescence qui dura plus d'un siècle et qui se répandit sur tous les points du sol français. Une émulation fiévreuse, dont de simples bourgades ne furent même pas exemptes, s'établit entre les cités. Ce fut à qui jouerait les plus beaux, les plus longs mystères.

Les Parisiens, cela n'étonnera personne, se distinguèrent entre tous par leur ardeur pour ces pieux spectacles. Aux représentations régulières des confrères de la Passion ils en joignirent d'extraordinaires, entreprises et conduites par des groupes spécialement constitués pour cet objet, et où sans aucun doute les confrères avaient leur place. On pouvait, dans ces occasions, donner au drame et à la pompe scénique une ampleur et une magnificence, que ne comportaient point l'espace limité dont disposait la confrérie dans son local ordinaire, et le temps nécessairement restreint qu'elle consacrait chaque semaine aux plaisirs des habitants de la capitale. Il était alors possible d'exposer aux yeux d'un bien plus grand nombre de spectateurs, d'une façon rapide et, pour ainsi dire, simultanée, le grand cycle qui ne se développait, à l'hôpital de la Trinité, que lentement, successivement, et d'une manière fragmentaire. C'est peut-être sur le désir, sur la commande de quelque association de cette sorte formée, selon l'usage, longtemps d'avance, pour une grande représentation, qu'Arnoul Greban entreprit de composer une œuvre dramatique surpassant, par l'étendue comme par le mérite, tout ce qu'on avait vu jusqu'alors en ce genre. Toutefois, comme son ouvrage pouvait être joué des deux manières, et se prêtait à la représentation successive aussi bien qu'à la représentation simultanée, les confrères ne durent pas hésiter, après une ou plusieurs représentations extraordinaires, à enrichir de ce drame leur répertoire régulier.

Mais qu'était-ce qu'Arnoul Greban? On sait peu de chose sur sa vie. Né, à ce qu'il semble, vers 1420 dans la ville du Mans, nous le trouvons à Paris vers 1444, muni du grade de *maître ès arts*, qui correspondait à notre doctorat ès lettres. Nous le retrouvons en 1456 bachelier en théologie, ce qui supposait au moins cinq années d'études préalables. Mais ou Greban avait laissé passer un laps de temps considérable entre l'obtention de la maîtrise ès arts et son inscription à la Faculté de théologie, ou il avait traîné en longueur ses études en cette Faculté, car de 1444 à 1456, cela fait douze ans d'intervalle. Or c'est précisément dans cet intervalle que se place la composition, *à la requête d'aucuns de Paris*, du grand mystère de la Passion, lequel était non seulement achevé en 1452, mais avait été représenté et était déjà célèbre, puisque les habitants d'Abbeville députèrent cette année-là vers l'auteur pour obtenir de lui, moyennant dix écus d'or, une copie de son ouvrage.

Les connaissances théologiques dont Greban fait preuve dans son mystère, nous portent à adopter l'opinion, que déjà, quand il l'écrivit, il suivait les cours de la Faculté. C'était alors sans doute un étudiant qui prenait son temps, et même du bon temps. L'Université de Paris en comptait au XVe

siècle un certain nombre de ce genre. Les uns, après quelques folies de jeunesse, retournaient sérieusement et définitivement à leurs études, et devenaient de graves docteurs et même parfois de grands personnages; les autres, poussant à bout leur dissipation licencieuse, voyaient souvent leur carrière se terminer à la prison et même à la potence. Villon appartenait à cette dernière catégorie, tandis qu'Arnoul Greban doit être rangé dans la première. Certaines scènes de son drame dénotent une connaissance assez familière des tavernes, dont il alternait sans doute la fréquentation avec celle des cours de la Faculté, ceux-ci étant parfois délaissés pour celles-là. Mais il ne paraît pas que ses peccadilles aient été jamais bien graves: quelques coups de vin de trop, ou de dés peut-être. Les divertissements qui ralentirent ses études furent surtout, à ce qu'il semble, de nature littéraire et dramatique. Quand on songe que le mystère de la *Passion* ne compte pas moins de *trente-quatre mille cinq cent soixante-quatorze* vers, et qu'après ce mystère il en composa, en collaboration avec son frère Simon, un autre beaucoup plus étendu encore; si l'on réfléchit de plus que ces divertissements furent pour le jeune étudiant, sans doute pauvre, pécuniairement fructueux; on peut croire qu'Arnoul Greban devenu, quelques années après 1456, chanoine du Mans, où il mourut vers 1470, pouvait repasser sans trop de remords, dans son âge mûr, les années de sa jeunesse, et que sa conscience lui épargnait ces cruelles pointes, qui déchirent de temps à autre l'enveloppe de gaieté cynique où se cache, pour ainsi dire, à elle-même l'âme ailée de François Villon.

En s'adressant à un étudiant en théologie, à un *clerc*, à un *universitaire*, pour la rédaction du grand mystère qu'ils désiraient représenter, les Parisiens, qui prirent l'initiative de cette entreprise, se conformaient, probablement sans y penser, à la plus pure tradition du drame chrétien, né, nous le savons, parmi les rites de la liturgie, et développé dans les écoles épiscopales et monastiques, avant de passer aux mains des confréries, qui le portèrent à son plus haut point de splendeur. Si, comme cela n'est pas improbable, les condisciples de Greban prirent intérêt à son drame et fournirent à la représentation quelques-uns des principaux acteurs, la tradition antique fut encore plus fidèlement suivie. On remarque, au contraire, que le jeune poète s'écarta sensiblement des habitudes constantes de ses devanciers, dans le choix des matériaux nécessaires pour la construction de son œuvre. Ce n'est pas qu'il n'ait eu certainement sous les yeux des mystères antérieurs au sien et qu'il n'en ait beaucoup profité. Mais ce qui distingue son drame de ceux auxquels il succédait dans la faveur populaire, et de ceux-là mêmes qu'il a consultés, c'est la fidélité avec laquelle Greban s'attache, autant que possible, aux textes de l'Évangile, commentés par les traditions autorisées, et la précaution théologique et critique avec laquelle il écarte nombre de légendes absurdes, dont les auteurs et les spectateurs de mystères avaient jusqu'alors fait leurs délices. Il se privait ainsi, au point de vue dramatique du temps, d'avantages considérables, et il faut louer ce scrupule de foi, de raison et de goût. Mais il ne réussit pas à faire école en cela, et son propre ouvrage fut bientôt remanié à l'ancienne mode. Le docteur Jean Michel, qui revit et amplifia le grand mystère, après la mort de son auteur, y reversa le flot énormément accru des légendes apocryphes, dont le tact religieux d'Arnoul Greban avait voulu purger le drame de la *Passion*.

Au reste, la méthode suivie par notre auteur dans la composition de son drame, le plan sur lequel il travailla pour transformer en mystère par personnages les récits de l'Évangile, est tout à fait conforme à la tradition de ses devanciers. C'est le même cadre, très élargi. Avant de dire en quoi il consiste et d'en reproduire ici les lignes principales, nous noterons pourtant une idée ingénieuse et vraiment poétique, dont Greban est peut-être l'inventeur, mais dont malheureusement il n'a tiré qu'un assez médiocre parti. Cette idée fut de donner à la fois pour prélude (1) et pour conclusion à la re-

(1) En réalité, le commencement du Procès de Paradis ne forme que la seconde scène du grand mystère. La première consiste

présentation du salut de l'humanité par l'incarnation du Verbe et par sa victoire sur le mal et sur la mort, qui fait le sujet du drame, une scène, dont la conception première, tirée d'un texte de l'Écriture, est d'ailleurs bien antérieure, et qu'on appelle *le Procès de Paradis*. C'est une délibération céleste entre Dieu et ses principaux attributs personnifiés, et notamment une discussion entre sa Justice et sa Miséricorde, sur la possibilité, la convenance, les conditions de la rédemption de l'humanité déchue. Ce procès, engagé au début du mystère, se termine seulement à la fin, par la réconciliation solennelle de la Miséricorde et de la Justice divine, après le sacrifice et le triomphe de l'Homme-Dieu.

Entre les deux parties principales de cette scène, qui ne forme d'ailleurs qu'un cadre théologique sans influence sur la construction générale du drame et la disposition des tableaux, se place le développement dramatique des événements rapportés dans l'Écriture. La méthode de Greban est d'en représenter fidèlement le plus grand nombre

---

dans les lamentations des Justes détenus dans les Limbes et qui attendent avec impatience la venue du Sauveur promis. — Il est certain aujourd'hui que l'idée dont il s'agit n'est point de l'invention de Greban. Elle a été en effet mise en œuvre avant lui par l'auteur de la *Passion* d'Arras. Ce précieux texte a été publié avec une intéressante introduction par notre confrère et ami, M. Jules-Marie Richard; Arras, 1893, gr. in-8°. Nous voyons dans la *Romania* (t. XXVIII, 1899, p. 468) qu'il a fait l'objet d'une importante étude de notre ancien condisciple et ami, M. E. Stengel : *Zeitschrift für franzoesische Sprache und Litteratur*, t. XVII (1895), p. 217 et suiv.

possible, avec le plus de détails qu'il peut. Il lui suffit pour cela d'élargir le cadre des mystères antérieurs, tel qu'il s'était constitué dans le courant du XIVe siècle, alors que le public commença de s'affectionner à une si grande longueur de spectacle, qu'il devint impossible de terminer telle ou telle représentation en un seul jour. On vit, par suite, s'établir tout naturellement la division en *journées*, qui demeura fondamentale dans les grands drames du XVe siècle. Ce mode de division passa plus tard de France en Espagne, où il est demeuré classique, mais en restreignant l'acception du mot *journée* de son sens primitif et réel au sens dérivé et technique d'*acte* ou partie de l'*action*, quelle que fût d'ailleurs la durée de cette fraction.

La *Passion* de Greban est divisée en quatre journées, chacune précédée et suivie d'un prologue et d'un épilogue spécial, en forme de sermon ou de discours en vers, que l'auteur lui-même ou le directeur de la représentation adressait aux spectateurs, pour leur annoncer ou leur rappeler les faits figurés devant eux, et en faire ressortir la leçon théologique et morale. La première journée comprend l'*Incarnation* et la *Nativité*, c'est-à-dire toutes les scènes de l'Évangile qui se rapportent à la naissance et à l'enfance de Notre Seigneur, jusques et y compris la scène de *Jésus au milieu des docteurs*. La seconde et la troisième journée comprennent la prédication du Sauveur depuis son baptême, et sa *Passion* proprement dite. La quatrième journée est consacrée à la *Résurrection*, à l'*Ascension* et à la *descente du Saint-Esprit sur les Apôtres*. La première journée correspond donc à l'ancien cycle de Noël, et les trois autres journées au cycle de Pâques, où déjà anciennement, dans certains drames, les scènes de l'*Ascension* et de la *venue du Saint-Esprit* avaient été ajoutées, comme donnant à ce cycle sa conclusion naturelle. Après son drame achevé et déjà joué, Greban, pour en parfaire le dessein théologique, y ajouta, comme prologue général, une *Création*, c'est-à-dire un récit dialogué de la chute des mauvais anges et de celle de l'homme, ainsi que de la mort d'Abel et de celle d'Adam. Cette partie, qui correspond au cycle dramatique du *Vieux Testament*, compris lui-même primitivement dans le cycle de Noël, n'était d'ailleurs point destinée à la représentation.

Une subdivision fort naturelle des *journées* apparaît dans certains mystères : ce sont les *matinées* et *après-dînées*, la représentation étant suspendue pour que les spectateurs et aussi les acteurs pussent prendre le principal repas, que l'on prenait alors vers le milieu du jour. Cette suspension a dû avoir lieu dans le drame de Greban comme dans les autres, mais elle n'est pas explicitement marquée par une coupure spéciale du texte, c'est-à-dire que l'auteur n'a pas fait de cet entr'acte nécessaire une subdivision formelle de son œuvre et comme une section de son plan. Dans l'intérieur de chaque *journée* de la *Passion*, il y a bien un certain nombre de temps d'arrêt marqués ; c'est ce que dans le langage technique du théâtre d'alors on appelait des *Pauses*. Mais la durée de ces pauses, qui pouvait être tantôt de quelques minutes seulement et tantôt de plusieurs heures, n'est pas indiquée dans les manuscrits de notre drame, et il est difficile de trouver une relation bien nette entre ces temps d'arrêt effectifs, et, pour ainsi dire, matériels, et la subdivision intellectuelle ou, si l'on veut, le partage artistique du sujet.

En réalité, ce partage, tel qu'il était indiqué par la nature des récits évangéliques, repose sur un système employé dès l'origine du drame chrétien, et usité encore aujourd'hui sur notre théâtre concurremment avec la division en *actes*. C'est le système des *tableaux*, ou groupes de scènes se rapportant à l'un des événements successifs qui font le sujet du drame. Mais ces événements ne sont pas seulement successifs, ils sont quelquefois simultanés. Dans ce cas, il faut ou leur imposer un ordre fictif de succession, ce qu'exige la nature de notre mise en scène actuelle, ou réunir, par des scènes simultanées et entremêlées, plusieurs événements contemporains en un seul tableau, ce que permettait la mise en scène du moyen âge, et ce en quoi Greban a déployé une dextérité dramatique plus ou moins heureuse, mais bien supérieure à celle de ses devanciers. Ainsi, parmi les scènes composant le tableau de l'entrée triomphante du Seigneur dans Jérusalem, s'intercale le conseil des Pharisiens préparant sa mort ; entre le départ des deux disciples pour Emmaüs et l'apparition du Sauveur sur le chemin, se place le rapport que font à Pilate les gardiens du sépulcre gagnés par les Juifs ; nous citerons enfin, parmi d'autres exemples du même fait, la scène entre Nicodème et Joseph d'Arimathie, qui vient, pour ainsi dire, couper en deux la scène du repas de Jésus ressuscité avec Notre-Dame, les saintes femmes et les apôtres (vers 32662 et suivants).

Nous n'insisterons pas aujourd'hui sur le système de mise en scène suivi par le théâtre du moyen âge (1), et qui permettait à Greban d'entremêler ainsi ses tableaux. Il nous suffira d'en faire ressortir le caractère général et distinctif, qui consiste dans la juxtaposition permanente des décorations figurant les lieux divers où doit se passer l'action, et dans la présence simultanée des acteurs qui doivent prendre part à cette même action, chaque groupe d'acteurs occupant la place que lui assigne sa fonction, ou l'endroit vers lequel l'a conduit la

---

(1) Voyez dans *Le Drame chrétien au moyen âge*, le travail intitulé : *Esquisse d'une représentation dramatique à la fin du XVe siècle.*

marche du drame. On peut dire, en quelque manière, que le théâtre représentait l'univers en général, et én particulier tous les endroits du monde nécessaires au développement du sujet représenté. Par ce moyen la notion de l'espace était restreinte à sa plus simple expression, comme dans un poème épique ou lyrique, dans lequel le lecteur peut voir un personnage traverser le monde en quelques vers, et en même temps cette même idée, par la concurrence effective des divers lieux, et le transport réel des personnages de l'un à l'autre, était vivement représentée à l'imagination des spectateurs. Une observation analogue s'applique à la notion du temps, d'une part presque supprimée, et de l'autre mise, pour ainsi dire, matériellement sous les yeux du spectateur. Quoi qu'on pense de ce système qui, en se restreignant, s'est continué jusque vers le milieu du XVIIe siècle, il n'est pas douteux que l'imagination de nos pères s'y prêtait sans peine, et qu'il produisait sur elle un effet de réalité puissante, de mouvement et de vie. C'est précisément par là qu'étaient compensés la pauvreté trop évidente de l'invention et de l'expression chez les auteurs dramatiques du XVe siècle et leur défaut de sens artistique.

Greban est un bon théologien, et, dans certaines limites, un habile dramaturge, mais c'est un faible poète, d'une veine, à la vérité, facile et surabondante, mais manquant tout à la fois et de génie et de goût. La conception et l'expression des caractères, l'une des parties les plus essentielles de la poésie dramatique, se réduisent la plupart du temps chez lui à une pâle copie de l'Évangile, dont, pour ainsi dire, il décalque les traits, sans se pénétrer du souffle inspiré qui les anime. Sans doute la figure de l'Homme-Dieu dérobera toujours la perfection surnaturelle et réelle de sa double nature aux plus puissants artistes, peintres ou poètes ; les uns et les autres sont condamnés à demeurer bien au dessous de l'Écriture, inférieure elle-même au divin Modèle. Mais il ne reste guère dans Greban, de l'image vivante que nous ont laissée les évangélistes, que le charme qui ne s'en peut perdre jusque dans les plus faibles copies.

Notre auteur a été un peu plus heureux dans la peinture de la Sainte Vierge, où l'on remarque des accents émus et des intentions touchantes. Mais ce caractère, dessiné avec amour de la main de Dieu même, et dont la sublimité pathétique, sans être exprimée tout entière, a reçu du moins du pinceau des maîtres de si admirables hommages, laisse sous la plume de Greban beaucoup trop à désirer. Bien que notre auteur fasse paraître pour Marie une piété tendre et sincère, on est peut-être autorisé à croire qu'il a connu plus encore qu'il n'a senti la tradition de l'Église sur la Mère du Sauveur, si fortement résumée avant lui par le poète du *Stabat*, dont la foi naïve autant que sublime et profonde, par un de ces élans du cœur qui dépassent les efforts de l'art, a rendu présente à jamais dans les âmes chrétiennes la scène du Calvaire et ses ineffables douleurs.

Le caractère de saint Joseph, non pas dans les traits augustes qu'aurait su voir et faire ressortir le génie d'un grand poète, mais dans les côtés familiers et charmants de ses vertus patriarcales, a été assez bien rendu dans notre mystère. Cela tient aux ressemblances qu'offraient à Greban, pour le peindre, les vieilles familles bourgeoises de la société de son temps. Les mœurs chrétiennes maintenaient en effet chez les meilleures d'entre elles quelque chose de biblique et de patriarcal, et tel échevin, tel syndic d'un corps de métier, tel bon et loyal maître charpentier de Paris, pouvait n'être pas indigne de prêter les traits de son âme à un poète, comme les traits de son visage à un enlumineur, pour représenter le chef de la Sainte Famille.

Les apôtres, les disciples et en général les amis de Notre Seigneur, dont l'Écriture, en quelques traits ineffaçables, a si bien su marquer et distinguer les figures, offrant ainsi aux poètes des indications auxquelles ceux-ci, soutenus par la tradition, pouvaient donner des développements admirables, ces caractères, dis-je, n'existent pour ainsi dire pas dans le drame d'Arnoul Greban, bien que leurs silhouettes, d'une insignifiance presque uniforme, occupent constamment la scène. Peut-être faut-il faire une exception pour quelques passages du rôle de Marie-Madeleine, cette pénitente immortelle, pour laquelle on se prend à désirer le génie pathétique d'un Euripide, comme on regrette l'absence d'un Eschyle et d'un Sophocle, pour tant d'autres personnages de la *Passion* du Sauveur. Les stances suivantes de Greban, qui forment le début du rôle, ne donnent qu'une bien légère idée de ce qu'on aurait pu faire.

MADELAINE

Or voy je la confusion
Des grans pechés dont je suis plaine ;
Or voy la malediction
De l'horreur où peché me maine ;
Or voy je la destruction
De ma povre nature humaine,
Et s'il n'y a provision,
En malheure fus Madelaine (1).

Madelaine suis je nommée,
Jadis gente et bien renommée
De bonne generacion ;
Or me suis je en tout mal fermée (2),
Tant que partout je suis blasmée
Pecherresse en perdicion ;
Ma beauté, ma perfection
Est tournée en tel vitupere (3)

---

(1) Et, s'il n'y est pourvu, c'est à une mauvaise heure que je suis née, moi Madeleine.
(2) Je me suis affermie dans le mal.
(3) Honte.

> Que c'est abominacion
> Par quel moyen et mocion
> J'ay tant courroucé Dieu, mon pere.
>
> O dolente et meschante fame,
> O des autres la plus infame,
> Par quel point pourras eviter
> La dure et destresseuse flame
> D'enfer, ardant le corps et l'ame
> Sans jamès ame respiter?
> Ta coulpe t'y veult ja citer,
> Justice t'y veult inviter,
> Raison, verité t'y proclame;
> Il n'est en moy d'y resister
> S'à vous ne me viens presenter,
> Miséricorde, haulte dame...

Les scènes frappantes et variées, les caractères vivants et touchants qu'offraient les miracles du Sauveur, ont été pour Greban des occasions manquées. Il en fait surtout ressortir les circonstances extérieures, et il se complait dans les détails de la vie vulgaire, indépendamment du rapport qu'ils peuvent avoir au fond du sujet. Le lit du paralytique occupe autant son attention que la guérison de ce malheureux, que sa joie et sa reconnaissance, et quand celui-ci remporte sa couche, après le miracle, notre auteur lui met dans la bouche cette réflexion déplacée:

> Encore ne suis je pas si fol
> Que je la laisse à la harpaille (1).

---

(1) Aux voleurs.

Il faut pourtant être juste. Ce *réalisme* grossier, qui donne un relief si vigoureux aux détails inutiles et aux personnages indifférents, est peut-être moins le fait de Greban que de son auditoire, qui aurait difficilement goûté un mystère autrement bâti. Les personnages de courriers, d'aubergistes, de valets, par exemple, intéressaient prodigieusement les spectateurs, qui aimaient à retrouver sur le théâtre les gens qu'ils rencontraient tous les jours dans la vie.

Il n'est pas un d'entre eux, maître ou valet, qui ne fût enchanté, quand le bourgeois Urion, propriétaire de la maison choisie pour y célébrer la Cène, présentait ainsi à saint Jean et à saint Pierre son domestique Piragmon :

URION

Certes, messeigneurs, encore ay je
Des biens pour Jhesus soustenir,
Et s'il fault aller ne venir,
Employez ce maistre valet
Et prenez en gré tel qu'il est,
Car autre faire ne le puis.

PIRAGMON

Maistre, je suis tel que je suis,
Prest de bien boire et bien mengier.

Il faut peut-être encore attribuer en partie à la tyrannie des habitudes de l'auditoire, la peinture à la fois faible et fausse du principal antagoniste, je veux dire de Judas, dont une légende absurde, malheureusement chère au moyen âge, avait dénaturé les traits. Si ce caractère, d'une noirceur si dramatique, n'a fourni à Greban qu'une belle scène, en revanche les princes des prêtres, les docteurs de la loi et les Pharisiens, ces adversaires acharnés du Sauveur, ont été crayonnés par lui avec vérité et avec bonheur (1).

Pilate et le second Hérode ont été assez exactement, mais assez faiblement rendus. Quant au premier Hérode, à celui qui fit massacrer les Innocents, il était déjà devenu, dans la tradition des mystères, un type consacré de férocité demi-grotesque, dont il eût été difficile à Greban de s'écarter. Les satellites qui entourent ce tyran, et généralement tous les soldats, geôliers, bourreaux, qui paraissent dans le cours du drame, étaient également des types consacrés de cruauté, mais d'une cruauté plus bouffonne encore. Leurs grossières plaisanteries faisaient les délices du public, et notre auteur n'a pas essayé en cela de réformer son goût. On ne pourrait croire, si cela n'était attesté par de nombreuses et interminables scènes,

---

(1) Il ne faut pas dissimuler que l'Université de Paris, précisément à cette époque, où elle prétendait régenter l'Église et dominer le Saint-Siège, offrait, parmi ses docteurs, de tristes modèles de pharisaïsme, dont Greban a peut-être copié les traits, quoique d'une façon inconsciente. L'un de ses maîtres en théologie, qui même devint son patron, Thomas de Courcelles, avait été l'un des plus utiles auxiliaires de Cauchon dans le procès de Jeanne d'Arc. C'était un de ces hommes en qui la science et l'abus du raisonnement finissent par dessécher le cœur.

combien ce goût était détestable. Il est surprenant de constater que, dans les tableaux les plus douloureux de la Passion, l'attention des spectateurs et le talent du poète paraissent moins attirés par la peinture des souffrances et de la sublime résignation de l'Homme-Dieu, que par l'étalage des supplices et les odieuses bouffonneries qui les accompagnent. Il y a là, dans une foi d'ailleurs robuste et sincère, un défaut de convenance religieuse et de sens esthétique, qu'il importe de remarquer, parce qu'il sert à expliquer la réaction qui se fit au siècle suivant contre les mystères (1).

Les démons, comme les bourreaux, sont, dans le théâtre du moyen âge, des personnages grotesques. Obéissant, en ce point comme en tant d'autres, aux habitudes du public, Greban leur a largement conservé ce caractère. On peut dire cependant qu'il a, en quelque façon, amélioré les scènes infernales, en y dépensant une verve comique réelle, exprimée d'un style moins trivial et qui touche quelquefois à la bonne comédie. Nous

---

(1) Toutefois, il faut tenir compte de la différence d'effet entre un drame lu et un drame représenté, différence dont il est difficile souvent de se faire une idée, car il y a des détails qui ressortent et d'autres qui s'effacent d'une façon tout à fait inattendue à la représentation. A propos de scènes analogues à celles que nous blâmons dans la *Passion* de Greban, M. Wilken (*Geschichte der geistlichen Spiele in Deutschland*, p. 281, note 2) fait remarquer que l'acteur qui représentait Notre-Seigneur, pouvait avec un peu d'art, en s'attachant à mettre en relief l'héroïsme de sa patience, tourner ces scènes de supplices au triomphe de son rôle.

donnerons une idée de ces scènes par la suivante. Voici ce qui se passe dans l'enfer au retour des diables Satan et Berich, envoyés par Lucifer pour tenter Jésus, et qui reviennent déconcertés :

LUCIFER

J'apperçoy nos ambassadeurs
Qui reviengnent moult empeschés.

ASTAROTH

Voulez vous qu'ils soient torchés (1) ?
Veez cy les instrumens tous pres.

LUCIFER

Dea, ne te haste pas si pres
De frapper derriere et devant :
Ouyr fault leur rapport avant,
Sçavoir s'il y a perte ou gaigne.

SATHAN

Lucifer, je creve d'engaigne (2)
Des fortunes qui nous surviennent,
Et se les deables ne me tiennent,
Je desveray (3) et pis encore.

LUCIFER

Sathan, tien ung peu ta memore,
Et compte tes fais par maniere (4).

BELZEBUTH

Fais, fais hardiment bonne chiere :
Nous sommes cy plus d'ung millier
Pour ces deux gallans estrillier
Si n'y a rapine ou conqueste.

---

(1) Battus.
(2) Colère.
(3) Je deviendrai fou. Je ferai des extravagances.
(4) Par ordre.

CERBERUS

J'ay ma plommée toute preste :
Je n'attends mes (1) que l'un d'eulx entre
Pour les batre tant dos et ventre
Que jamais n'emportent santé.

LUCIFER

Deables, un petit *silete :*
Vous leurs estes ung peu trop fermes.
Sathan, compte nous en briefz termes
Se ce Jhesus est point finé (2).

SATHAN

Nennil, je l'ay tant hutiné,
Tant poursuy, tout espié,
Tant regardé, tant costoié !
Mes mon fait n'y vault une nois :
Plus le voy et moins le congnois,
Plus le regarde et plus le crains :
Bref il excede (3) tous humains.

Ung jour doubte qu'il ne soit ange,
Et l'autre fois mon propos change,
Et me doubte d'une aultre somme
Qu'il ne soit Dieu en forme d'homme,
Veue la saincteté qu'il tient,
Et briefment ma raison maintient
Qu'il est quelque chose bien haulte,
Car oncques il ne commist faulte
Dont je le sceusse reprouver.

LUCIFER

Ha! larron, ne sces tu trouver
Quelque faulce soubtilité ?

---

(1) Je n'attends plus rien sinon que l'un d'eux entre.
(2) Mis à fin.
(3) Dépasse.

BELZEBUTH

Voulez-vous qu'ilz soient escroté (1)
Par maniere de passe temps?

ASTAROTH

Cinq ou six torchons bien hurtans
Ne seroient pas mal assis (2).

LUCIFER

Va hardiement jusqu'à six,
Ou cent ou deux cents tout comptant

BELZEBUTH

Et à son compaignon?

LUCIFER

      Autant :
Si l'estuvez en ce brasier :
Ung tantet pour les mieulx aisier (3)
Brulez ces serpens plains d'envie.

BERICH

Ha ! Sathan, vecy dure vie :
Il nous convient estre houssés (4).

SATHAN

Ha ! mercy, maistre.

LUCIFER

     C'est assés,
Je leur pardonne la fortune.

ASTAROTH

Passez, ribauldaille, passez.

---

(1) Frappés, frottés, houspillés.
(2) Cinq ou six coups bien frappés ne seroient pas mal séants.
(3) Pour les mettre plus à l'aise.
(4) Il faut que nous soyons frappés.

BERICH
Ha! mercy, maistre.

LUCIFER
    C'est assés,
Les turez-vous ? cessez, cessez !

CERBERUS
Encor aront ils ceste prune.

SATHAN
Ha! mercy, maistre.

LUCIFER
    C'est assés,
Passez, ribauldaille, passez.
Les turez vous ? cessez, cessez !
Je leur pardonne la fortune.

ASTAROTH
Je pense qu'ils en ont pour une (1) !
Ils sont frotés à grosse cloche.

LUCIFER
Comment te va, Sathan ?

SATHAN
    Je cloche,
Maistre, je ne puis hay avant (2);
Je ne seray plus poursuivant (3) :
Les gages sont trop mal courtois.

LUCIFER
Si feras encor une foiz.
Il le fault, je te le commande.
Or me respons à ma demande :

---

(1) Je pense qu'ils ont leur compte.
(2) Je n'en puis plus.
(3) Hérault d'armes de l'enfer, son envoyé.

Où tient ce Jhesus son menage
Maintenant?

SATHAN

Dedans un bocage;
Il s'est en ung desert logé,
Auquel lieu n'a beu ne mangé
Depuis l'heure qu'il y entra.

LUCIFER

Par mon conseil on le tentra
Par trois ou par quatre façons,
Affin au moins que nous sachons
S'il est Dieu, homme ou autre chose.

SATHAN

Tost y courusse, mes je n'ose,
Pour doubte qu'on ne me torchonne (1).

LUCIFER

Se tu faulx, je te le pardonne
Par tel que tu t'y emploiras (2).

SATHAN

Çà donc, le congé.

LUCIFER

Tu l'aras.
Or va, que pour toy confermer
Tous ceulx de l'air et de la mer
Te ramainent à sauvegarde
Plus tost que pierre de bombarde!

Cette scène montre comment Greban entendait et pratiquait l'art du dialogue. Il y déploie une véritable habileté qui, au reste, paraît innée dans

---

(1) Par crainte qu'on ne me batte encore à mon retour,
(2) Si tu ne réussis pas dans ta mission, je te pardonne d'avance, à condition que tu t'y emploies.

notre littérature, car on la remarque déjà dans les plus anciens monuments de notre théâtre, et notamment dans le drame d'*Adam*. Il manie avec une remarquable aisance ce vers de huit syllabes, qui a été durant tout le moyen âge notre principal vers dramatique, et qui, très rapproché de la prose par son allure facile et courante, et en même temps capable de s'élever très haut, aurait pu acquérir sous la main d'un grand poète les qualités de l'iambe grec.

Notre auteur emploie généralement les rimes plates pour le dialogue et pour le récit. Quelquefois cependant il entrecroise les rimes suivant un ordre déterminé, et donne ainsi un ton un peu plus lyrique à sa versification. Il y a dans son drame, pour cela encore conforme aux mystères antérieurs, des parties tout à fait lyriques, tantôt éclatant, pour ainsi dire, au milieu même du dialogue et du récit, comme une effusion soudaine de l'âme du personnage, tantôt se détachant sous forme de stances régulières, comme par exemple la prière de Notre-Seigneur au jardin des Oliviers, ou se répandant en strophes dans lesquelles l'extrême variété des rythmes s'enchaîne pourtant et s'encadre en une symétrie savante, comme les lamentations de Notre-Dame sur le corps de son divin Fils.

Greban possédait évidemment à fond tous les secrets de l'art des trouvères, et il les a employés dans son drame, comme Eschyle a usé dans les chœurs de ses tragédies de toute la science lyrique des grands poètes doriens. Mais, par malheur, tandis que la lyre d'Eschyle, comme celle de Pindare, son contemporain, à la fois savante et naturelle, donne des accords aussi justes que puissants, l'instrument que Greban a reçu des mains des trouvères, construit avec une science et un art remarquables, n'a pas toujours été réglé par une oreille saine et par un tact judicieux, et produit trop souvent, sous les doigts de notre poète, un flot de notes fausses ou douteuses et une harmonie baroque. La complainte suivante de Judas ne manque pourtant pas de force et de couleur expressives dans la barbarie raffinée de ses sonorités de mauvais goût :

JUDAS

Mourray je ainsi las (1)
Estranglé d'un las,
Sans quelque espoir de soulas ?
O Desesperance, hélas !
La celle as
Où la mort me veult attraire (2) !
Dueilz de tous eslas,
Me quierent à tas (3);
Convoitise, grant tort as,

---

(1) Malheureux.
(2) Hélas ! ô Désespérance, tu as la cellule où la mort me veut attirer.
(3) En tas, en grand nombre.

> Qui les moyens m'apportas
> Et notas
> Dont je seuffre tel contraire.
> Las! que doy je faire?
> Me fault il deffaire?
> M'est ceste mort necessaire?
> Pitié, m'es tu adversaire,
> Qui deffaire
> Me deusses ains mon trepas?

Parmi les emprunts que les auteurs dramatiques du moyen âge firent à la poésie des trouvères, il est un genre où ceux-ci avaient plus particulièrement excellé, et qui a fourni à Greban quelques-uns des meilleures vers lyriques que l'on rencontre en son drame : c'est la *pastourelle* ou chant de bergers, lequel trouvait naturellement sa place dans la bouche de ces pasteurs de Bethléem, qui reçurent les premiers la nouvelle de la naissance du Messie. Écoutez ce couplet. Ne le trouvez-vous pas charmant ?

> PELLION
>
> Bergier qui ha pennetiere
> Bien cloant (1), ferme et entiere,
> C'est ung petit roy :
> Bergier qui ha pennetiere
> A bon cloans (2) par derriere
> Fermant par bonne maniere,
> Que lui faut il? quoy?
> Il a son chapeau d'osiere,

---

(1) Clouée, agrafée.
(2) Clous, agrafes,

> Son poinsson (1), son alleniere (2),
> Son croc, sa houllette chiere,
> Sa boite au terquoy (3),
> Beau gippon (4) sur soy,
> Et par esbanoy (5),
> Sa grosse fleute pleiniere,
> Souliers de courroy (6)
> A beaux tacons (7) par derrière ;
> Face feste et bonne chiere :
> C'est ung petit roy.

Un autre genre emprunté à la poésie lyrique des trouvères prit dans la versification dramatique du XV⁰ siècle une importance extrême : c'est le *rondeau*. Il ne faut pas entendre par là ce que nous désignons aujourd'hui par ce mot. Le *rondeau* du XV⁰ siècle ressemble à ce qu'on a depuis appelé *triolet*, et consiste essentiellement dans le retour alterné de certains vers. Comme le *rondeau* a dû être primitivement un chant accompagnant des *rondes*, on a pu appliquer cette forme à la *pastourelle*, et en effet, le couplet que nous venons de citer a quelque chose du *rondeau*. Mais le *rondeau* proprement dit comporte au XV⁰ siècle des répétitions plus fréquentes des mêmes vers. Greban fait

---

(1) Poignard.
(2) Étui à alènes.
(3) Sa boîte à poix.
(4) Pourpoint.
(5) Divertissement.
(6) Souliers corroyés.
(7) Pièces de cuir.

usage de cette forme en deux manières. Il l'emploie à part, comme un petit morceau de poésie chantée : ainsi le beau rondeau des démons que nous citerons un peu plus loin. Il l'emploie aussi dans le dialogue, où il l'intercale tout à coup au milieu des vers à rimes plates. On en a pu voir un exemple dans la scène de diables reproduite plus haut. En voici un second dans ce dialogue des gardiens du sépulcre, après la Résurrection :

MARC ANTHOINE
Vous y pourriez querir trois jours,
Soiez tous sceurs qu'il est party.

ASCANUS
C'est par vous.

MARC ANTHOINE
Vous avez menty !
Ne m'imposez point laschelé ;
J'ay mieulx gardé de mon costé
Que vous et de meilleur party.

EMILIUS
Jamès il ne fust departy
Se vous eussiez songneux esté
C'est par vous.

ASCANUS
Vous avez menty !
Ne m'imposez point laschelé.
Tout ce mal nous est reverty (1)
Par vostre grand meschanceté :
Vous l'avez prins et enporté,

---

(1) S'est retourné sur nous, nous est arrivé.

Qui qu'en ait le moyen basty (1).
C'est par vous.

EMILIUS

Vous avez menty!
Ne m'imposez point laschelé ;
J'ai mieux gardé de mon costé
Que vous et de meilleur party ;
Et qui me dira : « C'est par ty » (2).
J'en appelle de champ de gage (3).

Cet usage du *rondeau*, qui sobrement et judicieusement pratiqué, aurait pu produire d'heureux effets, était déjà devenu, du temps de Greban, dans la versification dramatique, un véritable abus, qui donne à tout instant au dialogue des personnages l'air d'une danse sur la corde raide.

Un autre abus, dont Greban ne s'est pas gardé, infectait la poésie du XVᵉ siècle : ce sont les jeux de mots et les jeux de lettres, de barbares et puériles recherches de consonnance et d'*allitération* redoublée. Il y a au moins une intention d'harmonie imitative, pour peindre le désespoir et la fureur de Judas, dans ces vers qu'il prononce, et qui devaient furieusement râcler sa gorge et les oreilles de ses auditeurs :

Rage restrainte, redoublable,
Rendant redoublée renforce !

---

(1) N'importe qui en ait inventé l'artifice.
(2) C'est par toi, c'est de ta faute.
(3) J'en donne mon gage de bataille, pour appeler le calomniateur en champ clos.

> Rouge rage plus ragiable
> Que la rage qui me refforce !

Mais il n'y avait aucune raison de donner à l'éloge de Notre-Dame par saint Joseph cette forme cacophonique :

> O vouloir de femme bien mis,
> Constance de cueur affermé,
> Secret en fin fermail fermé,
> Fermeture fermement faicte,
> Forte foy franchement parfaicte...

Parmi ces excentrités de versification, le style de Greban, malgré certaines surcharges de métaphores malencontreuses, conserve en général les qualités de la vieille langue française : il est clair, abondant et sain. Mais il est diffus, sans véritable élégance et souvent sans propriété. C'est le défaut de presque tous les écrivains en vers du moyen âge, qui ont ignoré ce qu'est le travail de l'expression, et qui laissent couler les mots comme ils leur viennent, sans jamais s'arrêter pour chercher mieux. Il faut avouer aussi qu'il est difficile de soigner trente-cinq mille vers, écrits dans un laps de temps relativement court. Comme l'a justement fait observer M. Wilken (1) pour les drames allemands, qui pourtant n'atteignirent point à de telles proportions, l'extension exagérée du texte des mystères ne nuisit pas moins au souci des détails

---

(1) *Geschichte der geistlichen Spiele in Deutschland*, p. 280.

du style qu'à l'expression artistique des caractères.

Là où Greban triomphe, c'est dans les scènes dialectiques, qu'il a d'ailleurs étendues et prodiguées outre mesure. Le ciel lui-même devient chez lui une salle de soutenance de thèses, en même temps qu'un prétoire de tribunal ecclésiastique. Mais il faut reconnaître qu'il reproduit en français, avec une aisance merveilleuse, l'argumentation latine, si subtile et si serrée, de cette scolastique parisienne, qui faisait des suppôts de la grande Université des disputeurs redoutés de toute l'Europe. Il faut le louer aussi de l'habile usage qu'il a su faire, en certaines parties de son œuvre, de sa science théologique. Ainsi le tableau de la Cène devait être pour les spectateurs, non seulement un spectacle édifiant, mais une véritable leçon de catéchisme, clairement exposée, et en même temps assez bien fondue dans la mise en œuvre du récit de l'Évangile. Les enseignements de Notre-Seigneur à ses disciples et aux foules qui le suivaient, sont nettement rendus aussi et correctement développés, quant à la doctrine, mais l'arome céleste en est envolé, et l'on croirait entendre, en les lisant dans la *Passion* de Greban, non plus le Maître divin, mais un bon prédicateur ordinaire du XVe siècle.

De même que les sermonnaires français du moyen âge excellaient dans les récits populaires qu'ils ajoutaient à la partie didactique et dialectique de leurs discours (1), ainsi Greban montre de réelles qualités de style dans la traduction à l'usage de son auditoire des paraboles qu'il rencontre dans les enseignements du Sauveur. Là, pas plus qu'ailleurs sans doute, il ne conserve l'accent divin qui anime dans l'Écriture ces sublimes ou touchantes allégories ; mais il en exprime le côté familier avec un naturel qui n'est pas sans grâce, et qui donne parfois comme un avant-goût des bonnes fables de La Fontaine.

> Ung pere de famille sage,
> Entendant à son labourage,
> Pieça (2) de sa maison yssi
> Pour semer aillieurs et icy
> Son grain, dont il est coustumier ;
> Et le grain qu'il sema premier
> Si cheut en diverses parties
> Selon les places assorties (3) :
> L'une part cheut en plaine voye,
> Mes tantost fut ravye en voye
> Des oiseaulx du ciel qui vollerent
> Et tout celuy grain recueillerent ;
> L'aultre part sur les pierres cheut
> Et celle tost sechée fut,
> Car le soleil par sa chaleur
> Le secha par faulte d'humeur (4) ;

---

(1) Cf. Lecoy de la Marche, *La Chaire française au moyen âge*, Paris, Didier, 1868, in-8°. — 2ᵉ édition, Paris, Laurens, 1886, in-8°.
(2) Il y a quelque temps, un jour.
(3) Déterminées par le sort.
(4) Faute d'eau.

> Une aultre part cheut es espines,
> Mes par leurs pointures malignes
> Creurent sus et le suffoquerent
> Tant que croistre ne le laisserent ;
> L'aultre part cheut en terre bonne,
> Et celle croit et si foisonne...

Nous avons déjà noté la verve d'assez bon aloi que laisse quelquefois apercevoir notre auteur dans les scènes comiques. On pourrait signaler çà et là des traits qui font pressentir Molière : par exemple cette réponse de Satan à Lucifer, qui lui reproche d'avoir laissé échapper des Limbes les âmes délivrées par le Rédempteur :

LUCIFER
> Faulx ennemy d'humain lignage,
> Pourquoy ne t'en tins tu bien pres
> Ou que tu ne courus appres
> Pour en recouvrer par les champs
> Dix ou douze des plus meschans
> Et trainer en nostre fournaise ?

SATHAN
> Vous en parlez bien à vostre aise...

Ainsi, pour la littérature dramatique, comme pour les autres genres créés par l'imagination de nos pères, il est vrai de dire que, laissé à ses propres forces, le génie français semble réussir plus naturellement dans le comique que dans le tragique, et s'élever difficilement au-dessus des moyennes régions de l'art, pour s'établir dans les plus hautes et surtout pour s'y maintenir. La *Chanson de Roland* pourtant témoigne, dès le début de notre littérature, de notre aptitude au sublime. Quelques vers du drame d'*Adam*, une scène du *Jeu de saint Nicolas* de Jean Bodel, prouvent que cette aptitude n'existait pas seulement pour l'épopée, mais aussi pour le théâtre. Rechercher quelles causes firent obstacle à son développement serait une curieuse étude, mais qui, pour aujourd'hui, nous entraînerait trop loin. En fait, elle ne s'était point encore développée au temps de Greban, mais enfin elle persistait, puisque Greban lui-même, dans son énorme drame, a deux fois touché au grand art : d'abord dans ce rondeau des démons, dans cette lamentation dantesque des suppliciés éternels :

> La dure mort eternelle
> C'est la chanson des dampnés ;
> Bien nous tient à sa cordelle
> La dure mort eternelle ;
> Nous l'avons desservy (1) telle
> Et à lui sommes donnés :
> La dure mort eternelle
> C'est la chanson des dampnés.

Mais Greban s'est élevé plus haut encore, dans ce dialogue entre Judas et le démon qu'il a évoqué dans son désespoir :

---

(1) Mérité.

LE DÉMON

Meschant, que veulx tu que je face ?
A quel port veulz tu aborder ?

JUDAS

Je ne scay : je n'ai œil en face
Qui oze les cieulx regarder.

LE DÉMON

Se de mon nom veulx demander,
Briefment en aras demonstrance.

JUDAS

D'où viens tu ?

LE DÉMON

Du parfont d'enffer.

JUDAS

Quel est ton nom ?

LE DÉMON

DESESPERANCE.

Ici les noms qui se présentent d'eux-mêmes à l'esprit sont ceux de Shakspeare et de Corneille.

Nous venons de nommer Shakspeare. Ce n'est pas seulement par un bel endroit, mais par son système tout entier que Greban fait pressentir le grand dramaturge anglais, le digne rival d'Eschyle. Il y a, en effet, bien des qualités latentes jusque dans les défauts de l'auteur de la *Passion*. Le réalisme grossier, mais d'une puissante exactitude, que l'on considère avec raison comme une immense faute de goût dans ce sujet divin, pouvait, en s'épurant, devenir une qualité dramatique en des sujets moins élevés, dans les drames historiques et chevaleresques par exemple, qui devaient naturellement succéder aux mystères religieux. Quand on prononce, comme nous-même l'avons fait plus haut, le nom des tragiques grecs à côté de celui de Greban, il est bien clair que cette comparaison l'écrase. Mais il ne faut pas oublier que si, à certains égards, les mystères du XVe siècle sont plus éloignés des conditions primitives du drame religieux que la tragédie d'Eschyle, de Sophocle et même d'Euripide ; à beaucoup d'autres égards ils nous représentent, par comparaison avec le théâtre grec, un état antérieur à celui d'Eschyle, et nous reportent à Thespis et à ses prédécesseurs. Or, tout en proclamant la supériorité artistique, qui ne nous paraît pas douteuse, même des premières ébauches du drame hellénique, telles qu'elles se dessinèrent dans les effusions lyriques et bachiques du dithyrambe, il est permis de supposer que quelques défauts, sinon semblables, du moins analogues à ceux qui nous choquent dans Greban ont bien pu s'y rencontrer.

Seulement le génie grec, doué d'un sens esthétique, pour ainsi dire, inné, et nourri d'ailleurs de la poésie d'Homère, a su s'épurer lui-même. Au contraire, pour se délivrer de ses défauts, et pour développer quelques-unes de ses aptitudes les plus hautes, le nôtre avait certainement besoin de l'étude des modèles de l'antiquité classique. Mais il ne suit pas de là que la France, coutumière de pareils excès, ait eu raison de passer, au XVIe siècle, d'une regrettable ignorance de ces modèles à une imitation servile, et de délaisser une tradition dont la fécondité est suffisamment démontrée par l'exemple de Shakspeare. Les excès du mouvement de retour aux lettres antiques ne doivent pas nous conduire à en nier l'utilité, mais cette utilité, le besoin même qu'on avait de ce retour, ne doit pas nous amener non plus à en justifier l'exagération, à en glorifier les folies. Les défauts de Greban peuvent excuser, mais non justifier Jodelle.

1880.

IX

Les Jeux dramatiques de la Fête-Dieu.

La Fête-Dieu, instituée par le pape Urbain IV en 1264, fut définitivement établie en 1318 par décret de Jean XXII. Elle reçut dès l'origine un office riche en poésie et en pompe extérieure. La procession dans les rues ou dans les champs, avec le concours de la population tout entière, en fut une partie, pour ainsi dire, nécessaire, conformément à l'objet de la fête, destinée à manifester solennellement la croyance de l'Église à la présence réelle du Sauveur dans l'Eucharistie.

L'esprit du moyen âge et sa tendance constante furent d'ajouter, pour l'instruction, pour l'édification et pour le plaisir des fidèles, aux rites obligatoires de la liturgie catholique des rites accessoires, facultatifs, extraordinaires, ayant un caractère historique et dramatique. C'est ainsi que nous avons montré la naissance et le développement du drame chrétien au sein, puis à côté des offices de Pâques et de Noël. La pompe même de la nouvelle fête appelait naturellement des additions de ce genre qui, en effet, ne lui manquèrent pas.

Le plus ancien spécimen qui nous soit parvenu, du moins à ma connaissance, des jeux dramatiques de la Fête-Dieu, est un mystère allemand publié par Mone, d'après un manuscrit d'Inspruck daté de 1391. Ce mystère est intitulé : *Ludus utilis ad devotionem simplicium peragendus die Corporis Christi vel infra octavas de fide katholica.* M. Wilken (1), auquel nous empruntons ce qui concerne l'Allemagne dans le sujet que nous traitons aujourd'hui, doute si ce jeu était représenté pendant ou après la procession. Nous adopterions plus volontiers la première hypothèse en ajoutant que, quoi qu'il en soit, des éléments dramatiques avaient, sans aucun doute, été ajoutés à la procession de la Fête-Dieu avant la composition du jeu d'Inspruck, dont la simplicité nous a conservé l'idée de ces premiers rites.

On y voit d'abord paraître Adam et Ève qui récitent une sorte de prologue sur la venue du Sauveur. Suivent douze prophètes de l'ancienne loi et les douze apôtres de la nouvelle alliance, qui récitent, ceux-là des prophéties messianiques, ceux-ci le symbole divisé en douze points. Après eux vient

---

(1) Ouvrage cité, p. 138 et suiv. — Cf. W. Creizenach, ouvrage cité, pp. 170 et suiv., 227 et suiv.

saint Jean-Baptiste tenant en main un ostensoir, où il ne faut pas voir le Saint-Sacrement de la procession, mais une figuration du Sauveur appropriée à la fête où le jeu se représente. Les trois rois mages paraissent ensuite et donnent l'explication mystiques de leurs offrandes. Enfin un personnage figurant le Pape clôt le jeu par un sermon où est exposée la doctrine de l'Église sur l'Eucharistie.

Les populations au moyen âge aimaient trop le drame religieux pour ne pas désirer qu'une place plus grande lui fût faite dans les cérémonies et les réjouissances de la Fête-Dieu. Il ne s'agissait pour les contenter que d'emprunter aux cycles de Noël et de Pâques, nés et développés depuis longtemps, et même réunis dès lors en mystères assez étendus, les éléments qu'ils offraient, en les appropriant à la fête du Saint-Sacrement. Cette appropriation dut consister à lier d'une façon plus étroite encore les personnages et les scènes de l'Ancien et du Nouveau Testament au Verbe fait chair et présent dans l'Eucharistie. Aussi eut-elle pour effet d'accentuer encore et de mener à son terme cette tendance cyclique qui avait eu tant d'influence sur les développements du drame sacré. C'est ainsi que dans un autre mystère allemand de la Fête-Dieu, publié par M. Herm. Verner, d'après un manuscrit de Künzelsau en Wurtemberg, daté de 1479, non seulement les cycles de Noël et de Pâques sont réunis, mais les *Vies des Saints* elles-mêmes fournissent au cortège du divin Crucifié leur contingent dramatique.

Le jeu de Künzelsau a pour principe le jeu même d'Inspruck, dont il a conservé le texte presque tout entier, qui ne forme plus néanmoins qu'une petite partie du nouveau drame, dans lequel M. Wilken distingue des additions de temps divers. Il était certainement représenté à la procession, et il est divisé, en guise d'actes, en *stations*. Après un prologue du *rector processionis*, on représentait, à la première station, la chute de Lucifer, la création du monde, la chute de l'homme, Caïn et Abel, Noé, Abraham et Isaac. A la seconde station on représentait Moïse, Josué, David et Goliath, le jugement de Salomon; la dispute entre Miséricorde et Justice sur le salut ou la perte de l'homme ; les prophètes du Christ : Isaïe, Jérémie et Daniel, et les scènes de la Nativité : par exemple les Bergers, les Mages, etc. A la troisième station on représentait diverses scènes de la vie du Sauveur et de sa Passion. On représentait encore quelques scènes des vies et légendes des saints : saint Georges, saint Christophe, saint Nicolas, sainte Catherine, sainte Barbe, etc. ; une scène de débat entre la Synagogue et le *rector processionis* ; la parabole des dix vierges ; l'Antechrist et sa chute et le Jugement dernier ; le drame se terminait par un sermon placé dans la bouche du Pape et pareil dans son ensemble à celui du jeu d'Inspruck.

Le plan des jeux dramatiques de la Fête-Dieu paraît avoir été arrêté à peu près partout, dès la fin du quatorzième siècle, sur un modèle semblable à celui que nous venons de voir suivi à Künzelsau. Ce plan consistait dans une série de scènes commençant à l'origine des choses et finissant au jugement dernier. Toutefois les vies et légendes des saints n'y furent pas toujours comprises, surtout dans la première époque, et le nom le plus convenable pour désigner l'ensemble des scènes représentées paraît être celui que l'on avait adopté à Draguignan, où l'on désigne ainsi le mystère : « Le jeu de la fête de Dieu, *sive le Testament vieulx et novel* ».

Dans une communication adressée au Comité des travaux historiques et insérée dans la *Revue des Sociétés savantes des départements* (année 1876, premier semestre, p. 444 et suiv.), M. Mireur a réuni un assez grand nombre de textes relatifs à ce jeu de Draguignan, dont le texte même, plusieurs fois remanié, ne nous est d'ailleurs point parvenu.

La plus ancienne mention est de 1437, mais à cette date la représentation était déjà une coutume. La plus récente est de 1615. Ces mentions sont empruntées aux registres de la municipalité, qui faisait au moins une partie des frais, emmagasinait les costumes et traitait, pour ainsi dire, avec un personnage chargé de la conduite officielle du mystère. Ce fut pendant treize ans le notaire Textoris, qui eut pour successeur le procureur Mossoni. L'organisation du jeu avait été d'abord laissée aux soins d'une confrérie pieuse, celle des douze apôtres ; mais plus tard la basoche, comme on voit, s'en empara, et elle semble y avoir introduit un élément comique qui n'était pas sans danger, car le conseil de ville, dans sa délibération du 19 mai 1564, confiant à Mossoni la direction du jeu, ajoute cette clause restrictive : « à la charge que ne fera juer istoyres que puisse esmouvoyr aulcune facherie... » Cet élément comique paraît s'être rapproché par certains côtés de quelques-unes des célèbres coutumes de la procession d'Aix, dont on attribue l'origine ou plutôt l'amplification au roi René. « Le jeu, dit M. Mireur, se disait parfois tout en cheminant. Le plus souvent on le représentait, toujours en plein air, sur des théâtres ombragés de *ramades* et environnés de bancs pour le cortège et pour la foule, que des commissaires, armés de bâtons, avaient mission de tenir en respect. Il fallait alors le commencer dès cinq heures du matin, à cause de la répétition du drame sur chacune des places de la ville ».

Ce n'est pas seulement à Draguignan ou à Aix que la procession de la Fête-Dieu reçut en France des additions dramatiques. Cette coutume dans notre pays comme dans le reste de la catholicité fut à peu près générale. Néammoins et malgré l'incontestable prééminence du drame français dans l'histoire du théâtre religieux au moyen âge, malgré le développement que prirent sur notre sol les mystères au quinzième siècle et l'influence qu'ils exercèrent sur le théâtre des pays voisins, les jeux de la Fête-Dieu ne semblent pas avoir eu chez nous l'importance qu'ils acquirent, par exemple, en Angleterre, où le mouvement dramatique se concentra, pour ainsi dire, presque tout entier à la fête du *Corpus Christi*.

En 1417, nous voyons un Franciscain, le frère William Melton, occupé à réorganiser dans la ville d'York les cérémonies de cette grande solennité, et à régler, de façon qu'ils ne pussent troubler la liturgie ordinaire, les *pageants* ou tableaux scéniques que l'on avait coutume d'y joindre. Des trois grandes séries de mystères anglais dont le texte nous est parvenu, l'une, la série de Coventry, *ludus Coventriæ*, avait certainement été composée pour la Fête-Dieu, et la même chose est plus que probable pour les deux autres, celles dites de Chester et de Towneley. Ces trois séries se composent chacune de trente à quarante scènes, figurées et dialoguées, commençant à l'origine du monde, se poursuivant à travers l'Ancien et le Nouveau Testament, et aboutissant au jugement dernier. Il en était de même des *pageants* d'York. Le dialogue paraît avoir tenu, à l'origine, une petite place dans ces jeux, qui se rapprochaient alors de ce que nous appelons des *tableaux vivants*. C'est, du moins, ce qu'on peut conclure pour l'année 1415 de la curieuse liste suivante des scènes représentées et des corps de métier qui en étaient les acteurs et les figurants. Cette liste dressée par Roger Burton, clerc de la ville d'York, a été reproduite par M. Marriott dans l'introduction à sa collection de mystères anglais (1).

Les tanneurs (*tanners*) représentaient Dieu le Père Tout-Puissant créant et formant les cieux, les anges et les archanges; Lucifer et les anges qui tombèrent avec lui dans l'enfer.

Les plâtriers (*plasterers*): Dieu le Père dans sa propre substance, créant la terre et tout ce qu'elle contient, dans l'espace de cinq jours.

Les cardeurs (*carde-makers*): Dieu le Père créant Adam du limon de la terre et faisant Ève de la côte d'Adam, et leur inspirant le souffle de vie.

Les foulons (*fullers*): Dieu défendant à Adam et Ève de manger du fruit de l'arbre de la science.

Les tonneliers (*coupers*): Adam et Ève avec un arbre entre eux; le serpent les décevant avec des pommes; Dieu leur parlant et maudissant le serpent, et un ange avec une épée les chassant du paradis.

---

(1) *A collection of englisch miracle plays or mysteries* etc. Basel and Paris, 1838, in-8°. — Les *pageants* d'York ont été en 1885 l'objet d'une importante publication de Miss Toulmin Smith. — Cf. W. Creizenach, ouvrage cité, p. 281 et suiv.

Les armuriers (*armourers*) : Adam et Ève, un ange avec une bêche et une quenouille, leur assignant leur labeur.

Les gantiers (*gaunters*) : Caïn et Abel offrant leurs sacrifices.

Les constructeurs de vaisseaux (*shipwrights*) : Dieu ordonnant à Noé de faire une arche de bois léger.

Les poissonniers (*fyshmongers*), les pêcheurs (*pessyners*) et les mariniers (*mariners*) : Noé dans l'arche avec sa femme et ses trois fils et divers animaux.

Les parcheminiers (*perchemyners*) et les relieurs (*bukbynders*) : Abraham immolant son fils Isaac ; un bélier, un buisson et un ange.

Les chausseliers (*hosyers*) : Moïse élevant le serpent dans le désert ; le roi Pharaon ; huit Juifs dans l'admiration et dans l'attente.

Les épiciers (*spicers*) : Marie et un docteur déclarant les dits des prophètes sur la future naissance du Christ ; un ange la saluant ; Marie saluant Elisabeth.

Les potiers d'étain (*peuterers*) et les fondeurs (*founders*) : Marie, Joseph qui veut la renvoyer, un ange leur disant qu'il faut qu'ils aillent à Bethléem.

Les couvreurs en tuiles (*tylers*) : Marie, Joseph, une sage-femme, l'Enfant couché dans une crèche entre un bœuf et un âne, et l'ange parlant aux bergers.

Les fabricants de chandelles (*chaundelers*) : les

bergers parlant tour à tour, l'étoile à l'Orient ; un ange réjouissant les bergers par la nouvelle que l'enfant est né.

Les orfèvres (*goldsmithes, orfevres*) : les trois Rois venant de l'Orient, Hérode les interrogeant sur l'Enfant Christ ; avec le fils d'Hérode, deux conseillers et un messager.

Les batteurs d'or (*gold-beters*) et les monnayeurs (*mone-makers*) : Marie avec l'Enfant et l'étoile au-dessus, et les trois Rois offrant leurs présents.

Les maçons (*masons*) : Marie avec l'Enfant ; Joseph, Anne, et une nourrice avec de jeunes pigeons ; Siméon recevant l'Enfant dans ses bras, et deux fils de Siméon.

Les maréchaux (*marashals*) : Marie avec l'Enfant et Joseph fuyant en Egypte par le commandement d'un ange.

Les ceinturiers (*girdellers*), les cloutiers (*naylers*) et les fabricants de scies (*sawlers*) : Hérode ordonnant le meurtre des enfants, quatre soldats avec des lances, deux conseillers du roi, et quatre femmes pleurant le massacre de leurs fils.

Les éperonniers (*sporiers, lorymers*) : les docteurs, l'Enfant Jésus assis dans le temple au milieu d'eux, les écoutant et leur adressant des questions ; quatre juifs ; Marie et Joseph cherchant l'Enfant et le trouvant dans le temple.

Les barbiers (*barbers*) : Jésus, saint Jean le baptisant et deux anges qui les assistent.

Les marchands de vin (*vyntners*) : Jésus, Marie, le marié et sa femme, le maître de la maison et sa famille avec six cruches où l'eau est changée en vin.

Les forgerons (*smythes, fevers*) : Jésus sur le pinacle du temple ; Satan qui le tente avec des pierres ; deux anges le servant, etc.

Les corroyeurs (*corvisors*) : Pierre, Jacques et Jean ; Jésus montant sur la montagne et se transfigurant devant eux ; Moïse et Élie apparaissant et une voix parlant du sein d'un nuage.

Les *elennagers* : Simon le Lépreux priant Jésus de venir manger avec lui ; deux disciples ; Marie Madeleine lavant les pieds de Jésus et les essuyant avec ses cheveux.

Les plumassiers (*plummers*) et les fabricants de socques (*patten-makers*) : Jésus, deux apôtres, la femme prise en adultère, quatre juifs qui l'accusent.

Les fabricants de bourses (*pouch-makers*), les *botillers* et les bonneliers (*cap-makers*) : Lazare dans le sépulcre ; Marie-Madeleine, Marthe, et deux juifs dans l'admiration.

Les confectionneurs (*vestmen-makers*) et les peaussiers (*skynners*) : Jésus sur un âne avec son ânon ; douze apôtres suivant Jésus ; six riches et six pauvres hommes avec huit garçons portant des branches de palmier et disant constamment : Béni soit, etc., et Zachée montant sur un sycomore.

Les couteliers (*cutlelers*), les fabricants d'épées

(*blade-smythes*), les gaîniers (*shethers*), les fabricants de balances (*scalers*), les fabricants de boucliers (*bukle-makers*) et les cornetiers (*horners*) : Pilate, Cayphe, deux soldats, trois Juifs, Judas vendant Jésus.

Les boulangers (*bakers*) et les porteurs d'eau (*water-leders*) : le souper de Notre-Seigneur et l'Agneau pascal ; douze apôtres ; Jésus ceint d'une toile de lin, leur lavant les pieds ; l'institution du sacrement du corps du Christ dans la nouvelle loi et la communion des apôtres.

Les cordonniers (*cordwaners*) : Pilate, Cayphe, Anne, quarante soldats armés, Malchus, Pierre, Jacques, Jean, Jésus et Judas qui le baise et qui le trahit.

Les fabricants d'arcs (*bowers*) et les fléchiers (*fletchers*) : Jésus, Anne, Cayphe et quatre Juifs frappant et bâtonnant le Christ ; Pierre, la femme qui l'accuse et Malchus.

Les tapissiers (*tapisers*) et les fabricants de lits (*couchers*) : Jésus, Pilate, Anne, Cayphe ; deux conseillers et quatre Juifs accusant le Christ.

Les *littesters* : Hérode, deux conseillers, quatre soldats, Jésus et trois Juifs.

Les cuisiniers (*cukes*) et les porteurs d'eau (*water-leders*) : Pilate, Anne, Cayphe, deux Juifs et Judas recevant d'eux trente pièces d'argent.

Les faiseurs de sauces (*sauce-makers*) : Judas qui se pend.

Les merciers (*milners*), les *tiel-makers*, les cordiers (*ropers*), les *cevers*, les tourneurs (*turners*), les *hayresters* et les *bollers* : Jésus, Pilate, Cayphe, Anne, six soldats portant des lances et des enseignes, et quatre autres conduisant Jésus d'Hérode à Pilate, demandant que Barabbas soit relâché et Jésus crucifié, et alors le liant et le frappant, plaçant sur sa tête une couronne d'épines ; trois soldats tirant au sort le vêtement de Jésus.

Les tondeurs de drap (*shermen*) : Jésus couvert de sang portant sa croix vers le Calvaire, Simon le Cyrénéen, etc.

Les épingliers (*pynners*) les *lateners* et les peintres (*paynters*) : la croix, Jésus étendu sur elle sur la terre ; quatre Juifs le frappant à coups de fouets, et ensuite dressant la croix, avec Jésus sur elle, sur le Calvaire.

Les bouchers (*bouchers*) et les coquetiers (*pullerers*) : la croix, deux larrons crucifiés et Jésus suspendu entre eux ; Marie, mère de Jésus, Jean, Marie, mère de Jacques, et Salomé ; un soldat avec une lance et un valet avec une éponge ; Pilate, Anne, Cayphe, un centurion, Joseph d'Arimathie et Nicodème détachant Jésus et le déposant dans le sépulcre.

Les selliers (*satellers, sellers*) et les vitriers (*glasiers*) : Jésus brisant les portes de l'enfer ; douze élus et douze damnés.

Les charpentiers (*carpenters*) et les menuisiers

(*joyners*) : le centurion déclarant à Pilate, Cayphe et Anne, accompagnés d'autres Juifs, les signes qui apparaissent au sujet de la mort de Jésus.

Les charrons (*cartwrights*), les sculpteurs (*carvers*) et les scieurs de long (*sawyers*) : Jésus sortant du sépulcre ; quatre soldats armés ; les trois Marie exprimant leur douleur ; Pilate, Cayphe et Anne ; un jeune homme vêtu de blanc, assis sur le sépulcre et parlant aux femmes.

Les tireurs de fil (*wye-drawers*) : Jésus, Marie, Marie-Madeleine avec des parfums.

Les fripiers (*broggers*), les emballeurs de laine (*wool-pakkers*) et les portefaix (*wadsmen*) : Jésus, Luc et Cléophas en costumes de voyageurs.

Les écrivains (*escriviners*), les *lumners*, les *questors* et les *dubbors* : Jésus, Pierre, Jean, Jacques, Philippe et les autres apôtres ; Thomas tâtant les plaies de Jésus.

Les tailleurs (*taillyoures*) : Marie, saint Jean l'évangéliste, deux anges et les onze apôtres ; Jésus s'élevant en leur présence ; quatre anges portant un nuage.

Les potiers (*potters*) : Marie, deux anges, les onze apôtres, le Saint-Esprit descendant sur eux, quatre juifs dans l'admiration.

Les drapiers (*drapers*) : Jésus, Marie, Gabriel, avec deux anges, deux vierges et trois Juifs de la parenté de Marie, huit apôtres et deux diables.

Les tisserands de lin (*lynwevers*) : Quatre apôtres

portant le cercueil de Marie, Fergus s'accrochant à lui avec deux autres Juifs, et un ange.

Les tisserands de laine (*wevers of wollen*) : Marie s'élevant avec une multitude d'anges, huit apôtres avec Thomas prêchant dans le désert.

Les hôteliers (*hostilers*) : Marie et Jésus qui la couronne avec un grand nombre d'anges.

Les merciers (*mercers*) (1) : Jésus, Marie, douze apôtres, quatre anges avec des trompettes et quatre avec une lance et deux fouets, quatre élus et quatre damnés, six diables.

La part active que prenaient, comme on le voit, les classes ouvrières aux jeux dramatiques de la Fête-Dieu, montre assez quel goût avait le peuple anglais pour ces pieuses représentations. Le triomphe du Protestantisme n'en amena point la suppression, mais seulement, à ce qu'il semble, le transfert à une autre date, d'ailleurs très rapprochée de l'ancienne fête. Les *pageants* de Chester, dont les copies qu'on possède sont de 1591, 1600, 1601 et 1607, et qui furent certainement en usage jusqu'en 1677, étaient représentés, dans leur dernier état, durant la semaine de la Pentecôte.

En Espagne, bien loin de disparaître ou de chan-

---

(1) Il s'agit ici des merciers au sens ancien, c'est-à-dire des marchands d'objets extrêmement variés, compris alors sous le nom de *mercerie*. Les *milners* mentionnés plus haut sont des merciers au sens actuel, des marchands de menus objets d'habillement et de mode.

ger de date, les jeux de la Fête-Dieu se fixèrent de plus en plus au jour et à l'idée du Saint-Sacrement. Traités par des écrivains de talent, puis par des poètes de génie, ils donnèrent naissance, aux seizième et dix-septième siècles, à un genre littéraire, qui forme une partie considérable et jusqu'ici trop négligée de l'histoire du théâtre espagnol : les *autos sacramentales*.

Le caractère plutôt symbolique qu'historique de ces drames, analogues à nos *moralités* du quinzième siècle, apparaîtra suffisamment par la simple énumération des personnages figurant dans la pièce de Lope de Vega intitulée : *El Viage del Alma (le Voyage de l'Ame)*. Voici les rôles : *Christo, el Alma, San Pedro, Voluntad, Engagno* (la Fourberie), *Memoria, Amor propio, Apetito* (la Concupiscence), *Entendimiento, Penitencia, el Demonio, Angeles, Santos y Santas, el Deleite* (le Plaisir), *los Siete pecados capitales, damas y galanes, truhanes* (personnages comiques analogues aux *ribauds* des mystères français), *musicos*.

Il ne faudrait pas croire que le caractère symbolique des *autos* ait été primitivement celui des jeux dramatiques de la Fête-Dieu en Espagne. Ces jeux avaient eu d'abord, là comme ailleurs, le caractère historique. Un souvenir même en est resté dans la pièce de Lope que nous venons de mentionner. Cette pièce est en effet précédée de deux prologues, l'un à l'honneur du Saint-Sacrement, et l'autre où sont passés en revue, en trois cents vers hendécasyllabes, un certain nombre de faits de l'histoire sacrée et de l'histoire profane, depuis la création du monde jusqu'à la venue de Jésus-Christ.

La transformation du caractère historique en caractère symbolique, par une appropriation plus entière à l'idée de la Fête-Dieu, n'est pas non plus particulière aux pièces espagnoles. Nous voyons qu'elle a également eu lieu vers la même époque, avec un effet bien moindre, dans l'Allemagne catholique. C'est ce que nous montrent trois jeux d'Uerdingen (province rhénane), dont les manuscrits sont datés de 1671, 1682 et 1691.

Le premier, qui est aussi un jeu en l'honneur de sainte Anne, dont la fête coïncidait en certains pays avec la Fête-Dieu, est, pour ainsi dire, un morceau de transition. Le caractère en est historique, il repose sur l'antique donnée des *Prophètes du Christ*, mais on a modifié en l'honneur de sainte Anne et de la Sainte Vierge les termes de cette donnée, qu'on a ainsi rapportée de plus près à la fête du Saint-Sacrement. Un ange demande qui est la femme forte, Sara s'avance avec son fils Isaac. L'ange, dans un dialogue avec elle, montre que le sacrifice de Melchisedec est un symbole de la divine Eucharistie. Sara déclare qu'elle est la femme forte, mais son fils la rappelle à la modestie. La même prétention est successivement élevée par Jahel, Débora, Anne, mère de Samuel, la mère de David qui s'avance avec son fils jouant de la harpe, la mère de Samson, que ce géant accompagne. L'ange n'est pas satisfait de leurs raisons. On voit paraître ensuite la mère d'Élie avec ce prophète, Judith avec sa fille. Le texte, qui est incomplet, s'interrompt là, mais il est évident, comme le dit M. Wilken, qu'il se terminait par l'apparition de sainte Anne et peut-être de la Sainte Vierge, et que sainte Anne, à raison de sa fille, ou Marie plutôt, à raison de son divin Fils, était proclamée par l'ange comme réalisant le type de la femme forte.

Le second jeu est essentiellement dialectique et symbolique. C'est une controverse dialoguée. Le Protestantisme y est figuré par un personnage appelé *Hereticus*, qui engage une discussion avec *Catholica* sur la Présence réelle et qui se convertit en *Doctor pœnitens*.

Le troisième, dont un fragment seulement nous a été conservé, rappelle tout à fait les *autos* espagnols. On y voyait paraître Lucifer, qui convoquait ses vassaux pour entendre le récit de leurs hauts faits. Les *Sept péchés capitaux* se vantaient alors tour à tour, et notamment *Superbia (l'Orgueil)* se flattait d'avoir induit en péché Marie-Madeleine et se louait encore d'avoir fait accepter en fait d'habits les vaniteuses modes de France. *Avaritia* disait aussi, sans doute, de fort curieuses choses, mais ce qu'elle disait est perdu.

Ce n'est pas la seule perte que nous ayons faite dans la quantité de jeux dramatiques auxquels, durant les âges de foi, la condescendance de l'Église avait laissé une place parmi les cérémonies et les réjouissances de la Fête-Dieu. Contenues en de sages limites, améliorées par le goût, de telles représentations pouvaient et pourraient peut-être encore contribuer à l'édification et à l'instruction du peuple en même temps qu'à son plaisir. Partout où l'Église est vraiment libre, on voit naître et grandir par elle, au profit de tous, et notamment au profit du peuple, une civilisation aux mille branches où les arts viennent se poser.

1878.

X.

Les Origines du théâtre en Italie.

Les origines du théâtre moderne ont été, dans notre siècle, éclairées par d'importants travaux, dont le point de départ et le modèle furent les recherches de Charles Magnin.

L'un des caractères de cette question d'histoire et de littérature, c'est d'être un sujet commun aux diverses nations de l'Europe occidentale. La naissance et le développement du genre dramatique dans ces différents pays offrent à l'observateur un spectacle doublement curieux et instructif par la considération des ressemblances et des dissemblances qui s'y manifestent. Un précieux échange de lumières résulte de l'étude comparée des destinées du drame dans chacun d'eux. Mais dans l'intérêt d'une telle étude, il est bien à souhaiter que nous possédions pour toutes les parties, considérées séparément, de ce vaste domaine scientifique une série complète de recherches et d'exposés spéciaux.

Ce n'est malheureusement pas encore le cas. Nous devons savoir d'autant plus de gré aux savants qui remplissent, surtout s'ils le font d'une manière à peu près définitive, l'une des cases demeurées vides. C'est le mérite que s'est incontestablement acquis, pour l'une des parties les plus intéressantes du sujet commun, M. Alessandro d'Ancona, professeur à l'Université de Pise. Son bel ouvrage intitulé : *Origini del teatro italiano,* a obtenu au delà des Alpes un succès qu'atteste la seconde édition revue et augmentée, qui en a été récemment publiée par l'auteur (1), et dont M. Gaston Paris a donné dans le *Journal des savants* (2) une analyse et une appréciation dignes de tous deux. Nous voudrions, en nous aidant du travail de M. Paris, signaler à nos lecteurs la remarquable valeur du livre de M. d'Ancona et contribuer ainsi à mettre à la portée d'un plus grand nombre, dans notre public lettré, les notions à y recueillir.

La valeur de l'ouvrage dont nous parlons est accrue d'une façon notable par la connaissance que l'auteur possède, non seulement de son sujet proprement dit, mais des tenants et aboutissants de ce sujet dans le temps et dans l'espace, et par les comparaisons qu'il est en état et qu'il ne néglige pas de faire et de suggérer. Il débute par l'exposé de la

---

(1) Turin, Ern. Lœscher, 2 vol. in-8°.
(2) Novembre 1892.

lutte entreprise par les Pères de l'Église contre les dernières et honteuses manifestations du théâtre antique, singulièrement dégénéré durant la décadence romaine de la hauteur esthétique où l'avaient élevé les grands tragiques d'Athènes. Il nous montre, après la chute de ce théâtre, enseveli avec la civilisation païenne sous l'inondation des Barbares, les germes inattendus d'un drame nouveau dans les offices mêmes de la liturgie catholique. Le drame liturgique est constitué grâce à l'éclosion, favorisée par les circonstances, de quelques-uns de ces germes. A l'aide des travaux de ses devanciers, parmi lesquels nous le remercions cordialement de la consciencieuse amabilité avec laquelle il a bien voulu signaler les nôtres, M. d'Ancona étudie les développements du drame sacré en France d'abord, où paraît bien avoir été son principal centre, puis dans les autres parties de l'Europe.

Il arrive ensuite à son sujet propre et signale sur plusieurs points de l'Italie l'existence au moyen âge de drames liturgiques, analogues à ceux qui florissaient dans les contrées voisines. Mais il constate aussi que le curieux développement, qui se produisit surtout en France, et tira de ce premier genre, sous diverses formes successives, les *mystères* en langue vulgaire, n'eut pas lieu de même dans sa patrie, où le théâtre religieux dut sa naissance et sa vigueur, au XIVe, puis au XVe siècle, à des circonstances spéciales et à un mouvement particulier.

Les origines propres du drame italien au moyen âge se rattachent à une grande explosion de ferveur religieuse et de pénitence populaire qui, à partir de 1259, se manifesta avec une incroyable véhémence en Ombrie d'abord, puis dans les régions avoisinantes. Ce mouvement de piété enthousiaste et exubérante n'est certainement pas sans lien avec la rénovation religieuse antérieurement opérée, dans cette même contrée, par l'incomparable saint d'Assise. Mais il faut pourtant se garder de confondre la ferveur presque audacieuse, mais toujours pleinement orthodoxe, de saint François et de ses vrais disciples, avec le zèle intempérant et déréglé des *flagellants* ombriens dont le Souverain Pontife blâma, dès 1260, la dévotion convulsive. Entre autres résultats, en partie louables, cette dévotion donna lieu, de la façon suivante, à la création d'un nouveau genre dramatique. Nous ne pouvons mieux faire que de reproduire ici l'analyse par M. Gaston Paris de la thèse établie par M. d'Ancona :

« A la suite de cette sorte d'enthousiasme épidémique, dit le savant académicien, qui avait entraîné des populations entières à parcourir les villes et les campagnes en frappant leurs épaules nues et en chantant des hymnes en langue vulgaire, les flagellants (*disciplinali* ou *battuti*) s'organisèrent en confréries qui avaient leurs jours réguliers d'assemblées pour leurs pieux et sanglants exercices. Ces exercices, qui avaient lieu dans l'église, étaient accompagnés de chants, *laudi* ou *laude*, où s'exprimait la dévotion des fidèles à l'occasion de la fête qu'on célébrait, des divers épisodes de la vie du Christ, et particulièrement de la Sainte Vierge et de l'enfant Jésus, et aussi des joies du ciel, des peines de l'enfer et du jugement dernier. Nous possédons encore un grand nombre de *laude* lyriques ombriennes, notamment celles de Jacopone di Todi, « le jongleur de Dieu », comme l'a si bien appelé M. d'Ancona, et nous y trouvons bien tous les traits qu'on pouvait s'attendre à y rencontrer, d'une piété ardente, tout imprégnée d'amour et de crainte, nullement dogmatique, à la fois naïve et profonde, extatique et triviale. Quelques-unes des poésies de Jacopone ont déjà une forme dialoguée et presque un caractère dramatique, et M. d'Ancona ne serait pas éloigné de lui attribuer les plus anciennes et les plus remarquables des *laude* décidément dramatisées dont M. Ernesto Monaci a récemment découvert et fait connaître en partie d'importants recueils.

« Quoi qu'il en soit, c'est des chants des *disciplinati* que sortit insensiblement et presque inconsciemment la *lauda* dramatique, ou plutôt, pour lui donner le nom qu'elle porte habituellement, la *devozione*. Plusieurs *laude* appelaient un chant alterné, et on l'employa d'abord sans doute par demi-chœurs ; certaines scènes de l'histoire évangélique furent bientôt mises absolument en dialogue, notamment l'Annonciation, la Nativité, la Passion, et il était tout indiqué que le rôle de chacun des interlocuteurs fût confié à un personnage distinct. Tout le reste devait suivre naturellement et presque forcément : érection d'une estrade (*talamo*) au milieu de l'église pour qu'on pût mieux voir les exécutants, adoption par ceux-ci de costumes afférents à leur rôle, disposition sur l'estrade de *luoghi deputati* réservés à chaque groupe de personnages quand l'action comprenait plusieurs lieux entre lesquels elle se répartissait. Le succès encourageant les premiers essais, on allongea bientôt ces petits drames, qui cependant ne s'éloignèrent jamais que très peu du texte sacré ; on ne se renferma plus dans l'Évangile ; on soumit au même traitement des légendes de saints, des épisodes de l'Ancien Testament, des scènes eschatologiques, et ainsi se forma tout un répertoire de *devozioni*, qui, dans sa patrie primitive, l'Ombrie, dut être fort riche, et qui en sortit pour se répandre alentour, bien que dans un cercle assez restreint, et y susciter des imitations ».

Un autre mouvement, d'une nature sensiblement différente, mais qui, selon M. d'Ancona, emprunta quelques-uns des résultats dramatiques du premier, se produisit à Florence vers le milieu du siècle suivant et y donna naissance à un nouveau genre, destiné à marquer l'apogée du théâtre religieux en Italie. « La *sacra rappresentazione*, dit le docte professeur (1), est une forme théâtrale tout à fait propre à Florence, née vers le milieu du XVe siècle par la fusion de la *devozione* venue du dehors et des pompes urbaines par lesquelles on célébrait *ab antiquo* la fête du patron de la ville (saint Jean). L'union que contractèrent ces deux formes diverses, dérivant, l'une de l'instinct de l'imitation dramatique, l'autre de celui de la reproduction mimique, engendra cette production nouvelle, dans laquelle sont arrivés à la plus grande perfection les germes contenus dans l'une et dans l'autre.

« La *devozione* n'avait pas dû progresser beaucoup plus loin que le point où, dans leurs humbles oratoires, l'avaient menée les *laudesi* ; et de son côté la pompe mimique, privée de l'accompagnement et de l'interprétation de la parole des personnages, restait un spectacle infécond. Au nouveau drame la *devozione* fournit le modèle, et les fêtes dans lesquelles l'art de la mise en scène avait déjà fait excellemment sa preuve fournirent une occasion favorable à l'agrandissement de la sèche action dramatique employée par les flagellants ; mais ce n'est que dans la cité qui fut le berceau des arts et de la poésie qu'il pouvait en sortir un genre littéraire et une espèce théâtrale. De grands artistes, comme Brunelleschi et Cecca, donnèrent, par le

---

(1) Nous empruntons la traduction de M. Paris, dans l'article précité.

moyen de leurs *ingegni*, le plus grand développement à la partie figurative et symbolique ; des poètes de valeur, comme Belcari et Laurent le magnifique, se substituèrent aux humbles et incultes *laudesi*, et ainsi se forma ce théâtre qui unit heureusement l'industrie du mécanisme et le charme de la poésie. Ce fut le fruit mûr d'une civilisation arrivée à sa maturité ».

M. d'Ancona a étudié dans tous leurs détails les traits caractéristiques et les divers aspects des *rappresentazioni* florentines, comme on en jugera par l'indication des points exposés par lui dans les dix-neuf chapitres consacrés à creuser et, on peut presque le dire, à épuiser ce sujet. I. Noms variés des *sacre rappresentazioni*. II. L'*Annunziazione* et la *licenza*. III. Mètre et chant des *rappresentazioni*. IV. Acteurs, troupes, spectateurs, lieux, jours, heures, durée et mode de récitation des *sacre rappresentazioni*. V. Langue de la *sacra rappresentazione*. VI. Sources légendaires de la *sacra rappresentazione* et caractère de celle-ci. VII. De l'unité d'action dans la *rappresentazione sacra* et des unités de temps et de lieu. VIII. Assiette scénique de la *sacra rappresentazione*. IX. Les machines théâtrales. X. Intermèdes et pompes scéniques. XI. Personnages divins et diaboliques dans les *sacre rappresentazioni*. XII. Personnages symboliques. XIII. Les *Contrasti*. XIV. Personnages humains : ecclésiastiques, courtisans, conseillers royaux, astrologues, médecins, juges. XV. Marchands, soldats, bourreaux, bandits, cavaliers. XVI. Bergers, paysans, pauvres, mauvais compagnons, aubergistes, malandrins. XVII. Les femmes dans la *sacra rappresentazione*. XVIII. Caractère religieux et et moral de la *sacra rappresentazione*. XIX. De la façon de composer une *sacra rappresentazione*. — Sur tous ces points, le docte professeur a rapproché des traits du drame italien les traits analogues ou dissemblables du théâtre religieux des autres nations chrétiennes et surtout des *mystères* français.

M. d'Ancona a retracé ensuite la décadence et la chute des *rappresentazioni* florentines, et il en a expliqué les causes, d'abord celles d'ordre littéraire, puis celles d'ordre politique et religieux. Il a été amené par là à étudier en plus la résurrection, au détriment de ce drame national, des genres du théâtre antique, la naissance de la tragédie et de la comédie modernes, et enfin celle de l'opéra et de l'oratorio, créations originales du génie italien. Il a été amené aussi, par son sujet même, à exprimer un jugement général sur la Renaissance, dans ses rapports avec les destinées de la littérature dramatique en Italie. Il l'a énoncé en ces termes dès les premières pages de son Introduction : « La Renaissance, comme tous les grands faits de l'histoire, a été mêlée de bien et de mal ; mais, par rapport à l'art dramatique, le mal l'a peut-être emporté sur le bien. L'Espagne et l'Angleterre ont donné naissance à leurs théâtres nationaux en perfectionnant un type, différent du type classique, mais qui leur appartenait en propre. Il n'en a pas été de même des littératures qui, comme la nôtre, se tournèrent vers les modèles antiques, et, par suite, n'eurent point une manière de théâtre propre et parfaite, parce que l'imitation de l'antiquité ne fut pas raisonnable, mais excessive ». — C'est là une appréciation analogue à celle que nous avons autrefois exprimée nous-même en ce qui concerne la France. Bien que depuis lors nos opinions littéraires se soient quelque peu modifiées, nous continuons à penser qu'il y a dans cette façon de voir une part de vérité très notable.

On ne lira pas non plus sans intérêt les réflexions suivantes. Elles font grand honneur à la largeur d'esprit de M. d'Ancona, qui s'y élève au-dessus de tout préjugé de vanité nationale :

« Ainsi périt, dit-il, la *sacra rappresentazione* comme forme d'art. Tout périssait en Italie, et cette forme théâtrale périt aussi ; mais aucune ne pouvait désormais fleurir. Le drame religieux populaire succomba sous la réprobation des gouvernements, du clergé et des hommes cultivés, et ne put conserver un reste de vie qu'en se transformant en tragédie ou en opéra ; le drame classique avait déjà succombé, étant tombé aux mains de pédants rigides, plus empêtrés tous les jours dans les règles d'Aristote, et chez lesquels la doctrine de l'imitation avait tué toute imagination. Restait la *commedia dell' arte*, qui fit étinceler non seulement en Italie, mais au dehors, son feu d'artifice de réparties et de *lazzi* : Arlequin, Pantalon, Colombine, Brighella régnèrent longtemps sur toutes les scènes. Mais c'est un étranger, Molière, qui sut faire son profit de cette forme vive, agile, instantanée, et qui, y ajoutant l'étude de la nature et des passions et celle des anciens, en tira une forme parfaite. Tant de matière accumulée resta inutile chez nous : inutile la libre forme du théâtre sacré, inutile l'ingénieuse imitation des modèles classiques, inutile l'inspiration improvisée des comédiens ; et le plus grand titre de gloire pour l'Italie, dans les annales du nouveau théâtre, sera peut-être, outre le culte réveillé de l'antiquité, d'avoir contribué à former le plus grand comique de la France et même du monde moderne. »

Deux appendices considérables ajoutent encore à la valeur du livre de M. d'Ancona. L'un est formé par une étude des plus curieuses sur les représentations dramatiques populaires encore en vigueur aujourd'hui dans la campagne toscane sous le nom de *maggi* ; l'autre est un tableau aussi neuf qu'intéressant du théâtre à Mantoue au dix-septième siècle.

Nous sommes d'autant plus heureux de signaler à nos lecteurs le mérite et l'utilité de ce bel ouvrage que l'auteur s'est plaint avec un peu d'amertume du dédain superbe (telle est à peu près son expression) d'un certain nombre de critiques français pour les travaux des savants italiens. Nous pouvons lui certifier que, du moins en ce qui nous concerne, et surtout en ce qui le concerne, ce dédain n'existe en aucune manière. Nous avons, au contraire, pour ses travaux scientifiques et littéraires, la très haute estime qui leur est due.

1894.

III

LES ORIGINES DE LA COMÉDIE

AU MOYEN AGE

I

LES MORALITÉS

Le Jeu de Pierre de la Broce

Issue de la littérature chrétienne et de la littérature philosophique des derniers siècles de l'Empire romain, il n'est pas étonnant que la littérature latine et cléricale du moyen âge ait eu une tendance didactique et parénétique très prononcée. Il est naturel aussi qu'elle ait transmis cette tendance à la partie très considérable de la littérature française qui est issue d'elle ou qui a éprouvé son influence à la même époque.

A ce penchant s'en est joint un autre, provenant de la même origine et dont l'effet sur notre poésie nationale a été également très fort. C'est le goût de l'allégorie en général, et, en particulier, de la personnification des êtres abstraits. Dans les derniers temps de l'Empire, ce goût, ancien dans la littérature romaine, se manifeste avec une énergie plus sensible qu'heureuse. On le saisit en pleine vigueur dans la *Psychomachie* ou Combat des vices et des vertus, de Prudence, et, sous une forme plus étrange encore, dans ces *Noces de la Philologie et de Mercure*, où le grammairien Martianus Capella nous présente la jeune et docte fiancée, Philologie, avec son cortège : Grammaire, Dialectique, Rhétorique, Arithmétique, Astronomie et Harmonie, qui, chantant l'hyménée, conduisent l'aimable vierge jusqu'à la chambre nuptiale.

Or, comme l'a justement fait observer M. Ernest Langlois (1) : « Prudence est un des auteurs qui ont été les plus goûtés au moyen âge, et, de ses ouvrages, c'est la *Psychomachie* qui a été la plus souvent lue. Martianus Capella, lui aussi, a exercé une influence considérable sur la culture, non seulement scientifique, mais même esthétique du moyen âge. Son ouvrage fut longtemps une des bases principales et souvent même l'unique base de l'enseignement secondaire. » Cela étant, il devait arriver et il est arrivé en effet que la personnification allégorique a pris une place de plus en plus importante dans la littérature latine et, par suite, dans la littérature française du moyen âge. C'est

---

(1) *Origines et sources du roman de la Rose*. Paris, Ernest Thorin, 1891, in-8°, p. 63 et suiv.

ainsi que, dans un poème français du treizième siècle, la *Voie de Paradis*, de Raoul de Houdan, le poète se met en scène avec une foule d'abstractions personnifiées. « Conduit par Grâce chez Amour, il y reçoit la visite de Discipline, Obédience, Gémir, Pénitence et Soupir, qui lui conseillent de se rendre d'abord chez Contrition, puis chez Confession. En route, il est attaqué par Tentation ; Espérance vient à son secours. Plus loin, il rencontre Foi. Après s'être reposé chez Contrition, il se remet en marche pour aller chez Confession, qui lui fait bon accueil. Persévérance lui offre de le conduire chez Pénitence, il accepte, mais en traversant la vallée du monde, il perd son guide. Il est alors attaqué par une bande de larrons : Vaine Gloire, Orgueil, Envie, Haine, Avarice, Ire, Fornication, Désespoir, sous la conduite de Tentation ; mais il est heureusement secouru par Espérance, à la tête d'Humilité, Obédience, Charité, Tempérance et Chasteté. Échappé à ce danger, il arrive enfin chez Pénitence, qui lui montre l'échelle par où il monte au Paradis. Cette échelle a huit échelons : Foi en Dieu, Vertu en œuvre, Science en vertu, Sens en abstinence, Piété en abstinence, Patience en piété, Amour de frère, Vraie charité. Il peut enfin visiter le Ciel, après quoi il se réveille et fait le récit de sa vision ».

Il est clair que, par elle-même, la personnification a déjà un certain caractère dramatique. Ce caractère s'accentuera si, comme cela doit arriver naturellement, l'auteur met en contraste et en dialogue les abstractions personnifiées introduites par lui dans sa fiction didactique. La tendance dramatique et le goût des contrastes plus ou moins nettement dialogués, s'étaient spontanément produits, d'autre part, sous des aspects divers, par suite de la recherche excessive et progressive de l'effet, que la littérature de la décadence romaine transmit à la latinité cléricale du moyen âge. Celle-ci vit cette tendance et ce goût s'augmenter encore, notamment en raison des exercices, des habitudes et divertissements scolaires, et de la passion dialectique qui, à partir du douzième siècle, s'empara du haut enseignement. Le même goût s'était manifesté, quoique pour d'autres raisons, dans la poésie populaire des jongleurs, d'où elle passa dans celle des trouvères, et les deux sources se rejoignirent quand les poètes en langue française se firent les disciples et les vulgarisateurs des conceptions et des compositions de la littérature savante et de la latinité cléricale.

« Une forme qu'on choisit souvent, dit M. Gaston Paris (1), fut celle du débat et de la dispute : l'usage en remontait à l'antiquité et avait sans doute été perpétué par les *joculatores*. C'est généralement entre des personnifications, qui prennent tour à

---

(1) *La Littérature française au moyen âge*, pp. 158-159.

tour la parole, que le débat a lieu : on laisse la décision aux auditeurs, ou on la fait prononcer par un arbitre. Nous avons ainsi le joli *Débat de l'hiver et de l'été* (qui, dans ses origines, remonte très haut et se rattache aux fêtes des changements de saison), le *Débat du vin et de l'eau* (qui est resté populaire dans des versions très remaniées), le *Débat du denier et de la brebis* (où chacun d'eux prétend être plus utile que l'autre à l'humanité), la *Dispute des vins blancs* (par le spirituel Henri d'Andeli). Aux débats et disputes se rattachent les *batailles*, dans lesquelles on feint un combat entre des personnifications, armées et montées d'une façon appropriée, genre visiblement imité de la *Psychomachie* de Prudence : telles sont (sans parler ici des œuvres religieuses) la *Bataille de Carême et de Charnage* (c'est-à-dire du temps où l'on peut manger de la viande, temps qui anciennement ne comprenait ni l'Avent ni le Carême proprement dit) et surtout la *Bataille des Sept Arts*, par Henri d'Andeli (il y met en action avec beaucoup d'esprit la lutte des études purement littéraires, vers le tiers du treizième siècle, contre l'envahissement de la dialectique ; il est intéressant de voir un semblable sujet traité en langue vulgaire). Le *Mariage des Sept Arts* peut encore se rattacher à ce genre ; c'est une allégorie assez fade, imitée de Martianus Capella, dont on a deux rédactions, l'une anonyme et l'autre de Jean le Teinturier, chansonnier connu ».

C'est de l'union de trois grandes tendances que nous venons d'indiquer : la tendance didactique et parénétique, la tendance allégorique et personnifiante, enfin la tendance dramatique proprement dite, que naquit l'un des genres les plus curieux, sinon les plus heureux, de la littérature du moyen âge : la *moralité dramatique.* Il n'est pas impossible que quelques esquisses, quelques ébauches de ce genre se soient manifestées dans la littérature latine et cléricale de cette époque. Quelques jeux scolaires, quoique se rapportant plutôt au genre des *mystères,* comme le drame de l'*Époux* ou des *Vierges sages et des vierges folles* et le *jeu pascal de l'Antechrist,* ont déjà, ce semble, quelques-uns des caractères qui seront plus tard distinctifs des *moralités.*

Peut-être est-il permis de considérer comme se rapprochant davantage encore de celles-ci, un débat ou dialogue en vers latins rythmiques et métriques, intitulé : *Causa divitis et Lazari* et fondé sur la célèbre parabole du mauvais riche. Il a été signalé dans un manuscrit anglais par M. Paul Meyer et publié intégralement, d'après deux manuscrits de la Bibliothèque nationale, par feu M. Hauréau (1), qui s'est demandé, après l'avoir transcrit, s'il n'y fallait pas reconnaître « un des

---

(1) *Notices et extraits de quelques manuscrits latins de la Bibliothèque nationale,* t. VI. Paris, Klincksieck, 1893, in-8°, pp. 320-326.

LES ORIGINES DE LA COMÉDIE AU MOYEN AGE 381

monuments les plus anciens de notre littérature dramatique ». Le caractère en est essentiellement parénétique et dialectique. A la représentation, il faut supposer, croyons-nous, un troisième personnage, Abraham, juge muet des arguments échangés entre les deux interlocuteurs, et auquel, au début de la pièce, s'adresse en ces termes le mauvais riche :

DIVES

Audi, sancte senior, audi me loquentem ;
Dives ego morior, audi morientem ;
In inferno crucior, audi patientem ;
Respice quod patior et consolare dolentem.

LAZARUS

Noli, pater, credere viro qui sic orat,
Quia fallax fallere verbis te laborat ;
Pro patrato scelere veniam implorat,
Et struit insidias lacrymis dum verba colorat...

Le débat se termine par les inutiles supplications du mauvais riche à son interlocuteur, auquel il n'avait pas d'abord ménagé les injures, et par ses prières inexaucées à leur père commun Abraham et à Dieu, vengeur du pauvre :

DIVES

Lazare sancte, veni; miser ad poenas ego veni.
Me miserum leni digito, miseramine leni.

LAZARUS

Cur petis huc ire cum possis digne perire ?
Nec tibi fas ire, mihi nec licet inde redire.

Ardeat hoc igne tua lingua locuta maligne !
Torquatur digne ! Salve, pater, oro, benigne !

DIVES

Heu ! quid agam ? Morior miser ego reus.
Non est dolor gravior quam sit dolor meus.
In inferno crucior sicut Pharisæus.
Parce mihi, senior ; tu mihi parce, Deus !

Mais c'est dans la poésie en langue vulgaire, et en particulier dans la poésie française, que devait s'épanouir, au moyen âge, la moralité dramatique. Pour notre part, nous n'hésitons pas à l'y reconnaître, dès la seconde moitié du treizième siècle, dans une pièce des plus intéressantes, sinon par sa valeur littéraire, du moins par sa date, par son sujet et par la façon dont l'a compris et traité l'auteur. C'est le jeu dialogué « de Pierre de la Broce, qui dispute à Fortune par devant Raison ». Le texte, contenu dans le manuscrit 837 du fonds français à la Bibliothèque nationale, en a été publié en 1835 par M. Achille Jubinal, et reproduit en 1839 par MM. Monmerqué et Francisque Michel dans leur recueil intitulé : *Théâtre français au moyen âge.*

C'est un événement contemporain, des plus importants et des plus tragiques, qui a fourni le sujet de cette moralité, après avoir été l'objet des mouvements et passions diverses du monde politique d'alors, après avoir frappé d'étonnement et de terreur Paris et la France, et avoir donné ample matière aux conversations et aux rumeurs les plus variées dans tous les milieux sociaux : aristocratique, bourgeois, populaire. L'histoire de Pierre de la Broce demanderait un travail à part, et ce n'est pas le lieu dans cette étude-ci de l'exposer en détail. Il suffira de dire en quelques mots qu'issu de bonne bourgeoisie ou de petite noblesse, Pierre fit partie, après son père, de la maison de saint Louis, puis, en un plus haut degré, de celle de Philippe-le-Hardi. Celui-ci le prit tellement en gré qu'il lui confia en fait l'autorité d'un premier ministre.

Non seulement le roi, mais, à son imitation, les plus grands seigneurs du royaume et toute la cour comblèrent l'heureux chambellan d'honneurs et de présents, de telle sorte que le favori, selon l'ordinaire, ne tarda guère à perdre la tête. Mais, après la mort de la reine Isabelle d'Aragon, le mariage de Philippe III avec la princesse Marie de Brabant fut l'écueil de cette haute fortune. Réciproquement jaloux, à ce que l'on croit entrevoir, de leur influence sur le roi, la nouvelle reine et le ministre engagèrent l'un contre l'autre une lutte sourde où Pierre, dit-on, ne craignit pas de mettre en œuvre la plus audacieuse perfidie. Il aurait essayé de persuader au roi que la mort de son fils aîné Louis était l'effet d'un empoisonnement conçu et exécuté par la haine et l'ambition d'une marâtre.

Il fut, de plus, accusé de criminelle connivence

avec le roi de Castille, alors en état d'hostilité contre le roi de France. Brusquement arrêté et emprisonné, il fut traduit devant une commission de barons qui le jugea digne du dernier supplice. Il fut pendu au gibet de Montfaucon, le 30 juin 1278, en présence du duc de Bourgogne, du duc de Brabant, du comte d'Artois, de plusieurs autres nobles seigneurs et d'une grande foule de peuple accourue de toutes parts. L'opinion publique demeura généralement convaincue de sa culpabilité. Il conserva néanmoins quelques partisans qui le considérèrent comme une victime des parents et des amis de la reine et soutinrent que le roi ne l'avait sacrifié qu'à contre-cœur. Quoique ses biens eussent été confisqués, il en fut laissé, puis plus tard rendu quelque chose à ses enfants. C'est même, à ce qu'il semble, son fils aîné, portant le même nom que lui, que l'on trouve mentionné en 1284, comme pourvu de gages réguliers, dans les comptes de la maison royale.

Il y aurait là une admirable matière pour un drame du genre shakspearien. Mais, dominé par les habitudes de son temps, l'auteur qui s'empara du sujet, et dont le nom nous est resté inconnu, n'a certainement pas même songé à le traiter de la sorte. Comme il n'en pouvait d'ailleurs faire un jeu de *mystère* ou de *miracle*, genres encore assez strictement religieux et traditionnels, il en fit un jeu de *moralité*, en forme de débat dialectique et allégorique. Cet auteur, très probablement, était, comme son contemporain Rutebeuf, un clerc devenu trouvère, soit par goût, soit par besoin, mais en tout cas disposé à transporter dans la poésie en langue française, aristocratique et populaire, quelques-unes des façons et tournures d'esprit de la latinité savante.

Il composa son œuvre, peut-être sur quelque incitation venue de haut, à l'usage des fêtes et réjouissances qui se célébraient à telle ou telle occasion dans les hôtels et châteaux seigneuriaux, dans les sièges des confréries, voire sur les parvis des églises et places publiques des cités. Il la composa, selon nous, peu de temps après le supplice du favori, et à Paris même, d'où elle se répandit en province, et notamment dans la région du nord-est, dans les Flandres et en Brabant. Qu'elle ait été destinée à la représentation et effectivement représentée mainte fois ici et là, c'est ce qui pour nous ne fait pas l'objet d'un doute. Quoi qu'on en ait dit, ce n'est pas moins une œuvre de théâtre que le célèbre *Miracle de Théophile* de Rutebeuf, dont le texte nous a été conservé dans le même manuscrit. La représentation n'en était pas malaisée et n'exigeait qu'un appareil scénique réduit à sa plus simple expression. Il n'y figure en effet que trois personnages : La Raison, la Fortune et Pierre de la Broce, qui plaide contre celle-ci devant celle-là, et perd son procès. Malheureusement le texte nous est arrivé incomplet et c'est le début qui nous manque. Quand la moralité s'ouvre pour nous, Pierre est en train de gémir ainsi :

« J'ai acheté trop cher l'avoir, — la richesse et le seigneurage — que celle-ci m'a fait longtemps avoir ; — elle m'a tourné cela ensuite à grand dommage. — Jamais homme riche et plein de savoir, — n'avait été mis à tel hontage.

« Dame Raison, dame Raison, — je ne puis contenir ma grande douleur : — je me trouve toujours en la maison — de pleurer, de crier, de plaindre. — Fortune m'a fait durant une longue période — demeurer en grande seigneurie ; — et maintenant voici qu'elle est venue, pleine de déraison, — éteindre ma joie et ma clarté.

« Éteindre, c'est bien le mot et je puis le dire, — car je suis tout amorti et éteint. — J'étais comme roi, et à présent, mon état est de tous le pire (*du roiaume sui en l'empire*, dit le texte original avec un jeu de mots intraduisible). — Mes ennemis m'ont au cœur atteint. — Tel avait coutume de me dire : « Beau sire, » — qui m'appelle aujourd'hui ainsi : « Traître avéré ! » — Certes, je n'ai pas envie de rire. — La douleur m'a tout noirci et teint.

« Oui, je suis teint de teinture affreuse — et de douleur triste et amère ; — ma robe m'est vêtue à l'envers, — car la voilà noire, de blanche qu'elle était. — J'assiste à une chasse trop étrange. — Fortune est marâtre après avoir été mère ; — elle s'est trop acharnée à me faire du mal. — Je vous en prie, faites m'en justice ».

« *Ici parle Raison* » dit la rubrique, et Raison s'exprime en ces termes :

« Pierre, Fortune est ici présente — pour dire ce qu'il lui plaira, — et chacun de vous, pesé à ma droite balance, — son juste droit emportera, — selon les paroles et les arguments — que chacun de vous me proposera ».

Pierre accepte le débat et Fortune prend la parole. Elle repousse avec énergie les reproches qui lui sont faits.

« Je te tirai de pauvreté, dit-elle à son accusateur, — la première fois que je te vis; — je te donnai la richesse, — que tu as longtemps conservée. — Mais ta conduite a été mauvaise — et tu en reçois le paiement. — Si ta fausseté a causé ta perte, — tant pis, je n'en puis mais vraiment ».

Là-dessus Pierre redouble ses plaintes, mais (le poète visiblement n'est pas pour lui) il gémit et injurie plus qu'il ne raisonne. Fortune insiste avec véhémence et à deux reprises sur son argument capital : Pierre était bon quand elle l'a favorisé, mais il s'est laissé dépraver par cette faveur même. Il a mérité sa peine par son orgueil et sa trahison.

« Non, Pierre, ce n'est pas moi qui t'ai ôté — la richesse ni la puissance; — mais c'est la grande félonie prouvée — qui t'a jeté dans cette infortune. — Il s'en faut de peu que tu n'aies déshonoré — la couronne et le roi de France, — et sans raison tu as diffamé — la reine, qui est d'un si haut mérite.

« Tu aurais dû garder loyalement — ton seigneur-lige et ses intérêts maintenir, — et tu ne l'as servi qu'hypocritement : — tu songeais à le faire mourir; —

et tu as fait par faux jugement — mainte personne à mort venir : — il est juste que celui-là ait mauvais paiement — qui mauvaise œuvre veut maintenir.

« Tu as fait trop d'iniquités, — la justice t'en fait donner la récompense : — si tu as perdu ton bonheur par ta déloyauté, — ce n'est pas à moi qu'il faut t'en prendre. — C'est ma propre et naturelle qualité — que de monter et de descendre. — Jamais mon état ne sera fixe et arrêté : — tantôt je le fais grand, tantôt je le fais moindre.

« C'est pour cela que je suis Fortune nommée, — car je fais bien les forts tomber — et trébucher en la vallée ; — et quand d'eux je me veux rapprocher, — je les remets en la montée, — et je les fais de nouveau seigneurs appeler. — Ainsi sans cesse est ma roue mue et tournée : — je fais haïr et fais aimer.

« En somme, Pierre, tu te plains à tort, — comme on le voit bien par vérité ; — c'est toi-même qui t'es mis à mort — et du haut de la richesse précipité. — Il n'y a plus à cela de remède. — Et maintenant je prie par amitié — Raison, qu'elle nous fasse justice — sur le débat qui a eu lieu devant elle ».

« *Ici,* dit la rubrique, *Raison rend sa sentence* », qui est celle-ci :

« Pierre, tu as bien ouï Fortune — qui se défend très sagement. — Elle dit que tu n'as pas continué à suivre — la voie de ton commencement — et que tu as par tricherie — ton seigneur servi faussement. — Elle ajoute que c'est proprement son droit et sa vie — de tourner vite et constamment.

« Ainsi, Pierre, tu te plains à tort — et je crois bien qu'elle dit vrai : — tu es atteint et convaincu de tes méchancetés, — chacun maintenant peut bien le voir, — et tu es contraint par jugement — d'en recevoir la juste peine. — Le diable ne s'est pas dissimulé, — lui qui te tenait en son pouvoir.

« La fraude retombe sur son auteur — qui ne pourra pas toujours la farder ! — Celui qui use de tricherie — envers celui qu'il devrait garder, — je dis, par la Vierge Marie, — qu'il mériterait d'être brûlé. — La peine a été prononcée, — et tu la subiras sans tarder.

« C'est avec raison que la justice te condamne, — et je confirme sa sentence. — Mais, vous tous, sachez que ce n'est qu'onction — que la peine et la pénitence terrestres. — La mort arrive, diverse et dure. — Alors Dieu viendra, ce n'est pas douteux. — Qui fait le mal, dit l'Écriture, — trouvera le mal : telle est ma foi ».

Le retentissement de la chute tragique de Pierre de la Broce et l'écho qu'elle rencontra dans la poésie contemporaine, sont encore attestés par une *complainte* en quatrains, renfermée dans le même manuscrit, et certainement destinée à être récitée en public. Comme cette complainte ou lamentation est mise dans la bouche de Pierre lui-même, qui est censé moraliser en personne sur son triste cas devant le peuple, avant son supplice, elle ne laisse pas d'avoir aussi un certain caractère dramatique. Peut-être y aurait-il lieu de lui donner place dans le genre des *monologues*, en y admettant, à côté de l'espèce plaisante et comique, une espèce sérieuse et même tragique, dont il ne serait pas, ce semble, impossible de recueillir, en cherchant bien, un certain nombre d'échantillons. Mais ce n'est pas aujourd'hui notre affaire.

Revenons aux moralités. Ce genre dramatique, comme les autres genres se rapportant à la même branche de la littérature : mystères, miracles, soties, farces, reçut dans le cours du quatorzième siècle des développements et subit des transformations dont la pénurie, sinon l'absence de documents conservés de cette époque de transition, rend les étapes et les procédés difficiles à bien reconnaître. Mais nous ne doutons pas, pour notre part, que la ligne ou plutôt les lignes de filiation n'aient été continues entre les moralités du treizième siècle, dont nous venons de voir un échantillon, celles dont l'existence nous est attestée à la fin du quatorzième, et celles enfin, remontant à la première moitié du quinzième siècle, dont le texte nous est parvenu. Ce genre dut en partie la culture, plus ou moins heureuse, dont il fut l'objet chez nous aux quatorzième, quinzième et seizième siècles, à une grande association parisienne, celle des clercs de la Basoche, constituée au temps de Philippe-le-Bel autour du Parlement de Paris, et qui, se recrutant parmi les étudiants des Universités, de celles surtout sans doute de Paris même et d'Orléans, conserva et s'appropria quantité de traditions, d'habitudes et de goûts de la société cléricale et scolaire du haut moyen âge, mais, en même temps, fraya plus largement et plus librement que jamais avec la société profane et la littérature laïque et populaire.

Notre intention n'est pas d'entreprendre aujourd'hui un examen détaillé du genre dont il s'agit dans sa période d'épanouissement et de floraison. Nous nous contenterons provisoirement de renvoyer nos lecteurs aux excellentes pages qu'ont déjà consacrées à ce sujet M. Petit de Julleville (1) et, plus récemment, M. Wilhelm Creizenach (2). Nous essaierons toutefois, comme complément à la présente étude, d'exprimer à ce propos quelques remarques d'ensemble, de tracer à grands traits quelques divisions et catégories générales, appuyées d'exemples.

La moralité du caractère le plus élevé, quoique non pas toujours le plus attrayant, est la moralité qu'on peut appeler *parénétique* : elle constitue sous forme représentative, dialoguée, allégorique, une sorte d'enseignement religieux et moral. Le cadre indiqué par la *Psychomachie* de Prudence, et tant de fois déjà mis en usage dans la poésie didactique, a très souvent, avec des modifications diverses, fourni, du moins indirectement, le plan

---

(1) *La Comédie et les mœurs en France au moyen âge*. Paris, Léopold Cerf, 1886, in-16, pp. 41 et suiv., 78 et suiv. — *Répertoire du théâtre comique en France au moyen âge*. Paris, même librairie, 1886, in-8°, p. 31 et suiv.

(2) *Geschichte des neueren Dramas*, t. I, p. 458 et suiv.

des pièces de cette sorte. Telle est, par exemple, la curieuse moralité du *Château de Persévérance*, composée et représentée en Angleterre sous le règne de Henri VI (1422-1461), mais probablement imitée, comme la plupart des œuvres du même genre à cette époque, d'une ou plusieurs pièces françaises analogues et antérieures (1). M. Creizenach en a donné une intéressante analyse, que nous allons reproduire en l'abrégeant un peu.

« On voit d'abord s'avancer trois puissances ennemies de l'homme : le Monde, la Chair et le Démon, désigné ici spécialement par le nom de *Bélial*; après celui-ci, se montre *Humanum genus*, représentant l'espèce humaine, et qui se présente à nous comme un enfant nouveau-né. A ses côtés se placent le bon et le mauvais ange, qui se le disputent et cherchent par des arguments réitérés à l'attirer chacun vers soi. C'est le mauvais qui l'emporte. Pendant que le bon ange se lamente et que les ménétriers jouent de la trompette, l'Homme est conduit par le mauvais ange à *Mundus* qui lui donne trois compagnes: *Stultitia*, *Voluptas* et *Detractio*. Celle-ci lui fait faire connaissance avec *Avaritia*, qui le met à son tour en rapport avec les six autres Péchés capitaux. Il se lie particulièrement avec *Luxuria*. Le bon ange pourtant ne désespère pas de lui. Il lui amène *Confessio*, que ce coupable repousse d'abord, parce que, dit-il, on n'est pas encore au ven-

---

(1) Cf. sur ce point Adolf Ebert: *Die englischen Mysterien*, dans le recueil intitulé : *Jahrbuch für romanische und englische Literatur*, t. I, p. 105. « Les premières moralités anglaises, dit ce savant, ont eu manifestement les françaises pour modèles ».

dredi saint. Mais *Pœnitentia* réussit pourtant à lui persuader de se confier à *Confessio*. Pour plus grande sûreté, celle-ci le conduit au château de Persévérance. Les Péchés capitaux sont injuriés et bâtonnés par Belial et *Mundus* pour avoir laissé échapper *Humanum genus*. Ils entreprennent ensuite en commun de donner l'assaut au château, mais il est victorieusement défendu par les Vertus et ils sont obligés de se retirer. Toutefois, l'attaque recommence alors sous une autre forme. Comme *Humanum genus* est, sur ces entrefaites, devenu un vieillard, la tactique des assaillants se modifie. L'un des Péchés, *Avaritia*, se glisse secrètement sous la muraille du château et, par des paroles traîtresses, attire au dehors *Humanum genus*. D'où, grand désespoir parmi les Vertus. L'une d'elles, *Largitas*, adversaire spéciale d'*Avaritia*, s'excuse de très naïve façon auprès du public, de ce qu'elle et ses sœurs ont laissé l'Homme fuir du manoir. Mais celui-ci expie bientôt sa faute. Son valet veut s'approprier les trésors que le vieillard s'est amassés avec l'aide d'*Avaritia*. La Mort s'approche et prononce un long discours où elle se vante de sa puissance. En vain *Anima* appelle au dernier moment *Misericordia* à son secours; le mauvais ange saisit l'Homme et veut l'emporter sur son dos dans l'enfer. Mais Miséricorde et Paix plaident devant le trône de Dieu, sans céder aux arguments contraires de Justice et de Vérité, la cause de l'Homme, dont elles obtiennent le pardon. Paix arrache l'âme au mauvais ange et Miséricorde la conduit au ciel ».

La description et la satire des mœurs contemporaines ont pu et dû assez souvent trouver place dans la moralité parénétique. Elles tiennent le rang principal dans une autre espèce que l'on pourrait qualifier de moralité *descriptive et satirique*. Telle est, par exemple, la « moralité nouvelle, très bonne et très excellente, de Charité, où est démontré les maux qui viennent aujourd'hui au monde par faute de charité », ainsi analysée par M. Petit de Julleville (1) :

« Après un sermon (avec texte et *Ave Maria*) le *Preco* ou Héraut présente les personnages, comme on faisait dans les mystères. Un *Fou* débite quelques plaisanteries licencieuses. Puis le drame commence ; le Monde s'écarte de Charité, pour suivre Jeunesse et Tricherie ; celle-ci se vante de régner sur tous les hommes, en particulier sur les avocats, les marchands et les cabaretiers. Charité, chassée par le Riche Avaricieux, est recueillie par le Riche Vertueux. Mais la Mort entre en scène, elle tue l'Avare et Jeunesse ; le Riche Vertueux meurt aussi, mais très doucement, dans les bras de Charité ».

Si, à la critique des mœurs, vient s'ajouter celle des institutions, des événements, des personnages contemporains, la moralité satirique deviendra la moralité *politique*. C'est à cette branche que se rattache, en quelque manière, le jeu précité de Pierre de la Broce. Un célèbre exemple est la moralité de l'*Homme obstiné*, composée par Pierre Gringore à l'instigation du roi Louis XII, lors des

---

(1) *Répertoire* précité, pp. 45, 46.

différends de ce prince avec le pape Jules II, et représentée aux Halles de Paris, avec une sotie de même tendance et, de plus, une farce, le mardi-gras, 24 février 1512. Les personnages étaient les suivants, tous allégoriques : Peuple français, Peuple italique, l'Homme obstiné, Punition divine, Simonie et Hypocrisie. Un autre échantillon très caractéristique de cette espèce nous est fourni par la pièce intitulée : « Moralité nouvelle, à trois personnages, c'est à savoir, l'Église, Noblesse et Pauvreté qui font la lessive ».

Les allégories et personnifications sont l'un des traits généraux et habituels de la moralité dramatique. Elles ne lui sont pourtant pas essentielles. L'enseignement religieux et moral, sous forme scénique et dialoguée, peut, en effet, résulter de représentations plus concrètes et plus réelles, d'actions plus vraies ou plus vraisemblables, et se donner par voie d'exemples empruntés aux Livres saints, à l'histoire et à la légende, et même aux *faits divers* contemporains. On s'en avisa, quoique un peu tard, et de là résulta la moralité qu'on pourrait appeler *historique* et *exemplaire*. Le précieux *Répertoire* de M. Petit de Julleville nous en offre d'intéressants spécimens. Telle est la moralité du *Mauvais Riche et du Ladre*, à douze ou treize personnages, qui ne se présente plus, comme le débat latin dont il a été question plus haut, sous forme dialectique, mais sous forme historique et représentative. « Elle s'ouvre par un sermon, avec *Ave Maria*. Puis le festin du mauvais Riche est mis en scène avec une vérité de détails assez piquante. Le pauvre lépreux vient demander l'aumône à la porte ; il est repoussé ; il meurt sur le chemin ; un Ange emporte son âme. Le Riche, malade à son tour, se met au lit et bientôt expire. Les diables emportent son âme et la jettent dans une chaudière sous laquelle ils attisent le feu ».

A la même branche appartiennent les pièces suivantes : « Moralité nouvelle, très fructueuse, de l'Enfant de perdition qui pendit son père et tua sa mère, et comment il se désespéra ; à sept personnages : le Bourgeois, la Bourgeoise, le Fils du bourgeois, quatre brigands ». — « Moralité ou Histoire romaine d'une femme qui avait voulu trahir la cité de Rome et comment sa fille la nourrit six semaines de son lait en prison ». — « Moralité nouvelle d'un empereur qui tua son neveu, à dix personnages ». — « Nouvelle moralité d'une pauvre fille villageoise, faite à la louange et honneur des chastes et honnêtes filles, à quatre personnages : le Père, la Fille, le Seigneur, le Valet ». La curieuse composition de Jean Bretog, imprimée à Lyon en 1571, est bien une moralité de cette espèce, malgré son titre dû à l'influence de la Renaissance : « *Tragédie* française à huit personnages, traitant de l'amour d'un serviteur envers sa maîtresse, et de tout ce qui en advint ». Elle nous offre un mélange à noter de personnages réels et de personnifications allégoriques : le Serviteur, Vénus, Chasteté, la Femme, Jalousie, le Mari, l'Archer, le Prévôt.

« Il est fâcheux, a dit avec raison M. Petit de Julleville (1), que ce genre de la moralité historique, créé tard, ait disparu si tôt devant l'avènement triomphal et les présomptueuses promesses de la tragédie pseudo-classique, inaugurée par Jodelle. » Il paraît en effet certain qu'il contenait en germe plusieurs des branches qui ont, plus lentement et par des voies plus détournées, parfois moins nationales et moins populaires, constitué l'ensemble du théâtre français d'ordre sérieux tel qu'il existe aujourd'hui : tragédie, drame et mélodrame ; tandis que la moralité descriptive et satirique, débarrassée, à son tour, de la manie allégorique qui l'entravait, aurait dû, ce semble, assez naturellement conduire à la haute comédie. Par le fait, malgré le triomphe, en apparence si complet, de l'école de la Renaissance, il ne serait peut-être pas trop malaisé de retrouver et de mettre en lumière une filiation assez éloignée, assez écartée sans doute, mais encore sensible, et un rapport d'influence assez efficace entre l'ancienne moralité dramatique française et certaines qualités, qui ne sont pas les moindres, du théâtre de Corneille, de Racine et de Molière.

1899.

---

(1) *Répertoire* précité, pp. 56-57.

II

LA SOTIE

Observations sur le Jeu de la Feuillée.

En terminant l'analyse du *Jeu de la feuillée* d'Adam de la Halle dans son précieux tableau de *la littérature française au moyen âge* (1), M. Gaston Paris fait cette observation, selon nous fort importante, et dont il y aurait lieu de tenir grand compte pour l'étude d'autres monuments de cette même littérature : « Il est permis de croire que nous avons perdu bien des compositions du même genre, sinon de la même valeur ». — Cela étant, il semble que l'on soit assez naturellement amené à se demander quel était ce genre dramatique, dont la pièce d'Adam de la Halle ne serait

---

(1) Deuxième édition, p. 191.

qu'un échantillon, et s'il ne serait pas possible d'en retrouver par conjecture l'origine et la destinée. Quelques remarques se sont présentées sur ce sujet à notre esprit ; nous demandons la permission de les soumettre aujourd'hui aux juges compétents et, entre tous, au maître éminent à qui ce travail doit être offert (1).

Il nous paraît difficile qu'un lecteur attentif du *Jeu de la feuillée*, s'il se place au point de vue de la recherche dont il s'agit, ne soit pas frappé de la place considérable que tient dans cette composition l'idée de *folie*, envisagée selon les divers sens que cette idée, comme le mot qui la représente, peut prendre dans notre esprit. La folie y est directement représentée par un personnage spécial, *le dervé*, dont les extravagances ont un caractère à la fois comique et satirique, et s'expriment sous une forme qui rappelle manifestement celle de la *fatrasie* et du coq-à-l'âne. Mais ce personnage lui-même, qui figure la folie proprement dite, avec ses incohérences mêlées parfois de saillies malicieuses, vient s'intercaler dans une scène ou un tableau plus étendu, auquel l'idée de folie sert encore de centre et de lien. Un moine venu de l'abbaye d'Haspre, lieu de pèlerinage en l'honneur de saint

---

(1) Cette étude a été composée pour le volume intitulé : *Études romanes dédiées à Gaston Paris, le 29 décembre 1890, par ses élèves français et ses élèves étrangers des pays de langue française*. Paris, Bouillon, 1891, in-8°.

Acaire, particulièrement invoqué par la piété populaire pour la guérison des gens privés de leur raison, apporte avec lui des reliques du saint et invite les personnes présentes à se faire guérir (1). De là une revue satirique de fous supposés, c'est-à-dire de personnes que l'extravagance ou le vice de leur conduite fait considérer comme en rupture avec le bon sens.

Les autres scènes du *Jeu de la feuillée* sont aussi, selon nous, en rapport avec l'idée de la folie, mais cette idée s'y présente à notre esprit d'une façon moins directe: Ce n'est plus de la folie réelle ou supposée qu'il s'agit, mais de la folie voulue et, pour ainsi dire, imitée ; de cette exubérance joyeuse et un peu incohérente à laquelle nous faisons allusion quand nous affirmons de quelqu'un, sans nier d'ailleurs la santé habituelle de son esprit, qu'en telle ou telle circonstance il a dit ou fait *des folies*. Les personnages du *Jeu de la feuillée* ne cessent guère, durant toute la pièce, de lâcher ainsi la bride à une verve folle qui, dans ses propos sarcastiques, fait bon marché d'eux-mêmes aussi bien que du prochain. L'auteur de la pièce

---

(1) Ce moine errant et colporteur de reliques représente, croyons-nous, avec plus ou moins d'exactitude, un des traits du relâchement des mœurs ecclésiastiques et monastiques constaté à la fin du xii° siècle et persistant au delà, mais auquel étaient venus s'opposer, dans la première moitié du xiii°, le zèle et la pauvreté apostoliques des ordres nouveaux de Saint-Dominique et de Saint-François.

qui en est aussi l'un des personnages et en fut l'un des acteurs, commence par s'égayer et par égayer les spectateurs à ses propres dépens, à ceux de sa femme et de son père ; après quoi, il ne se sent que plus à l'aise pour dauber comme il le fait, expressément et nominalement, sur les avares, les ivrognes, les débauchés, les femmes querelleuses, les clercs dégradés d'Arras et des environs. La consultation médicale donnée à maître Henri et à *Douce Dame* par le *Fisiscien* qui intervient tout à coup dans le jeu, est une invention folle. Le même esprit de bouffonnerie exubérante et satirique se retrouve encore dans les scènes de cabaret qui forment la dernière partie de la pièce et dans le tour que l'on y joue au moine endormi en le chargeant de tout l'écot. N'est-ce pas enfin une sorte de folie poétique que l'introduction bizarre, quoique fort agréable, de la mesnie Hellequin (dont le courrier porte ici le nom significatif de *Croquesot*) et des fées Morgue, Arsile et Maglore, au milieu des personnages très réels, clercs et bourgeois d'Arras, qui sont en train de se réjouir et de médire sous la feuillée ? Peut-être est-il bon de noter encore, comme un trait assez caractéristique, le retour à la fin de la pièce du vrai fou, le *dervé*, et de sa *fatrasie*.

Pour essayer de retrouver le genre auquel on pourrait rattacher le jeu d'Adam de la Halle, il en faut aussi considérer certaines circonstances extérieures. « La scène, dit M. Gaston Paris, est tout le temps sous la *feuillée*, c'est-à-dire sous une de ces tonnelles de verdure qu'on élevait pour célébrer la fête de mai, la fête du printemps revenu : c'est à cette fête que se rattache la pièce elle-même ». La fête de mai, d'origine païenne, avait pourtant pris place parmi les fêtes joyeuses acceptées ou du moins tolérées par l'Église au moyen âge, et que célébraient notamment les clercs d'ordre inférieur et les écoliers. M. Ebert a fait à cet égard de très utiles remarques. Recherchant l'origine des jeux dramatiques de la Basoche, il rapporte en partie cette origine aux déguisements et mascarades auxquels se livraient à certains jours les étudiants et les jeunes membres du clergé. L'une des fêtes ordinaires de la Basoche se célébrait, remarque-t-il, vers le temps de la fête des trois rois, originairement sans doute à cette fête même ; une autre, à la fête de mai. Or, les déguisements « momeries » étaient très usités au moyen âge à ces deux fêtes. La fête des trois rois était spécialement célébrée par les étudiants de l'Université de Paris au moyen de déguisements et de représentations dramatiques. La veille, ils élisaient un *rex fatuorum*. La célébration de cette fête fut, à ce qu'il semble, dit M. Ebert, immédiatement empruntée à la vie universitaire par la Basoche, dont les clercs se recrutaient parmi les écoliers de l'Université. Il se demande ensuite pourquoi la Basoche célébrait aussi et même avec prédilection, la fête de mai. La question ne lui paraît pas encore éclaircie (1). Rien n'empêche, croyons-nous, d'y voir également un emprunt aux coutumes universitaires, issues elles-mêmes des coutumes scolaires et populaires antérieures. La fête des fous n'avait pas peut-être pour date nécessaire et exclusive la période de réjouissances qui marquait la fin du mois de décembre et le commencement du mois de janvier. Elle pouvait aussi trouver place parmi les réjouissances traditionnelles primitivement destinées à célébrer le retour du printemps. Il est vraisemblable même qu'au moins en certaines localités, on dut transporter plus volontiers à cette époque de l'année la fête des fous, quand elle fut, pour ainsi dire, sécularisée, c'est-à-dire quand élargissant son caractère primitif de parodie ecclésiastique et liturgique et son personnel, d'abord seulement clérical, elle s'assimila les éléments subsistant d'autre part des vieilles joies païennes et populaires (2).

Une autre circonstance importante à noter pour

---

(1) *Jahrbuch fur romanische und englische Literatur*, t. I, pp. 230 suiv.

(2) Ce sont, en réalité, les vieilles joies païennes et populaires qui avaient d'abord fait invasion dans l'Église et dans la liturgie et y avaient introduit, dès les temps barbares, l'usage des mascarades et des parodies connues sous le nom générique de *fête des fous*; mais ensuite il y eut récurrence, et la fête des fous sécularisée conserva des traces manifestes de son passage et de son séjour dans le monde et les coutumes ecclésiastiques. Cf. Du Cange aux mots *Kalendæ*, *Abbas Conardorum* et *Abbas Esclaffardorum*.

essayer de déterminer le caractère du *Jeu de la feuillée*, c'est qu'il fut composé pour le Puy d'Arras et représenté par les membres de cette association littéraire. Selon l'opinion, qui nous paraît assez vraisemblable, de M. Léopold Bahlsen, les associations de ce genre, nées dès le xii° siècle, se développèrent, fleurirent et se sécularisèrent dans la première moitié du xiii°. Elles étaient d'abord, la plupart du temps, composées uniquement de clercs, mais elles admirent peu à peu un personnel de plus en plus laïque : écoliers, artistes, avocats, marchands, et se composèrent alors essentiellement de jeunes *dilettantes* appartenant à la meilleure bourgeoisie des grandes villes du Nord de la France. En ce qui concerne notamment Arras, l'existence d'une association littéraire y est attestée dès la fin du xii° siècle. Cette confrérie, d'après M. Bahlsen, fut d'abord consacrée uniquement à célébrer la Sainte Vierge. Les membres composaient et récitaient des poésies en son honneur à ses principales fêtes. Mais, sous l'influence des jeux de la *ménestranaie*, très goûtés du peuple, la pieuse société se transforma en une association d'objet et d'allure beaucoup plus profanes. Cette transformation était achevée peu de temps avant l'époque où Adam de la Halle en devint un des principaux membres (1). Il est certain que, tel que

---

(1) *Adam de la Hale's Dramen und das Jus du Pelerin*, par Léo-

nous le présente un trouvère artésien du XIIIe siècle, Vilain d'Arras, le Puy de cette ville ne nous apparaît pas précisément sous les traits d'une confrérie religieuse, mais au contraire comme un centre et un foyer de divertissements profanes :

> Beau m'est del Pui que je voi restoré ;
> Pour sostenir amour, joie et jovent
> Fu establis et de jolieté,
> En ce le voil essauchier boinement (1).

D'autre part, cette association comptait encore dans son sein des clercs ou demi-clercs, tels qu'Adam de la Halle lui-même, ayant certainement pris part aux réjouissances aussi bien qu'aux exercices de la vie scolaire du temps, et en rapport de pensées et d'habitudes avec les usages des grandes écoles de Paris, où même Adam, au début de sa pièce, nous annonce l'intention, peut-être fictive (2), d'aller reprendre ses études, ébauchées

---

pold Bahlsen (Marbourg, 1885. — XXVIIe fascicule des *Ausgaben und Abhandlungen aus dem Gebiete der romanischen Philologie*, publiées par M. E. Stengel), pp. 35-38.

(1) Monmerqué et F. Michel, *Théâtre français au moyen âge*, p. 68. Cf. Bibl. nat., ms. fr. 12615, fol. 59 v°.

(2) Ce qui nous porte à considérer comme une invention dramatique plutôt que comme un projet bien arrêté l'intention annoncée par le poète au début du *Jeu de la feuillée*, c'est le *don* que lui fait la méchante fée Maglore, furieuse de n'avoir pas été aussi bien traitée que ses deux compagnes :

> MAGLORE.
> Je dis que Riquiers soit pelés
> Et qu'il n'ait nul cavel devant.

à Vaucelles et interrompues par son mariage. Dans ces conditions on ne peut pas, croyons-nous, considérer comme une chose étonnante que le Puy d'Arras prît, au milieu du xiiie siècle, une part active aux réjouissances de la fête de mai, et qu'il y transportât ou se plût à y mettre en œuvre quelque chose de l'inspiration générale, et même des habitudes et, pour ainsi dire, de la physionomie spéciale de la fête des fous. Des observations qui précèdent, nous sommes donc, quant à nous, très disposé à conclure que le genre littéraire, dont le *Jeu de la feuillée* est un si remarquable échantillon, se rattachait étroitement, par son origine et son caractère, à la fête des fous généralisée et laïcisée. Provisoire-

---

De l'autre, qui va se vantant
D'aler à l'escole à Paris,
Vœil qu'i soit si atruandis
En le compaignie d'Arras
Et qu'il s'oublit entre les bras
Se feme, qui est mole et tenre,
Et qu'il perge et hache l'aprenre
Et meche se voie en respit.

ARSILE.

Aimi! dame, qu'avés vous dit?
Pour Dieu! rapelés ceste cose.

MAGLORE

Par l'ame où li cors me repose!
Il sera ensi que jo di.

(*Li Jus Adam*, vers 682-695, dans l'édition de M. A. Rambeau : *Die dem Trouvere Adam de la Hale zugeschriebenen Dramen* (Marbourg, 1886. — LVIIIe fascicule des *Ausgaben und Abhandlungen*). — M. Bahlsen fait observer avec raison (ouvrage cité, pp. 61-63) qu'on a trop souvent pris pour argent comptant tout ce qui est dit dans le *Jeu de la feuillée*, où il faut faire largement la part de la fantaisie et de l'espièglerie du poète.

ment, et en réservant la conjecture qui va suivre, nous proposerions volontiers, comme une juste appellation de ce genre, le nom de *folie dramatique*.

Mais ici une nouvelle question se pose. Dans le développement ultérieur de la littérature dramatique du moyen âge, y a-t-il ou non un genre que l'on puisse considérer comme ayant un lien d'origine et de filiation avec ces *folies* représentées et dialoguées, dont nous regardons la pièce d'Adam de la Halle comme un spécimen? Il est difficile, ce semble, de ne pas penser à la *sotie*, qui, comme personne ne l'ignore, constitue, avec la *moralité* et la *farce*, le triple mode sous lequel s'est produit en France, dans les derniers siècles du moyen âge, le genre littéraire désigné par l'antiquité grecque sous le nom de *comédie*. En ce qui concerne l'appellation même de la branche dont il s'agit, l'identité avec la *folie* n'est pas douteuse. Qui dit *sotie* dit *folie*. Les *sots*, en français du moyen âge, ce sont des *fous*, et le mot même est employé avec cette signification dans le *Jeu de la feuillée*:

LI MOINES

Segneur, me sires sains Acaires
Vous est chi venus visiter;
Si l'aprochiés tout pour ourer
Et si meche chascuns s'offrande,
Qu'il n'a saint de si en Irlande
Qui si beles miracles fache;
Car l'anemi de l'ome encache

> Par le saint miracle devin,
> Et si warist de l'esvertin
> Communement et sos et sotes.... (1)

Et à la fin de la scène, après le départ du *dervé*, l'un des compagnons d'Adam, *Riquece Aurris*, ne s'exprime pas autrement:

> Qu'est cho? Seront hui mais riotes?
> N'arons hui mais fors sos et sotes (2)?

Le *dervé* lui-même, qui est un fou proprement dit, et même par instants un fou furieux, est appelé *sot* par le moine:

> Aimi, Dieus! qu'il fait bon oïr
> Che sot là, car il dit merveilles (3).

Mais l'identité de nom de la *folie* d'Adam de la Halle (à supposer que l'on admette avec nous que cette appellation convient au *Jeu de la feuillée*) avec la *sotie* postérieure correspond-elle à une identité de genre ou, tout au moins, à une ressemblance réelle d'origine et de filiation? Il faudrait renoncer à poursuivre cette conjecture si l'on prenait dans un sens trop absolu et trop exclusif la thèse soutenue par M. Émile Picot dans son savant et utile mémoire intitulé: *La Sotie en France* (4). Cette thèse, du reste, a été contestée par un érudit

---

(1) Edition citée, vers 322-331.
(2) Vers 557-558.
(3) Vers 520-521.
(4) *Romania*, t. VII (1878), p. 236 et suiv.

dont la compétence en pareille matière est généralement reconnue :

« Dans une remarquable étude sur la sotie, dit M. Petit de Julleville, M. E. Picot nous paraît avoir beaucoup trop rétréci les limites du genre, et en avoir diminué à tort l'importance. Il le rattache à la *fatrasie*, ce coq-à-l'âne du moyen âge ; mais la sotie ne peut être sortie tout entière de cette courte ineptie qui s'appelle la fatrasie ; la fatrasie n'est tout au plus qu'un des éléments comiques qui entrèrent dans la sotie, où ce genre de plaisanterie n'est pas rare en effet. Mais il y a bien d'autres choses dans la sotie que des coq-à-l'âne. Il s'y trouve autre chose encore qu'une parade ; et c'est à quoi pourtant M. Picot voudrait réduire tout le genre...

« Une célèbre définition de la sotie par Jean Bouchet montre bien que le genre avait, dans l'esprit du moyen âge, une portée plus grande et presque un rôle social. Ayant parlé d'abord de la satire d'une façon générale, Jean Bouchet ajoute ces vers, souvent cités, mais parfois inexactement :

> En France elle a de *Sotie* le nom,
> Parce que Sotz des gens de grand renom
> Et des petits jouent les grands follies
> Sur eschaffaux en parolles polies ;
> Qui est permis par les princes et roys,
> A celle fin qu'ils sçachent les derroys
> De leur conseil, qu'on ne leur ause dire ;

Desquelz ils sont advertiz par satire.
Le roy Loys douziesme desiroit
Qu'on les jouast à Paris ; et disoit
Que par tels jeux il sçavoit maintes faultes
Qu'on lui celoit par surprinses trop caultes.

« Ainsi, pour Jean Bouchet, la sotie, c'est la satire universelle, transportée sur la scène et représentée par des *sots*, que leur capuchon de folie met à l'abri des rancunes et des colères que pourrait soulever l'audace de leurs médisances » (1).

M. Petit de Julleville admet un lien direct de filiation entre la *sotie* et la fête des fous : « Selon toute apparence, dit-il, les *sots* sont les anciens célébrants de la fête des fous, jetés hors de l'Église par les conciles indignés, et rassemblés sur la place publique ou dans le prochain carrefour pour y continuer la fête. La confrérie des sots, dans toutes les villes où elle existe, c'est la fête des fous sécularisée. A la parodie de la hiérarchie et de la liturgie ecclésiastiques, ils font succéder la parodie de la société tout entière. C'était d'ailleurs une idée fort répandue à cette époque de libre jugement et de libre parole (les matières du dogme seules exceptées) que le monde était surtout composé de fous et que la folie de ces fous était principalement faite de sottise et de vanité. Lâchez sur la scène une troupe de fous de tout habit et de

---

(1) *La Comédie et les mœurs en France au moyen âge*, pp. 69-72.

tout rang, roi, juge, abbé, gentilhomme ou laboureur, toutes les absurdités qu'ils y pourront faire offriront une assez juste image de la société humaine. De cette idée, au fond pessimiste, mais féconde en inventions joyeuses, naquirent les *sots* ou *fous*, et la *sotie* qui n'est qu'une farce jouée par des sots » (1).

Il est juste de reconnaître que M. Émile Picot avait indiqué, quoique un peu différemment, cette même filiation au début de son mémoire : « Les *sots*, qui occupent une si grande place dans notre ancien théâtre, tirent évidemment leur origine des réjouissances de carnaval, des fêtes grotesques si fort en honneur au moyen âge... Les cérémonies de l'Église purent être impunément parodiées le jour des Saints Innocents; les fous jouirent du privilège de faire entendre la vérité aux rois ; enfin la *sotie* transporta sur la scène la satire dirigée contre les diverses classes de la société ».

Peut-être maintenant ne nous jugera-t-on plus aussi téméraire si, étant données les remarques faites ci-dessus relativement à la place qu'occupe dans le *Jeu de la feuillée* l'idée de folie, nous proposons de considérer cette pièce comme une des variétés de la *sotie dramatique* primitive, issue dès lors de la fête des fous étendue et sécularisée.

---

(1) Ouvrage cité, pp. 68, 69. Cf. *Les Comédiens en France au moyen âge*, par le même (Paris, Cerf, 1885), pp. 29-41, 113 et suiv.

Nous ne méconnaissons pas d'ailleurs les différences très sensibles qui existent entre l'œuvre d'Adam de la Halle et les soties du xve et du xvie siècle, qui ont fait l'objet du travail de M. Picot. Mais de ce que ce genre littéraire n'a pas encore pris au xiiie siècle la forme spéciale et conventionnelle qu'il devait recevoir plus tard, de ce qu'il est plus libre, plus vivant, et, si l'on nous passe l'expression, moins *figé*, moins *cristallisé*, s'ensuit-il qu'il n'existe pas ?

Nous pensons d'ailleurs qu'outre l'inspiration générale qui leur est commune, il y a entre la sotie d'Adam de la Halle et les soties postérieures des ressemblances particulières assez caractéristiques, pour qu'il soit permis de les rattacher au même genre et à la même branche littéraire, en les plaçant toutefois à des étages divers de l'arbre généalogique sorti de la fête des fous. Il nous paraît que le *Jeu de la feuillée* est avant tout une satire dialoguée, mais une satire directe plutôt qu'une représentation de scènes comiques préexistantes, plutôt qu'une narration grotesque dramatisée, où la satire se montre seulement d'une manière indirecte et par interprétation. Or tel semble bien être précisément le caractère qui sert à distinguer dans l'ensemble des drames comiques du moyen âge la *sotie* de la *farce* (1). Les allusions aux événements

---

(1) La limite entre les deux genres est loin, à la vérité, d'être

récents de l'ordre religieux et de l'ordre politique, la mention voilée ou nominale des personnages qui y ont pris part, sont aussi un des traits remarquables de la sotie. Nous le trouvons dans la pièce d'Adam de la Halle, notamment dans le long passage relatif aux clers dégradés par application de la bulle qu'avait fulminée, le 13 février 1260, le pape Alexandre IV (1), et dans celui qui a rapport aux favoris actuels ou disgraciés du comte d'Artois (2). Ce dernier passage se trouve dans la curieuse scène allégorique où le poète met sous

---

infranchissable et il y a bien des pièces, au xv⁰ et au xvi⁰ siècle, qui flottent entre l'un et l'autre. A plus forte raison ne faut-il pas s'étonner de rencontrer, au xiii⁰ siècle, dans la sotie d'Adam de la Halle, des scènes qui pourraient appartenir à une farce. Telles notamment les scènes de cabaret à la fin du jeu. — Notre opinion sur le caractère générique du *Jeu de la Feuillée* a été contestée par M. Henri Guy dans son très remarquable et très intéressant ouvrage: *Essai sur la vie et les œuvres littéraires du trouvère Adan de le Hale*. Paris, Hachette, 1898, in-8⁰, p. 462 et suiv. Nous croyons néanmoins pouvoir la maintenir. — Comme M. Guy dans son livre a eu à s'occuper accessoirement de Jean Bodel, nous prenons cette occasion de revenir ici sur une conjecture émise par nous ci-dessus (pp. 179, 181-182) au sujet des études de ce trouvère, que nous avons, par analogie avec Adam de la Halle, supposées faites à l'abbaye de Vaucelles. Il est beaucoup plus simple et plus vraisemblable de les placer dans la grande abbaye de Saint-Vaast d'Arras, où les drames liturgiques et les jeux scolaires ont dû être en grand honneur. C'est sans doute une raison particulière qui a conduit le jeune Adam de la Halle jusqu'à Vaucelles, dans le diocèse de Cambray. Cf. sur ce dernier point le livre de M. Guy, p. 28 et suiv.

(1) Vers 431-519.
(2) Vers 782-824.

les yeux des spectateurs la Fortune et sa roue fameuse :

CROKESOS

Dame, qu'est che là que je voi
En chele roë ? Sont che gens ?

MORGUE

Nenil, ains est esamples gens,
Et chele qui le roë tient
Chascune de nous apartient ;
Et s'est tres dont qu'ele fut née
Muiele, sourde et avulée.

CROKESOS

Comment a ele non ?

MORGUE

    Fortune.
Ele est à toute riens commune
Et tout le mont tient en se main ;
L'un fait povre hui, riche demain ;
Ne point ne set cui ele avanche.
Pour chou n'i doit avoir lianche
Nus, tant soi haut montés en roche,
Car, se chele roë bescoche,
Il le couvient descendre jus (1).

Or il se trouve précisément que l'emploi de l'allégorie est un des caractères particuliers de la *sotie*, qui la distingue de la *farce* et la rapproche

---

(1) Vers 766-781.

au contraire en ce point de la *moralité*. Bien que cet usage soit loin encore d'avoir dans la pièce d'Adam de la Halle l'importance excessive qu'il a prise dans la sotie postérieure, où il a malheureusement acquis la valeur d'une forme presque consacrée, il est curieux de noter son apparition dans le *Jeu de la feuillée*. Nous avons déjà remarqué plus haut, dans le rôle du *dervé*, l'emploi de la *fatrasie*, dont M. Émile Picot a mis en lumière, avec un peu d'excès peut-être, le lien étroit avec la sotie. Selon le même savant, ce genre dramatique était appelé aussi *Jeu de pois pilés* (1). Or il est deux fois question de *pois pilés* dans l'œuvre d'Adam, et deux fois par rapport à la folie. Saint Acaire, s'écrie un des personnages que l'on invite à vénérer les reliques du saint qui guérit les fous :

> Donne me assés de *poi pilés*,
> Car je sui, voi, un sos clamés (2).

Et le père du *dervé* dit en parlant de son fils, qui veut se jeter sur lui :

> Aimi ! or tien che *croquepois* (3).

Il semblerait même résulter de ces deux passages que la purée de pois pilés était considérée comme un aliment propre aux fous, peut-être

---

(1) Mémoire cité, pp. 237, 241, 242, 243.
(2) Vers 313-314.
(3) Vers 1087.

comme un remède à la folie, tel qu'autrefois l'ellébore. Nous ne proposons d'ailleurs que timidement cette explication de l'origine d'une expression plus tard très usitée dans la littérature comique, et encore employée au xviie siècle parmi les comédiens de l'Hôtel de Bourgogne.

Presque tous les érudits qui se sont occupés du *Jeu de la feuillée* ont remarqué l'analogie qui existe entre cette pièce et les comédies d'Aristophane. Si l'on admettait notre conjecture, cette ressemblance s'expliquerait assez naturellement. La *comédie ancienne* des Grecs, à laquelle le génie d'Aristophane a donné une si grande valeur poétique, est un genre littéraire directement issu des fêtes de Bacchus, de la partie de ces fêtes où éclatait en mascarades bouffonnes et en joyeux sarcasmes la liberté extravagante de l'ivresse, qui est une folie passagère. Considérées de ce côté, les réjouissances dionysiaques, avec lesquelles la comédie d'Aristophane a conservé un lien si étroit, peuvent être regardées comme une vraie fête des fous. Aussi, par comparaison, le nom de *soties* conviendrait-il assez bien aux satires dévergondées du poète attique et à ses attaques directes contre les hommes et les choses de son temps. On trouve même dans son *Plutus* une conception allégorique assez semblable à celles dans lesquelles nos *soties* se plurent souvent à s'enfermer dans la dernière période de leur existence. Si l'on admettait ces rapprochements, que l'on pourrait peut-être pousser plus loin, ce serait un nouveau témoignage de la lumière que peuvent jeter l'une sur l'autre l'étude de la littérature grecque et l'étude de la littérature française du moyen âge.

1890.

III

La plus ancienne Farce.

Les histrions ambulants de la décadence romaine : musiciens, faiseurs de tours, danseurs de corde, montreurs de bêtes, chanteurs de chansons, mimes et pantomimes, survécurent à la chute de l'empire d'Occident et se perpétuèrent dans nos régions durant la période barbare. Ils charmèrent alors les rois mérovingiens et les seigneurs francs, comme les héritiers de l'aristocratie gallo-romaine, et continuèrent aussi de faire les délices, à certaines fêtes, des foules urbaines ou rurales. L'assimilation, très rapide en somme, des deux races, l'une plus ou moins conquérante, et l'autre plus ou moins conquise, paraît s'être manifestée, entre autres résultats, dans le mélange, puis la confusion progressive de ces histrions de provenance latine avec ces chantres épiques et lyriques, originaires de Germanie, que les Anglo-Saxons désignaient par le nom de *scôpas*, et qui, dit M. Gaston Paris (1), « allaient, errant de petite cour en petite cour, chantant leurs hôtes et répandant en tous sens les œuvres écloses en tel ou tel lieu ». De ce mélange sortit la très importante et multiple tribu des *joculatores* ou *jongleurs*, dont le rôle fut si considérable dans la production et dans la diffusion de la poésie française du moyen âge. Mais si les jongleurs, à l'exemple des *scôpas*, s'élevèrent au huitième, au neuvième siècle, à la dignité de rapsodes et même de poètes épiques, ils ne répudièrent point pour cela l'héritage moins noble des histrions de la décadence romaine et continuèrent, en le modifiant selon les exigences nouvelles des temps, selon les transformations des mœurs et du langage, d'exploiter l'antique répertoire de leurs tours et bouffonneries variées, où, selon toute vraisemblance, ni l'élément satirique, ni, ne fût-ce que par l'imitation et la pantomime, l'élément dramatique ne faisaient défaut. On peut même, on doit supposer dans le répertoire des histrions de l'époque romaine et de l'époque barbare, puis des jongleurs du haut moyen âge, toute une tradition, tout un bagage, de temps à autre renouvelé et rafraîchi, de comédie improvisée.

Dans le domaine de la poésie épique, les jon-

---

(1) *La Littérature française au moyen âge*, p. 20.

gleurs étaient de bonne heure devenus auteurs, ou, comme on disait, *trouvères*. Ils le devinrent aussi, à la suite des grands seigneurs qui n'avaient pas dédaigné de cultiver l'art *courtois*, dans le domaine de la poésie lyrique-artistique. Ils ne craignirent pas d'aborder la poésie morale et didactique. Enfin, ils se mirent peu à peu en peine d'élever jusqu'à une forme fixe et littéraire les genres les moins nobles de leur répertoire, leurs imitations grotesques, singeries, lazzis, querelles et bouffonneries traditionnelles.

Un curieux et significatif exemple de cette transformation poétique des improvisations comiques des anciens jongleurs nous est offert par Rutebeuf dans son *dit de l'Herberie*, vrai monologue dramatique, mêlé de vers et de prose, où est mis en scène, pour la plus grande joie de l'auditoire, le boniment audacieux, emphatique, des charlatans et guérisseurs ambulants. Écoutons-le, poète et prosateur, selon la traduction de M. Léon Clédat (1):

> Seigneurs, qui ci êtes venus,
> Petits et grands, jeunes et vieux,
> Bonne fortune vous avient,
>   Sachez pour vrai ;
> Je ne vous veux pas décevoir,
> Bien le pourrez apercevoir
>   Avant que parte...

---

(1) *Rutebeuf*, p. 142 et s liv.

Vous ne savez qui vous voyez ;
Taisez-vous et vous assoyez,
    Voici mes herbes :
Je vous dis, par sainte Marie,
Que ce n'est point de friperie,
    Mais nobles choses...
Toute fièvre, même la quarte,
Guérit en moins d'une semaine
    Sans faute aucune ;
Et je guéris aussi la goutte,
Tant soit-elle basse ou soit haute,
    Je l'abas toute...
    Et de la dent
Je guéris manifestement
Par un tout petit peu d'onguent.
    Que vous dirai-je ?
Oyez comment je fais l'onguent,
En le disant ne mentirai,
    C'est vérité :
Prenez graisse de la marmotte,
De la fiente de la linotte,
    Mardi matin,
Et de la feuille du plantain...
De la poussière de l'étrille,
De la rouille de la faucille
    Et de la laine,
Et de l'écorce de l'avoine.
Pilez, premier jour de semaine,
    Vous en ferez
Un emplâtre : du jus lavez
La dent, et l'emplâtre mettez
    Dessus la joue.
Dormez un peu, je vous le dis.

Si, au lever, il n'y a boue,
Dieu vous détruise !
Or, oyez ce dont me chargea
Ma dame, qui m'envoya çà.

« Belles gens, je ne suis pas de ces pauvres prêcheurs ni de ces pauvres herbiers qui vont par devant les églises, avec de pauvres chapes mal cousues, qui portent des boîtes et des sachets et étendent un tapis. Car tel vend poivre et cumin et autres épices, qui n'a pas autant de sachets qu'ils en ont. Sachez que de ceux-là je ne suis pas, mais je suis à une dame qui a nom Madame Trote de Salerne, qui fait un couvre-chef de ses oreilles, et les sourcils lui pendent avec des chaînes d'argent par dessus les épaules ; et sachez que c'est la plus sage dame qui soit dans les quatre parties du monde... Taisez-vous, de par Dieu !...

« Or, ôtez vos chaperons, tendez les oreilles, regardez mes herbes que ma dame envoie en ce pays et en cette terre ; et parce qu'elle veut que le pauvre y puisse aussi bien arriver que le riche, elle m'a dit d'en donner pour un denier ! Car tel a un denier dans sa bourse qui n'y a pas cinq livres. Et elle me dit et commanda que je prisse un denier de la monnaie qui aurait cours dans le pays et dans la contrée où je viendrais : à Paris un parisis, à Orléans un orléanois, à Étampes un étampois, à Bar un barrois, à Vienne un viennois, à Clermont un clermondois, à Dijon un dijonnois, à Mâcon un mâconnois, à Tours un tournois, à Troyes un tressien, à Reims un reincien, à Provins un provencésien, à Amiens un monsien, à Arras un artésien, au Mans un mansois, à Chartres un chartain, à Londres en Angleterre un esterlin ; pour du pain, pour du vin à moi ; pour du foin, pour de l'avoine à mon roussin ; car celui qui sert l'autel doit vivre de l'autel. Et je dis que s'il y avait si pauvre, ou homme ou femme, à n'avoir que donner, qu'il s'avance : je lui prêterais l'une de mes mains pour Dieu, et l'autre pour sa mère, à la condition que, d'aujourd'hui en un an, il fît chanter une messe du Saint-Esprit, je dis nommément pour l'âme de ma dame, qui ce métier m'apprit...

« Ces herbes, vous ne les mangerez pas ; car il n'y a si fort bœuf en ce pays, ni si fort destrier qui, s'il en avait aussi gros qu'un pois sur la langue, ne mourût de male mort, tant elles sont fortes et amères ; et ce qui est amer à la bouche est bon au cœur. Vous me les mettrez trois jours dormir en bon vin blanc ; si vous n'avez du blanc, prenez du vermeil ; si vous n'avez du vermeil, prenez du châtain ; si vous n'avez du châtain, prenez de la belle eau claire ; car tel a un puits devant sa porte, qui n'a pas un tonneau de vin dans sa cave. Vous en boirez à jeun treize matins. Si vous y manquez un matin, prenez-en un autre ; si vous y manquez le quatrième, prenez-en le cinquième, car ce ne sont pas des sortilèges. Et je vous dis, par le supplice que Dieu infligea à Corbitaz, le juif qui forgea dans la tour d'Abilant, à trois lieues de Jérusalem, les trente pièces d'argent pour lesquelles Dieu fut vendu, que vous serez guéri de diverses maladies et de diverses infirmités ; de toutes fièvres, sans excepter la fièvre quarte ; de toutes gouttes sans excepter la palatine, de l'enflure du corps... Car si mon père et ma mère étaient en danger de mort, et s'ils me demandaient la meilleure herbe que je leur pusse donner, je leur donnerais celle-ci. C'est ainsi que je vends mes herbes et mes onguents ; qui voudra, en prenne : qui ne voudra pas, les laisse ! »

On ne peut douter que les scènes comiques de ce genre ne fussent fort du goût des divers auditoires des jongleurs du temps de Rutebeuf : seigneurs et dames dans leurs hôtels et châteaux, bourgeois aussi et bourgeoises dans leurs maisons à pignons sur rue, et enfin simple populaire en pleine place publique ou en plein marché. Les clercs eux-mêmes ne laissaient pas à l'occasion d'en prendre leur part de plaisir. Il y avait alors, parmi de notables différences, plus d'un rapport et plus d'un lien entre la société dont ils faisaient partie et celle où s'exerçait l'activité des jongleurs : tel, par exemple, le cas, qui est précisément celui de Rutebeuf, du passage d'un état et d'un milieu à l'autre par suite de vocation déchue ou d'études manquées ;

telle encore la similitude de vie desdits jongleurs avec celle de ces clercs errants, de ces étudiants buissonniers nommés *goliards*, qui s'en allaient de ville en ville, d'école en école, plus curieux de courir librement après la science que de s'en saisir fortement une fois pour toutes, et qui, l'estomac ouvert et l'escarcelle vide, payaient çà et là le vivre et le couvert, obtenus d'hôtes bienveillants, par des contes, chansons et bouffonneries latines ou même, au besoin, françaises. Les fêtes, si nombreuses au moyen âge : fêtes d'Église et de saint patronage, fêtes de famille, fêtes de saisons, fêtes de cités et de localités, fêtes de corporations et de confréries ; et aussi ces grandes assises commerciales tenues périodiquement, ici et là, sous le nom de foires, étaient les occasions naturelles du déploiement des talents multiples et du répertoire varié des ingénieux héritiers des histrions romains et des scôpas francs. La création, à la fin du douzième et au treizième siècle, notamment dans les grandes cités françaises du nord-est, en Artois, en Flandre, de véritables milieux intellectuels et d'associations littéraires et académiques, connues sous le nom de *puis*, fut un nouvel encouragement au mouvement indiqué ci-dessus et qui portait les jongleurs, devenus trouvères, à donner une forme plus fixe et plus littéraire à leurs anciennes scènes d'imitation bouffonne et d'improvisation comique.

C'est dans l'une de ces cités, à Tournay, que

nous rencontrons, composée et représentée entre 1266 et 1290, non plus seulement un *monologue dramatique*, comme le *dit de l'Herberie* de Rutebeuf, mais une scène dialoguée à deux personnages, une saynette ou *jeu* intitulé : *Du Garçon et de l'Aveugle*, qu'un heureux hasard nous a conservé sur les deux derniers feuillets du manuscrit 24366 du fonds français à la Bibliothèque nationale. M. Paul Meyer l'y recueillit et le publia en 1864 (1). C'est un monument précieux, sinon par sa valeur intrinsèque, quoique la verve n'y fasse pas défaut, du moins par son caractère et par sa date.

L'aveugle se présente en scène en chantant comme faisaient et comme font les mendiants :

> Secourez-nous, seigneurs barons ;
> Que Dieu, fils de Marie,
> Vous mette tous en sa maison
> Et en sa compagnie !
> Voir je ne vous puis mie,
> Que pour moi vous voie Jésus-Christ
> Et tous ceux mette en paradis
> Qui me viendront en aide !

Puis il continue dans le rythme narratif ou didactique de huit syllabes :

Ah ! Mère de Dieu, sainte Marie, — Vierge souveraine ! Quelle heure est-il ? — Je n'entends personne ;

---

(1) *Jahrbuch für romanische und englische Literatur*, t. VI, p. 163 et suiv.

vraiment, je me tiens pour bien misérable, — de n'avoir pas seulement un garçon — pour me reconduire à la maison. — Quand même il ne saurait pas bien chanter, — il saurait tout au moins demander du pain — et me conduire aux riches hôtels. — Hélas ! combien je suis disetteux ! — Il ne manque plus rien à ma misère.

Or parle le garçon, dit la rubrique :

Seigneur, vous n'allez pas bien droit. — Qu'allez-vous faire en ce cellier ?

Or parle l'aveugle :

Ah ! Mère de Dieu ! Venez à mon aide ! — Qui est-ce qui me remet si bien dans ma voie ?

Or parle le garçon :

Prudhomme, que Jésus me donne joie ! — Ce n'est qu'un pauvre *triquemer* (saute-ruisseau, vagabond, sans doute).

Or parle l'aveugle :

Pour Dieu ! je crois que c'est un noble cœur. — Qu'il vienne à moi ! je lui veux parler.

Or parle le garçon :

Me voici.

L'AVEUGLE

Veux-tu te louer ?

LE GARÇON

Seigneur, pourquoi serait-ce faire ?

L'AVEUGLE

Pour me promener sans encombre — à travers la

cité de Tournay. — Tu prieras, moi je chanterai ; — nous ramasserons assez d'argent et de pain.

LE GARÇON

Hé ! par le corps de saint Gillain ! — vous me prenez, je crois, pour Foubert (pour un sot). — Je vous le dis en toute franchise : — il faut que j'aie un petit écu par jour, — tout le temps que j'irai avec vous ; — et je n'en rabattrai rien.

L'AVEUGLE

Voyons, beau doux ami, ne me querelle pas ! — Comment t'appelle-t-on ?

LE GARÇON

Jeannet.

L'AVEUGLE

Eh bien ! Jeannet, maudit sois-tu, — si je ne te donne pas volontiers ce salaire ! — Si tu te rends habile en mon métier, — tu deviendras un grand et riche homme.

LE GARÇON

Allons, je n'ai pas peur, je suis certain — d'y être bientôt un grand maître. — Je prierai Dieu qu'il envoie bien grief tourment — à tous ceux qui pour le pauvre aveugle — débourseront la moindre maille. — Car ce serait toute perte pour eux.

L'AVEUGLE

Que dis-tu là, beau doux Jeannet ? — Ta raillerie me met en colère.

LE GARÇON

Ne faites pas attention, beau doux sire, — ce que j'en dis, c'est pour me moquer de ces vilains (peut-être en disant cela désignait-il les spectateurs) — Chantez, je vous aiderai de bon cœur, — et chacun nous donnera du pain.

Or chantent ensemble, dit la rubrique :

>Mère de Dieu, qui vous sera
>>Dévot toute sa vie,
>
>Bonne récompense en aura ;
>>En votre compagnie
>>Sera, Dame jolie.

L'AVEUGLE (*continuant seul la chanson*),

>Pour tous mes bienfaiteurs vous prie
>Et pour ceux qui le fils du roi
>>Servent sans vilenie.

LE GARÇON (*mendiant*)

Hé ! pour l'amour de Dieu ! ne nous abandonnez pas ! — Donnez-nous un morceau de pain ! — Beau sire, attendez-moi un peu ici. — Je vais aller demander à ces grands hôtels. — Seigneurs, pour le Dieu céleste, — faites charité à un pauvre aveugle ! — (*Revenant à son maître*) Sire, je ne puis rien avoir ; — allons-nous-en, Dieu leur fasse honte !

L'AVEUGLE

Ils n'ont quoi donner ; mais, dis-moi, — Jeannet, si personne ne t'a rien répondu.

LE GARÇON

Rien du tout, sire, mais j'ai entendu — qu'ils ricanaient méchamment.

L'AVEUGLE

Jeannet, par importunité — tu aurais fini par attraper quelque chose.

LE GARÇON

Sire, que Jésus-Christ me guide ! — Je m'y entends, je suis maître en ce métier. — Chantez, nous aurons à manger, — car ma parole viendra bien à bout d'eux.

Or, dit la rubrique, *ils chantent tous deux ensemble :*

> Du roi de Sicile dirai,
>   Que Dieu lui soit en aide !
> Car chacun jour est en combat
>   Contre la gent maudite.
>   Or, a chevalerie
> Mandée à lui par tout le monde ;
> Tous ceux qui nulle chose n'ont
>   Iront à son armée.

LE GARÇON

« Hé ! par le tribut dû à sainte Sophie ! — Sire, si de rien nous pouvons vivre, — nous serons cette nuit tout à fait ivres ; — voyez comme chacun nous apporte ! — Par tous les saints ! ni huis ni porte — n'ai-je encore vus aujourd'hui s'ouvrir. — Nous pourrions bien ici de faim mourir — avant que personne rien nous apportât. — Par la foi que je dois à saint Vast ! — Je ne me mêlerai plus de conduire un aveugle. — Il n'en arrive rien de bon. »

L'aveugle, pour calmer son compagnon et le mieux engager à son service, entre alors imprudemment dans la voie des confidences :

L'AVEUGLE

Jeannet, par la foi que je te dois, — la chaîne ne peut pas tomber du premier coup. — Si nous n'avons rien reçu à cette heure, — nous n'en sommes pas moins très bien pourvus — de quoi nous procurer à boire et à manger. — Quand bien même je renoncerais à mendier mon pain, — je serais en état de vivre fort joliment, — tant j'ai amassé de deniers !

LE GARÇON

Alors, vous me ressemblez fort peu, — sire, car si j'avais deniers, — je mettrais tôt vous et moi fort à l'aise. — Tant que cet argent pourrait durer — vous cesseriez de mendier votre pain ; — il serait tout à vous sans aucun doute.

L'AVEUGLE

« Jeannet, pour avoir si bien parlé, — tu auras part à tout ce que je possède — dorénavant, je te le dis de bon cœur ».

Devenus de si bonne intelligence, maître et valet se mettent à s'entretenir familièrement et tombent bientôt dans la conversation la plus licencieuse. L'aveugle se permet, au sujet d'une amie qu'il a, des propos tellement grossiers que le garçon s'en montre ou feint de s'en montrer scandalisé, et en prend occasion de jouer à son maître un très mauvais tour.

LE GARÇON

Seigneur, vous parlez vilainement, — ne dites plus e si laides paroles.

L'AVEUGLE

Personne ne m'entend que toi seulement, — beau oux Jeannet, que je sache.

LE GARÇON

Sire, attendez-moi en cet endroit, — je vais satisfaire un petit besoin. (Il feint de s'éloigner, puis dit à l'aveugle en déguisant sa voix et comme s'il était un passant) : — Truand, Dieu vous donne mauvaise étrenne, — pour vous apprendre à parler de façon si désordonnée ! — Mais vous allez le payer cher. — Tenez, voilà pour la peine. (Il lui applique un fort soufflet).

L'AVEUGLE (à Jeannet qui est censé revenu)

Jeannet, dis-moi si je n'ai pas une plaie au visage.

LE GARÇON

Une plaie ! mais d'où viendrait-elle ?

L'AVEUGLE

C'est à l'instant que cette cruelle paye — m'a été donnée par je ne sais qui.

LE GARÇON

Par tous les saints ! J'étais ici près. — Pourquoi ne m'avez-vous pas appelé ?

L'AVEUGLE

Ah ! cher Jeannet, doux ami, — si j'avais murmuré un seul mot, — il m'aurait aussitôt donné un tel coup — qu'il y aurait paru pendant toute ma vie.

LE GARÇON

Sire, ne vous effrayez pas, — il y a des herbes qui guérissent très bien les coups.

L'AVEUGLE

Tant mieux, Jeannet, mais tous les os — de la joue me font cruellement souffrir.

Le méchant valet lui promet alors de le guérir, en s'attribuant des connaissances médicales et même une cure merveilleuse qui rappellent le *dit de l'Herberie*. L'aveugle, dont la confiance est maintenant tout à fait gagnée, se fait conduire par ce serviteur fidèle à son domicile, lui remet la grande bourse qui contient l'amas de ses deniers, et lui dit de prendre ce qu'il voudra pour aller aux provisions. Le valet s'empare aussi, sous un prétexte quelconque, de la *housse* ou robe de l'aveugle. Puis, prenant à témoins les spectateurs de la dextérité de sa friponnerie, dont il se propose de « humer » le produit avec ses camarades, il déclare que ce tour ne lui suffit pas s'il n'en bafoue ouvertement la victime. Il crie donc son vol à l'aveugle, saisi de désespoir et de colère.

L'AVEUGLE

Ha ! ha ! Dieu ! quelle est ma détresse ! — Où est la mort, qu'elle tarde tant à venir ? — Que ne me prend-elle ? Toutefois avant ce moment, — certes, demain, j'attendrai quelque part ce garçon ; — et alors je lui donnerai cent coups, — par la foi que je dois à mon amie Margot !

LE GARÇON

Fi de vous ! Ne suis-je pas au large ? — Je ne fais pas cas de vous plus que d'une ordure. — Vous êtes félon et envieux. — Si ce n'était pas par égard pour ces compagnons (sans doute la compagnie, les spectateurs), — vous auriez déjà reçu mille *oreillons*. — Mais à cause d'eux je vous en fais grâce. — Si cela ne vous convient pas, attrapez-moi.

« C'est une bagatelle, dit M. Gaston Paris, signalant et appréciant cette petite pièce (1), d'ailleurs gaie dans la grossièreté de plus d'un de ses traits, mais dont le principal intérêt est son existence même. Nous ne saurions pas sans elle qu'on jouait des farces au treizième siècle (le mot *farce* lui-même n'apparaît que plus tard), et elle permet de conjecturer qu'au moins dans le nord de la France, on en jouait dès lors beaucoup, qui ne nous sont pas parvenues ».

Le jeu *du Garçon et de l'Aveugle* est, aux yeux de M. Gaston Paris et de tous les critiques autorisés en pareille matière, le plus ancien échantillon, arrivé jusqu'à nous, du genre de la *farce dramatique*. Mais ce ne fut que plus tard, comme l'indique très justement le savant académicien, que ce nom de *farce* fut appliqué à l'un des genres du théâtre comique au moyen âge. Comment et par quelle voie progressive ce mot vint-il alors s'adapter à ce genre ? C'est une question dont l'examen, même rapide et superficiel, n'est pas sans intérêt pour l'histoire et l'intelligence de ce théâtre.

Le mot *farsa*, tiré du verbe *farcire* par les écrivains de la basse latinité, eut pour sens premier celui qu'il conserve encore aujourd'hui dans sa forme

---

(1) Ouvrage cité, pp. 193-194.

française en langue culinaire. Mais ce sens avait alors une étendue plus grande, comprenant tout mélange d'éléments divers, surtout d'éléments hétérogènes, toute introduction d'un ingrédient nouveau dans une matière primitive. Les *tropes* introduits au neuvième, au dixième siècle, avec une abondance exubérante, dans les offices monastiques, et d'où les premiers drames liturgiques sont immédiatement issus, étaient donc, quoique sérieux et pieux d'inspiration et de texte, de véritables *farcitures*, de vraies *farsæ*. A aussi juste, à plus juste titre encore, le mot put-il être, fut-il, en effet, appliqué plus tard, au onzième, au douzième siècle, à l'introduction de paraphrases françaises dans certains textes latins de la liturgie.

Telles furent notamment les *épitres farcies* (*epistolæ farcitæ*), dont la *farciture* française, d'abord en prose, fut ensuite rédigée en vers. Ce sont, dit à ce propos M. Gaston Paris (1), « les *Actes des Apôtres*, qui, s'ils ne furent pas traduits anciennement, ont cependant donné à la poésie française le thème des plus anciennes *farcitures* en langue vulgaire, relatives à la fête de saint Étienne. Le premier martyr était le patron des diacres, et, à cause de cela, le jour de sa fête, une certaine liberté était donnée, dans l'église même, à la jeunesse cléricale. Elle en profita de très bonne heure pour intercaler

---

(1) Ouvrage cité, page 209.

entre les phrases du chapitre des *Actes*, dont on donnait à l'office lecture en latin en guise d'épître, des strophes françaises monorimes qui reproduisaient le récit contenu dans ce chapitre. Nous avons plusieurs versions de ces « épîtres farcies », dont une ou deux remontent au douzième siècle. D'autres épîtres farcies se rapportent aux fêtes de saint Jean l'évangéliste, des saints Innocents ou de l'Épiphanie, toutes fêtes voisines de celle de saint Étienne et chères aussi aux écoliers ».

Dans les fêtes des clercs et des écoliers, et aussi dans leur vie et leurs coutumes habituelles, en dehors même de ces fêtes, ceux-ci, entre autres épanchements de leur activité intellectuelle et de leur verve, se plaisaient à composer et à chanter des chansons latines en vers rythmiques. Ils s'amusèrent, un beau jour, à y joindre des refrains en langue française, ce qui constituait pour eux une nouvelle et agréable espèce de *farsa*. Telle la chanson dans laquelle Hilaire, au nom de ses turbulents condisciples du Paraclet, se plaint de l'interruption des leçons d'Abélard, irrité de leur indiscipline :

> Lingua servi, lingua perfidiæ,
> Rixæ motus, semen discordiæ,
> Quam sit prava sentimus hodie.
> Subjacendo gravi sententiæ :
> Tort a vers nos li mestre...

Telle encore la chanson du même, relative à la

cérémonie joyeuse de l'élection et de la glorification comiques d'un *Pape des écoliers* : *de Papa scolastico*.

> Papa summus, Paparum gloria,
> Papa jugi dignus memoria ;
> Papæ plaudit scolaris curia,
> Papæ dari non est injuria.
> Tort a qui ne li dune (1).

On voit aisément de quelle façon, par cette bizarre juxtaposition de deux idiomes et par quelques-unes des circonstances dans lesquelles les clercs et les écoliers en faisaient usage, une idée joyeuse et comique s'est attachée au mot *farsa*. Jusqu'à quel point l'élément bouffon et satirique se développa dans certaines de leurs fêtes, où se mêla de fort bonne heure et, en dépit des décrets et pénalités des conciles, persista longtemps d'âge en âge l'antique tradition païenne des *Saturnales* ou d'autres coutumes analogues, c'est ce qu'on aurait peine à croire, si les extravagances auxquelles ces réjouissances donnaient lieu n'étaient pas établies par des documents positifs. C'est à bon droit qu'on leur appliqua le nom générique de *Fête des fous*. Beaucoup d'éléments dramatiques ou quasi-dramatiques s'y agitaient dans un mélange désor-

---

(1) *Hilarii versus et ladi*. Édition Champollion-Figeac. Paris, Techener, 1838, in-8°, pp. 14 et suiv., 41 et suiv. Sur Abélard et son école du Paraclet, qu'il nous soit permis de renvoyer nos lecteurs à notre volume intitulé : *Saint-Gildas de Ruis. Aperçus d'histoire monastique.*

donné d'usages et d'inventions burlesques, formant, pour ainsi dire, comme un vaste et grotesque pot pourri de toutes sortes de *farcitures* ou, pour user de l'expression du poète Guillaume de Digulleville, qui nous montre, dans la première moitié du quatorzième siècle, le mot en pleine possession du sens, sinon encore dramatique, du moins comique, de toutes sortes de *farceries* (1).

Parmi les éléments et ingrédients de ces fêtes, a figuré assez souvent une parodie dont le caractère est suffisamment indiqué par son nom de *sermon joyeux* et qui, latine d'abord, puis française, ou mélangée de l'un et de l'autre idiome, finit par constituer un genre poétique traité par les jongleurs comme par les clercs, et est venue prendre place à côté du *monologue dramatique* et de la *farce* proprement dite, non sans une notable influence sur cette dernière, dans le théâtre comique de la dernière période du moyen âge (2).

La fête des fous, propre d'abord surtout aux clercs, eut comme un prolongement laïque dans les associations joyeuses, temporaires ou permanentes, qui semblent bien en être issues d'assez

---

(1) F. Godefroy, *Dictionnaire de l'ancienne langue française*, au mot *farcerie* : « Je ne sçay que ce signifie, — ne me semble que farcerie. »

(2) On lira sur ce point et sur plusieurs autres, avec plaisir et avec profit, l'intéressante thèse latine de M. C.-M. des Granges : *De scenico soliloquio in nostro medii ævi theatro*. Paris, Emile Bouillon, 1897, in 8°.

bonne heure, et dont, à la fin du moyen âge et au delà, on constate l'existence dans un grand nombre de villes françaises (1). Telle, entre toutes, la Société parisienne des « Enfants sans-souci », dont le chef portait le titre significatif de « Prince des sots », et son lieutenant celui de « Mère sotte ».

Ces associations, nous le savons, donnèrent dans leurs divertissements périodiques, dans leurs *farceries*, une place importante à des compositions et représentations dramatiques de divers genres. Parmi celles-ci figurèrent des jeux comiques imités de ceux des jongleurs-trouvères du treizième siècle, qui, d'ailleurs, avaient peut-être eux-mêmes, dans leur période de floraison, été admis par les clercs, entre lesquels parfois ils se recrutaient, à prêter leur concours littéraire, musical et mimique à la fête des fous. C'est par l'introduction, de jour en jour plus goûtée, dans cette fête cléricale et dans ses dérivés, de jeux ou scènes comiques, semblables ou analogues à celle *du Garçon et de l'Aveugle*, que s'explique, croyons-nous, l'attribution spéciale aux pièces de cette sorte, dans le courant du quinzième siècle, du terme en soi plus général et plus compréhensif de *farce*, qui devint peu à peu l'appellation propre de ce genre dramatique et qui l'est demeurée depuis.

---

(1) Cf. Petit de Julleville, *Les Comédiens en France au moyen âge*, p. 143 et suiv.

A ce fait linguistique comme au développement de ce genre dramatique et de notre ancien théâtre comique en général, ne contribua pas peu, tout conduit à le croire, une autre société parisienne, celle des clercs de la Basoche, fort étroitement apparentée, d'une part au monde universitaire, par conséquent ecclésiastique, de l'autre aux Enfants sans-souci. Les farcitures et farceries de toute espèce, et les jeux dramatiques en particulier, occupaient une place considérable dans les cérémonies et réjouissances basochiennes, et il n'est pas douteux que les membres de cette confrérie judiciaire se piquaient volontiers de littérature et de poésie et aussi d'invention comique. Un de leurs divertissements favoris, les *causes grasses*, était comme le pendant des *sermons joyeux* des autres clercs.

« On ne sait, dit à ce propos M. Petit de Julleville (1), à quelle époque les clercs de la Basoche commencèrent à plaider au carnaval, tous les ans, ces causes fictives et plaisantes qu'on appelait « causes grasses », parce que les jours gras étaient le temps choisi pour ce divertissement ; plus tard, l'expression a pris un autre sens, du genre ordinairement licencieux de ces plaidoiries. Cet usage fut peut-être antérieur (chez les Basochiens) à celui des représentations théâtrales, et, dans ce cas, la mise en scène d'un plaidoyer burlesque put

---

(1) Ouvrage cité, p. 96.

devenir un acheminement très naturel à la mise en scène d'une farce quelconque ».

Pas plus que pour les moralités, nous n'avons l'intention d'entreprendre aujourd'hui l'étude complète et critique des farces du moyen âge, à leur époque d'épanouissement et de floraison, c'est-à-dire au quinzième et au seizième siècle. Ici encore, nous renvoyons le lecteur aux excellentes pages déjà publiées sur ce sujet par M. Petit de Julleville (1) et par M. Wilhelm Creizenach (2). Nous nous bornerons, pour l'instant, à quelques remarques générales, qui nous paraissent venir à l'appui de ce qui a été dit ci-dessus de ce genre dramatique et des origines du nom qu'il porte.

Parmi les farces dont le texte nous est parvenu, un bon nombre se rapportent clairement aux anciens jeux et scènes comiques des jongleurs, dont ils nous attestent bien la persistance et le développement dans le théâtre des Enfants sans-souci et des Basochiens, ou de leurs congénères. Telles sont, à n'en pas douter, des pièces comme celles-ci : « Farce joyeuse à trois personnages, c'est à savoir : un aveugle et son valet et une tripière. — Farce nouvelle, très bonne et fort joyeuse, d'un chaudronnier, c'est à savoir : l'homme, la femme et le

---

(1) *La Comédie et les mœurs en France au moyen âge*, chap. IV, V et VI. — *Répertoire du théâtre comique*, p. 101 et suiv.
(2) *Geschichte des neueren Dramas*, t. I, p. 377 et suiv.

chaudronnier. — Farce nouvelle à cinq personnages des femmes qui font refondre leurs maris, c'est à savoir : Thibault, Collart, Jeannette, Percette et le fondeur. — Farce joyeuse à deux personnages, c'est à savoir : un gentilhomme et son page, lequel devient laquais. — Discours facétieux des hommes qui font saler leurs femmes à cause qu'elles sont trop douces, lequel se joue à cinq personnages. — Farce nouvelle du meunier et du gentilhomme à quatre personnages, c'est à savoir : l'abbé, le meunier, le gentilhomme et son page. — Farce nouvelle, très bonne et fort joyeuse, à trois personnages, d'un pardonneur (vendeur de fausses reliques), d'un triacleur (charlatan, vendeur de thériaque) et d'une tavernière. — Farce nouvelle à trois personnages, c'est à savoir : le sourd, son valet et l'ivrogne, etc., etc. »

Pour d'autres farces, au contraire, la tradition comique des jongleurs serait tout à fait insuffisante pour en expliquer l'origine et le caractère. Celles-ci portent manifestement la marque, à divers degrés, de l'influence de la société cléricale et scolaire. Cette marque se reconnaît surtout dans certains emprunts faits par la farce aux genres voisins, mais plus savants, de la moralité et de la sotie, notamment dans la façon de concevoir et d'exprimer la satire, appliquée non plus seulement aux mœurs et conditions des hommes, mais aux institutions et aux événements contemporains, et dans l'introduction de personnages allégoriques. Telles sont, par exemple, les pièces suivantes :

« Farce joyeuse à cinq personnages, c'est à savoir : trois galants, le Monde qu'on fait paître et Ordre. — Farce nouvelle moralisée des gens nouveaux qui mangent le monde et le logent de mal en pire, à quatre personnages. — Farce morale à cinq personnages, c'est à savoir : Métier, Marchandise, le Berger, le Temps et les Gens. — Jeu extraordinaire fait par Jean Destrées et joué la nuit des Rois 1472. Les personnages de la pièce s'appellent Va-Partout, Ne-te-Bouge, Tout-le-Monde, le Vacher-de-Chauny, deux dames, le Bon-Temps, un gendarme ».

Le passage et le séjour de la farce dramatique dans les réjouissances de la fête des fous, parmi les parodies bouffonnes et les farceries quasi-liturgiques, ne sont pas sans avoir laissé leur marque, non seulement sur le mot qui la désigne, mais sur le texte même de certaines pièces de sa période de floraison.

C'est ainsi que la farce du *Pèlerinage de mariage* se termine par une procession et des litanies burlesques, tout à fait analogues aux antiques joyeusetés farcies des clercs et des écoliers en liesse :

L'UN DES ACTEURS

De femme pleine de tempête,
Qui a une mauvaise tête
Et le cerveau contaminé,

TOUS ENSEMBLE

Libera nos, Domine...

L'ACTEUR

Des hommes qui par jeux méchants
Vendent leurs robes aux marchands
Pour être au jeu très obstinés.

TOUS ENSEMBLE

Libera nos, Domine...

L'ACTEUR

Que nous ayons tous bon courage
Contre tourments de mariage
Nous tous qui y sommes enclos.

TOUS ENSEMBLE

Te rogamus, audi nos.

L'ACTEUR

Quand la femme tempête et tance,
Que le mari ait patience
Et obtienne un peu de repos.

TOUS ENSEMBLE

Te rogamus, audi nos...

Cette parodie liturgique, fort licencieuse par endroits, s'achève pourtant et clôt la farce par ce couplet presque édifiant :

L'ACTEUR

Que les deux nouveaux épousés
Se trouvent si bien disposés,
Qu'ils puissent en leur mariage
Produire bon et beau lignage

Et vivre ensemble longuement ;
Puis en la fin aient sauvement
Avec Dieu au céleste enclos.

TOUS ENSEMBLE

Te rogamus, audi nos (1).

Il est vraisemblable, croyons-nous, de reconnaître l'influence de la Basoche et de ses « causes grasses » dans le chef-d'œuvre de la farce du moyen âge, le célèbre *Avocat Pathelin*, où le procès grotesque du drapier Guillaume contre son berger Agnelet, conseillé par Pathelin, forme la seconde partie de l'action. La première est du genre traditionnel des scènes de jongleurs, quoique beaucoup mieux agencée, mais on y remarque aussi quelque trace des farcitures et farceries cléricales et scolaires. Telle est, ce semble, la scène, à bon droit relevée comme caractéristique par M. Petit de Julleville (2), de Pathelin qui fait le malade, et accueille le marchand, qui vient lui réclamer le prix de son drap, par un verbiage absurde, intarissable, insensé, où il mêle toutes les langues et tous les patois. Le limousin d'abord, et comme Guillaume écoute étonné sans rien comprendre, Guillemette, la bonne âme, la digne femme de l'avocat, se penche à l'oreille du marchand :

---

(1) Ms fr. 24311 à la Bibliothèque nationale, fol. 93, 94. Cf. Petit de Julleville, *Répertoire* précité, pp. 210, 211.
(2) *La Comédie et les mœurs en France au moyen âge*, pp. 51, 216, 217.

> Il eut un oncle limousin,
> Le frère de sa belle-tante :
> C'est ce qui le fait, je m'en vante,
> Jargonner en limosinois.

Au limousin succède le picard :

> Sa mère fut de Picardie ;
> Pour ce, parle ainsi maintenant.

Le flamand remplace le picard et le normand vient après le flamand :

> Je sais que son maître d'école
> Etait normand. Ainsi advient
> Qu'à présent il lui en souvient.

Après le normand le breton :

> Ce fut la mère de son père
> Qui fut native de Bretagne.

Après le breton le lorrain, après le lorrain le latin. Cette fois, Pathelin arrive à ses fins. Guillaume, épouvanté, quitte la partie.

La conformité du genre dramatique de la farce avec l'esprit français n'est pas douteuse. De là, sans doute, dès le quinzième siècle, la production, en ce genre, d'un chef-d'œuvre durable. De là aussi, au seizième, la résistance obstinée et en partie victorieuse de la farce aux proscriptions de la Renaissance et de la Pléiade.

Nous retrouvons au dix-septième siècle ce genre, diminué, il est vrai, à certains égards, de plus en plus réduit à la prose et à l'improvisation, mais très vivant et très goûté, sur les planches de l'Hôtel de Bourgogne, où le perpétue, sous Henri IV et sous Louis XIII, un groupe, alors illustre simultanément ou successivement, de comédiens-farceurs : Gros-Guillaume, Gauthier Garguille, Turlupin, Guillot Gorju, Bruscambille, Jean Farine et Gringalet (1). Il jouit à cette même époque d'une faveur non moins grande, d'une vogue qui fait tort aux comédiens royaux, sur les tréteaux du Pont-Neuf et de la place Dauphine, surtout dans la personne de l'incomparable Tabarin, précieux associé du célèbre charlatan Mondor. Molière, on le sait, n'a pas dédaigné de puiser à cette double source, en même temps qu'à la source italienne de la *commedia dell'arte*, dont l'influence sur la farce française était avant lui déjà devenue considérable, soit dans les jeux comiques de l'Hôtel de Bourgogne, soit dans les parades de Tabarin (2).

Bien plus encore que l'auteur anonyme de *l'Avocat Pathelin*, Molière a donné à l'ancienne farce française l'immortelle vie de la beauté littéraire et du grand art. Après lui, à ce même genre

---

(1) Cf. Eugène Rigal, *Alexandre Hardy et le théâtre français à la fin du seizième et au commencement du dix-septième siècle*, pp. 98, 122 et suiv., 151 et suiv.

(2) Sur les devanciers et les sources de Molière, qu'il nous soit permis de renvoyer à notre ouvrage intitulé : *Les Maîtres de la poésie française*. Tours, Alfred Mame et fils, 1893, gr. in-8°, chap. IX, p. 211 et suiv.

se rattachent encore, à divers degrés et sous certaines distinctions, quelques noms célèbres : tels, par exemple, Regnard, Dancourt, Le Sage, et, de nos jours, Eugène Labiche. Mais à côté, au-dessous de cette perpétuité littéraire, la farce en a ainsi conservé une autre qui la reliait, qui la ramenait en quelque façon à ses lointaines origines et aux premières étapes de son histoire, que rappelaient déjà les bouffonneries de Tabarin. Cette activité inférieure, mais très vivace, se manifesta notamment aux dix-septième et dix-huitième siècles dans les parades extérieures jouées, pour allécher et pour attirer les spectateurs, devant les théâtres des grandes foires parisiennes, de la foire Saint-Germain et de la foire Saint-Laurent.

« Lorsque les spectacles de la foire furent autorisés à s'établir sur le boulevard, dit notre regretté ami Victor Fournel (1), ce fut à la condition expresse de jouer des parades à la porte avant la représentation, afin de rester assimilés aux spectacles forains. L'Ambigu-Comique, établi par Oudinot sur le boulevard du Temple en 1769 ; la Gaîté, fondée par Nicolet (1760) ; le théâtre du comédien et dentiste l'Écluse (1777), tous ceux enfin du même calibre qu'on vit s'élever dans les mêmes parages, pendant la seconde moitié du

---

(1) *Tableau du vieux Paris. Les spectacles populaires et les artistes des rues.* Paris, Dentu, 1863, in-12, p. 372 et suiv.

dix-huitième siècle, durent se soumettre à cette loi.

« Les premières années du théâtre de Nicolet furent illustrées par l'un des rois de la parade, Taconnet, surnommé le Molière des boulevards... Taconnet a composé pour Nicolet une multitude de farces et parodies, dont la plupart portent des titres caractéristiques. Ce sont, par exemple : *la Mariée de la Courtille, les Fous des boulevards, la Mort du bœuf gras, les Écosseuses de la Halle, les Ahuris de Chaillot...*

« Lorsque le décret de 1791, proclamant la liberté des théâtres, eut laissé le champ libre à tous les entrepreneurs de spectacles, le boulevard du Temple ne fut plus d'un bout à l'autre qu'une vaste parade, et, dès midi, le flâneur égaré dans ces parages était assourdi du fracas des cymbales, des tambours et des clarinettes. A peine l'une était-elle finie, qu'une autre commençait à dix pas plus loin ; souvent une douzaine de paillasses à la fois débitaient leurs lazzis et leurs calembredaines au centre d'une douzaine d'auditoires, dont les rires se répondaient en échos. Le théâtre en plein air n'eut jamais un plus vaste champ et de plus beaux jours...

« Le décret de 1807, qui tua un si grand nombre de théâtres, respecta du moins quelques parades. Sous l'Empire et la Restauration, le boulevard du Temple fut illustré par des pîtres du plus haut calibre : Louis le Borgne, le paillasse des Ombres-Chinoises, Gringalet, Faribole, et surtout Bobèche et Galimafrée, dont l'avenir recueillera les noms, côte à côte avec ceux de Bruscambille et de Tabarin...

« Galimafrée était grand, un peu maigre, avec la figure longue et le rire bête. Il avait pour spécialité, non seulement la niaiserie, qui constitue essentiellement le pitre, mais la balourdise. La foule se plaisait à ses jeux de mots biscornus, à son langage populacier, à son patois normand, et à son esprit de rhinocéros en goguette...

« Mais le roi de la parade, ce fut le pitre Bobèche, dont le seul nom fait tressaillir encore les vieux amateurs dispersés du genre... Bobèche était un beau garçon, blond, de moyenne taille, d'un sang-froid inaltérable et de physionomie impassible, d'un léger et agréable embonpoint, soigneux de sa personne et coquettement mis avec sa veste rouge, son chapeau gris à cornes, sur lequel se détachait un papillon symbolique, ses culottes jaunes, ses bas bleus, sa cravate noire et sa perruque rousse. Sous la niaiserie obligée du type, il cachait une malice, un esprit, une causticité qui ne s'arrêtaient pas toujours à temps, et que la police dut réprimer plus d'une fois par des avertissements salutaires. C'est lui qui disait dans une parade, au moment d'une crise commerciale qu'on imputait à la marche du gouvernement : « On prétend que le commerce ne va pas. J'avais trois chemises, et j'en ai déjà vendu deux. »

Dans les curieux extraits du répertoire populaire de Bobèche, cités par Victor Fournel, il est d'ailleurs impossible de méconnaître la présence de deux éléments qui doivent être distingués de l'ancienne tradition des jongleurs et de la vieille farce française : l'influence profonde et persistante du genre italien de la *Commedia dell'arte*, depuis longtemps naturalisé chez nous, et aussi l'imitation de notre comédie littéraire.

1899.

IV

LA RENAISSANCE

I

Comédies chrétiennes de Marguerite de Navarre.

Marguerite d'Angoulême, duchesse d'Alençon, puis reine de Navarre, sœur de François Ier et grand' mère de Henri IV, compte au nombre des écrivains français de la première moitié du seizième siècle. Elle est surtout connue par un ouvrage en prose, un recueil de nouvelles intitulé : *l'Heptaméron*, mais elle a fait aussi des vers, et en particulier des poèmes dramatiques, dont quatre se rattachent à l'histoire du drame chrétien. Ces pièces sont comprises dans l'édition générale des œuvres poétiques de Marguerite, donnée en 1547 par un de ses valets de chambre, sous le titre, qui est bien dans le goût du temps, de : *Marguerites de la Marguerite des Princesses*; elles sont elles-mêmes intitulées : *Comédie de la Nativité de Jésus-Christ*, *Comédie de l'adoration des trois Rois*, *Comédie des Innocents* et *Comédie du Désert*. Elles furent représentées en Béarn, à la cour de la princesse, sans doute aux fêtes de Noël, par ses demoiselles d'honneur.

La réunion de ces quatre drames, qui se soudent aisément l'un à l'autre, forme un véritable *Mystère de la Nativité du Sauveur*. Le nom de *comédie*, qui leur a été donné par l'auteur, ne saurait nous tromper sur leur caractère, mais il nous avertit d'une chose importante. C'est que du temps de Marguerite l'étude du théâtre antique était déjà assez en vigueur pour exercer une influence sur la tradition dramatique du moyen âge, sans que l'on songeât encore à rompre avec celle-ci, comme Jodelle le fit quelques années plus tard. Marguerite d'Angoulême, qui était très savante, avait empruntée le mot de *comédie* à Plaute et à Térence, et l'avait appliqué aux pieux sujets des *mystères*. Elle nous donne un des premiers exemples des essais qui furent tentés, pendant et après la Renaissance, pour donner au drame chrétien, par l'application des procédés de l'art antique, les qualités de forme qui lui manquaient, tentatives qui furent malheureusement faites avec peu de goût et peu de suite, et qui pourtant aboutirent enfin, au dix-septième siècle, à *Polyeucte* avec Corneille, avec Racine à *Esther* et *Athalie*.

Dans l'œuvre de la reine de Navarre, l'application de l'art antique est relativement peu de chose, et c'est encore la tradition des *mystères* qui domine, pour la forme comme pour le fond. Il est évident que la princesse avait l'esprit rempli du souvenir des pièces religieuses et populaires de la fin du siècle précédent, qui continuèrent à être représentées avec une abondance et une magnificence incroyables par toute la France jusque vers le milieu du seizième siècle, époque où se place précisément (1549) la date de la mort de Marguerite. L'entrevue d'Hérode et des Mages, par exemple, est entièrement conforme au type séculaire, tant de fois reproduit déjà depuis les premiers développements qu'avait reçus, dans la cour des cloîtres, le drame chrétien, à peine dégagé des rites de la liturgie :

HERODES

C'est grand gloire de commander
  Et demander
Son vouloir, pour estre obey.
Ma gloire on ne peult amender,
  Ne demander
Mieux : car chacun me dit Ouy.
Je suis Roy, qui en tous meffaitz
  Vis en paix
En ce païs, dont suis Tetrarque.
Je fais par meffaitz porter faix ;
Obey suis comme un Monarque.
A tous les bons je fais la guerre,
  Pour la terre
Tenir soubz mon autorité.
Mes paroles semblent tonnerre ;
  En ma terre
Tiens chacun par crudelité.

Envie n'ay sur autre lieu,
  Fors sur Dieu,
Car plus grand que luy voudrois estre :
Dans le cœur me brusle le feu,
  Peu à peu,
D'ambition pour estre maistre.

LE SERVITEUR D'HERODES

Sire, on dit un bruit par la ville,
Que trois Roys, en bien grand arroy,
Demandent où est né le Roy ;
J'en ai veu troubler bien dix mille.

HERODES

Un autre Roy ! Tu es habile.
Faites venir ces enquesteurs,
Qui de telz propos sont porteurs ;
Leur parole est trop basse et vile.

LE SERVITEUR D'HERODES, *parlant aux trois Roys*

Seigneurs, bien soyez arrivez ;
De venir vous fault apprester
Au Roy, qui vous veult bien traiter
Ainsi que ses amys privez.

BALTHASAR

Celuy duquel sont derivez
Tous les biens, ainsi que je croy,
Donne salut au noble Roy,
Par qui en luy longtemps vivez.

HERODES

Que cerchez-vous, ne qui vous meine
  Par mont et plaine ?
Ne que querez en ce pays ?
Vostre labeur et vostre peine

Est bien fort vaine,
Et nous rendez tous esbahis.

MELCHIOR

Las, nous cerchons un Filz qui nous est né,
Roy qui sur tous à la fin regnera,
Duquel le regne à jamais durera ;
Roy des Juifz, Dieu le nous a donné.
Nous desirons que le lieu ordonné
Pour son sejour par toy puissons entendre ;
Car le chemin nous ne povons comprendre,
Dont un chacun de nous est estonné.

GASPARD

En Orient son estoille avons veuë
Qui nous a fait venir soudainement ;
Entrans icy, nous ne sçavons comment
Ne pourquoy c'est que nous l'avons perdue.

HERODES

Or attendez icy, et je m'en vois
A mes docteurs compter ceste merveille :
Le cas vault bien qu'à eux je m'en conseille.
Je parleray à vous une autre fois.

Un trait par lequel les comédies chrétiennes de Marguerite d'Angoulême procèdent manifestement des mystères de la fin du quinzième siècle et du commencement du seizième, mais qu'elle a encore exagéré, c'est la place qu'y occupent, au détriment de l'action et du dialogue, les développements théologiques, dogmatiques, moraux et mystiques s'expliquant en tirades qui sont de véritables sermons.

Les paroles qu'échangent les acteurs ne sont souvent que les points successifs d'une même prédication, qui ne s'adresse en réalité qu'à l'auditoire. Le drame devient ainsi une sorte de glose scolastique, dont les personnages et les événements mis en scène fournissent seulement l'occasion et le texte. Le *mystère* tourne à la pure *moralité*.

La même tendance se manifeste par l'introduction de personnages allégoriques, procédé emprunté aussi par Marguerite à ses prédécesseurs, et dont elle abuse pour prêcher plus librement et plus longuement. Prêcher est proprement la fonction de personnages comme *Philosophie*, *Tribulation* et *Inspiration*, qui sont chargées de conduire les trois Mages à *Intelligence divine*, avant que l'étoile miraculeuse les conduise à Bethléem.

Les relations qu'eut la reine de Navarre avec quelques-uns des premiers adeptes des nouveautés protestantes, et qui ont fait suspecter à bon droit son orthodoxie (1), ses rapports, dis-je, avec des personnages essentiellement *prédicants,* augmentèrent en elle la tendance didactique et pédantesque des *scientifiques docteurs* du quinzième siècle, ses devanciers. Une trace spéciale de l'influence manifeste de Calvin, qu'elle protégea, sur l'esprit de Marguerite, se retrouve, à ce que je crois, dans

---

(1) Cf. sur ce point l'ouvrage de M. Abel Lefranc : *Les Idées religieuses de Marguerite de Navarre.* Paris, Fischbacher, 1898, in-8°.

l'insistance avec laquelle elle appuie, dans ses comédies, sur l'importance de la foi pour le salut, notamment dans ces vers, qui sentent très fort l'hérésie. C'est *Intelligence* qui parle :

> Abraham sans sejour
> A creu et veu ce jour
> Et lui feut reputé
> Du Seigneur à Justice :
> *Car où est Foy, nul vice*
> *Jamais n'est imputé.*

C'est encore la tradition du moyen âge que la reine de Navarre suit dans la construction de ses pièces, qui se déroulent tout d'une venue, sans divisions autres que celles qu'amène naturellement le changement d'interlocuteur, sans marques d'actes ou de scènes, sans souci aucun ni de l'unité de temps, ni de l'unité de lieu. L'influence de l'art antique se fait seulement sentir dans une concentration plus grande de l'action, dans la sobriété des épisodes et surtout dans le retranchement des scènes purement burlesques, si abondantes dans les mystères.

De même, le style et la versification de la princesse conservent, en général, le caractère du moyen âge. Marguerite exagère plutôt qu'elle ne diminue le système de la variété des rythmes et le mélange, dans le style dramatique, du genre lyrique au récit. Elle a aussi hérité malheureusement de cette stérile abondance et de cette facilité, souvent pénible au lecteur, qui furent l'apanage des rimeurs dramatiques du quinzième siècle. Dans l'expression donc, comme dans la composition de ses pièces, l'influence de l'art antique est seulement accessoire. Ce n'est pas en vain pourtant qu'elle avait fréquenté les lettres anciennes, et aussi la poésie, à la fois traditionnelle et savante, de Villon et de Marot. On rencontre, pas assez souvent, mais enfin on rencontre çà et là, dans les pièces de la reine de Navarre, des passages dont l'élégance et la fermeté surprennent, et on peut même dire que la trame de son style, quoique bien lâche encore, est plus serrée néanmoins que celle de ses devanciers.

L'influence de Térence n'est peut-être pas étrangère à cette jolie esquisse des docteurs, courtisans d'Hérode :

LE PREMIER DOCTEUR

User vous fault de voz fins arts
Durant qu'il est en son enfance.

LE DEUXIÈME DOCTEUR

Le peuple seroit malheureux
S'il estoit hors de vostre charge ;
Par quoy il fault que l'on submerge
L'enfant, tant pour vous que pour eux,
Vous leur estes si gratieux,
Tant craint, aymé, tant estimé,
Que l'enfant seroit abysmé,
Qui sçauroit ce cas merveilleux.

LE PREMIER DOCTEUR

Un Roy craint et aymé de tous,
Ainsi qu'est Vostre Majesté,
Doit sans cesser, hiver, esté,
De son royaume estre jaloux,
Par quoy vous fault avecques nous
Penser à ce cas secourir.
L'enfant il fault faire mourir,
Ou jamais vous n'aurez repous.

HERODES

Si l'enfant ne meurt, je mourray ;
Par quoy lui fault faire la guerre
Pour l'extirper hors de ma terre,
Et lors en paix je demourray.

LE DEUXIÈME DOCTEUR

Sans fin ton nom je beniray,
Voyant ton zele sy fervent,
Qu'est-ce d'un enfant ? moins que vent...

Ce dernier vers fait penser au Mathan d'*Athalie*, Voici un passage qui donne comme un avant-goût de *Polyeucte* :

LE ROI GASPARD *à la Sainte Vierge*

J'ay creu, j'ay veu ; mais, Dame, à ta parole,
Par toy je sents que mon âme s'en vole
A son Espoux, sans plus vouloir tenir
Au monde bas, pour ce que retenir
Elle a bien sceu ta parole et tes dits ;
Pour à son Dieu povoir tost parvenir,
Mort et tourment luy semblent paradis.

Il faudrait chercher longtemps dans les mystères

avant de trouver deux vers comme ceux-ci que Melchior adresse à *Tribulation* :

> Tes motz sont durs, ta parole est rebelle,
> L'œil de l'esprit pourtant te treuve belle.

Ou comme cette extase de la Sainte Vierge sur son divin Fils :

> . . . . O Dieu ! quelle ayse !
> Comme mon Dieu l'adore, et puis le baise
> Comme mon filz...

On encore ce vers qu'un ange adresse à Dieu :

> Aussi tost est ton vouloir fait que dit.

Cette imprécation de Satan :

> Agneau occis, qui du ciel feiz chasser
> Moy et les miens, me viens tu pourchasser
> Jusques icy ? Où trouveray-je place
> Pour eviter la fureur de ta face ?

Cette parole de Dieu :

> Je ne suis pas seulement amoureux,
> Mais suis l'Amour...

Ou enfin, dans le genre lyrique, cette prière de Marie, si l'auteur avait su la réduire à ces vers :

> O Dieu, qui es l'Estre de toute chose,
> Ta déité, aux yeux des mortelz cloze,
> Voy dens les fleurs, dens le liz, dens la rose,
>   Par son povoir
> Croistre, germer, et puis se faire voir
> Herbe, et puis fleur, et graine, pour pourvoir
>   A l'advenir.

> Tu fais en hault le grand cedre tenir,
> L'arbuste en bas humblement contenir...
> En terre et mer
> L'on ne doit voir que toy, ny estimer :
> Tu fais fueillir, et fleurir, et germer
> Et champs et bois,
> En tous lesquelz rien que toy ne congnois.
> En eux te vo en eux j'entens ta voix...
> O mon doux Pere,
> Qui, tout en tous, tant de vertuz opere,
> Declare-toy, à fin qu'à tous appere
> Ta bonté grande ;
> Ouvre les yeux au peuple, et qu'il s'amende.
> Helas ! Seigneur, je te les recommande :
> Car sy chacun
> En tout ce corps grand, visible et commun
> Ne voyoit rien si non toy seul, Dieu un,
> Tes faitz, tes ditz...
> Ce monde ici seroit un Paradis.

En voyant combien sont rares encore de telles beautés d'expression dans les quatre comédies chrétiennes de Marguerite d'Angoulême, malgré l'influence incontestable des modèles antiques sur son style, on est naturellement conduit à admettre que cette influence avait besoin de s'accroître encore. Elle s'accrut en effet, mais au-delà de toute mesure. Avec Ronsard, avec Jodelle, cette influence mal dirigée submergea tout. La tradition du moyen âge, au lieu d'être fécondée, fut noyée. Pour emprunter un mot de la langue politique, il fallait une réforme, on fit une révolution.

1878.

II

Les Origines de la tragédie française.

Dans le temps qui s'est écoulé entre 1548 et 1630 ou environ, c'est-à-dire du milieu du XVIe au milieu du XVIIe siècle, la constitution et le caractère du théâtre français, du moins en ce qui concerne le drame sérieux, ont été changés de fond en comble. Cette époque a été une période de révolution et de transition tout à la fois. Le théâtre primitif, c'est-à-dire le drame religieux et national du moyen âge, a succombé. A sa place s'est établie et constituée la tragédie classique française, dont les chefs-d'œuvre de Corneille et de Racine devaient faire l'une des plus grandes et plus justes gloires de notre littérature.

Le succès du drame du moyen âge, c'est-à-dire des *mystères*, était-il épuisé au milieu du XVIe siècle ? En aucune façon. Jamais théâtre n'avait joui de plus de popularité et de vogue. Les plus longues destinées lui semblaient encore promises. Mais il fut attaqué tout ensemble par les scrupules qui s'éveillèrent dans l'âme des catholiques instruits, à l'aspect des progrès de l'hérésie protestante, et par la puissance d'une mode littéraire nouvelle, qui s'empara d'abord des esprits cultivés, et ensuite, peu à peu, par leurs efforts redoublés, fit la conquête, sinon de la nation tout entière, au moins des classes élevées et, à leur suite, de l'opinion générale et dominante.

Le théâtre des mystères, cela n'est pas douteux, prêtait largement le flanc à cette double attaque. Le réalisme grossier et la fantaisie extravagante qu'il avait appliqués de jour en jour davantage à la représentation des plus augustes événements de l'histoire sacrée, pouvaient constituer un véritable péril, au moment où la foi profonde et naïve des populations du moyen âge était battue en brèche par les critiques acérées des propagateurs déclarés ou sournois de la prétendue Réforme. Quand on connaît le texte des derniers grands mystères, par exemple des *Actes des apôtres*, de la *Passion* et de la *Résurrection* de Jean Michel, de la compilation anonyme désignée sous le nom de *Vieux Testament*, on s'explique le célèbre arrêt du Parlement de Paris qui interdit aux Confrères de la Passion, en confirmant d'ailleurs leurs privilèges dramatiques, la représentation des sujets tirés des Saintes Écritures. La même connaissance des mêmes textes explique également le profond dégoût des lettrés, en qui la Renaissance, et c'était son bon côté, par l'étude des écrivains de l'antiquité grecque et romaine, avait réveillé le sens esthétique, depuis longtemps assoupi en littérature. Il est certain qu'entre une tragédie, même de Sénèque, et un mystère, même de Gringoire, il n'y avait pas, pour la valeur de style et d'art, lieu d'hésiter un seul instant. Restait à savoir si cette valeur était essentiellement inhérente au genre cultivé par Sénèque, et ne pourrait pas s'appliquer, par voie d'adaptation intelligente, au genre cultivé par Gringoire, après Greban et Jean Michel. La question était capitale. Mais en France, où la mode est exclusive, les uns ne songèrent même pas à la poser, les autres ne la posèrent pas dans ses vrais termes ou ne furent pas imités dans leurs tentatives, et la réforme nécessaire prit l'allure et eut les effets d'une révolution.

C'est d'Italie, personne ne l'ignore, que le mouvement littéraire de la Renaissance a été transmis à notre pays. En ce qui concerne le théâtre sérieux, chez nous comme au delà des Alpes, voici à peu près la marche qui fut suivie. Les *humanistes*, en train de réagir dans l'enseignement secondaire et supérieur contre les études trop exclusivement dialectiques de la fin du moyen âge, firent goûter à leurs disciples, entre autres œuvres de la littérature antique, les beautés de pensée et de forme de la tragédie grecque et de la tragédie latine, en donnant d'ailleurs, assez mal à propos, le prix à cette dernière. Saisis d'admiration, maîtres et disciples s'efforcèrent de reproduire leurs modèles, soit par des imitations en langue latine, soit par des traductions, puis par des imitations en langue vulgaire. Le théâtre de la Renaissance eut à son origine, comme l'avait eu le théâtre du moyen âge à ses débuts, un caractère scolaire très prononcé. La *Cléopâtre* de Jodelle, qui marque l'avènement de l'ère dramatique nouvelle, fut représentée, non pas, comme les mystères contemporains, sur une place publique ou dans le local spécialement dramatique des Confrères de la Passion, récemment établis à l'Hôtel de Bourgogne, elle fut représentée dans la cour du collège de Reims, puis au collège de Boncourt. L'auteur lui-même faisait partie du petit groupe d'étudiants passionnés qui avaient achevé ou volontairement recommencé leurs études au collège de Coqueret sous la direction de l'humaniste Jean Daurat.

L'histoire des origines et des développements de la tragédie française a été, il faut bien le reconnaître, écrite d'abord en notre siècle par un Allemand, M. Ebert. Mais, depuis quelques années, la critique française, à cet égard, a repris son rang par plusieurs travaux de grand mérite, entre lesquels nous signalons et recommandons spécialement le livre de M. Émile Faguet : *Essai sur la tragédie française au XVIe siècle* (1550-1600) (1),

---

(1) Paris, Hachette, 1883, in-8°.

et l'excellente, complète et à peu près définitive monographie de M. Eugène Rigal : *Alexandre Hardy et le théâtre français à la fin du XVI⁰ et au commencement du XVII⁰ siècle* (1).

Un point capital pour se rendre exactement compte de la situation de la littérature dramatique en France dans la seconde moitié du XVI⁰ siècle, c'est la distinction à établir entre le théâtre des lettrés et le théâtre populaire. Parmi les lettrés, la tragédie imitée de l'antique est devenue tout à fait maîtresse et elle a aussi conquis la faveur royale et les bonnes grâces de la cour. Henri II avait assisté en personne à la représentation de la *Cléopâtre* et il en avait été si content qu'il avait fait à Jodelle un don de cinq cents écus. Mais le grand public et surtout la foule furent longtemps indifférents et même d'abord positivement hostiles à cette forme dramatique nouvelle. Aussi la tragédie classique n'eut-elle en premier lieu que des auditoires spéciaux, dans les collèges ou dans les palais princiers, et ensuite, par une sorte de progrès à rebours, vit-elle quelques-uns de ses meilleurs écrivains obligés de se contenter d'un public de simples lecteurs. Ce fait très important a été très bien mis en lumière par M. Rigal.

« Les tragédies du XVI⁰ siècle, dit-il, n'ont point paru sur un théâtre public, et voici sans

---

(1) Paris, Hachette, 1889, in-8°.

doute comment on peut résumer leur histoire. Les premières furent généralement composées pour être représentées, mais devant un public spécial, disposé d'avance à acclamer tout ce qui venait de la nouvelle école. Bientôt ces représentations perdirent l'attrait de la nouveauté et devinrent de plus en plus rares, et les poètes finirent par se persuader qu'il valait mieux publier leurs œuvres sans s'inquiéter de les faire jouer. Les représentations des tragiques ne cessèrent pourtant pas d'une façon absolue : mais elles devinrent l'exception et ce fut l'impression qui devint la règle ».

De là une conséquence naturelle : le peu de vie dramatique de ces pièces, composées principalement pour être lues, et la persistance des poètes dans un calque servile des tragédies de Sénèque, procédé dont les inconvénients, manifestes à la scène, faisaient l'effet de réelles beautés à l'œil et à l'esprit d'humanistes prévenus, qui goûtaient à loisir dans ces imitations savantes un plaisir analogue à celui que leur procuraient les compositions lyriques, oratoires et mythologiques de la même époque en vers latins ou en vers français.

« Dès son début, dit M. Rigal, la jeune école adopte une poétique et s'inspire de modèles qui ne convenaient guère à de vrais drames, faits pour être goûtés par un vrai public. Elle se prend d'enthousiasme pour Sénèque et imite sans se lasser des tragédies faites pour la lecture. En 1553, la *Médée* de la Péruse est traduite de Sénèque, et dès lors commence (ou plutôt s'accentue) la longue domination du poète stoïcien ; Garnier, le meilleur représentant de l'école, la subit plus docilement et plus constamment que tout autre. Sous cette influence, les pièces sont ce qu'elles devaient être : des élégies à peine dialoguées. Les monologues abondent et forment des actes à eux seuls ; lors même que plusieurs personnages sont ensemble sur la scène, ils font des discours plutôt qu'ils ne conversent, ils sont plutôt avocats dans un débat qu'acteurs véritables dans une action. Quelle action, d'ailleurs que celle de la plupart de ces tragédies ! Tout s'y passe dans les coulisses, et l'on ne nous donne sur la scène que de longs récits ; les personnages en lutte ne s'y rencontrent pas et ne paraissent que successivement en scène.

« Aussi l'élément lyrique prend-il la place que devrait occuper et que n'occupe pas dans ces tragédies l'élément dramatique. Les chœurs, dont un écrivain irrévérencieux, mais bien d'accord avec le goût public, devait bientôt dire qu'ils sont « toujours désagréables, en quelque quantité ou qualité qu'ils paraissent », les chœurs ont souvent plus d'étendue que les actes mêmes qu'ils terminent, et deviennent la partie la plus remarquable, la plus brillante de la pièce. Parlerons-nous de l'érudition, des noms et des souvenirs mythologiques dont le style est farci ? Étaient-ce là des œuvres qui pussent plaire au public turbulent et grossier des théâtres populaires ? Lui étaient-elles destinées ? Un historien de Garnier, M. Bernage, dit non et doit être cru ».

Le théâtre populaire continue à Paris d'avoir pour organes les Confrères de la Passion. Mais que représentent les Confrères ? Ils demeurent fidèles, autant qu'ils le peuvent, à la tradition du moyen âge. « Que jouait l'Hôtel de Bourgogne ? dit M. Rigal. Parfois quelque ancien mystère, quand l'attention du Parlement semblait s'être relâchée ; plus souvent des pièces de même nature, mais dont le caractère religieux se cachait sous ces titres trompeurs : tragédies, tragi-comédies, pastorales... Les moralités n'avaient jamais été proscrites sinon par les lettrés délicats ; et les confrères possédaient en ce genre un riche répertoire. Ils les remettaient à la scène et parfois en donnaient de nouvelles sous un titre plus ou moins exact... Un autre genre avait été recommandé aux Confrères par le Parlement lui-même, celui des « histoires et romans », pour lesquels notre littérature du moyen âge offrait tant et de si populaires sujets encore en vogue. Les acteurs de l'Hôtel de Bourgogne entrèrent dans cette voie ; en 1557 fut monté à grand frais *Huon de Bordeaux*, pièce en plusieurs journées, et nous avons vu que plus tard Agnan Sarat jouait Amadis. Mais le genre préféré des confrères était la farce, l'ancienne farce hardie et licencieuse. C'était à elle sans doute que la confrérie devait d'avoir pu lutter contre des difficultés nombreuses, d'avoir retenu — en partie, du moins — un public que la farce charmait toujours ».

La distance était donc considérable entre le théâtre des lettrés et le théâtre populaire. Il ne faudrait pas croire pourtant qu'aucun essai de conciliation n'ait été tenté. La tragédie la plus savante elle-même, la tragédie latine des humanistes ne dédaigna pas d'appliquer ses procédés classiques à des sujets empruntés à la tradition des anciens mystères. Il en fut de même de la tragédie française. Bien plus, il y a des œuvres de cette époque qui, dans leur construction même, dans leur forme scénique, montrent un curieux essai de transaction entre les deux systèmes opposés. « Je crois, dit M. Émile Faguet, devoir ranger Théodore de Bèze parmi les tragiques réguliers. Il marque une autre méthode par où les poètes de ce temps arrivent à la tragédie classique. Ceux de la Pléiade, comme La Péruse, comme Jodelle, y viennent en partant de l'imitation du théâtre antique. D'autres y sont venus en partant de l'ancien mystère, mais en l'allégeant, en l'émondant de manière à le réduire aux lois de la poétique nouvelle, qu'ils connaissent et dont ils acceptent l'autorité... Il me semble voir chez eux l'intention de créer un drame à la fois chrétien et classique, qui soit inspiré de l'esprit religieux des anciens mystères, et qui s'accommode aux formes de la tragédie telle qu'on commence à l'entendre ». Le même écrivain signale dans la trilogie de *David* de Loys Desmazures (1566) une « tentative, à demi consciente peut-être, mais presque réalisée, de concilier la tradition classique et la tradition du moyen âge dans un genre de drame mixte et composite ». Il voit dans la *Machabée* de Jean de Virey (1558) une pièce se rapprochant plus des mystères que des tragédies de l'école classique.

On peut encore ranger, avec M. Faguet et M. Rigal, dans la même catégorie d'œuvres, le poème d'Antoine de La Croix qui porte ce titre singulier : *Tragi-comédie, l'argument pris du troisième chapitre de Daniel, avec le cantique des trois enfants dans la fournaise* (1561). M. Rigal n'est même pas éloigné de penser que ces pièces ont pu être représentées par les Confrères de l'Hôtel de Bourgogne, ce qui montrerait chez ceux-ci une concession faite aux exigences esthétiques des lettrés, en même temps que les poètes pleinement classiques, comme Garnier dans sa tragédie des *Juives*, faisaient à la tradition du théâtre religieux la concession, déjà signalée ci-dessus, du choix de sujets empruntés à cette tradition. Malgré ces efforts de concessions réciproques, les deux écoles, les deux systèmes étaient à Paris, à la fin du XVIe siècle, en état d'hostilité persistante et, par suite, de décadence respective. La tragédie proprement classique ne pouvait pas même aborder les planches et, d'autre part, les Confrères de la Passion se voyaient réduits, en 1599, à renoncer pour toujours à l'art dramatique ; ils louaient leurs locaux et leur privilège à des troupes de comédiens de profession qui, après avoir parcouru les provinces, essayaient de se créer à Paris une situation à la fois plus fixe et plus fructueuse.

En province, les anciens mystères, représentés à la vieille mode par des confréries pieuses ou par des bourgeois de bonne volonté, avaient poursuivi d'abord leur carrière, en dépit de la Renaissance et de la Réforme, des scrupules religieux et littéraires. Les troupes de comédiens ambulants qui commencèrent, vers le milieu du XVIe siècle, à disputer le terrain aux organisations et aux entreprises dramatiques locales, eurent, elles aussi, à leurs débuts, des mystères en tête de leurs répertoires, composés, en outre, d'*histoires*, *moralités* et *farces*, c'est-à-dire de pièces tout à fait semblables à celles auxquelles avaient dû se restreindre les Confrères de la Passion de Paris après l'arrêt du Parlement de 1548.

Les premières *tragédies* que l'on y vit figurer n'avaient probablement, comme à l'Hôtel de Bourgogne, que ce titre de commun avec les productions de l'école classique. Mais, vers la fin du siècle, les comédiens ambulants, préoccupés de nouveauté et qui avaient d'ailleurs, ce semble, divers points de contact avec le public aristocratique ou lettré, firent des concessions à la nouvelle mode. C'est sans doute vers la même époque qu'ils commencèrent à prendre à leurs gages des dramaturges attitrés, qui les suivirent dans leurs courses et se chargèrent de rafraîchir et d'amplifier leur répertoire. Or il devait arriver et il arriva en effet que ces auteurs, lettrés eux-mêmes ou demi-lettrés, eurent un penchant plus ou moins marqué pour les théories et pour les procédés mis en honneur par Ronsard et par ses disciples, dont tout rimeur qui se respectait tant soit peu se faisait gloire d'augmenter le nombre. Tel fut précisément le cas d'Alexandre Hardy, compagnon rétribué (mal rétribué) et fournisseur ordinaire de la troupe provinciale du sieur Valleran, laquelle, à partir de 1599, devint, à plusieurs reprises, la fermière des Confrères de la Passion à l'Hôtel de Bourgogne, et finit par s'y établir à demeure fixe en 1628, avec le titre, déjà précédemment obtenu par elle, de troupe royale.

« Hardy et ses compagnons, dit M. Rigal, arrivaient de la province, et c'étaient les pièces qu'ils avaient fait applaudir en province, c'étaient surtout les genres qu'ils y avaient mis en œuvre, qu'ils apportaient aux Parisiens. Quels étaient ces genres et ces pièces ?

« Nous pouvons nous en faire une idée, puisque

c'est sans doute à cette période de la vie de Hardy qu'il faut attribuer les œuvres datées de sa jeunesse. Ce sont d'une part *Théagène et Cariclée* ; de l'autre des tragédies : la *Mort d'Achille, Coriolan, Arsacome, Mariamne : — Théagène et Cariclée*, c'est-à-dire une « histoire » romanesque, comme on en jouait à l'Hôtel de Bourgogne, divisée en journées comme les mystères, mais empruntant à la nouvelle école et la subdivision en actes, et son sujet franchement antique, et bien des procédés de style et de versification ; — la *Mort d'Achille, Coriolan, Arsacome, Mariamne*, c'est-à-dire des pièces dans le goût nouveau, mais mieux conçues, mieux coupées, mieux dialoguées en vue de la scène que les tragédies de collège ou celles que l'on publiait pour être lues. Les genres anciens, avec quelque chose de nouveau qui leur donnait plus de ragoût ; les genres nouveaux, avec quelque chose de dramatique et de vivant que les érudits ne connaissaient pas, tel était le mélange habile que pratiquait Hardy et par lequel il se rendait possible le succès...

« Les « histoires » et les tragédies ou tragi-comédies n'étaient pas les seuls genres que Hardy cultivât en province. Une troupe qui voulait plaire ne pouvait s'en contenter, et devait exiger de son poète qu'il ne s'y bornât pas... Il composait donc des pastorales... La farce, telle était la partie préférée du spectacle, en province comme à Paris, plus qu'à Paris même... La troupe de Hardy jouait donc des farces...

« Tels étaient donc les genres que Hardy et sa troupe apportaient à l'Hôtel de Bourgogne en 1599 : la *farce*, que les spectateurs y voyaient et ne se lassaient pas d'y voir depuis 1548 ; l'*histoire par personnages*, un peu rajeunie sans doute, mais encore fort reconnaissable ; la *pastorale*, dont les Confrères avaient peut-être essayé, mais sous une forme sans doute sensiblement différente ; enfin la *tragi-comédie* et la *tragédie*, genres nouveaux en fait, quoique leurs noms eussent été employés par les Confrères. Au mystère et à la moralité, définitivement chassés du théâtre, succèdent la tragédie et la tragi-comédie ; à des artisans ignorants et inexpérimentés succèdent des comédiens de profession. Voilà de bien grands changements. Notons encore la supériorité du nouveau répertoire, sans cesse alimenté, sans cesse renouvelé par un auteur fécond et infatigable, sur le répertoire à peu près fixe et difficilement rajeuni des Confrères ; et nous comprendrons combien sont importants les traits qui distinguent l'état nouveau du théâtre parisien de son état antérieur. Une révolution vient de s'accomplir ».

Les caractères du théâtre de Hardy ont été décrits par M. Rigal avec une exactitude consciencieuse et une abondance de détails que nous avons, pour notre part, vivement goûtées, et qui le seront nous n'en doutons pas, par tout esprit sérieux et vraiment curieux de s'instruire. Il faut se borner à renvoyer sur ce sujet à son livre, qui fait beaucoup d'honneur à la critique française. Nous appellerons seulement l'attention sur deux des points mis en relief par l'auteur avec une insistance particulière.

Le premier est l'influence exercée, un peu malgré lui, sur la façon dont le fécond dramaturge a conçu et construit ses pièces, par le système de mise en scène en vigueur à l'Hôtel de Bourgogne et qui demeura en possession du théâtre et de la faveur populaire durant toute la première moitié du XVIIe siècle. Ce système n'était autre que celui des mystères du moyen âge et reposait sur le principe de la décoration non pas unique, ni successive, mais simultanée. « Les lieux divers où doit se transporter l'action ne sont pas présentés successivement, comme cela se fait aujourd'hui, aux regards des spectateurs, mais juxtaposés et toujours présents sur le théâtre. Ainsi celui-ci peut représenter un palais, une prison et un campement de Bohémiens, comme dans la *Belle Égyptienne* ; ou un palais, une prison, un temple, une mer, comme dans la première moitié de *Pandoste*.

« Citons une des décorations les plus compliquées, celle de l'*Agarite* de Durval : « Au milieu du théâtre, il faut une chambre garnie d'un superbe lit, lequel se ferme et ouvre quand il est besoin. A un côté du théâtre il faut une forteresse vieille, où se puisse mettre un petit bateau, laquelle forteresse doit avoir un antre à la hauteur de l'homme, d'où sort le bateau. Autour de ladite forteresse doit avoir une mer haute de deux pieds huit pouces ; et à côté de la forteresse, un cimetière garni d'une cloche et de brique cassée et courbée. Trois tombeaux et un siège du même côté du cimetière. Une fenêtre d'où l'on voit la boutique du peintre, qui soit à l'autre côté du théâtre, garnie de tableaux et autres peintures, et, à côté de la boutique, il faut un jardin ou bois, où il y ait des pommes, des grignons (poires), des ardans (feux follets), un moulin »... On voit d'abord la résistance opposée par un tel système de décoration au triomphe des fameuses *unités* classiques. Aussi leur règne ne réussit-il à s'établir que grâce à l'atténuation progressive et finalement à la disparition de cette mise en scène, dont il reste encore de manifestes vestiges dans la façon dont a été conçue et construite l'action du *Cid*.

Le second point qui ressort de l'étude approfondie faite par M. Rigal du théâtre de Hardy, et dont il a fait la conclusion principale de son livre, ce sont, quoi qu'on ait cru jusqu'à présent, les tendances classiques de ce dramaturge, au premier abord si *romantique*. Les nécessités pratiques du métier l'obligeaient à s'écarter bien loin du type modelé par Jodelle et Garnier d'après Sénèque, mais ce type demeurait présent à sa pensée comme une sorte d'idéal, irréalisable en fait, mais dont il fallait tenir le plus de compte qu'il serait possible. Aussi, dans la libre variété des sujets offerts à son imagination dramatique, donna-t-il la préférence aux sujets pris dans l'antiquité grecque et romaine, et laissa-t-il au contraire tomber de plus en plus dans l'oubli la tradition historique, romanesque et légendaire du moyen âge, encore si vivante en France et à Paris même, à la date où il y était né (entre 1570 et 1575). Par ses qualités surtout pratiques il rendit à l'école nouvelle, dont il était le partisan théorique, un service immense et décisif. Il brisa la barrière qui la séparait du grand public ; il lui donna une scène et un auditoire ; il lui imposa un certain nombre de concessions indispensables, moyennant lesquelles, grâce à l'appui de Richelieu et aux efforts redoublés des théoriciens aristotéliques, elle prit enfin, à partir de 1630, la prépondérance de plus en plus exclusive que devaient consacrer le génie et les œuvres immortelles de Corneille et de Racine.

Si complète, si excessive même (à notre sens du moins) qu'ait été la victoire de la tragédie classique sur l'ancien drame chrétien et national de la France, dont les destinées, après l'épuration nécessaire de la Renaissance, auraient pu être si belles et si fécondes, il est facile maintenant de noter et convenable d'admirer — parmi tant d'autres sujets d'admiration — dans le théâtre du siècle de Louis XIV quelques beaux débris de la tradition du moyen âge. Nos vieux *mystères* et *miracles*, nos vieilles *moralités* et *histoires par personnages* peuvent à bon droit revendiquer, comme étant en partie de leur lignée, non seulement *Polyeucte*, *Esther*, *Athalie*, mais le *Cid*, mais *Bajazet*, mais quelque chose, plus qu'on ne croit peut-être, des pièces *romaines* des deux grands tragiques. Cette vieille tradition — il est vrai, à travers l'influence espagnole et italienne — peut revendiquer surtout l'une des pièces les plus curieuses, les plus originales de notre théâtre classique, celle de toutes qui peut, ce semble, nous donner le mieux l'idée de ce qu'aurait pu produire, sous la main de grands artistes, le drame religieux et légendaire d'autrefois : c'est le *Don Juan* de Molière.

1891.

III

Une tragédie latine de Jeanne d'Arc.

Depuis que la mémoire de Jeanne d'Arc a été dans notre pays l'objet d'une renaissance qui sera l'un des titres d'honneur du dix-neuvième siècle, le culte de l'héroïque vierge de France n'a cessé de s'accroître et de se manifester en mille manières. De tous côtés on s'occupe de lui rendre hommage, on lui élève des statues, on recherche et on publie tous les documents qui, de près ou de loin, ont rapport à elle.

M. Antoine de Latour s'est déjà distingué entre les poètes et les écrivains qui ont voulu contribuer de leur talent à cette œuvre de reconnaissance nationale. On lui devait notamment l'analyse d'une curieuse pièce espagnole, où la vie de Jeanne est mise en scène d'une façon assez originale, mais bien peu exacte. Il vient maintenant de remettre au jour une tragédie latine sur la Pucelle, composée par un savant professeur d'Université au commencement du dix-septième siècle, et tombée, depuis lors, comme la plupart des tragédies, surtout quand elles sont latines, dans le plus profond oubli. M. de Latour, sur l'indication de M. le comte de Puymaigre, a tiré ce drame de l'ombre, l'a réimprimé en y joignant une traduction française, et a dédié l'élégant volume qui contient cette intéressante publication à Mgr Coullié, évêque d'Orléans, pour qui le culte de Jeanne n'est pas la moins chère part de l'héritage à lui transmis par son illustre prédécesseur (1).

M. Antoine de Latour est un trop fin lettré pour nous en vouloir beaucoup, si nous lui avouons qu'au fond, à notre sens, sauf le fait même de la composition et de la représentation, l'intérêt de l'œuvre qu'il a remise en lumière a moins de rapport avec la gloire de Jeanne d'Arc qu'avec l'histoire de la poésie dramatique, pour laquelle la tragédie latine de Nicolas de Vernulz est un document d'une valeur notable. Mais cela revient encore, en quelque manière, à l'honneur de Jeanne, car c'est le privilège des grandes figures de l'histoire d'offrir à l'histoire littéraire, par les travaux successifs dont elles sont l'objet, une utile série de points de comparaison.

---

(1) *Jeanne d'Arc, tragédie latine en cinq actes*, par Nicolas de Vernulz, édition nouvelle, accompagnée d'une traduction française en regard et d'une dédicace-introduction. Orléans, Herluison, 1880, in-16.

Nicolas de Vernulz était né le 13 avril 1583, à Rubelmont, dans le Luxembourg, de Pierre de Vernulz, qui commandait une compagnie de cent hommes dans l'armée de Flandre, et de Marie de Merian. Il fit ses humanités à Trèves et à Cologne et sa théologie à Louvain. En 1619, il était principal du collège fondé dans cette ville par Jean Meylius, et en 1646 nous le retrouvons professeur d'histoire au collège dit des *Trois-Langues*. Il fut trois fois recteur de l'illustre Université belge et mérita en outre le titre d'historiographe de l'empire et du roi d'Espagne et celui de conseiller aulique. Il mourut le 6 février 1649, à l'âge de soixante-six ans. Il a laissé un grand nombre d'ouvrages imprimés ou manuscrits, des histoires, des traités de rhétorique et de morale, des discours sacrés et profanes, des panégyriques, des dissertations, des commentaires et enfin des tragédies.

Les tragédies de Vernulz ont été composées sans aucun doute pour être représentées dans les solennités scolaires, selon l'usage généralement reçu de son temps. Ces pièces latines à l'usage des étudiants ou des écoliers, qui avaient eu au moyen âge une influence si considérable sur les destinées de l'art dramatique, en eurent aussi plus qu'on ne le croit à partir de la Renaissance. Le théâtre scolaire du seizième et du dix-septième siècle mériterait une étude attentive. On y trouverait en germe quelques-unes des qualités et des défauts propres à la tragédie française classique, et en même temps on y remarquerait plus de traces persistantes de la tradition dramatique du moyen âge qu'on ne serait porté à le supposer d'abord, d'après le caractère le plus apparent de ce théâtre latin de la Renaissance, qui semble n'être au premier coup d'œil, et qui n'est, en effet, à bien des égards, qu'une imitation beaucoup trop servile du théâtre antique, de la tragédie de Sophocle ou de Sénèque.

Voici déjà pourtant une première marque d'indépendance qui nous apparaît dans le choix de sujets se rattachant aux traditions nationales. En composant une *Jeanne d'Arc*, Vernulz nous montre que le drame scolaire de son temps n'a pas tout à fait perdu le fil du développement naturel qui, dans les *mystères* et *moralités* françaises de la fin du moyen âge, tendait à joindre au drame purement religieux le drame historique et chevaleresque, développement qui se poursuivit en Angleterre, où il aboutit aux *histoires* de Shakspeare, et aussi en Espagne, où il aboutit, à côté des *autos*, aux *comedias* de Lope de Vega et de Calderon.

Mais ce n'est pas seulement dans le sujet traité, c'est aussi dans la façon de le traiter, dans la composition du drame et l'allure de certaines scènes que je crois retrouver quelque chose de la tradition du moyen âge, sous l'évidente imitation de la tragédie antique. C'est assurément aux exemples classiques que se rattache la division régulière en cinq actes, terminés chacun par un chant du chœur. Le chœur lui-même est le témoignage le plus apparent de la renaissance de la forme antique. Mais on peut noter que Vernulz s'est donné, à cet égard, une liberté dont, au reste, le théâtre grec et romain ne s'était pas non plus toujours privé. Il varie la composition de ce chœur, formé tantôt de jeunes filles, tantôt de soldats anglais, tantôt de soldats français. Le personnage assez singulier du *Vieillard* adressant ses avertissements, en forme de sentences morales, tantôt aux chefs de l'armée française, tantôt aux généraux anglais, nous offre une sorte de dédoublement bizarre des fonctions du chœur antique. Enfin, c'est encore aux exemples de l'antiquité qu'il faut rapporter les personnages collectifs représentés par un seul acteur, comme *le Peuple*, qui fait penser au *Démos* d'Aristophane, mais qui peut aussi rappeler les personnages collectifs et allégoriques de nos vieilles *moralités*.

Quoique les anciens tragiques ne se soient pas toujours astreints à la rigueur des unités de temps et de lieu, il semble qu'en cela Vernulz se rattache moins à la tradition classique qu'à la dramaturgie du moyen âge, qui est naturellement celle de Shakspeare. Son drame commence avec l'arrivée de Jeanne d'Arc auprès du Roi et suit jusqu'au bûcher la glorieuse héroïne, après l'avoir successivement accompagnée à Orléans, à Reims, à Compiègne. L'action comporte par instants non seulement une pompe scénique, chose familière à l'antiquité, mais un mouvement, un tumulte, une intervention simultanée de personnages collectifs représentés par des groupes divers d'acteurs, qui nous feraient remonter, en ce qui est du théâtre grec, au-delà d'Eschyle, et qui font plus penser à Shakspeare qu'à Sénèque. Voici l'une de ces scènes que l'on nous permettra d'appeler shakspeariennes : elle représente le dernier combat de Jeanne et sa capture par l'ennemi.

JEANNE

« Par ici, soldats, c'est d'ici qu'il faut au loin repousser l'Anglais par le fer.

SUFFOLK

« Tenez ferme, serrez les rangs, défendez les retranchements.

JEAN AURÈLE

« Ecrasez-les sous le fer, soldats, repoussez ces phalanges, emparez-vous du retranchement.

SOLDATS FRANÇAIS

« Anglais, Anglais, retirez-vous, quittez ce retranchement.

TALBOT

« Tenez bon, soldats, résistez et ne lâchez pas pied. Voici la Pucelle, prenez-la, soldats, prenez-la.

SOLDATS ANGLAIS

« La voici, halte, ô Pucelle ! notre épée t'a fermé le chemin.

JEANNE

« Où allez-vous, soldats, où allez-vous ?

TALBOT

« C'est assez, elle est prise, qu'elle rende les armes.

SOLDATS ANGLAIS

« La Pucelle est prise, la victoire est à nous, à nous la victoire, la Pucelle est prise ; le Français a fui.

SUFFOLK

« O sort heureux ! ô soldats, voici le premier jour de notre triomphe ; la France entière va céder, vaincue par notre épée. O jour fortuné ! plus d'espoir pour la France, plus de salut ! Celle-ci seule arrêtait le cours de nos destinées. Allez et hâtez-vous de porter à Bethfort cette heureuse nouvelle.

LE SOLDAT ANGLAIS

« J'y vais, je serai le messager de cette joyeuse nouvelle, de ce joyeux triomphe.

TALBOT

« Qu'il vienne au plus vite, qu'il voie la Pucelle prisonnière, et la fortune redevenue favorable à son camp.

SUFFOLK

« Soldats, veillez sur la prisonnière, qu'on l'enferme dans une étroite prison, et qu'une garde armée se renouvelle fréquemment à la porte étroitement close de cette prison. La Pucelle est l'unique prix de la victoire. Maintenant, ô soldats ! livrez-vous à votre belle humeur. C'est jour de triomphe, jour de joie. Réjouissez-vous tous, que les clairons excitent l'allégresse par leurs fanfares sonores, c'est jour de fête pour les Anglais.

LE VIEILLARD

« Que de joie pour la capture d'une fille ! Ils ont triomphé d'une femme, c'est assez pour l'Anglais.

SOLDATS ANGLAIS

« Hourrah ! Nous avons vaincu la Pucelle ; Français, voilà votre espérance abattue, la puissance de Charles est devenue la ruine de Charles.

« Hourrah ! Nous avons vaincu la Pucelle, l'unique bras des Français, l'unique salut des Français, l'honneur unique des Français.

« Hourrah ! Nous avons vaincu la Pucelle, que les Anglais triomphent, nous avons vaincu ; l'antique fortune est revenue et sourit aux Anglais vainqueurs.

« Hourrah ! Nous avons vaincu la Pucelle : Anglais, réjouissez-vous, nous avons vaincu. Déchu de ses espérances, Charles désormais nous craindra.

« Hourrah ! Nous avons vaincu la Pucelle ; couronnons joyeusement nos coupes, livrons-nous à l'allégresse, puisque nous avons vaincu la Pucelle. Hourrah ! Nous avons vaincu la Pucelle.

TALBOT

« Debout, soldats, voici Bethfort, votre général ; applaudissez.

LES SOLDATS

« *Vive l'illustre Bethfort !* »

Le chant d'allégresse des soldats anglais a, lui aussi, comme le reste de la scène, une couleur shakspearienne dans la traduction de M. de Latour ; mais nous devons dire que dans le texte il rappelle beaucoup plutôt les *péans* de l'antiquité :

Io ! Puellam vicimus,
Spes vestra, Franci, concidit,
Et Caroli potentia
Ruina facta est Caroli.
Io ! Puellam vicimus,
Quæ sola Francorum manus,
Quæ sola Francorum salus,
Quæ sola Francorum decus.
Io ! Puellam vicimus,
Angli triumphent, vicimus...

Le système de versification suivi dans les chœurs, comme aussi dans le dialogue, par Nicolas de Vernulz, est naturellement emprunté à la prosodie latine et imité surtout du théâtre de Sénèque. La couleur générale et les formes du style se rattachent étroitement aussi à la tradition de l'antiquité, avec une tendance pourtant, si je ne m'abuse, vers les caractères propres de la tragédie classique française, qui est loin d'être identique à la tragédie grecque ou romaine. Le dialogue de notre auteur procède par tirades successives d'une étendue modérée, mêlées de séries de ces brèves répliques, disposées avec une certaine symétrie, qu'aimait la tragédie antique et dont Corneille a fait souvent un si bel usage.

REGNAULT
« Une jeune fille n'a que voir aux choses de la guerre.

JEANNE
« Elle le peut, quand Dieu l'ordonne.

REGNAULT

« Ignorante de la guerre, quelle guerre fera-t-elle ?

JEANNE

« Celui l'y envoie l'y rendra habile.

REGNAULT

« Le bras d'une jeune fille est chose légère.

JEANNE

« Le Dieu qui m'a appelée lui donnera la force ».

Le défaut le plus notable du style de Vernulz, qui sera aussi l'une des imperfections du théâtre de Corneille et de la tragédie française en général, c'est l'abus des pensées abstraites et des maximes morales misés dans la bouche des personnages, qui semblent plutôt occupés de réfléchir sur les événements qui constituent l'action que d'y prendre une part vraiment active. A ce défaut Vernulz en joint un autre, encore bien moins raisonnable dans un sujet comme Jeanne d'Arc, c'est l'emploi du langage mythologique de l'ancienne poésie païenne ; mais il faut reconnaître qu'il en use d'une façon très modérée, si on le compare à beaucoup d'autres poètes latins et même français de la Renaissance.

Shakspeare lui-même est tombé en plein dans ce mélange fâcheux. Il n'a pas évité non plus l'enflure et cet abus des métaphores, que Vernulz a recueillis comme des qualités précieuses dans l'étude approfondie qu'il a dû faire de Sénèque.

Notre auteur est un habile, un élégant versificateur sans grand talent poétique. Il y a pourtant dans ses chœurs quelques élans assez heureux. On rencontre aussi, parmi les innombrables et trop banales maximes que débitent ses personnages, quelques sentences énergiques et bien frappées, à la Corneille. « Quiconque est né Français peut être vaincu, non subjugué... La fortune peut, à son gré, changer de visage ; le noble Français ne change pas de cœur... Les inspirations divines, dit le *Vieillard* à Charles VII, quand celui-ci décide de faire examiner Jeanne par son conseil, les inspirations divines tiennent rarement compte des conseils, il y faut la nécessité.

> Divina semper fata consilium abnuunt,
> Necessitatis est opus...

Sauf une certaine habileté dans la distribution des scènes, les qualités proprement dramatiques n'abondent certainement pas dans la tragédie de notre auteur. C'est pourtant, à ce point de vue, une idée heureuse que d'avoir fait défendre Jeanne captive contre les basses rancunes de Suffolk et de Bethfort par le chevaleresque Talbot, invoquant les lois de la guerre :

BETHFORT

« La guerre ne connaît qu'une loi : donner la mort à l'ennemi.

TALBOT

« Oui, pendant le combat.

BETHFORT

« Toujours...

TALBOT

« Un prisonnier qui s'est rendu ne peut être mis à mort.

BETHFORT

« Quel est donc le droit du vainqueur ?

TALBOT

» Tant que les mains sont aux prises, tuer ; mais quand l'ennemi s'est livré, lui et ce qui lui appartient, épargne le vaincu ».

Le caractère général du procès de condamnation est énergiquement résumé dans ces paroles de Bethfort : « Allons, fouillons les recoins de ce cœur. Qu'elle soit coupable, ou qu'elle le devienne ! » Enfin, la dernière prière de Jeanne ne semble pas indigne d'elle :

JEANNE

« O Christ, Roi des rois, puissant dominateur du monde, et l'égal de ton Père, si l'humble vierge a obéi à tes ordres, reçois son âme innocente. Tout ce qu'elle a fait, que le monde te le renvoie ; c'est ta force qui a poussé ce bras, je n'ai rien pu par moi-même : mais accorde à la Pucelle le prix qu'elle attend de toi : toi-même, mon Dieu, et ton Paradis. Accorde encore, dans ta bonté, à mes derniers vœux, que les Français recouvrent toute la France. Si les Anglais ont à se reprocher quelque chose envers moi, je le leur pardonne en mourant, et je meurs avec joie. Toi, qui que tu sois, achève ta besogne et mène-moi où tu voudras. »

Si la tragédie de Vernulz n'est pas une merveille de l'art, hauteur à laquelle le bon professeur de Louvain, occupé de fournir un divertissement à ses disciples, ne prétendait sans doute aucunement atteindre, c'est encore, après tout, une des moins mauvaises pièces qui aient été composées sur ce sujet si beau, mais si difficile. Elle a du moins l'avantage de nous donner une légère idée de ce qu'aurait été une *Jeanne d'Arc* par Corneille.

Il ne faut pas croire, au reste, que, même écrite dans le temps du *Cid*, d'*Horace* et de *Polyeucte*, cette tragédie supposée, riche sans doute de scènes sublimes, eût été exempte de graves défauts. La figure de la vierge de France était encore alors historiquement placée dans un demi-jour, qui en devait dérober, même au regard du génie, la vérité si frappante, tout à la fois si sublime et si naturelle, et ce demi-jour laissait place à bien des traits faux, comme on peut en juger, du reste, par le poème de Chapelain, qui n'avait, il est vrai, nullement le regard du génie.

Vernulz avait judicieusement choisi, pour se renseigner sur la Pucelle, l'histoire composée en latin par un de ses arrière-petits-neveux, Jean Hordal. Il ne pouvait y trouver les traits vivants de son caractère, mais il en a su tirer une impression générale fort juste de la réalité de sa mission et de la grandeur de sa carrière, et c'est avec un enthousiasme vraiment senti qu'il célèbre, dans le chœur final des jeunes filles de France, l'immortelle gloire de Jeanne d'Arc.

« Si l'Anglais furieux t'a ôté la vie, obéissant à l'instinct féroce de son âme perfide, et honteux de ses armées tant de fois taillées en pièces et prenant la fuite, il s'est préparé dans les flammes le feu qui doit le consumer lui-même. Il quittera cette terre, et, de nouveau vaincu, il regagnera avec douleur l'Angleterre gémissante. C'est l'arrêt qu'en mourant la Pucelle a prononcé contre l'Anglais, et l'Anglais n'y échappera pas...

« Si, dans sa fureur, l'ennemi n'a pas même épargné tes cendres, nous élèverons, en pleurant et d'une âme reconnaissante, un tombeau de fleurs, et chaque année, les cheveux épars, nous viendrons tristement apporter à ce tombeau le tribut de nos larmes et y répandre des fleurs nouvelles.

« De toutes parts accourront les poëtes célèbres pour chanter tes louanges. Ils promèneront sur leur luth leur archet sonore, et répandront ton nom par toute la terre : Ici, diront-ils, repose Jeanne d'Arc, qui, d'un bras victorieux, mit en déroute les soldats de l'Angleterre et rendit les lys à la France.

« L'Anglais la livra aux flammes, mais il ne put y ensevelir son nom. Elle se survit dans sa gloire éclatante, et ses exploits l'ont rendue fameuse dans le monde entier. Le renom de son honneur, de sa chaste pudeur et de sa vaillance dans les combats grandira d'âge en d'âge au-dessus de l'envie. Vis à jamais, ô fortunée Jeanne d'Arc ! Vivante, tu vainquis l'Anglais par la force des armes ; tu triomphes, en mourant, de son envie ».

1880.

IV

Les Représentations d'Oberammergau.

I

Le petit bourg d'Oberammergau, en Haute-Bavière, est en ce moment encombré de visiteurs, venus de toute l'Allemagne et de l'Europe entière, pour assister à la célèbre représentation de la *Passion*, que les habitants de ce village donnent tous les dix ans et à laquelle ils se préparent longtemps d'avance.

Les représentations d'Oberammergau offrent la plus grande ressemblance avec celles qu'organisaient, au quinzième et au seizième siècles, nombre de villes et de bourgades françaises, et il n'est pas douteux qu'elles se rattachent par un lien direct de filiation aux *mystères* du moyen âge, communs à toute l'Europe occidentale, sous des formes variées selon les temps et selon les pays.

Le théâtre religieux et populaire, dont nous avons essayé, ici même et ailleurs, d'expliquer les origines, par des notices réunies dans notre volume sur le *Drame chrétien*, le théâtre religieux et populaire persista en Allemagne, et principalement dans l'Allemagne catholique, durant le dix-septième et même le dix-huitième siècle. M. Wilken a donné de nombreuses preuves de cette persistance, avec d'intéressants spécimens des pièces représentées, dans un livre que nous avons déjà eu plusieurs fois occasion de citer, *Histoire des drames religieux en Allemagne*, et où il a aussi résumé les travaux auxquels a donné lieu le drame représenté en ce moment à Oberammergau.

Une peste, suite des nombreux carnages de la guerre de Trente-Ans, ravageait le pays en l'année 1634. Les habitants d'Oberammergau, pour détourner le fléau, multipliaient les prières et les œuvres pieuses. Or, à cette époque, en Bavière, comme naguère en France, la représentation de drames sacrés, et notamment de la *Passion* du Sauveur, était considérée comme un acte de piété. Les habitants du village firent donc vœu de représenter tous les dix ans un *mystère* sur ce sujet, et, depuis lors, ils n'ont jamais manqué à cette obligation; ils l'ont remplie en 1870, ils la remplissent encore en 1880. En certains temps même les représentations ont été plus rapprochées. En outre, les villageois prirent l'habitude de donner, deux ans avant la grande solennité, une représentation de moindre importance, consistant dans une pièce intitulée:

l'École de la Croix, composée de diverses scènes de l'Ancien Testament, préfiguratives de l'Évangile. Cette habitude a cessé depuis 1825, et l'*École de la Croix* a été, pour ainsi dire, fondue dans le grand drame de la *Passion*.

Le plus ancien texte qui nous soit parvenu de ce grand drame est de 1662. Il était probablement l'œuvre d'un religieux bénédictin du monastère d'Ettal, situé dans le voisinage. Entre 1740 et 1750 un autre religieux du même monastère, le P. Ferdinand Rosner, composa un texte entièrement rimé à neuf, et qui servit de base aux représentations jusqu'au commencement de ce siècle. Alors le curé Weiss fit à son tour une version nouvelle, d'où il élimina les éléments grotesques, et où il introduisit en grand nombre des tableaux vivants, représentant les scènes préfiguratives de l'Ancien Testament correspondant aux scènes de l'Évangile, qui sont figurées et dialoguées dans les dix-sept ou dix-huit actes que comprend aujourd'hui le drame de la *Passion*.

La troupe se compose d'acteurs choisis parmi les habitants du village et qui s'exercent, comme nous l'avons dit, longtemps d'avance. Les répétitions ont lieu dans la maison d'école. Elles comprennent des leçons de chant, d'élocution et d'action auxquelles maîtres et disciples se livrent avec un zèle infatigable. Les enfants du village prennent part à ces exercices, et il se forme ainsi une pépinière d'acteurs qui permet de réparer aisément les pertes inévitables dans un espace de dix ans.

Depuis 1830, la représentation a lieu sur un emplacement situé devant le village et qui porte le nom de *Place de la Passion*. Dans un rectangle borné par des peupliers assez éloignés les uns des autres, est construit un théâtre en planches, de dimensions assez étendues. Les entrées sont placées des deux côtés de la construction, et il y en a aussi une sur le derrière. Celles qui sont le plus près de la scène se trouvent au niveau du sol. Les autres, en remontant vers le fond du théâtre, sont situées de plus en plus haut, et la plus élevée est celle de derrière, qui conduit à une loge couverte.

Sauf cette loge, qui, étant seule à l'abri des accidents de température, est naturellement destinée aux spectateurs de distinction, la valeur des places est en raison du rang qu'elles occupent dans l'ordre ascendant. La série qui se trouve le plus près de la scène est la plus estimée et la plus chère ; puis, à mesure qu'on s'éloigne en remontant vers le fond, chaque série est de moins en moins estimée et de moins en moins coûteuse, de telle sorte que les plus mauvaises places se trouvent immédiatement au-dessous des meilleures, celles de la loge.

Devant le premier rang des sièges, et à la même hauteur, est placé l'orchestre, uniquement composé de gens du pays. Le *proscenium* n'est séparé de la salle par aucun rideau. Il a une profondeur d'environ vingt pieds et se termine par une scène plus petite, placée au milieu du *proscenium* et large de trente-cinq pieds. Cette scène est couverte, et fermée par un rideau sur lequel est peinte une rue. Quand le rideau est baissé, tout le fond du théâtre représente la ville de Jérusalem.

A droite et à gauche, la vue du spectateur plonge dans deux rues de la cité sainte. L'espace compris entre la scène couverte et les deux rues est occupé de chaque côté par une construction étroite, avec des frontispices faisant saillie en avant des rues. Cette double construction figure deux maisons, l'une et l'autre munies de balcons. Celle qui est à gauche du spectateur représente le palais de Pilate, celle qui est à droite l'habitation du grand-prêtre Anne.

La scène couverte, située entre ces deux maisons, sert à représenter les tableaux vivants et aussi les scènes dialoguées qui se passent dans un intérieur, par exemple l'institution de l'Eucharistie. Elle sert aussi pour quelques autres actions, par exemple l'agonie du Sauveur au jardin des Oliviers, l'entrée à Jérusalem, la pendaison de Judas, le chemin de la Croix, etc. La décoration en est appropriée à chacun de ces cas.

Avant la levée du rideau pour la représentation des tableaux vivants ou de quelqu'une de ces scènes, le chœur s'avance, moitié à droite, moitié à gauche sur le *proscenium*, et, par ses chants, prépare le spectateur au tableau qu'on va lui montrer. Aussitôt que le rideau se lève, le chœur, qui formait un demi-cercle ouvert par devant, se recule de devant le rideau en deux moitiés, et les choristes se disposent de telle sorte qu'une moitié fait face aux spectateurs, l'autre à la scène ; ils ferment ainsi les embouchures des deux rues latérales, lesquelles, durant tout le spectacle, demeurent dans le même état. Dans cette position, le chœur chante l'explication de ce qu'on représente. Chaque fois que le rideau se baisse, il reprend sa position devant ce rideau, et ainsi, il est presque toujours présent sur le *proscenium*.

Ni les mécanismes, ni les *trucs* ne font défaut ; ils sont extrêmement sûrs, prompts et exacts, et dignes en tous points des meilleurs théâtres. Le tout, mécanismes, décors, constructions, est l'œuvre de gens du pays. Il faut noter que les habitants d'Oberammergau exercent presque tous la profession de sculpteurs sur bois.

L'effet de la représentation est très puissant, non seulement sur les habitants du village et les paysans des environs, mais sur les spectateurs lettrés. Un correspondant du *Times*, qui avait assisté à la représentation de 1870, s'exprimait ainsi à cet égard :

« J'allai à cette représentation, dit-il, avec des sentiments très mélangés. Par ce que j'avais lu et entendu dire, je m'attendais à des choses étranges, et j'étais à moitié préparé à des scènes qui choqueraient la convenance et le sentiment religieux. Il me semblait impossible de répéter avec dignité l'histoire sublime de Gethsémani et du Calvaire... Eh bien, je l'ai vu et je m'en retourne avec la conviction que la chose n'est pas impossible à des acteurs d'une foi vive et d'une dévotion ardente. Je n'ai jamais vu un spectacle aussi touchant, un spectacle aussi bien calculé pour mettre en mouvement les meilleurs et les plus purs sentiments du cœur.

« Ici un seul jour a gravé l'histoire et la destinée de la race humaine en traits ineffaçables dans le cœur de milliers d'hommes. J'avouerai sans honte, pour ma part, que j'ai vu se réaliser devant moi, avec une vivacité que je n'avais pas encore éprouvée, l'unité merveilleuse qui unit l'Ancien Testament et le Nouveau. Cette série de compositions, séparées les unes des autres par des différences de temps, de lieu et d'auteurs, on sent instinctivement qu'elle forme un seul livre, qu'elle enseigne une haute moralité, qu'elle raconte la même histoire d'espérance mélancolique, et qu'elle a pour centre la Figure mystérieuse dans le sacrifice de qui elle trouve son accomplissement. Si on doit juger la pièce par son effet, le jugement est en sa faveur. Les habitants d'Oberammergau sont remarquables par leur honnêteté, leur intelligence et la sincérité de leurs sentiments religieux ».

Ce témoignage est curieux à recueillir pour ceux qui pensent que le drame chrétien n'avait pas en France épuisé ses destinées, quand les exagérations de la Renaissance le refoulèrent au fond des campagnes, où l'esprit janséniste du dix-septième et du dix-huitième siècle ont presque réussi à en amener l'anéantissement total. En 1867 on a pourtant représenté encore à Saint-Brieuc, lors de la réunion du congrès celtique, un mystère en langue bretonne. On peut justement estimer avec un savant distingué, M. Henri Gaidoz, à qui nous avons emprunté (*Revue de l'instruction publique*, 1870) le témoignage du correspondant anglais du *Times*, qu'il est regrettable que la France, qui fut au moyen âge le principal centre des *mystères*, n'ait pas du moins conservé quelque part, elle aussi, son Oberammergau.

1880.

II

Les vingt années qui se sont écoulées depuis qu'au mois de mai 1880 l'article précédent paraissait dans le journal *l'Union*, n'ont fait qu'augmenter l'importance et la célébrité européenne de la figuration décennale de la *Passion* à Oberammergau. La représentation de 1890 a marqué une étape considérable dans ce développement de vogue, qui s'est accrue encore dans une notable proportion en cette présente année 1900. La renommée toujours croissante de cette solennité dramatique a eu pour conséquence la publication d'ouvrages permettant à ceux-là mêmes (et nous en sommes) qui n'ont pu en jouir de leurs propres yeux, de l'étudier de plus près : entre ces publications, la première place revient naturellement au texte du drame, mis au jour sous diverses formes et en diverses langues, mais dont nous avons surtout l'avantage de posséder maintenant une traduction française, due à la plume élégante qui a déjà, pour ainsi dire, naturalisé chez nous le grand ouvrage de Janssen : *L'Allemagne à la fin du moyen âge* (1). Il nous paraît donc à propos de reprendre ici ce sujet, sans prétendre d'ailleurs le traiter à fond, mais en le considérant surtout dans ses rapports avec les études contenues dans le présent volume,

---

(1) *Le Mystère de la Passion à Oberammergau*, représenté dans les montagnes de la Bavière, traduit par Mᵐᵉ E. Paris. Texte officiel français. Paris, P. Lethielleux, petit in-16. — L'ouvrage est précédé d'une note ainsi conçue : « Le *Mystère* a été traduit littéralement, avec l'autorisation de l'auteur, sur le texte officiel en langue allemande, publié pour la première fois en 1890, et ayant pour titre : *Text des Oberammergauer Passionsspieles in poetischer Umarbeitung* von Alois Daisenberger, k. geist. Rath, langjährigem Leiter und Reformator des Passionspieles, mit einem Vorwort von Professor Karl de Brentano, Benefiziat in Oberammergau ».

et en tâchant de préciser, de corriger et de compléter les notions résultant de l'article qui précède.

Il est important tout d'abord de maintenir, comme un fait hors de doute, le rapport de filiation qui unit la *Passion* d'Oberammergau aux mystères du moyen âge. Les représentations de ce genre ont certainement survécu çà et là dans les pays catholiques de langue allemande au mouvement de la Renaissance, et il ne semble pas trop téméraire de considérer comme l'une des causes, directes ou indirectes, de cette persistance, l'influence exercée sur les habitudes des populations par les grandes abbayes, qui avaient conservé dans ces régions, et en particulier dans celle où cette étude nous conduit, un rang et une action sociale de premier ordre. Le bourg d'Ammergau, placé d'abord sous le patronage de l'abbaye de Kempten, puis de l'abbaye de Rottenbuch, était devenu, au quatorzième siècle, l'une des dépendances de l'abbaye d'Ettal, fondée par l'empereur Louis de Bavière. L'action civilisatrice des moines s'y était manifestée d'une façon sensible. C'est à elle que revient l'introduction de la principale industrie du pays depuis le seizième siècle, à savoir la sculpture sur bois. « Elle avait été importée dans le village en 1111, dit Mme Paris (1) ; huit missionnaires,

---

(1) Ouvrage cité, pp. IX-X. *Notice sur le mystère de la Passion.*— Sur l'histoire du bourg d'Oberammergau et de ses relations avec les abbayes d'Ettal et de Rottenbuch voyez les intéressants dé-

envoyés à Rottenbuch pour fonder une abbaye, avaient enseigné aux gens du pays l'art de sculpter, de tourner toutes sortes de petits meubles et d'objets de ménage. Plus tard, les conseils des architectes, des artistes occupés à construire, à orner l'abbaye voisine d'Ettal, exercèrent la plus heureuse influence sur l'art, d'abord fort modeste, de nos paysans. Encouragés par les religieux, ils ne tardèrent pas à trouver, dans la sculpture sur bois, une source considérable de profits. Pour l'écoulement de leurs produits, leurs rapports continuels avec les commerçants d'Augsbourg et la rapide popularité du pèlerinage d'Ettal leur fournissaient de nombreux débouchés ».

La circonstance même qui donna lieu à l'institution par les habitants d'Oberammergau d'une représentation périodique, montrerait à elle seule qu'il s'agissait de la reprise d'une coutume ancienne et demeurée populaire. « En 1632, la peste faisait d'affreux ravages dans tout notre pays, dit la relation locale citée par Mme Paris (1) ; il semblait que personne ne pût échapper au fléau. Les autorités d'Ammergau faisaient bonne garde, veillant à ce qu'aucun germe contagieux ne pénétrât

---

tails donné dans le tout récent ouvrage de Mme Hermine Diemer : *Oberammergau und seine Passionsspiele*, Munich et Oberammergau, Carl Aug. Seyfried et Cie, 1900, in-4° richement illustré. Mme Diemer conteste (p. 65) l'influence immédiate de l'abbaye d'Ettal sur l'origine de la représentation d'Oberammergau.

(1) Ouvrage cité, pp. X-XI.

chez nous. Jusqu'au jour de notre kermesse, personne n'avait été atteint. Mais la veille de la fête, un des nôtres, nommé Gaspard Schischler, résidant pour lors à Eschenlohe, où il travaillait, se mit en tête d'aller voir, à la faveur de la nuit, ce qui se passait chez lui, et ce que devenaient sa femme et ses enfants. Le lendemain, il n'était plus qu'un cadavre, et en une semaine, quatre-vingt-quatre personnes succombèrent au fléau. En une telle détresse, nos conseillers s'étant réunis firent vœu, pour fléchir le ciel, de faire représenter tous les dix ans, par les habitants de la commune, le mystère de la Passion. A partir de ce moment, la peste ne fit plus une seule victime parmi nous ».

La première représentation votive eut lieu en 1634, mais le plus ancien texte du drame parvenu jusqu'à nous est daté seulement de 1662. On y a relevé des emprunts considérables, faits à des *Passions* antérieures, remontant au seizième et même au quinzième siècle. Selon M. Georges Blondel (1), nos bons villageois « reproduisirent la *Passion*

---

(1) *Le Drame de la Passion à Oberammergau. Étude historique et critique.* Paris, Victor Lecoffre, 1900, petit in-12, p. 6. « Ce livret (de 1662), dit en note M. Blondel, a été emprunté partie au texte d'un *Meistersænger* d'Augsbourg, Sébastien Wild, qui vivait dans la première moitié du XVIe siècle, partie à une version encore plus ancienne, celle du couvent de Saint-Ulrich et Sainte-Afra à Augsbourg, qui remonte au XVe siècle ; c'est sans doute par l'intermédiaire des religieux d'Ettal que les habitants d'Oberammergau ont connu ces vieilles *Passions* ». — Cf. sur ce point Mme Hermine Diemer, ouvrage cité, p. 87 et suiv.

telle qu'elle était représentée au siècle précédent dans le diocèse d'Augsbourg, dont ils faisaient partie ». Il paraît de toute vraisemblance que le travail d'accommodement fut dû à un ou plusieurs religieux du monastère d'Ettal, dont les prieurs présidèrent longtemps aux préparatifs et à l'exécution des représentations d'Ammergau.

Le livret de 1662 demeura, pour le fond, en vigueur pendant tout le dix-septième siècle et la première moitié du dix-huitième. Il fut pourtant, à plusieurs reprises, l'objet de retouches où se décèle encore, par les annotations latines écrites en marge du texte, la main des religieux d'Ettal. C'est ainsi qu'en 1680 on y introduisit en plusieurs endroits des passages empruntés au jeu de la *Passion* de Weilheim, ville de la Haute-Bavière. A cette époque, après la récitation du prologue par un personnage, (*argumentator*) spécialement chargé de ce soin comme dans les mystères du moyen âge, et qui avait le rôle et le ton d'un prédicateur, on voyait paraître Satan qui s'attachait à le contredire. On voyait aussi l'Ame humaine personnifiée s'entretenir plusieurs fois avec un ange sur les souffrances du Christ. A la fin du drame et comme conclusion, le Christ ressuscité paraissait au milieu de la scène, ayant dans la main droite une croix dorée. Un autre personnage tenait un grand livre d'où sept sceaux pendaient. Les vingt-quatre vieillards de l'Apocalypse avaient le front prosterné devant le Rédempteur. Le Génie de la Passion expliquait ce tableau et le suivant, dans lequel les vieillards se montraient cette fois debout, tenant en mains divers instruments de musique. Ce même génie avec deux autres personnages, appelé l'un *Plausus* (Applaudissement) et l'autre *Epilogue*, et avec le Chœur, entonnait un chant lyrique (1).

Entre 1740 et 1750, un religieux d'Ettal, le P. Ferdinand Rosner, composa un texte nouveau qui servit de base aux représentations jusqu'à la fin du siècle. Il ne nous paraît pas douteux qu'il n'ait mis à contribution pour cela, outre l'ancien texte, des jeux dramatiques de diverses sortes, étudiés par lui à cet effet. C'est à un ou plusieurs de ces modèles qu'il emprunta les personnages allégoriques introduits dans son œuvre, selon une mode devenue très en vogue dans les derniers temps du moyen âge et au seizième siècle : tels sont, par exemple, le Péché, l'Envie, l'Avarice, le Désespoir, l'Ingratitude, etc. De là aussi lui vint l'idée, qui avait servi de point de départ et de fondement à tout un cycle des anciens mystères, de présenter aux spectateurs, conformément à la doctrine de

---

(1) Cf. Wilken, ouvrage cité, p. 125. — M. Wilken, comme il le déclare, suit ici à peu près textuellement l'écrit de Clarus: *Das Pass. Spiel in Oberammergau*. Munich, 1860. — Mme Hermine Biemer, appuyée sur les recherches de M. August Hartmann (*Das Passionsspiel von Oberammergau in seiner ältesten Gestalt*, Leipzig, 1880) présente les choses d'une façon un peu différente.

l'Église, l'Ancien Testament comme la prophétie et la préfiguration du Nouveau. Il le fit sous la forme ingénieuse et saisissante de tableaux vivants, juxtaposés successivement, en guise de commentaires symboliques, aux scènes de la *Passion* auxquelles ils se rapportaient. Ces figurations muettes étaient expliquées et commentées par un chœur de six Esprits tutélaires ou Anges gardiens (Schutzgeistern) et par son coryphée qui reçut le nom d'Esprit tutélaire ou Ange gardien de la scène (Schutzgeist der Schaubühne). Celui-ci présidait, pour ainsi dire, à la représentation. Il y remplaçait l'ancien *argumentator* et, comme tel, y paraissait au début avec ses six acolytes, qui se montraient tenant dans leurs mains les instruments traditionnels de la *Passion*. Ce chœur semble bien se rattacher à la tradition du théâtre latin des humanistes de la Renaissance. Mais c'est à celle des anciens mystères que remonte certainement la scène du *Conseil d'enfer*, signalée dans le livret de 1770. On y voyait Satan délibérer avec le Péché et la Mort sur les moyens d'arriver à perdre le Christ, et, en conséquence, l'Envie et l'Avarice étaient envoyées par lui en mission auprès de Judas et des prêtres juifs. De cette même tradition découlaient également les scènes naïvement bouffonnes admises dans le drame du P. Rosner. Telle, par exemple, celle où, des entrailles du mannequin qui figurait Judas pendu, s'échappaient des saucissons que ramassait et mangeait avec avidité une troupe accourue de joyeux diables (1).

Ce n'étaient pas seulement des naïvetés de ce genre, mais l'ensemble même de la représentation qui tranchait singulièrement, dans la seconde moitié du dix-huitième siècle, avec l'esprit alors dominant non seulement dans les régions officielles et dans les classes lettrées, mais dans les hautes sphères ecclésiastiques. De telles coutumes étaient considérées comme des abus, des usages superstitieux à extirper des localités rurales. Ce ne fut que par d'actives et pressantes démarches que les habitants d'Oberammergau réussirent à éviter l'interdiction de leur *Passion* séculaire, à obtenir pour elle un privilège spécial, concédé en 1780, confirmé en 1791. Les représentations eurent encore lieu en 1800 selon le texte, quelque peu modifié, du P. Rosner (2). « Les cinq premières, dit Mme E. Paris (3), eurent des auditeurs inattendus et enthousiastes : nous voulons parler des soldats français et autri-

---

(1) Cf. Wilken, ouvrage cité, pp. 125-127. — Mme E. Paris, *Notice*, p. XII. — Mme Hermine Diemer, peut-être un peu influencée en cela par M. Trautmann (*Oberammergau und sein Passionsspiel*, Bamberg, 1890) dont elle combat d'ailleurs la théorie excessive, pense que le remaniement du P. Rosner, notamment en ce qui concerne l'introduction des tableaux symboliques, porte fortement le caractère d'une imitation du théâtre des Jésuites. (Ouvrage cité, pp. 105-106).

(2) Le principal auteur de ces modifications fut le P. Magnus Knipfelberger, qui accomplit son travail pour la représentation de 1780. — Cf. Mme Hermine Diemer, ouvrage cité, p. 100.

(3) Ouvrage cité, pp. XIII-XIV.

chiens campés dans les environs ; ils prirent un plaisir extraordinaire à ce spectacle. Les 24 et 26 juin 1800, la *Passion* fut reprise à la demande expresse du général Grünne et de son état-major, qui payèrent largement pour leurs hommes. Les représentations, interrompues par les événements militaires, recommencèrent en 1801 ».

Cependant l'antipathie de l'administration pour les manifestations de cette nature ne faisait que croître. La représentation projetée pour 1810 avait été d'abord l'objet d'une interdiction formelle. Les délégués d'Ammergau furent fort mal reçus à Munich. « Le Conseil supérieur ecclésiastique leur déclara tout net qu'ils n'avaient qu'à s'en retourner dans leur village pour y entendre le récit de la Passion de la bouche de leur curé : cela vaudrait sans doute beaucoup mieux que d'exposer sur des planches la parodie des plus sacrés de nos mystères ». Comme ils insistaient, on les menaça de les expulser de la capitale. Sans se décourager, ils recoururent au roi Max en personne, qui leur donna gain de cause. Un arrêté ministériel, daté du 3 mai 1811, autorisa la représentation pour l'année suivante. Ces difficultés eurent du moins l'heureux effet d'amener un remaniement complet du drame, destiné à en épurer et à en élever le caractère. Ce fut encore un religieux d'Ettal, autorisé à demeurer comme pensionnaire dans cette abbaye, après sa sécularisation en 1803, qui se chargea de ce travail. Le P. Ottmar

Weiss, homme de mérite et de science, y donna tous ses soins et y mit tout son zèle. Il écarta toutes les naïvetés bouffonnes, toutes les scènes de diablerie comique et surannée, retrancha les personnages allégoriques également passés de mode et mit en prose les scènes dialoguées, ce qui permit de rapprocher désormais le texte du drame du texte même de l'Évangile. Il accrut et fortifia le parallélisme des tableaux vivants tirés de l'Ancien Testament, dont le chœur demeura l'interprète. La partie lyrique du mystère fut singulièrement améliorée par l'adjonction d'une excellente partition musicale, due au compositeur Rochus Dedler, né à Oberammergau. « C'est à lui que nous devons cette musique simple et pénétrante dont les mélodies, tantôt mélancoliques et tendres, tantôt larges et grandioses, pénètrent les âmes et rappellent souvent très heureusement les oratorios des maîtres. Sous cette nouvelle forme, le drame reparut en 1815. Il était intitulé sur le livret : *Jésus-Messie, ou la Rédemption des hommes, drame religieux divisé en quatre parties, avec tableaux allégoriques tirés de l'Ancien Testament* » (1).

Les représentations de 1820 ne souffrirent plus de difficultés. Elles furent au nombre de huit et attirèrent un grand concours de spectateurs

---

(1) Mme E. Paris, ouvrage cité, pp. XIV-XV. — Cf. Wilken, ouvrage cité, p. 127. — G. Blondel, ouvrage cité, pp. 7-15. — Mme Hermine Diemer, ouvrage cité, pp. 106 et suiv., 129 et suiv.

accourus des paroisses voisines. Selon leur antique usage, ils s'y rendirent processionnellement, en priant à haute voix et chantant des cantiques, et plantèrent leurs bannières devant la scène avant d'occuper les places qui leur étaient réservées. Les représentations de 1830 furent marquées par une innovation importante. Le théâtre cessa d'être dressé près de l'église, dans le cimetière, comme il l'était depuis l'origine. Il fut transporté sur le vaste emplacement, situé hors du village, qui a depuis reçu le nom de *Place de la Passion*. La renommée du mystère commença de s'étendre à toute l'Allemagne : la presse périodique et le mouvement romantique aidant, le drame d'Oberammergau, d'institution locale et régionale qu'il avait jusqu'alors été, tendit à devenir une institution nationale. Poètes, littérateurs, critiques s'en préoccupèrent. Au public populaire s'ajoutèrent de plus en plus désormais des spectateurs aristocratiques, opulents, lettrés. Aux représentations de 1840 assistèrent, entre autres personnages considérables, le roi et la reine de Saxe et le prince Maximilien de Bavière. Un article de Guido Gœrres, publié dans les *Historisch-politische Blaetter*, eut un assez grand retentissement (1).

A dater de 1850, l'organisation de la représentation décennale et le texte même du mystère subi-

---

(1) Cf. Mme E. Paris, ouvrage cité, pp. XV-XVI. — G. Blondel, pp 8-9. — Mme Hermine Diemer, p. 119 et suiv.

rent une influence puissante et heureuse : celle d'un prêtre aussi remarquable par sa science et son talent poétique que par sa piété et par son zèle, le vénéré Daisenberger, né le 30 mai 1799, mort le 20 avril 1883, élève du P. Ottmar Weiss et pendant près d'un demi-siècle curé d'Oberammergau. La cour de Bavière lui conféra le titre de conseiller royal ecclésiastique et c'est sous son nom que le livret officiel de la célèbre *Passion* est aujourd'hui publié (1). Un écrivain anglais protestant, enthousiasmé par son œuvre, a célébré sa mémoire en ces termes un peu excessifs : « Trente-cinq années durant, il a vécu et travaillé dans le village, présidant comme un vrai père en Israël au développement intellectuel, moral et spirituel de ses paroissiens. Né dramaturge et chrétien pieux, il a vu l'occasion qui lui était offerte et en a tiré le meilleur parti possible... Il a produit une image merveilleusement fidèle de l'histoire évangélique. Il est devenu lui-même l'évangéliste d'Oberammergau. Le drame auquel nous avons assisté, c'est l'évangile selon saint Daisenberger » (2).

---

(1) Le livret officiel publié ou réédité cette année et que nous avons sous les yeux, est intitulé : *Offizieller Gesamt-Text des Oberammergauer Passions-Spieles*, zum ersten Male nach dem Manuskripte des H. H. Geistl. Rates J. A. Daisenberger veröffentlicht. Oberammergau, Heinrich Korff, 1900, petit in-8° de 176 p. — Nous en devons la communication à notre honorable éditeur, M. P. Lethielleux.

(2) *The Passion Play as it is played to-day at Oberammergau in 1890*, by William T. Stead. London, office of the « Review of

Dans la seconde moitié du siècle qui s'achève, la célébrité, la fréquentation du religieux spectacle d'Oberammergau ont pris un caractère international de plus en plus accentué. « C'est par milliers, dit M. Georges Blondel (1), que des spectateurs venus de toutes les parties du monde assistent maintenant à ces représentations décennales. Catholiques, protestants et libres-penseurs, Anglais, Allemands, Italiens, Américains, fraternisent quelques heures dans une admiration commune ». Le contingent de la France a été croissant également et aux dernières représentations il est devenu considérable. L'Allemagne, cela va sans dire, s'est montrée de jour en jour plus fière de sa *Passion* dramatique. « En 1860, rapporte l'écrivain précité, le roi de Bavière Maximilien II s'y rendit avec son jeune fils, le futur Louis II. Celui-ci avait été si ravi qu'en 1870, lorsque la guerre éclata, il autorisa Joseph Mayer, alors âgé de vingt-sept ans, qui représentait pour la première fois le Christ, à ne pas couper sa longue chevelure, et, par une dérogation plus exceptionnelle encore, il le plaça dans un bureau de l'administration à Munich. In-

---

Reviews », in-4°, pp. 13-14. — Nous devons la communication de cette publication, intéressante notamment par les photographies qui l'accompagnent, à notre jeune et distingué confrère, M. Léon Dorez. — Mme Hermine Diemer (ouvrage cité, p. 122) juge excessive l'attribution unique du drame actuel à Daisenberger, au détriment du P. Weiss.

(1) Ouvrage cité, *Avant-propos*, pp. III-IV.

terrompues le 24 juillet 1870, les représentations furent reprises le 14 juin 1871. Le roi Louis II vint assister à la dernière, le 25 septembre, et il tint à recevoir, quelques jours après, les principaux acteurs à son château de Linderhof, pour leur renouveler l'expression de sa vive satisfaction. En 1880, plus de 120.000 personnes se sont rendues à Oberammergau : l'affluence a été plus grande encore en 1890. On ne peut que louer le goût qui a présidé, sous la direction du curé Daisenberger, aux dernières transformations. Respectueux du vœu de leurs pères, les habitants n'ont pas entendu se borner à une restitution archaïque du passé, qui eût intéressé quelques amateurs et excité la curiosité des critiques, mais qui eût pu provoquer le sourire. Leur but a été plus élevé : ils ont voulu conserver à leur acte le caractère religieux le plus absolu. Ils ont éliminé tout ce qui pourrait choquer, et ils ont su en même temps, avec un tact parfait, emprunter au théâtre moderne les plus récents progrès de la mise en scène ».

La préparation du mystère est longue et soignée. « On a établi, dit M*me* E. Paris (1), un théâtre spécialement destiné à l'éducation des acteurs. Tous les ans, pendant les soirs d'hiver, on y étudie, on y joue des pièces sacrées et profanes, des morceaux classiques et populaires. C'est là qu'on apprend

---

(1) Ouvrage cité, p. XXIX et suiv.

aux acteurs à se mouvoir, à parler; chanteurs et chanteuses s'exercent à exécuter un morceau avec ensemble, et les mémoires sont cultivées avec un tel succès que, dans les plus longs rôles, nos villageois se passent presque entièrement de souffleur. C'est sur ce théâtre que les jeunes talents se révèlent ; on les étudie avec soin afin de les employer dix ans plus tard à remplir les vides qui se produiront infailliblement...

« C'est dès l'enfance que se forment les acteurs d'Ammergau ; le personnel grandit en jouant. L'enfant de deux ou trois ans fait son premier début sur les bras de sa mère, qui représente une matrone de Jérusalem. Dix ans plus tard, il agitera son rameau et chantera l'Hosannah au Fils de David. Plus tard encore, il sera soldat romain ou serviteur du Temple; enfin il siégera au Grand Conseil, et finira peut-être parmi les Apôtres son honorable carrière artistique.

« Un moment d'une suprême importance, c'est celui de la distribution des rôles. Généralement la chose se passe pendant la semaine de Noël, après la messe. En 1879, ce fut le 6 décembre, après que le vénérable curé eut prononcé une allocution appropriée à la circonstance. Lorsque le sentiment général, une sorte de *vox populi*, ne s'est pas encore exprimé, le comité de la *Passion*, composé de trente membres et présidé par le curé et le maire, décide; mais généralement, dans le courant de l'année on sait longtemps à l'avance à qui appartiendront les premiers rôles, les répétitions ayant suffisamment éclairé les jugements et désigné ceux qui doivent s'en acquitter le mieux. Une règle absolue veut que les natifs ou naturalisés d'Ammergau soient seuls élus. Quant au nombre des rôles, le mystère de la *Passion* n'en comprend pas moins de cent quatre pour les hommes et de quinze pour les femmes. Les rôles muets sont au nombre d'environ deux cent cinquante, les enfants compris. Ajoutez à cela le chœur des bons anges, l'orchestre, les gens du théâtre, les surveillants, et vous aurez un personnel d'environ six cent quatre-vingt-dix-sept personnes, plus de la moitié de la population !

« Veut-on savoir comment se passent les répétitions ? Les acteurs, ceux qui font partie d'un tableau, commencent par se rassembler pendant plusieurs soirées consécutives au presbytère, d'abord pour y lire ensemble leurs rôles, ensuite pour répéter ce qu'ils en ont appris. Quand cela est nécessaire, quelques-uns prennent des leçons particulières, ce qui a lieu surtout pour les premiers rôles. Lorsque les tableaux ont été ainsi étudiés séparément, viennent les répétitions du Carême, qui ont lieu après les offices de l'après-midi. On y répète de plus grandes parties du mystère sur le théâtre du village, et lorsque celui de la *Passion* est construit, les acteurs s'y transportent. Enfin, le jeudi avant la Pentecôte, a lieu la répétition générale, à laquelle assistent déjà beaucoup de spectateurs venus des environs...

« La question de moralité est l'objet d'une grave préoccupation. Les membres du comité et les acteurs eux-mêmes veillent avec un soin scrupuleux à ce que des sujets irréprochables sous le rapport des mœurs soient seuls appelés à l'honneur de représenter les principaux personnages. Aussi le curé, peu de temps après la distribution des rôles, prend le soin d'expliquer à toute la paroisse les hautes et saintes intentions que les acteurs doivent apporter à leur préparation. La plupart, mais surtout ceux à qui sont confiées les tâches les plus difficiles, s'approchent des sacrements avant le grand jour...

« Et tandis que, seuls ou réunis, les acteurs étudient leurs rôles, une autre partie de la population est absorbée par d'autres travaux. Il s'agit de préparer les costumes, travail coûteux, fatigant, et qui semble interminable, car sans cesse on imagine de nouveaux embellissements et perfectionnements. On s'est procuré des dessins, des modèles ; la beauté, la richesse de certains costumes ont souvent été vantées. A la dernière représentation, beaucoup d'accessoires ont encore été ajoutés. Les nouveaux costumes des Anges gardiens représentent à eux seuls une valeur de 100 marks, celui du coryphée en a coûté 800.

« D'autres s'occupent des décors; autrefois ils blessaient le goût par des couleurs crues et voyantes, maintenant ils sont en état de supporter la critique des connaisseurs, et font aux personnages du mystère le cadre le plus harmonieux (1)...

« Autrefois l'animation redoublait dans Oberammergau au retour du printemps, lorsqu'on préparait l'emplacement destiné aux spectateurs, la salle, si l'on peut donner ce nom à une enceinte dont toutes les places étaient à découvert. Une fois la saison des représentations terminée, on démolissait les estrades. — En 1890, les premières places seules furent abritées contre la pluie et le vent.

« Cette année, on a remplacé ces installations provisoires par une solide halle en bois, soutenue par des arceaux de fer, d'une hauteur de 20 mètres sur une largeur de 43 mètres. La partie supérieure renferme des rangées de fenêtres. On regrettera peut-être l'ancienne installation à ciel ouvert, si pittoresque, mais le spectacle n'en est pas moins beau; des flots de lumière pénètrent encore sur la scène par un espace libre, ménagé entre la halle

---

(1) Jusqu'en 1880, décors et machines étaient, comme les costumes, l'œuvre à peu près exclusive des habitants d'Oberammergau. Mais, en présence des exigences croissantes du public, on s'est aidé, pour les dernières représentations, de l'expérience du chef de la machinerie du théâtre royal de Munich et de celle de la maison Burghard et Cie de Vienne (peinture en décors). — Mme Hermine Diemer, ouvrage cité, pp. 125-126.

et la scène, là où se trouvent l'orchestre et l'avant-scène, de telle sorte que l'on jouit toujours de la vue du paysage, qui donne à la scène un cadre grandiose, qu'aucun décor artificiel ne saurait égaler.

« La grande halle réservée aux spectateurs, contient 4.200 places, c'est-à-dire 200 places de plus qu'en 1890 : de chaque place on peut voir tout ce qui se passe sur toute l'étendue de la scène, même si on a devant soi les coiffures les plus hautes. Il y a quatorze entrées.

« La construction est très simple, cependant on l'a ornée de fresques représentant des scènes de l'Ancien et du Nouveau Testament. Du côté du sud on voit les figures de Jésus-Christ et des quatre Évangélistes ; à la partie supérieure du devant, un grand crucifix, fait à Oberammergau même, et, des deux côtés, des peintures représentant Marie et Jean...

« La scène égale comme largeur l'espace réservé aux spectateurs : elle a 42 mètres de largeur, 25 mètres de hauteur et 6 de profondeur. Remarquons d'abord le *proscenium* ou l'avant-scène, c'est là que viendra se placer le chœur. Dans le milieu et la profondeur de cet espace s'élève un théâtre de dix mètres de large destiné à la représentation des tableaux symboliques et de certaines scènes, comme par exemple celles du Temple, du Cénacle, etc. Il est fermé par un rideau où sont peintes les rues de Jérusalem, de manière que, lorsque ce rideau est baissé, il fait partie, avec ce qui l'entoure, d'une vue d'ensemble de la ville sainte.

« Le fronton du théâtre est surmonté par la reproduction du serpent d'airain, figure du Sauveur crucifié, autrefois élevé au désert par Moïse. A droite et à gauche du théâtre, on aperçoit deux bâtiments : l'un représente la maison de Pilate, l'autre la maison d'Anne. De chaque côté, allant jusqu'aux murs d'enceinte de l'avant-scène, des portes voûtées et ouvertes permettent au regard de plonger dans les rues de Jérusalem ; les murs d'enceinte sont recouverts de fresques architecturales et se terminent à l'avant-scène par des vases remplis de fleurs, derrière lesquels sont les coulisses.

« Les musiciens, placés entre la scène et les spectateurs, sont, comme à Bayreuth, complètement invisibles aux spectateurs, afin que l'aspect d'un orchestre moderne ne jure point avec la simplicité émouvante des scènes évangéliques. Cet orchestre, appelé à jouer un rôle si important et dont l'exécution pure et précise mérite tous les éloges, contribue beaucoup à l'harmonieux effet de l'ensemble ».

En cette année 1900, les représentations avaient été fixées aux dates suivantes : 24 et 27 mai ; 4, 10, 16, 17, 24 et 29 juin ; 1, 8, 15, 18, 22 et 29 juillet ; 5, 8, 12, 15, 19, 25 et 26 août ; 2, 8, 9, 16, 23 et

30 septembre. Cela fait un total de vingt-sept représentations. Mais, comme le prévoyait et l'annonçait le livret officiel, quelques-unes, à cause de l'affluence des spectateurs, ont pu et dû être redoublées, c'est-à-dire renouvelées le lendemain. Elles commençaient à huit heures du matin et se terminaient à cinq heures du soir, avec une interruption au milieu de la journée, c'est-à-dire entre onze heures et demie et une heure. Nous empruntons au récit d'un ecclésiastique français, présent à l'une d'elles (1), la description du début :

« A partir de quatre heures du matin, c'est un remue-ménage, un va-et-vient tumultueux dans les maisons. Soudain, un coup de canon retentit qui se répercute à travers les vallées. Puis s'élance du clocher un joyeux carillon. Vite, on se lève et l'on part. A peine sorti, l'on constate que déjà tout le village est sur pied. C'est dimanche. Toute la population se dirige vers l'église. Quand nous arrivons, elle est plus que comble. Depuis quatre heures jusqu'à sept heures et demie, les messes se succèdent, célébrées à toutes les chapelles sans interruption par les ecclésiastiques venus pour assister au spectacle. En donnant la pièce au sacristain (Caïphe), j'ai pu, après deux heures d'attente, monter à l'autel. Aussitôt la messe finie, vers sept

---

(1) M. l'abbé F. Protois, *La Passion à Oberammergau*. Feuilleton de l'*Univers* du 10 décembre 1900.

heures et demie, nous nous empressons de nous rendre au théâtre. C'est une foule immense dans les rues et les ruelles. Nous entrons. Bien des gens sont là depuis longtemps. Les places se garnissent rapidement. On n'aperçoit plus qu'une multitude compacte. La joie, la curiosité se lisent sur tous les visages. Voici huit heures qui sonnent. En même temps, deux coups de canon se font entendre, le bruit confus des conversations s'apaise, un silence religieux s'établit. De doux accords parviennent à nos oreilles. L'orchestre commence l'ouverture.

« Bientôt, des deux côtés de la scène apparaissent les trente-quatre choristes, les hommes d'abord, les femmes ensuite, tous chaussés du cothurne et vêtus de longues robes de nuances différentes, fixées à la taille par une ceinture. Un manteau flotte par dessus. Les nattes des femmes et les boucles des hommes — toutes naturelles — tombent sur les épaules et sont retenues sur le front par un cercle brillant. Graves, conduits très majestueusement par le coryphée, que l'on remarque à son costume plus riche et au long bâton d'or qu'il tient à la main, ils se rangent en une longue file, face au public, sur le *proscenium*. Le conducteur du chœur n'est autre que le charpentier Joseph Mayer, qui joua trois fois le rôle du Christ en 1870, en 1880 et en 1890. Aujourd'hui ses cheveux ont grisonné, sa barbe est toute blanche ; on a dû le remplacer par un plus jeune. D'une voix forte et bien timbrée, la main sur son cœur, les yeux levés au ciel, il récite le prologue suivant:

O race infortunée, toi que la malédiction de Dieu a
[frappée,
Prosterne toi dans un saint étonnement !
La paix va t'être rendue. L'Éternel a dit :
« Je ne veux pas la mort du pécheur, mais je veux qu'il
[vive !
« Le sang de mon Fils achètera son pardon ! »

« Puis le chœur entonne un cantique. La toile s'écarte et l'on voit Adam et Ève chassés du paradis terrestre par un ange armé d'une épée. Le spectacle dure deux minutes. Le rideau se ferme. Autre cantique. Nouveau tableau : on aperçoit, au fond du théâtre, une grande croix devant laquelle quelques personnages sont agenouillés dans l'attitude de l'adoration.

Dieu éternel (chante le chœur) daigne écouter la louange
[que bégaient les enfants !
Nous t'adorons, Seigneur, pénétrés d'un saint respect.
Venez. Tenons fidèle compagnie à notre Rédempteur,
Tandis qu'il va parcourir son rude chemin d'épines.
Tenons-nous près de lui jusqu'à ce qu'il ait versé pour
[nous tout son sang.

« On ne saurait rendre l'impression que produit ce prologue. Ces deux tableaux résument bien toute la tragédie et synthétisent les idées fondamentales sur lesquelles repose tout le Christianisme : la Chute, la Rédemption. On sent que l'on va assister, non pas à un spectacle ordinaire, mais à une sorte de service divin. On est transporté dans un monde supérieur. Tout ce qui est de la terre disparaît de notre souvenir ».

La *Passion* d'Oberammergau, dans son texte actuel, est partagée en trois grandes sections : I. Depuis l'entrée de Jésus à Jérusalem jusqu'à son arrestation au jardin des Oliviers. II. Depuis l'arrestation du Sauveur jusqu'à sa condamnation par Pilate. III. Depuis la condamnation de Jésus jusqu'à sa résurrection. Mais la véritable division du mystère, sa construction dramatique est conçue selon le système des *tableaux* ; chaque *tableau* est subdivisé en *scènes* et précédé d'une ou deux préfigurations symboliques et muettes (*Vorbilder*) empruntées à l'Ancien Testament. Les grands tableaux ou actions scéniques sont au nombre de dix-sept sans compter le *tableau final*. En voici l'énumération avec les préfigurations qui les accompagnent. I. *L'entrée de Jésus à Jérusalem*. Les deux représentations muettes du prologue, qui servent de double préfiguration à tout le drame, sont, sans doute, la raison pour laquelle on s'est abstenu d'en joindre une particulière à ce premier tableau. II. *Les délibérations du Grand Conseil*. Préfiguration : Les fils du patriarche Jacob résolvent la perte de leur jeune frère Joseph. III. *L'adieu de Béthanie*.

Préfigurations : 1. Le jeune Tobie prend congé de ses parents. 2. L'épouse du Cantique pleure l'absence du Bien-aimé. IV. *Le dernier voyage à Jérusalem.* Préfiguration : Le roi Assuérus repousse Vasthi et élève Esther. V. *La Sainte Cène.* Préfigurations : 1. La manne dans le désert. 2. Le raisin miraculeux de la terre de Chanaan. VI. *La trahison.* Préfiguration : Les fils de Jacob vendent leur frère Joseph pour vingt pièces d'argent. VII. *Jésus au jardin des Oliviers.* Préfigurations : 1. Adam mange son pain à la sueur de son front. 2. Joab, sous prétexte de donner à Amasa le baiser de l'amitié, le perce de son glaive. VIII. *Jésus devant Anne.* Préfiguration : Le prophète Michée reçoit un soufflet pour avoir dit la vérité au roi Achab. IX. *Jésus devant Caïphe.* Préfigurations : 1. L'innocent Naboth est condamné à mort au moyen de faux témoins. 2. Job supporte avec patience les injures de sa femme et de ses amis. X. *Le désespoir de Judas.* Préfiguration : Caïn meurtrier de son frère et tourmenté par le remords, erre en fuyard et en vagabond sur la terre. XI. *Le Christ devant Pilate.* Préfiguration : Daniel accusé devant le roi Darius. XII. *Le Christ devant Hérode.* Préfiguration : Samson prisonnier sert de jouet aux princes des Philistins. XIII. *La flagellation et le couronnement d'épines.* Préfigurations : 1. Les fils de Jacob montrent à leur père la robe ensanglantée de Joseph. 2. Le bélier, destiné au sacrifice d'Abraham, embarrassé dans le buisson d'épines. XIV. *Jésus condamné au supplice de la croix.* Préfigurations : 1. Joseph présenté au peuple d'Égypte comme le sauveur du pays. 2. Le tirage au sort des deux boucs, dont l'un est mis en liberté, l'autre immolé pour les péchés du peuple. XV. *Le chemin de la croix.* Préfigurations : 1. Isaac, victime désignée, gravit la montagne en portant le bois du sacrifice. 2. Moïse élève le serpent d'airain dans le désert. XVI. *Jésus sur le Golgotha.* Il n'y a point ici de préfiguration, mais seulement un préambule lyrique, s'appliquant au tableau lui-même. XVII. *La Résurrection.* Il en est de même pour ce tableau. Les deux préfigurations indiquées dans le texte de 1890, savoir : 1. Jonas sortant des entrailles de la baleine, 2. Les Hébreux rendant grâce au Seigneur après le passage de la mer Rouge, ont été supprimées dans le livret de cette année. — La représentation se termine par un *tableau final,* représentant *le triomphe du Rédempteur* et accompagné de chants lyriques.

Le fond, la partie essentielle du drame est évidemment constituée par les scènes dialoguées. Le caractère du texte actuel est de se rapprocher le plus possible du récit évangélique et de mettre dans la bouche des personnages les paroles même de l'Écriture. On aura une idée de la manière dont en a été conçue l'adaptation dramatique, avec les inévitables interprétations et compléments qu'elle nécessitait, par la scène du *souper chez Simon*

(Tableau III, scène III). Nous suivons la traduction de Mme Paris, texte officiel français (1).

JÉSUS

« Paix à cette maison !

LES DISCIPLES

« Et à tous ceux qui l'habitent !

SIMON

« Seigneur, tout est prêt. Placez-vous à table, et permettez à vos disciples d'en faire autant.

JÉSUS

« Prenons avec reconnaissance, mes bien-aimés, les dons que le Père céleste nous fait par les mains de Simon. Ah ! Jérusalem, pourquoi n'as-tu pas accueilli ma venue ? Pourquoi ne m'as-tu pas reçu comme ces amis me reçoivent aujourd'hui ? Mais tu es frappée d'aveuglement !

LAZARE

« Oui, Seigneur ; on dit que les Pharisiens et les Docteurs épient le moment de vous nuire et cherchent entre eux le moyen de vous perdre.

SIMON

« Maître, restez ici ! Ici, vous serez en sûreté.

PIERRE

« Seigneur, nous sommes bien ici. Restez chez vos amis, jusqu'à ce que la tempête qui va s'élever s'apaise.

JÉSUS

« Éloigne-toi de moi, tentateur ! Tu n'as d'intelligence

---

(1) Ouvrage cité, p. 28 et suiv.

que pour ce qui est de l'homme, tu n'en as pas pour ce qui est de Dieu. Le moissonneur peut-il se reposer à l'ombre, tandis que les moissons mûres lui font signe de venir ? Le Fils de l'homme n'est pas venu pour être servi, mais pour servir. Il est venu pour donner sa vie pour la rédemption de plusieurs.

JUDAS

« Maître, mais que deviendrons-nous, si vous vous sacrifiez ?

LES APÔTRES

« Toutes nos espérances seront donc anéanties ?

JÉSUS

« Rassurez-vous, mes amis ; je puis sacrifier ma vie, mais je puis aussi la reprendre ! Mais je dois accomplir la mission qui m'a été confiée par mon Père.

MADELEINE, *versant du baume sur la tête du Sauveur*

« Maître !

JÉSUS

« Marie !

THOMAS

« Quel parfum dispendieux !

BARTHÉLEMY

« Le baume a dû coûter un haut prix ; c'est du nard le plus pur.

THADÉE

« Jamais encore notre Maître n'avait été aussi honoré.

JUDAS

« A quoi bon pareille profusion ? On aurait pu employer cet argent à quelque chose de plus utile !

THOMAS

« Je suis tenté d'être aussi de cet avis (*Madeleine s'agenouille et parfume les pieds du Sauveur*).

JÉSUS

« Pourquoi murmurez-vous ainsi entre vous ? Pourquoi blâmez-vous ce qui a été inspiré par la reconnaissance d'un cœur aimant ?

JUDAS

« Répandre avec tant de profusion un baume si coûteux ! Quelle prodigalité !

JÉSUS

« Ami Judas, regarde-moi bien ! Ainsi donc, tu appelles prodigalité ce qu'elle fait pour honorer ton Maître !

JUDAS

« Je sais que vous n'aimez pas les dépenses superflues. On aurait pu vendre ce parfum bien cher et les pauvres auraient été secourus.

JÉSUS

« Judas, la main sur la conscience, est-ce purement la pitié pour les pauvres qui t'émeut à ce point ?

JUDAS

« On aurait pu tirer au moins trois cents deniers de ce parfum ! Quelle perte pour les pauvres et pour nous !

JÉSUS

« Vous aurez toujours des pauvres parmi vous, mais pour moi, vous ne m'aurez pas toujours... Laissez-la faire ; ce qu'elle vient d'accomplir envers moi est une bonne œuvre, car si elle a répandu ce parfum sur ma tête, c'était pour me rendre par avance les honneurs de la sépulture. En vérité, en vérité, je vous le dis, dans tout l'univers où cet Évangile sera prêché, on racontera à sa louange ce qui vient de se passer. (*A Simon*) Merci pour ton hospitalité. Le Père du Ciel t'en récompensera.

SIMON

« Maître, ne parlez pas de récompense ! Je sais ce que je vous dois.

JÉSUS

« Il est temps de partir. A vous tous qui habitez cette maison hospitalière, merci ! (*Aux disciples*) Pour vous, suivez-moi. (*Les disciples le suivent*).

PIERRE

« Maître, nous irons où vous voudrez, mais, de grâce, pas à Jérusalem !

JÉSUS

» Je vais où m'appelle la volonté de mon Père, mais toi, Pierre, s'il te plaît de rester, demeure.

PIERRE

« Seigneur, là où vous serez, je resterai ; là où vous irez, je vous suivrai.

JÉSUS

« Suis-moi ».

Plus proche encore de l'Évangile, pénétrée et, pour ainsi dire, tout imprégnée de l'Écriture, est la scène si émouvante du *Cénacle*, c'est-à-dire de l'institution de l'Eucharistie (Tableau V, scènes I et II). Nous empruntons ici le résumé descriptif de M. l'abbé Protois (1) :

---

(1) Article cité, *Univers* du 10 décembre 1900. — Cf. M⁻ᵐᵉ Émile Paris, traduction citée, p. 50 et suiv.

« Jésus est à table au milieu de ses apôtres. Après quelques paroles tirées textuellement de l'Évangile, il dépose sa tunique, se ceint d'un linge que Jean lui présente, et verse de l'eau dans un bassin. Commence alors le lavement des pieds pendant lequel on entend un chœur d'anges invisibles. Ils chantent : « O humilité, ô amour ! Voyez le Maître qui s'agenouille aux pieds de ses disciples ! Il remplit envers eux l'office de serviteur ! oh ! souvenez-vous de sa charité ! Aimez comme il a aimé » !

« Jésus remet son vêtement, et se tenant debout au milieu des apôtres, il les regarde tour à tour : « Vous êtes purs, dit-il, mais non pas tous ». Il s'assied, prononce encore quelques mots, puis se lève de nouveau. Il prend le pain, le bénit et le rompt, et faisant le tour de la table, il en donne à chacun une petite partie. Revenu à sa place, il prend la coupe remplie de vin, la bénit, et parcourant une seconde fois les rangs, il y fait boire tour à tour ses disciples. Il faut voir les apôtres, après qu'ils ont communié, incliner la tête, croiser les bras sur la poitrine, et se recueillir dans la prière, l'adoration, l'action de grâces. Pendant ce temps, des chœurs célestes exécutent un cantique très doux. L'émotion est à son comble, la salle frissonne, des larmes coulent de bien des yeux.

« De retour à son siège, le Christ se rassied. Jean lui dit : « Maître bien-aimé, non, jamais je n'oublierai votre amour! Maître, vous savez combien je vous aime ! » Et il appuie sa tête sur le cœur de Jésus. « O Maître plein d'amour, répètent les autres disciples, nous vous resterons toujours unis ! » Judas, lui, faisant en quelque sorte bande à part, paraît préoccupé et maussade. « Hélas ! dit tout à coup le Christ, il en est un parmi vous qui doit me trahir ». Stupeur des apôtres, qui prennent très exactement les attitudes indiquées par Léonard de Vinci dans son admirable tableau de la Cène. « Est-il possible ! s'écrie Pierre. — Quoi ! Seigneur, dit André, l'un de vos apôtres ? — Qui pourrait être traître parmi nous ? dit Simon. — Dites-nous le nom de cet infâme, demande Jacques. — Pour moi, j'aimerais mieux mourir que de commettre un tel crime ! » dit Thadée. Judas ose demander lui-même : « Est-ce moi, Maître ? » Jésus lui répond tout bas : « Oui, c'est toi ! » Jean interroge Jésus à voix basse : « Seigneur, qui est-ce ? » Et Jésus lui répond sur le même ton : « Celui auquel je vais donner un morceau de pain trempé ». Puis il donne le pain à Judas en disant : « Ce que tu as résolu de faire, fais-le promptement ».

« A ce moment, Judas se lève comme mû par une mystérieuse puissance, son regard s'attache une dernière fois et brusquement sur son maître, il se détourne ensuite tout d'une pièce et avec la démarche d'un halluciné il quitte la salle. Cette sortie est d'un effet des plus saisissants. Les apôtres, qui n'ont pas entendu Jésus le nommer, se demandent pourquoi il s'en va et supposent que le Maître l'a envoyé acheter quelque chose ou porter quelque aumône aux pauvres. Judas parti, le Christ se lève et invite les apôtres à réciter avec lui un hymne d'actions de grâces. C'est un beau spectacle que celui de ces hommes, les yeux levés vers le ciel, avec Jésus au milieu d'eux, rendant gloire à Dieu. Suit un moment de silence. Le Christ paraît songer. Les disciples l'entourent et le regardent avec tristesse. Il leur adresse des paroles d'encouragement et leur renouvelle son commandement de s'aimer les uns les autres. Après quoi, tous s'éloignent ».

D'autres scènes nous offrent le développement dramatique, par voie d'induction et de vraisemblance, des indications de l'Évangile. Telle la scène simple, naturelle, et par là poignante, mais courte et nettoyée, pour ainsi dire, de l'odieuse et prolixe trivialité des mystères du moyen âge, où Jésus, dans la maison de Caïphe, nous est montré livré aux insultes des valets (Tableau IX, scène VII).

« JÉSUS, *assis au milieu de la troupe des soldats.*

LES VALETS, *à tour de rôle*

« Ce trône n'est-il pas trop dur pour toi, grand roi ? — Nous te saluons, dominateur nouveau. Mais assieds-toi donc solidement, je crains que tu ne tombes ! (*Il cherche à faire tomber Jésus*). — Tu es un grand prophète ; dis-nous donc, grand Élie (*Il le frappe*), dis qui t'a frappé ! Est-ce moi ? Es-tu sourd ? (*Il le secoue*) Dors-tu ? Il est sourd et muet ! Beau prophète ! (*Il le fait tomber de son siège. Jésus tombe tout de son long à terre*). Hélas ! hélas ! voilà notre roi à bas de son trône ! Qu'allons-nous devenir à présent ? Nous n'avons plus de roi ! Tu es vraiment digne de compassion, homme extraordinaire ! Allons, aidez-moi à le replacer sur son trône ! (*Ils le relèvent*). Relève-toi, roi puissant, reçois de nouveau nos hommages !

UN ENVOYÉ DE CAÏPHE, *entrant*

« Eh bien, comment va le nouveau roi ?

LES SOLDATS

« Il ne dit mot. Nous ne pouvons rien en tirer.

LE MESSAGER

« Le grand prêtre et Pilate lui rendront bientôt la parole. Caïphe m'envoie le chercher, il faut le lui amener.

SELPHA

« En route, camarades !

UN VALET, *ôtant le bandeau à Jésus*

« Lève-toi, il y a assez longtemps que tu es roi.

TOUS

« Bon voyage, ton règne est fini » (1).

Une scène analogue, fort remarquable, et d'un caractère, pour ainsi dire, shakspearien, est celle du reniement de saint Pierre. (Tableau IX, scène

---

(1) Traduction citée, pp. 102-103.

V). Enfin, il en est où l'auteur a non seulement pu, mais dû se livrer davantage encore à son inspiration propre, soit sur le fondement de la tradition catholique, comme dans la belle scène des adieux de Jésus et de la Sainte Vierge à Béthanie (tableau III, scène V), soit par une tentative d'induction psychologique, comme dans le monologue du désespoir définitif de Judas (tableau X, scène VII) :

La scène se passe dans un bois.

JUDAS

« Où fuir pour cacher ma honte ? L'obscurité d'une forêt n'est pas assez noire, les trous des rochers ne sont pas assez profonds pour me cacher. O terre, engloutis-moi... O mon Maître ! O le plus parfait de tous les hommes, je vous ai vendu ! Je vous ai livré aux outrages et à une mort ignominieuse !... Et il a toujours été si bon pour moi ! Comme il me consolait lorsque parfois de sombres pensées s'emparaient de mon âme ! Avec quel amour il m'a averti, alors que je roulais déjà dans ma tête un projet de trahison ! O maudite avarice, c'est toi qui m'as perdu ! Je ne suis plus digne d'être le disciple, l'apôtre de Jésus, je n'oserai plus jamais paraître devant l'un de mes frères. Repoussé de toute société humaine, partout honni et partout détesté même de ceux qui m'ont entraîné, j'errerai seul, dévoré par le feu brûlant du remords. Oh ! si seulement je pouvais voir encore une fois son visage ! Je m'attacherais à mon Maître, si je le revoyais, comme un naufragé s'attache à l'unique planche qui peut le sauver... Mais il est au cachot ; il a peut-être déjà péri victime de la fureur de ses ennemis. Oh! non, non, je ne le reverrai jamais... Il est mort, et c'est par mon crime! Malheur à moi! je suis devenu le rebut de l'humanité, il n'y a plus d'espérance pour moi. Mon crime est trop grand pour que j'en puisse jamais obtenir le pardon. Jésus est mort, et c'est moi qui l'ai perdu!... Oh! dans quelle heure fatale ma mère me mit-elle au monde!... Supporterai-je plus longtemps le supplice que j'endure? Non, je n'y puis résister. Je vais me défaire d'une vie maudite. (*Il ôte sa ceinture et se la passe autour du cou*). Viens, serpent, enlace-moi! Étouffe le traître! »

(*Le rideau tombe*) (1).

Le principe qui a servi de guide dans la composition du drame actuel de la *Passion* d'Oberammergau, à savoir la fidélité la plus grande possible au texte ou du moins à l'esprit de l'Évangile, a permis une expression, émouvante dans sa simplicité, des caractères, si variés et si significatifs, des personnages du divin récit. Toutefois, notre drame a le mérite propre de quelques idées ou développements heureux. Ainsi, ce sont les marchands du Temple qui, furieux de l'affront mérité reçu par eux de Jésus-Christ, se chargent de gagner Judas. Hérode et Pilate nous sont présentés avec une remarquable vraisemblance, non seulement morale, mais historique. C'est bien un magistrat romain, qui se fait entendre à nous dans ce dialogue de Pilate et des prêtres juifs (tableau XI, scène II):

---

(1) Traduction citée, pp. 114-115.

PILATE

« Comment ! vous osez me proposer, à moi qui représente ici l'Empereur, de me faire l'aveugle instrument de vos haines. Loin de moi une pareille pensée ! Il faut que je sache de quelle loi il s'agit et de quelle façon il l'a violée.

CAÏPHE

« Nous avons une loi, et c'est d'après cette loi qu'il a été jugé ; il a voulu se faire passer pour le Fils de Dieu.

ANNE

« Aussi nous insistons pour qu'il subisse la peine de mort prescrite par la loi.

PILATE

« Un Romain ne saurait condamner un homme à mort pour avoir tenu le propos dont vous parlez, et qui peut n'être que l'effet d'une imagination un peu exaltée. D'ailleurs, qui sait si ce Jésus n'est pas réellement le fils d'un dieu ? Si vous n'avez pas d'autre accusation à formuler contre lui, ne pensez pas obtenir de moi ce que vous demandez » (1).

Comme une sorte d'illustration prophétique et symbolique des tableaux dialogués de la *Passion*, s'y adaptent, nous l'avons vu, une série de tableaux vivants et de figurations muettes, tirés de l'Ancien Testament. Bien que des chants lyriques trouvent une place en deux ou trois endroits du drame proprement dit, l'explication des tableaux muets et de

---

(1) Traduction citée, p. 122.

leur rapport aux scènes qu'ils préfigurent, constitue la principale fonction dramatique du chœur, à condition d'y comprendre, comme en fait elles sont jointes à cette explication, les réflexions et exhortations pieuses adressées aux spectateurs. « Le chœur, dit Mme Paris (1), a un rôle très important. Il est l'interprète du drame, il remplace l'*argumentateur* du moyen âge. Il explique les tableaux de l'Ancien Testament, et, lorsque le rideau se lève, se dispose des deux côtés de l'avant-scène. Il rattache le tableau qu'il vient d'expliquer à la scène évangélique qui va suivre, et, dès qu'elle commence, se retire comme il est venu, pour reparaître au moment où elle se termine, et s'acquitter de nouveau de son emploi ».

Citons comme exemple le prologue du dixième tableau, dont le sujet est le désespoir de Judas, et la préfiguration symbolique, le remords et la fuite épouvantée de Caïn.

LE CORYPHÉE

« Pourquoi Judas erre-t-il de tous côtés comme s'il avait perdu la raison ? Il est torturé par les reproches de sa conscience. Le meurtre pèse sur son âme, le salaire de son crime lui devient comme un poids brûlant. Pleure ton crime, ô Judas ! Éteins ton forfait dans les larmes de la pénitence. Implore ta grâce avec un humble espoir. La porte du salut est encore ouverte

---

(1) Ouvrage cité, pp. XXXIX-XL.

pour toi... Mais hélas ! hélas ! le repentir le plus amer le ronge sans que le moindre rayon d'espérance luise dans ses ténèbres. Judas s'écrie comme Caïn le fratricide : « Mon crime est trop grand, ma faute est trop énorme pour que je puisse en obtenir la rémission ! » Comme Caïn, sans consolation, sans pénitence, un fatal désespoir s'empare de lui et l'enveloppe de terreur ; voilà le dernier salaire du péché ! C'est au devant d'une telle destinée qu'il nous entraîne.

LE CHOEUR

Oh ! malheur à l'homme qui me trahira !
Dit le Seigneur,
Il vaudrait mieux pour lui
Qu'il ne fût jamais né !
Et cette malédiction que Jésus prononça
S'attache aux pas de Judas.

La colère du Seigneur se répand sur lui à pleine coupe ;
Le sang vendu crie vengeance ;
Torturé par la conscience qui le ronge,
Flagellé par la rage des furies,
Judas, comme un insensé, erre, craintif,
Et ne trouvera nul repos
Jusqu'au moment où, poussé par son désespoir,
Il rejettera loin de lui, dans une fatale hâte,
L'intolérable fardeau de la vie.

Caïn aussi s'enfuit, Caïn, le fratricide. Où cours-tu ?
Malheureux ! tu ne saurais te fuir toi-même.
Tu portes en toi les tortures de l'Enfer,
Tu erres de pays en pays,
Mais partout pèse sur toi la colère de Dieu.
Partout où tu es, elle te suit,
Jamais tu n'échapperas à ton tourment !

> Que ceci serve de leçon au pécheur,
> Car si la vengeance ne vient pas aujourd'hui,
> Le Ciel la tient pour lui en réserve.
> Un jugement doublement sévère
> L'atteindra demain (1).

Chacun de ces prologues lyriques, expliquant les tableaux muets et précédant les tableaux dialogués, se divise lui-même en deux sections, l'une attribuée au chœur et l'autre au coryphée. Les deux parties se distinguent l'une de l'autre d'une double façon. Au point de vue *expressif*, la partie du coryphée n'est qu'une récitation, tandis que celle du chœur est un *chant*. Au point de vue rythmique, la partie du chœur se compose de vers rimés, tandis que la partie du coryphée consiste en strophes, dont le rythme, fondé sur l'accent tonique, est une imitation par analogie de la métrique gréco-romaine. C'est ainsi, par exemple, qu'au prologue du sixième tableau (*Der Verrater*, le *Traitre*), le coryphée s'exprime en strophes saphiques :

> Ach! Den off'nen Feinden gesellt der falsche
> Freund sich bei, und etliche Silberlinge
> Tilgen aus dem Herzen des Thoren alle
> Liebe und Treue.
>
> Ruchlos geht er hin, dieser Undankbarste,
> Abzuschliessen schändlichen Seelenhandel ;

---

(1) Traduction citée, pp. 104-105.

Feil ist ihm um schöden Verräterlohn der
Beste der Lehrer.

Gleicher Sinn verhärtete Jakobs Söhne,
Dass sie unbarmherzig den eig'nen Bruder
Um fluchwürd'gen Preis in der fremden Wuch'rer
Hände verkauften.

Wo das Herz dem Götzen des Geldes huldigt,
Das ist aller edlere Sinn getödtet,
Ehre wird verkäuflich und Manneswort und
Liebe und Freundschaft (1).

Au prologue du quatorzième tableau (*Jésus wird zum Kreuzestode verurteilt, Jésus condamné au supplice de la croix*), les strophes du coryphée reproduisent, si nous ne nous trompons, le mouvement rythmique de l'ode d'Horace :

Dianam teneræ dicite virgines;
Intonsum, pueri, dicite Cynthium,
Latonamque supremo
Dilectam penibus Jovi (2).

---

(1) *Offizieller Gesamt-Text des Oberammergauer Passionsspieles*, p. 58. — Voici la traduction de ces strophes par Mme Paris (p. 57) :

« Le faux ami fait alliance avec l'ennemi déclaré. Quelques pièces d'argent suffisent pour détruire dans le cœur de l'insensé l'attachement et la reconnaissance. Sans nul remords, le plus ingrat de tous les hommes se hâte d'aller conclure un hideux marché de sang; pour le vil salaire qui achète sa trahison, il court vendre le meilleur des maîtres.

« Ainsi, jadis les fils de Jacob furent assez pervers pour vendre leur propre frère ! Lorsqu'une âme donne entrée à la cupidité et se fait une idole de l'argent, tout noble sentiment l'abandonne. L'honneur, la probité, l'amitié, la reconnaissance, elle se hâte de vendre tout cela pour satisfaire sa passion ».

(2) Cf. L. Quicherat, *Traité de versification latine*, treizième édition (1850), p. 339.

Eine Jammergestalt steht der Erlöser da.
Selbst von Mitleid gerührt, stellt ihn Pilatus vor.
      Hast denn du kein Erbarmen,
      O bethörtes, verführtes Volk?

Nein! Von Wahnsinn erfasst, ruft es: Ans Kreuz mit ihm!
Schreit nach Marter und Tod über den Heiligsten.
      Für Barabbas, den Mörder,
      Fordert es die Begnadigung!

O, wie anders stand einst vor dem Ægyptervolk
Josef! Freudengesang, Jubel umtönte ihn;
      Als der Heiland Ægyptens
      Ward er feierlich vorgestellt.

Ihn, den Heiland der Welt, aber umtobt mit Wut
Ein verblendetes Volk, ruhet und rastet nicht,
      Bis unwillig der Richter
      Spricht: so nehmt ihn und kreuzigt ihn! (1).

Un fait assez intéressant à relever, c'est l'introduction du dialogue ou, tout au moins, du chant alterné à correspondance antithétique et drama-

---

(1) Texte cité, p. 134. — Voici la traduction de Mme Paris (p. 111) :

« Le Sauveur s'offre à nos yeux, c'est l'homme de douleur. Pilate lui-même, qui nous le présente, est ému de pitié. O peuple égaré, ô peuple insensé, n'as-tu donc point d'entrailles ? Non ! dans ton délire tu t'écries : « Qu'il soit crucifié ! » Tu implores à grand cris le martyre et la mort du Sauveur très saint et tu demandes la grâce d'un meurtrier ! Oh ! que différent fut le sort de Joseph lorsqu'en Égypte il fut présenté au peuple ! Alors retentissaient autour de lui les chants de joie, l'allégresse ! Tous l'appelaient à l'envi le libérateur de l'Égypte. Mais Jésus, le Sauveur du monde, ne voit autour de lui qu'un peuple égaré, tumultueux, qui n'aura ni paix ni trêve jusqu'à ce que Pilate, à qui il fait pour ainsi dire violence, s'écrie, las de défendre le Juste : Eh bien, prenez-le et faites-en votre volonté ! »

tique, en un ou deux endroits de la partie lyrique du drame d'Oberammergau. Tel le *duo* par lequel se termine le « chant de l'Épouse du Cantique » dans le prologue du troisième tableau (1). Telle encore la fin du prologue lyrique du tableau quatorzième :

LE CHOEUR

Voici le sacrifice de l'ancienne Loi
Ordonné par le Très Haut :
Deux boucs sont offerts:
Celui sur lequel tombera le sort sera immolé ;
Et Jéhovah, apaisé par ce sacrifice sanglant,
Pardonnera une fois encore à son peuple.

Mais le sang des boucs, dans la Loi nouvelle,
Est à jamais rejeté par le Seigneur.
Sa justice réclame un autre sacrifice.
Un agneau sans tache
Doit être la victime de la nouvelle alliance.
Le Seigneur veut l'oblation du Fils unique ;
Bientôt il viendra, il souffrira, et son sang sera répandu
[pour nous.

LE PEUPLE

Barrabbas !
Qu'on nous délivre Barrabas !

LE CHOEUR DES ANGES

Non, qu'on délivre Jésus !
Hélas, pourquoi ces cris sanguinaires ?

---

(1) Mme E. Paris, traduction citée, p. 25. — Ce passage paraît avoir été en dernier lieu légèrement modifié, peut-être transformé en simple *solo*. Cf. *Offizieller Gesamt-Text*, p. 29.

LE PEUPLE
Qu'il soit crucifié! Qu'il soit crucifié!

LES ANGES
Oh ! regardez-le, regardez-le !
Quel mal a-t-il donc fait ?

LE PEUPLE
Pilate, si tu délivres ce misérable,
Tu n'es pas l'ami de l'Empereur!

LES ANGES
Jérusalem ! Jérusalem !
Le Seigneur vengera sur toi le sang de son Fils !

LE PEUPLE
Oui, qu'il retombe sur nous et sur nos enfants !

LES ANGES
Hélas ! il tombera sur vous et sur vos enfants (1).

L'ingénieuse adaptation de ces éléments divers en un tout réellement harmonieux a donné à la *Passion* d'Oberammergau un réel cachet artistique, mais sans lui enlever pourtant, et c'est là son mérite, son caractère vraiment religieux et populaire (2). Tous les témoignages s'accordent à constater l'impression profonde, *sui generis*, produite sur les spectateurs, catholiques, protestants ou même libres-penseurs (3). « Ce qu'on ne saurait trop

---

(1) Traduction citée, pp. 146-147,

(2) Sur une fâcheuse tentative officielle faite en 1888 pour renouveler de fond en comble le texte et la musique, voyez ce que rapporte Mme Hermine Diemer, ouvrage cité, p. 123 et suiv.

(3) Cf. les témoignages cités par Mme E. Paris, p. XIX et suiv., et par M. Georges Blondel, pp. IV-V.

admirer, écrivait après l'une des représentations de 1870 M. Gabriel Monod (1), c'est la bonne foi et la simplicité, la conviction qui animent toute cette œuvre, la perfection des gestes et des attitudes de ces paysans qui portent les draperies antiques avec une aisance que nos acteurs n'atteignent pas, ces groupes qui mettent devant nos yeux dans toute leur beauté les tableaux des grands maîtres primitifs ; cette foule aux costumes orientaux bigarrés et bizarres, semblables aux foules qui se pressent dans les toiles de Gentile Bellini, ces tableaux vivants de l'Ancien Testament, invention dramatique originale d'un effet puissant et tout à fait conforme à l'esprit du théâtre du moyen âge ; enfin ces chœurs dont les chants naïfs et pénétrants relient harmonieusement toutes les parties du drame et complètent cette création artistique, unique en son genre, étrange et belle tout à la fois, absolument indépendante de toutes nos habitudes et de toutes nos conventions théâtrales... Peut-être ce phénomène, aujourd'hui unique et isolé, est-il destiné à disparaître sans laisser de traces. Il aura fait toutefois une puissante impression à ceux qui ont pu le voir et l'admirer ; ils se seront involontairement demandé si, avec un développement graduel de l'instruction et un sage respect du passé, un art original, religieux et popu-

---

(1) *Portraits et souvenirs*. Paris, Calmann Lévy. 1897, in-18, pp. 358-360.

laire tout à la fois, n'aurait pas pu sortir des essais dramatiques du moyen âge ».

« Il est six heures, écrit M. l'abbé Protois, terminant le compte-rendu de l'une des représentations de 1900 (1). Pendant que retentissent les derniers accords de l'*Alleluia* final, les spectateurs quittent leurs stalles, et malgré la longueur de la représentation, malgré huit heures et demie passées, le regard braqué, l'oreille tendue, ils sentent à peine la fatigue. Dans tous les groupes, on entend, bien qu'en des langues différentes, la même expression d'enthousiasme. *Beautiful* ! disent les Anglais. *Wunderbar* ! *Colossal* ! disent les Allemands... Nous disons, nous : « C'est merveilleux ! C'est prodigieux ! C'est divin ! » Et cette impression persiste dans tous les esprits. J'en causais dernièrement avec des amis rencontrés là-bas le 26 août. Après deux mois, nous sommes encore sous le charme des sentiments exquis que nous a causés ce commentaire vivant de la Passion de Notre-Seigneur Jésus-Christ ».

Les représentations d'Oberammergau ont donné lieu à des réflexions d'ordre religieux et philosophique très intéressantes (2). Aujourd'hui du moins,

---

(1) Feuilleton de l'*Univers* du 21 décembre 1900.
(2) On lira notamment avec intérêt et avec fruit la *conclusion* de Mme Émile Paris, ouvrage cité, p. 198 et suiv. — Cf. Georges Blondel, ouvrage cité, p. 43 et suiv. — M. Maurice Blondel a publié dans la *Quinzaine* du 1er juillet 1900 un article spécialement consacré à la « psychologie du drame » d'Oberammergau. — La

nous nous en tiendrons, pour notre part, à quelques remarques se rapportant à l'histoire littéraire et au genre dramatique. La *Passion* nous offre d'abord le très précieux exemple d'un mystère du moyen âge perpétué à travers tout l'âge moderne, corrigé des défauts qui s'étaient introduits de bonne heure dans le théâtre de cette époque et y avaient grandi du treizième au seizième siècle, et ramené, en conservant le développement de ses qualités représentatives, à la primitive inspiration des drames liturgiques. Elle nous présente en second lieu l'exemple non moins précieux d'une alliance intime et féconde entre la tradition littéraire du moyen âge et celle de la Renaissance. C'est en effet à cette dernière que se rattache, soit par l'influence du théâtre latin des humanistes, soit, en dernier lieu, par l'imitation directe du théâtre antique, toute la partie lyrique du drame d'Oberammergau. D'une façon générale, il est fort instructif de constater que ces mêmes représentations, qui maintiennent si fidèlement pour nous l'image des anciens mystères, sont celles aussi peut-être qui nous peuvent donner le mieux l'idée de ce qu'étaient dans Athènes, au temps d'Eschyle, de Sophocle et d'Euripide, la préparation et l'exécution d'une tragédie

---

Passion a inspiré en 1890 à M. William T. Stead (ouvrage cité, p. 123 et suiv.) quelques pages, « some general reflections », semées d'applications politiques, nationales et internationales, un peu bizarres.

grecque. La disposition du théâtre et de la scène, la constitution des procédés et mouvements scéniques résultent, à ce qu'il nous semble, d'une très heureuse combinaison des deux traditions (1). Outre l'analogie intime qui en facilitait le rapprochement, le mérite de cette alliance revient certainement à la science et à l'art des ecclésiastiques qui ont présidé au renouvellement, à l'amélioration successive de la *Passion* bavaroise. Les religieux d'Ettal au dix-huitième siècle étaient sans aucun doute des humanistes distingués. Le P. Ottmar Weis fut, entre autres qualités, un professeur et un lettré de grand mérite. Quant au curé Daisenberger, dont le nom s'est spécialement attaché au texte actuel du drame d'Oberammergau, on pourra juger de sa valeur et de son activité intellectuelle par les renseignements suivants, que nous empruntons au récent ouvrage de Mme Hermine Diemer (2) :

« Son influence, dit-elle, s'exerça de la plus heureuse manière sur le théâtre paroissial, au moyen duquel les habitants se familiarisent avec l'art dramatique. Il écrivit un texte nouveau pour

---

(1) En ce qui concerne la disposition générale et les procédés scéniques du théâtre grec, on consultera avec grand fruit les articles de M. Georges Perrot, résumant et discutant les récentes recherches de MM. Wilhelm Dœrpfeld et Emil Reisch, dans le *Journal des savants* année 1898, pp. 133 et suiv., 197 et suiv., 462 et suiv., 509 et suiv., 581 et suiv.

(2) Ouvrage cité, pp. 147-148.

l'*École de la Croix*, sorte de petite *Passion*, naguère représentée de temps à autre dans l'intervalle des grandes représentations décennales. La représentation de cette pièce donnée en 1875 sous sa direction fut sans aucun doute d'un très grand effet. Mais Daisenberger a encore écrit d'autres drames, qu'il a fait représenter sur le théâtre dont il s'agit. Ces pièces se distinguent toutes par un vif sentiment moral et patriotique, une inspiration ardente et un style plein de mouvement et de poésie. Dans les drames intitulés : *Théodelinde, Othon de Wittelsbach, l'Empereur Louis de Bavière* ou *la Fondation du monastère d'Ettal*, c'est l'histoire nationale qu'il a mise en œuvre. Mais, outre l'*École de la Croix*, il a encore traité d'autres sujets religieux : *Joseph l'Égyptien, Naboth, Judith, Geneviève, Élisabeth, landgrave de Thuringe*, et enfin *Agathe, l'héroïne de Catane*. De plus, on a de lui un texte particulier de la *Passion*, très beau, mais malheureusement impropre à la représentation : ce texte est en vers iambiques de cinq pieds, avec une adaptation spéciale (pour la partie lyrique) du système de la choristique grecque, selon la division antique en strophes et antistrophes. Il a encore laissé une traduction de l'*Antigone* de Sophocle... Quand nous pensons à tout ce que cet homme, qui a d'ailleurs si bien rempli sa charge de pasteur des âmes, a de plus accompli dans l'ordre intellectuel, nous ne pouvons que nous sentir pénétrés de la plus vive admiration pour ce curé de campagne qui ne possédait pas moins de sept langues et lisait tous les jours un chapitre ou fragment de la Bible, de Calderon, de Dante, de Shakspeare et des poètes français dans leur texte original ; et qui, outre ses compositions poétiques, a encore écrit des mémoires d'une réelle importance sur divers sujets d'histoire ».

Pour se rendre un compte exact des circonstances particulières qui ont contribué à donner aux représentations d'Oberammergau la valeur qui leur est aujourd'hui généralement reconnue, il ne faut pas non plus oublier le sens artistique naturellement développé dans la population d'Oberammergau par l'exercice habituel de la sculpture sur bois, profession de l'élite des habitants du bourg. Le nom de *paysans*, par lequel on désigne volontiers les acteurs de la *Passion*, n'est que d'une justesse très relative, car, au-dessus des travailleurs agricoles proprement dits, existe dans le pays une véritable bourgeoisie, qui en certains cas paraît aisée, et semble en tout cas fort cultivée, comme l'est en général la bourgeoisie allemande. Or, cette bourgeoisie prend aux représentations une part considérable et, pour ainsi dire, héréditaire. Mais ce qui est vrai, c'est que la culture artistique et littéraire n'a point altéré dans ces familles, profondément imbues des sentiments traditionnels et des coutumes patriarcales, la spontanéité vivante de la foi religieuse ni même la forte et solide naïveté rurale. De là une aptitude toute particulière à cette manifestation dramatique extraordinaire qui fait, tous les dix ans, d'un bourg de la Haute-Bavière une petite Athènes, mais une Athènes où le « Dieu inconnu » de saint Paul triomphe sur la scène et dans les âmes sous les traits du Crucifié (1).

Les conditions exceptionnellement favorables où se trouve le *mystère* d'Oberammergau lui donnent en Europe une physionomie et une importance tout à fait hors ligne. Mais c'est aller trop loin pourtant que de considérer la survivance dans cette petite localité bavaroise du drame religieux du moyen âge comme un phénomène unique. Malgré les obstacles accumulés contre lui depuis la Renaissance, il a pourtant persisté çà et là en divers pays de la chrétienté occidentale et s'y est manifesté jusqu'à nos jours à l'état, pour ainsi dire, sporadique. Même dans l'Angleterre protestante, le dix-neuvième siècle a vu encore représenter des pièces se rattachant au vieux théâtre catholique et populaire. « Collier rapporte, dit Marriott (2), qu'une

---

(1) Cf. Mme Hermine Diemer, ouvrage cité, pp. 75, 155 et suiv. — La famille Diemer, où l'auteur que nous citons, née Von Hillern, est entrée par son mariage, a fourni depuis 1810 une importante contribution d'activité scénique aux représentations décennales.

(2) *A collection of english miracle-plays or mysteries*, p. XXXIV.

sorte de *Miracle-play* est encore représenté à Noël dans le Gloucestershire avec les personnages d'Hérode, Belzébuth et autres. Sandys remarque que le « jeu de Noël de saint George et du dragon » est conservé encore dans les régions de l'ouest et du nord de la Grande-Bretagne. Il ne sera peut-être pas sans intérêt de donner ici le texte de ce jeu tel qu'il est actuellement (en 1838) exécuté dans le comté de Cornouailles ». Et Marriott reproduit en effet le texte de cette petite pièce, distribuée entre sept personnages : saint George, le Dragon, le Père Noël (Father Christmas), le Docteur, le Roi d'Égypte, un chevalier turc et le géant Turpin.

En France, où l'exclusivisme littéraire de la Renaissance a été beaucoup plus intransigeant et beaucoup plus efficace qu'en Angleterre, et où le rigorisme janséniste n'a pas été peut-être beaucoup moins hostile aux vieilles réjouissances populaires que le puritanisme d'outre-Manche, la tradition dramatique du moyen âge n'a pu cependant être entièrement extirpée du sol, où elle avait naguère poussé et fleuri avec tant d'exubérance. Nous avons cité dans ce volume, d'après Edélestand du Méril, une « Pastorale sur la naissance de Jésus-Christ » que cet érudit avait vu représenter dans son enfance. « Ce ne fut qu'en 1822, nous apprend le même savant(1), que M. de Tournefort, évêque de

---

(1) *Origines latines du théâtre moderne*, p. 81, note 1.

Limoges, supprima les représentations de la Passion, données par les Pénitents rouges. Dans le diocèse de Cambrai, la représentation de l'Adoration des Bergers et de la Passion avait encore lieu dans quelques églises en 1834, puisque l'évêque fut obligé de les interdire le 1er juin ». La Bretagne notamment fut une très hospitalière terre de refuge pour le théâtre religieux et populaire du moyen âge. Le drame néo-celtique demanderait et mériterait une étude à part, car il a recueilli et développé certains tendances qui nous apparaissent seulement en germe dans ce qui nous a été conservé des mystères français. Sa persistance, sa longue vogue et son caractère traditionnel ne sont pas douteux.

« Nous apprenons, écrivait en 1836 l'auteur d'un petit *Essai sur la mise en scène depuis les mystères jusqu'au Cid*, Émile Maurice (1), nous apprenons qu'une tragédie des *Quatre fils Aymon* se monte en ce moment dans un chef-lieu de canton des Côtes-du-Nord ; plusieurs rôles sont distribués, il ne manque plus que les douze pairs de France, que le directeur a plus de peine à trouver, que s'il s'agissait d'une fournée pour le Luxembourg.

« Un de nos amis, que les événements ont conduit dans cette Thébaïde, assista l'année dernière

---

(1) Paris, Heideloff et Campé, in-12, p. 182 et suiv.

à l'une de ces représentations, et certes il y avait du courage dans sa détermination, car la pièce dura huit jours, et l'on commençait à une heure de l'après-midi pour finir à sept heures du soir ; mais il voulait avoir une idée bien exacte de ces sortes de spectacles, et nous recueillons aujourd'hui le fruit de sa patiente observation.

« Le théâtre, construit de tonneaux vides, de charrettes, de planches, de vieilles tapisseries et de draps dont la blancheur était tant soit peu équivoque, s'élevait dans une vaste prairie, Colysée champêtre, dont les anfractuosités naturelles formaient les gradins. Là se trouvaient réunis plusieurs milliers d'individus qui observaient un silence digne du balcon des Italiens, tant que les acteurs tenaient la scène, mais dont les cris auraient étouffé les roulements du tonnerre dans les entr'actes...

« On donnait *le Commencement et la fin du monde*, pièce en trente-sept tableaux : la création, le péché d'Adam, la mort d'Abel, le déluge, le sacrifice d'Abraham, les principales circonstances de l'histoire des Juifs, la Passion, la résurrection, le jugement dernier...

« A la fin de chaque journée, tous les acteurs se réunissaient en procession, les diables en tête, le Père-Éternel à la place d'honneur. Puis démons, anges, Adam, Ève, Juifs, Romains, Mort et Serpent s'en allaient ensemble au cabaret, chantant le *Te*

Deum, suivis de tous les spectateurs, chapeau bas ; car il est à remarquer que l'on apporte le même respect, la même dévotion à ces spectacles qu'à l'office divin ou au sermon ; que, comme en Espagne, chaque fois que le nom de Dieu est prononcé, tous les fronts mâles se découvrent, et toutes les têtes féminines se courbent ; et ne vous avisez pas de rire quand vous assisterez au Mystère, si vous ne voulez devenir un saint Étienne, ou vous voir au moins traité de mécréant par les dilettanti du genre.

« Dans quelques autres parties de la Bretagne, on est un peu plus avancé sous le rapport dramatique ; on a traduit *Polyeucte* en bas-breton, et l'on joue, dans le même idiome, une tragédie intitulée : *Louis XVI* ; mais les acteurs, les décors et la mise en scène sont partout les mêmes ; partout les anges sont affublés d'une robe de calicot garnie de padou rose ; partout le Père-Éternel est la caricature d'un évêque. Cependant, il est des endroits où les ecclésiastiques non seulement tolèrent ces représentations, mais les encouragent même en devenant souffleurs et répétiteurs, comme au XVe siècle. Ailleurs, ces spectacles sont prohibés, sans doute dans cette idée qu'on ne craint plus guère le diable quand on l'a vu trinquer au cabaret, habillé en arlequin. Ce qu'il y a de plus extraordinaire dans ces farces du moyen âge, c'est la patience de l'impressario bas-breton, qui apprend des rôles de sept et huit cents vers à des rustres qui ne savent pas lire, et leur répète ces rôles jusqu'à ce qu'ils se soient incrustés dans ces cervelles d'acier, de manière à pouvoir être rendus sans faute. On ne s'étonnera donc pas que les pièces soient quelquefois un an et plus en répétition, et que souvent le directeur, souffleur, décorateur et machiniste, soit obligé de venir improviser tout à coup Judas, Jésus-Christ, un martyr ou l'un des chevaliers de la Table ronde ».

Jusque vers le milieu du dix-neuvième siècle, on vit se continuer chez nous la décadence des représentations de ce genre, et la méfiance, sinon l'hostilité formelle, que manifestaient à leur égard les autorités ecclésiastiques en même temps que les autorités civiles. Elles auraient fini par disparaître totalement sans la réaction qui se produisit en leur faveur dans la seconde moitié du même siècle, sous la double influence du romantisme littéraire et des progrès, dans le clergé français, d'une théologie morale pour le moins aussi orthodoxe que celle qui précédemment y avait cours, mais plus judicieuse et plus douce. Dans ces dernières années a commencé même à se dessiner une véritable renaissance, en même temps qu'une épuration et une culture demi-artistique du théâtre religieux et populaire. Le succès de la *Passion* d'Oberammergau n'y a pas été étranger. L'imitation du drame bavarois est manifeste et d'ailleurs formellement avouée dans le curieux programme du « *Mystère de la Passion*, drame sacré en 4 actes et 16 tableaux, représenté à Conques (en Rouergue) pour l'édification religieuse des fidèles et pour ranimer la foi du peuple chrétien au souvenir des souffrances du Fils de Dieu » (1).

« La *Passion*, dit ce programme, est représentée tous les ans aux jours suivants : dimanche des Rameaux, Vendredi Saint, lundi de Pâques, jeudi de Pâques, dimanche de Quasimodo. Le mystère sacré qui, l'an dernier, obtint tant de succès à Milhau et à Rodez, offrira un intérêt plus puissant à cause des nombreuses scènes et des chœurs populaires qu'on y a ajoutés... Prix des places : Secondes, 0 fr. 50 ; Premières, 1 fr. ; Réservées, 2 fr. ».

La seconde page renferme la liste des personnages et la distribution des rôles ; la troisième, les sujets traités dans les quatre actes et les seize tableaux ; la quatrième est occupée par la note suivante :

« Sur de nombreuses et pressantes invitations, nous nous décidons à faire représenter encore cette

---

(1) Rodez, imprimerie de l'Évêché, E. Carrère, in-8° de 4 p. — Nous devons la communication de cette pièce à notre confrère et ami, M. Camille Couderc, qui a assisté, en 1895, à la représentation donnée le dimanche des Rameaux. Cette représentation eut lieu dans la partie antérieure de l'église de Conques (remontant au XI° siècle) de 1 h. à 5 h. de l'après-midi. Elle fut donnée aux lumières, toutes ouvertures ayant été bouchées à cet effet.

année-ci le drame de la *Passion*, interprété à Conques pour la première fois en 1890. Au début de notre œuvre, nous étions loin de penser que nous verrions arriver, dans la petite ville de sainte Foy, les foules qui sont venues assister à nos réunions. Qu'il nous suffise de dire que plus de trente mille pèlerins sont venus en trois ans. Parmi les assistants, il y en avait d'accourus de très loin. Toulouse, Figeac, Albi et les grands centres de l'Aveyron nous ont envoyé une petite colonie. Agen a eu une représentation spéciale : dans son pèlerinage, présidé par Messieurs les supérieur et directeur du petit séminaire d'Agen et de Villeneuve, nous avons compté vingt-huit prêtres ; notre éminent Cardinal (le regretté cardinal Bourret) daigna lui-même honorer de sa présence une de nos premières représentations. Il voulut consacrer de sa haute autorité l'utilité de nos réunions et encourager notre chère jeunesse de Conques dans sa sainte entreprise. Il voulut bien aussi nous envoyer comme présidents Messieurs ses vicaires généraux et son secrétaire général, aux diverses représentations qui ont suivi celle qu'il avait présidée lui-même.

« De très nombreux et élogieux comptes-rendus ont été écrits sur nos représentations, qui ont valu à Conques d'être comparée à Oberammergau,... compliment tout bienveillant que nous ne méritons certainement pas, car la *Passion* interprétée par les paysans de Bavière est un chef-d'œuvre d'exécution. On assure que près de huit cents acteurs y prennent part. Nous n'avons, nous, que soixante-dix rôles environ : c'est énorme pour notre petite population. Notre travail sur la Passion n'est que la traduction de l'Évangile. Nous avons veillé à ne rien omettre du texte sacré; mais, on le comprend facilement, pour la mise en scène, il nous a fallu souvent ajouter passablement pour l'intérêt des assistants et la marche du drame. Nous tenons à dire les sources où nous avons puisé et les auteurs que nous avons consultés. Les récits des anges sont pris quasi en entier dans les admirables opuscules du R. P. Berthe. La *Passion* du moyen âge, éditée par MM. Gaston Paris et Gaston Raynaud,... la *Passion* de M. Bournichon... et le mystère de la *Passion* d'Oberammergau nous ont été d'un grand secours. Les chants ont été pris dans le savant recueil de cantiques du sympathique chanoine Gravier. Dans ces différents ouvrages, nous avons choisi ce qui nous a paru le plus propre à intéresser les assistants et leur faire le plus de bien.

« La distribution des rôles se fait avec une certaine solennité et, dans un entretien spécial, le Président fait remarquer les hautes et saintes intentions que les acteurs doivent apporter à leur préparation. C'est dans ce but que tous les ans, à Conques, les hommes, préparés par une retraite de huit jours, gagnent leurs Pâques, le dimanche de la Passion, afin qu'ils soient mieux disposés à remplir leur rôle pendant les quinze jours où les représentations ont lieu.

« Ce qui a frappé dans la *Passion* de Conques, ce n'est pas la beauté des décors... Nous sommes sous ce rapport bien pauvres ; pourtant des toiles d'un grand effet sont préparées avec zèle pour la représentation de cette année ; ce n'est pas l'accent de nos acteurs... Hélas ! nous sommes bien en retard sur ce point ; mais ne faut-il pas que nos braves jeunes gens parlent dans leur débit comme ils le font habituellement ? La recherche et l'affectation seraient, ce nous semble, plus ridicules. Ce qui frappe chez nos acteurs, c'est leur émotion, leur conviction, disons-le, leur foi vive.

« On voit bien qu'ils sentent au fond de leur cœur ce que leur bouche déclame. On le sent, ce n'est pas un simple drame qu'ils jouent... C'est la Passion qu'ils prêchent en action, qu'ils montrent aux yeux des assistants, dont ils tâchent d'émouvoir le cœur ».

Les esprits sévères, peut-être même les esprits sages pourront penser que la représentation de l'histoire évangélique, de la *Passion* surtout, demande aujourd'hui, pour offrir moins d'inconvénients que d'avantages, des conditions très nettement favorables et une vigilance toute particulière.

Mais il y a, cela est évident, beaucoup moins de risques à courir avec des pièces d'un caractère religieux, mais d'un sujet moins directement divin, et si ces pièces ont en même temps un caractère national, elles s'adapteront entre toutes à la renaissance parmi nous d'un théâtre catholique et populaire. C'est le cas pour l'histoire de Jeanne d'Arc, mise partiellement en *mystère* peu de temps après la mort de l'héroïque vierge et à laquelle, nous l'avons vu, le théâtre latin des humanistes a fait aussi une place parmi ses productions savantes (1). Encouragés très probablement, eux aussi, par le succès de la *Passion* d'Oberammergau, les habitants de Ménil-en-Xaintois (Vosges) ont entrepris, depuis quelques années, la représentation annuelle d'un « mystère de Jeanne d'Arc ». C'est une institution qui paraît désormais fondée et qui commence à jouir d'un certain renom. Nous avons relevé en effet dans un journal de Paris (*la Vérité française*, n° du lundi 11 juin 1900) la note suivante : « Les représentations du mystère de Jeanne d'Arc, au théâtre populaire de Ménil-en-Xaintois (Vosges), ont recommencé le lundi de la Pentecôte, sous la présidence de Mgr l'évêque de Saint-Dié, pour se

---

(1) Sur les œuvres dramatiques relatives à Jeanne d'Arc qu'il nous soit permis de renvoyer à l'étude intitulée : *Jeanne d'Arc dans les lettres*, publiée en appendice à la *Jeanne d'Arc* de M. Wallon (édition illustrée, librairie Firmin-Didot), et aussi à notre propre *Jeanne d'Arc* (librairie Alfred Mame et fils, édition gr. in-8°), livre IV, chap. III.

continuer tous les jeudis d'été et le 14 juillet. Nul doute que les 140 acteurs villageois, dirigés par leur curé, n'obtiennent le succès que méritent leur foi, leur patriotisme et leur talent. La représentation du lundi de la Pentecôte a eu lieu avec le concours des chœurs et de la musique de la Lyre-Lorraine de Nancy. Le théâtre contient 2.000 places ; la scène a 400 mètres et les décors ne présentent pas moins de 4.500 mètres carrés » (1). Nous avons sous les yeux le texte imprimé du mystère (2). La pièce est en prose mêlée de chants (3). Elle comprend neuf actes, intitulés : I. Le Bois-Chênu. — II. La maison de Jeanne d'Arc à Domremy. — III. Le départ de Vaucouleurs. — IV. Chinon. — V. Orléans. — VI. Reims. — VII. Le jugement. — VIII. La prison. — IX. Le bûcher. — Le texte est précédé de ce modeste *avant-propos* : « La merveilleuse épopée de la Pucelle sera toujours à l'étroit dans l'horizon d'un décor et dans les confins d'un drame. — Aussi les rédacteurs d'occasion de ce simple livret et leurs humbles mais vaillants interprètes ont-ils mis de

---

(1) La *Vérité française* (n° du 7 juin) avait déjà inséré le compte rendu très favorable d'un spectateur de la première représentation.

(2) *Le Mystère de Jeanne d'Arc*, représenté par ses compatriotes à Ménil-en-Xaintois (Vosges). Saint-Dié, typographie et lithographie L. Humbert, 1898, in-8° de 89 p.

(3) Les auteurs ont fait quelques emprunts, très loyalement déclarés par eux, à des pièces antérieures et notamment au drame bien connu, de Jules Barbier.

côté toute prétention littéraire ou classique. — Ils n'ont, les uns et les autres, qu'une seule ambition : celle de rencontrer auprès du public la plus large et la plus bienveillante indulgence ».

Le théâtre néo-celtique, soit original ou francisé, de notre Bretagne ne pouvait manquer de participer à ce mouvement général de renaissance du drame religieux et populaire. Le Congrès tenu à Morlaix, au mois d'août 1898, pour la fondation de l'Union régionale bretonne, fut accompagné de fêtes poétiques, célébrées sous la présidence de M. Gaston Paris, de l'Académie française, assisté de plusieurs autres membres de l'Institut. La moins goûtée de ces réjouissances ne fut certainement pas la représentation, sur la place publique de Ploujean, avec l'océan pour toile de fond, du *mystère de saint Guénolé* (1). Sous le titre : *Le Congrès régionaliste breton*, le journal le *Soleil* (n° du samedi 8 septembre 1900) a inséré une correspondance, datée de Guingamp, le 6 septembre, et où nous recueillons les renseignements suivants sur une autre représentation de même nature :

« Il ne saurait y avoir de congrès régionaliste en Bretagne sans représentation du théâtre breton. Le théâtre breton a été restauré par les soins de l'Union régionaliste. Il est un de ses moyens d'action. Ses représentations coïncident avec les

---

(1) *Revue des questions historiques*, t. LXIV, année 1878, p. 555.

assises annuelles de l'Union ; elles sont la mise en action de son œuvre de résurrection de la vie intellectuelle dans le pays, et elles rétablissent l'ancienne coutume des représentations théâtrales, qui étaient si nombreuses en Bretagne autrefois. C'est la troupe bien connue de Ploujean qui donne ces représentations. On sait que cette troupe est composée exclusivement de paysans, dressés par M. Cloarec, maire de la commune de Ploujean. Il n'y a pas de femmes dans cette troupe. Les rôles de femmes y sont tenus par des jeunes gens.

« Le théâtre était dressé sur une estrade en plein vent, à laquelle les arbres de la place Saint-Sauveur faisaient un cirque de verdure. Un décor unique, sur un fond d'arbres, a servi aux cinq actes des *Quatre fils Aymon*, adaptés du vieux poème, dont la représentation durait jadis plusieurs journées. On la donnait plusieurs dimanches successifs. Chacun de ces dimanches, on la reprenait au point où on l'avait interrompue le dimanche précédent, sans que les spectateurs se montrassent lassés d'entendre cette longue série d'événements pathétiques...

« L'adaptation de MM. Le Garrec et Rolland a su conserver assez habilement l'aspect primitif de cette œuvre, réduite à des proportions normales. Il y a, entre toutes, une scène de la plus haute beauté. Au quatrième acte, le chevalier Moji (Maugis), pour arracher les fils Aymon à Charlemagne, à qui la trahison les a livrés, se souvient qu'il est enchanteur. Il invoque les puissances infernales. Sa puissance magique plonge Charlemagne et les pairs dans un sommeil profond. Il les enchaîne, les désarme, jette la couronne royale et les épées dans un sac, considère un instant tous ces attributs de la puissance, réduits à l'état d'objets de rebut, qu'un chiffonnier aurait recueillis, et s'en va en criant : « Des chiffons ! Qui a des chiffons ? » Il sort de cette scène un puissant frisson, assez voisin de ceux que donne parfois Shakespeare.

« Les acteurs ruraux, qui ont représenté cette œuvre, n'arrivent pas assurément à en faire ressortir toutes les intentions. Ils ont quelque monotonie dans le débit et une certaine uniformité de gestes. Peut-être faut-il leur savoir gré de leur inévitable inexpérience. Ils conservent ainsi un aspect plus naturellement archaïque à des œuvres qui se perdent, sous leur forme primitive, dans la nuit des âges (1).

« Plusieurs milliers de spectateurs se pressaient sur la place Saint-Sauveur. Et leur affluence suf-

---

(1) La « nuit des âges » est beaucoup dire. En réalité les mystères bretons connus ne remontent pas au delà du seizième siècle. Ils sont, il est vrai, imités souvent de mystères français, mais qui ne peuvent guère remonter au delà du quinzième. Ceux-ci d'ailleurs ont mis eux-mêmes en œuvre, en dehors de l'Écriture sainte, des légendes ou récits épiques, dont les premières versions poétiques nous reportent encore à plusieurs siècles en arrière.

fisait à démontrer que la population de Guingamp était déjà revenue de l'aversion que quelques politiciens locaux avaient essayé de lui inspirer contre l'Union régionaliste. Aux membres du Congrès, présents à la représentation, étaient venus se joindre M. Anatole Le Braz (1) et M. Émile Michelet, deux des écrivains d'origine bretonne qui honorent le plus la littérature française ; M. le marquis de l'Estourbeillon, député de Vannes ; MM. Olivier, sénateur, et Riou, député ; M. Adam, maire de Guingamp, qui s'est déclaré conquis sans réserve par l'œuvre de l'Union régionaliste ».

Nous avons relevé encore dans le journal l'*Univers* (n° du vendredi 11 janvier 1901) une note ainsi conçue : « *Finistère. — Le Théâtre Breton.* — Sous ce titre l'*Ouest-Éclair* signale le grand succès obtenu dimanche par la troupe bretonne de Saint-Martin à Morlaix, dans l'interprétation de la première partie d'une trilogie bretonne, œuvre de feu l'abbé Brignon, recteur de Lannonfret. Cette trilogie porte pour titre : *Joseph guerzal gant e vrendeur* (Joseph vendu par ses frères) ».

Si l'on veut bien nous pardonner de nous citer nous-même, nous terminions naguère une étude sur les *Anciennes mœurs rurales de Saintonge et d'Aunis*, récemment recueillie dans notre volume

---

(1) M. Anatole Le Braz a publié dans la *Grande revue* (ancienne *Revue du Palais*), livraison du 1ᵉʳ novembre 1898, un article intitulé : *La résurrection du théâtre populaire en Bretagne.*

intitulé : *Voyages de corps et d'esprit* (1), par la conclusion suivante :

« En réfléchissant à la substitution, en grand train de s'accomplir, des mœurs urbaines et parisiennes à nos vieilles mœurs rurales, il n'est pas impossible de n'en pas redouter plusieurs fâcheuses conséquences. On ne peut guère se dissimuler qu'à ce mouvement correspond la double invasion d'une sorte d'humeur noire et d'aigreur farouche et de plaisirs de mauvais aloi. Les coutumes mortes, il est vrai, ne se ressuscitent guère et il en faut prendre son parti. Mais il ne serait pas, ce semble, sans mérite et peut-être sans succès, de tenter la lutte pour une substitution meilleure que celle qui se fait sous nos yeux. Les joies saines et chrétiennes devraient être opposées aux divertissements qui dépravent, et le culte sans superstition des traditions religieuses et nationales, propres au pays tout entier ou plus spéciales à telle ou telle de nos provinces, n'a certes pas épuisé toutes les formes bonnes et utiles qu'il serait susceptible de recevoir par d'intelligentes initiatives. L'élément esthétique et pittoresque, plus nécessaire qu'on ne le pense, même à la morale, serait par ce moyen introduit de nouveau dans nos campagnes. Le goût et le sens de l'histoire qui, par un mouvement contraire à celui dont nous regrettons l'excès,

---

(1) Paris, Téqui, 1900, in-12. — L'étude dont il s'agit s'appuie sur un très curieux ouvrage de M. l'abbé Noguès.

grandissent et se propagent visiblement parmi nous, jusque dans les masses populaires, fourniraient, si l'on savait en tirer parti par de sages et habiles commémorations, une aide puissante pour le réveil ».

La renaissance, qui paraît heureusement commencée selon les exemples qui précèdent, d'un théâtre vraiment populaire, d'inspiration religieuse et nationale, poli d'ailleurs et cultivé, dans la mesure convenable, par une judicieuse application des règles de l'esthétique et des procédés de l'art littéraire, cette renaissance serait sans aucun doute l'un des moyens les plus efficaces pour réaliser le vœu de relèvement intellectuel, moral et patriotique que nous ne sommes certainement pas le seul à concevoir et à exprimer.

1900-1901.

TABLE DES MATIERES

Préface. v

PREMIÈRE PARTIE

LES DRAMES LITURGIQUES ET LES JEUX SCOLAIRES

I. — Antiquités liturgiques et antiquités dramatiques. 3
II. — Cycle dramatique de Pâques. — Les lamentations de la Sainte Vierge 21
III. — Les deux drames de Lazare 31
IV. — La Passion du Sauveur. — Mystères de Pâques 47
V. — Deux miracles de saint Nicolas 63
VI. — La conversion de saint Paul 75
VII. — Jeu de l'Antechrist. 89

DEUXIÈME PARTIE

LES MYSTÈRES

I. — Les plus anciens drames en langue française. 107
II. — Le jeu de saint Nicolas 162
III. — Un drame religieux du moyen âge. — Le Miracle de Théophile 202
IV. — Un drame relatif à l'histoire du Rosaire . 242

V. — La Passion du Sauveur. — Mystère provençal. 255
VI. — Développement du mystère de la Nativité. 272
VII. — Les premiers drames cycliques 286
VIII. — La grande Passion de Greban 301
IX. — Les jeux dramatiques de la Fête-Dieu . . 341
X. — Les origines du théâtre en Italie 360

TROISIÈME PARTIE

LES ORIGINES DE LA COMÉDIE AU MOYEN AGE

I. — Les moralités. — Le jeu de Pierre de la Broce. 375
II. — La sotie. — Observations sur le jeu de la Feuillée 398
III. — La plus ancienne farce 418

QUATRIÈME PARTIE

LA RENAISSANCE

I. — Comédies chrétiennes de Marguerite de Navarre 455
II. — Les origines de la tragédie française. . . 466
III. — Une tragédie latine de Jeanne d'Arc . . 484
IV. — Les représentations d'Oberammergau . . 498

www.ingramcontent.com/pod-product-compliance
Lightning Source LLC
Chambersburg PA
CBHW060306230426
43663CB00009B/1608